NATIONAL GEOGRAPHIC
LES GUIDES DE VOYAGE

PORTUGAL

Fiona Dunlop
Photographies de Tino Soriano

COMMENT UTILISER

Museu
arqueológico
do Carmo

- 📍 51 F2
- ✉ Largo do Carmo
- ☎ 21 346 0473
- 🕐 Fermé le dim.
- € €
- Ⓜ Baixa-Chiado
- 🚌 Bus 27, 28, 29, 43, 49, 51

RENSEIGNEMENTS

Des informations sur les principaux sites à visiter figurent en marge des pages (voir la légende des symboles sur le dernier rabat de la couverture). Lorsque la visite est payante, le tarif de l'entrée est indiqué par le symbole €.

€	moins de 5 euros
€ €	de 5 à 10 euros
€ € €	de 10 à 15 euros
€ € € €	de 15 à 20 euros
€ € € € €	plus de 20 euros

58

CODE COULEUR

Chaque région est identifiée à l'aide d'une couleur afin de faciliter la navigation dans le guide. Le même principe est appliqué dans la partie **Informations pratiques.**

Pictos figurant les principales prestations

Établissement coup de cœur

Niveau de prix

HÔTELS & RESTAURANTS

Vous trouverez une liste d'hôtels et de restaurants p. 239-255 ; des bonnes adresses classées par région et présentées avec des indications de prix.

CARTE RÉGIONALE

Ville importante

Site important

Numéro de route

Point de départ

Coordonnée de la carte

Site intéressant

ITINÉRAIRE DE PROMENADE

Itinéraire

Point de départ

Sites intéressant (en gras) sur l'itinéraire

Nom du quatier

Voies piétonnes

Itinéraire

Édifice

Les chiffres en rouge renvoient aux sites et édifices mentionnés dans le texte

- Un encadré indique les points de départ et d'arrivée de la promenade, sa durée, sa longueur et les endroits à ne pas manquer.
- Lorsque deux itinéraires sont proposés, le second figure en orange.

EXCURSION EN VOITURE

Les chiffres en rouge renvoient aux sites mentionnés dans le texte

Site important

Numéro de route

Point de départ

Route

Photographies :
Page 1 : La foire équine annuelle de Golegã, dans le Ribatejo.
Pages 2–3 : Le parque natural de Montesinho, à Trás-os-Montes.

Vue de l'Alfama, le plus ancien quartier de Lisbonne.

Histoire et culture

Statue en ivoire d'un soldat portugais prêt à défendre Dieu et son roi.

Le Portugal aujourd'hui

CE PETIT PAYS ACCROCHÉ À L'EXTRÉMITÉ OCCIDENTALE DE L'EUROPE SÉDUIT PAR SES multiples facettes : doté de paysages aussi divers qu'époustouflants, d'un passé riche et complexe, de monuments majestueux, de plages superbes, de terrains de golf de haut niveau, il offre aussi une cuisine régionale savoureuse, ainsi que d'excellents vins.

Le Portugal n'a rien de prétentieux. Ses habitants, que l'on dit plutôt réservés, sont en fait chaleureux, d'une grande ouverture d'esprit et polyglottes – autant de raisons qui incitent à mieux les connaître. Les adeptes du surf et du bronzage apprécient particulièrement les côtes portugaises, longues de 850 kilomètres et bordant l'Atlantique, qui offrent un saisissant contraste avec les rugueuses « montagnes des étoiles » (serra da Estrela), les night-clubs agités de Lisbonne, les villes et les châteaux du Moyen Âge, les stupéfiantes terrasses de la vallée du Douro, les très évocateurs jardins baroques et une architecture contemporaine de pointe. Ajoutez à cela une infrastructure hôtelière très diversifiée – allant des châteaux, des manoirs et des hôtels de grand luxe à des gîtes de campagne, des hôtels de charme et des villas en bord de mer – et vous avez la destination de vacances idéale. Encore authentique, le Portugal séduit assurément.

LE RENOUVEAU DU PORTUGAL

Profondément marqué par la longue dictature d'António de Oliveira Salazar (1932-1968) – le pays n'a jamais connu pire contexte économique, social et culturel –, le Portugal a pris un nouveau départ à la faveur de la révolution de 1974 et de son adhésion en 1986 à la Communauté européenne (aujourd'hui Union européenne). Ces deux événements ont favorisé un mouvement socio-économique qui perdure toujours, malgré une situation encore délicate, et ont redonné à la société portugaise, après des décennies d'atonie, les moyens de figurer en bonne place parmi ses homologues européens.

Ce regain d'activité inclut un programme de privatisations très ambitieux par lequel plus de 100 entreprises étatisées furent vendues en moins de dix ans. Grâce à la croissance et aux subsides européens, l'agriculture et l'industrie ont aussi

bénéficié de nouveaux investissements. Le spectre du million et demi de personnes fuyant le Portugal dans les années 1960 en quête de travail relève bel et bien du passé, car le pays s'enorgueillit aujourd'hui d'un des taux de chômage les plus faibles d'Europe (environ 6,5 %).

Le mouvement de modernisation initié dans les années 1990 a pu être apprécié au grand jour à l'occasion de l'Euro 2004, le championnat

Les écoliers apprécient le front de mer de Lisbonne. Le parque das Nações (parc des Nations) couvre 60 hectares.

européen de football et la plus grande manifestation sportive qu'ait jamais accueillie le Portugal. Le monde entier a ainsi pdécouvert un pays renouvelé, pouvant se targuer d'une architecture florissante, d'autoroutes à six voies, d'un impressionnant réseau de chemin de fer, de stades magnifiques et d'hôtels de grand standing – auxquels, cependant, font toujours écho une multitude de monastères, de châteaux, de somptueuses églises baroques et de murs superbement décorés d'azulejos. Car les Portugais, entrés de plain-pied dans l'ère moderne, n'ont en rien renié leur passé et demeurent profondément attachés à leur identité et à leurs traditions locales. En effet, si 10 % seulement de la population travaille encore la terre, le pays conserve un aspect rural, avec ses villages et ses villes de petite envergure. De vastes étendues doivent encore se contenter de routes et d'une signalisation laissant à désirer, si bien qu'il est toujours possible de se perdre, même dans ce territoire plutôt restreint.

GÉOPOLITIQUE

Avec 10 millions d'habitants et une superficie de 91 836 kilomètres carrés, le Portugal a une densité de population plus faible que celle de tous ses homologues européens (à peine 17 personnes par kilomètre carré dans l'Alentejo). Située au cœur de la région la plus peuplée du pays, Lisbonne, la capitale, abrite dans sa zone urbaine près de 2 millions d'âmes. Porto, deuxième métropole et ville septentrionale la plus habitée, compte quelque 1,5 million de personnes. Si l'on excepte ces deux

grands pôles industriels, un tiers du territoire portugais est recouvert d'arbres, le reste étant toujours voué à la viticulture, au fermage et à l'agriculture.

Dans le nord du pays, les régions du Minho (ainsi nommé d'après la rivière qui marque la frontière nord du Portugal avec l'Espagne) et du Trás-os-Montes (littéralement « derrière les montagnes ») se distinguent par leurs paysages rugueux, parsemés de villages de granit qui semblent hors du temps. En ces lieux, les chevaux assurent encore le transport des hommes et des marchandises, et on y perpétue des pratiques agricoles qui n'ont plus cours ailleurs depuis plusieurs dizaines d'années. La population est généralement fort âgée, ce qui ne manque pas d'inquiéter quant à l'avenir à long terme de ces régions désertées par la jeunesse. D'un village à l'autre, les champs ondoyants servent d'écrin aux vignobles, aux rivières bouillonnantes et aux pics de granit escarpés de Peneda-Gerês, le seul parc national du Portugal.

Si Porto et Braga sont ceintes chacune d'une banlieue industrielle, c'est surtout par la production de porto que se distinguent ces deux villes. Aménagée en terrasses, la magnifique vallée du Douro s'y consacre plus particulièrement depuis une bonne centaine d'années. D'élégants manoirs jalonnent le paysage, tandis que les châteaux médiévaux gardent encore la frontière avec l'Espagne.

En plein centre du pays, la magnifique région des Beiras s'étend autour de l'illustre ville uni-

Un Lisboète s'isole un instant de l'agitation de la capitale qui compte 2 millions d'habitants.

versitaire de Coimbra, parfait point de chute pour qui veut faire des escapades dans les collines escarpées de la serra da Estrela, s'adonner aux joies d'une cure thermale ou partir à la découverte de villes pleines de charme, telles Aveiro et Viseu.

La région des Beiras est souvent – et à tort – éclipsée par des sites plus spectaculaires comme

Porto et la vallée du Douro au nord, ou par la concentration des plus célèbres monuments du pays, qui se trouvent au sud. Classées par l'Unesco au patrimoine mondial de l'humanité, les villes d'Alcobaça, Batalha et Tomar, situées dans la région de l'Estrémadure, offrent à elles trois un nombre de richesses historiques inégalé. Ce site, partiellement industrialisé et sillonné par les voies rapides, revêt une atmosphère un peu moins rurale que d'autres. Du fait de la faible distance qui le sépare de Lisbonne, il est souvent visité par les touristes venant y passer la journée. Ne vous attendez donc pas à goûter un instant de calme et de solitude dans les cloîtres d'Alcobaça ou à l'ombre des chérubins rococo du palais Mafra. La côte, constituée d'une succession de plages et de falaises, abrite des sites d'exception comme Peniche et Ericeira, qui comptent au nombre des endroits les plus prisés en Europe par les adeptes du surf. À l'est de l'Estrémadure, on trouve les plaines plus désertes du Ribatejo, qui constituent un parfait terrain de jeu pour les

randonnées à cheval et les courses de taureaux, ainsi que la vallée du Tage, partiellement industrialisée, mais encore riche de monuments médiévaux.

Lisbonne – l'une des plus belles capitales européennes – et ses environs présentent un grand intérêt culturel. Cette ville discrète, mais très sophistiquée, à la fois outrageusement moderne et délicieusement surannée, s'étend sur sept collines. Elle bénéficie d'une belle situation à proximité de l'estuaire du Tage, qui, autrefois,

Un temps idéal et une côte magnifique – vue ici de Lagos – distinguent l'Algarve des autres régions du Portugal.

la rapprochait davantage des colonies portugaises d'outre-mer que des autres pays européens. Il faut plusieurs jours pour appréhender la riche mosaïque culturelle qu'offre Lisbonne.

Accessible au terme d'un court voyage en train, Sintra est une ville magique, accrochée à flanc de colline, avec des manoirs et des palais

nichés dans des forêts surplombant l'Atlantique. Sur la côte, les très anciennes stations balnéaires de Cascais et d'Estoril rivalisent avec les plages agréablement désertes plus au nord, tandis que l'estuaire du Sado, situé non loin de la péninsule de Setúbal, constitue une destination de choix pour les amoureux de la nature, désireux de contempler des flamants roses et des dauphins à l'état sauvage.

Riche de vastes plaines et de collines ondoyantes, la région de l'Alentejo se caracté-rise par ses mégalithes, ses superbes châteaux, ses forêts de chênes-lièges, ses oliveraies, son climat relativement chaud, ainsi que sa cuisine et son architecture, qui évoquent indiscutable-ment une ambiance méditerranéenne. Terre des *latifúndios* (vastes propriétés), l'Alentejo a long-temps été le berceau de mouvements politiques radicaux, contrairement aux régions septen-trionales, plus conservatrices.

L'artisanat est ici roi, si bien qu'il est intéres-sant de chiner dans les divers marchés de la ville.

La côte offre des falaises spectaculaires ainsi que des plages demeurées intactes, contrairement à celles de la partie sud de l'Algarve, devenue l'antre des retraités et du tourisme de masse. À l'instar de son homologue espagnole, l'Andalousie, l'Algarve a été très marquée par le passage des Maures, comme l'attestent certains villages et la physionomie de leurs habitants. Les terrains de golf attirent nombre de visiteurs tout au long de l'année, mais la région recèle aussi des trésors cachés, telle la Costa Vicentina, qui

La cuisine régionale traditionnelle cohabite désormais avec une restauration innovante. Ici, la Cafeteria Cinecitta, à Guimarães.

abrite quelques-unes des plus belles plages sauvages d'Europe. Plus au sud-ouest, mais toujours côté Atlantique, l'île de Madère se trouve au sein d'un archipel situé à quelque 700 kilomètres du littoral marocain. Avec sa végétation tropicale, ses pentes volcaniques et son climat tempéré, Madère attire des hordes de visiteurs en hiver.

LE CLIMAT

Le Portugal présente des climats aussi divers que ses paysages. Malgré la chaleur et l'ensoleillement, le Minho demeure verdoyant en été, grâce à sa pluviométrie importante, ce qui n'est pas le cas du Trás-os-Montes, sec et rocailleux. Les montagnes des serras do Gerês et da Estrela (où se trouve le point culminant du Portugal) sont généralement enneigées en hiver, et les routes qui y serpentent souvent impraticables. Plus à l'intérieur des terres, dans l'Alentejo, le mercure dépasse régulièrement les 40 °C en été, alors que les régions côtières et l'Algarve bénéficient de températures plus clémentes. Lisbonne enregistre son pic de pluviométrie annuel entre novembre et janvier, le thermomètre y affichant une moyenne de 14 °C en hiver et de 29 °C en été. La partie sud du pays, très peu arrosée, ne connaît la pluie qu'en hiver.

Quant à l'archipel de Madère, il s'enorgueillit d'une moyenne de 22 °C en été et de 16 °C en hiver, la pluviométrie se concentrant en saison froide sur sa partie septentrionale, plus exposée.

RELIGIONS ET CÉLÉBRATIONS

Le Portugal est profondément religieux, 95 % de sa population se réclamant du catholicisme. Si les ordres furent abolis en 1834 et la séparation de l'Église et de l'État proclamée sous la Iʳᵉ République (1910-1926) et réaffirmée dans la Constitution de 1976, la vie demeure empreinte de religion. Le catholicisme portugais se distingue de son voisin espagnol par sa connotation plus sereine et plus accueillante, qui voit en Dieu une figure bienveillante et non un juge implacable. Deux fois par an, quelque 100 000 pèlerins prennent ainsi le chemin de Fátima.

À la ferveur des Portugais correspond un calendrier de festivités religieuses *(festas)* et de pèlerinages *(romarias)* extrêmement chargé, ces manifestations mêlant avec bonheur la foi, les processions et la fête. Noël a son importance, mais moins que le mardi gras, juste avant le carême. Les processions de torches de la semaine sainte à Braga, elles, n'ont rien à envier à leur équivalent andalou. À côté de ce calendrier national, il y a les fêtes propres aux villes et aux régions, qui célèbrent chacune leur saint patron. Ainsi, Lisbonne connaît une nuit folle le 12 juin en hommage à saint Antoine, Porto et Braga fêtent la Saint-Jean les 23 et 24 juin, Sintra et Vila Real honorent saint Pierre les 28 et 29 juin.

D'autres célébrations ont une connotation plus païenne. Au Trás-os-Montes, lors de la Festa dos Rapazes (fête des Garçons), les jeunes de plus de 16 ans, masqués et costumés, dansent et cabriolent autour d'immenses feux de joie pour célébrer leur passage à l'âge adulte. À Amarante, dans la région du Douro, perdure une fête ancestrale de la fertilité : le premier week-end de juin, les célibataires s'échangent des gâteaux de forme phallique et touchent la tombe de saint Gonçalo en faisant le vœu d'un mariage rapide.

C'est dans le Minho que l'on peut admirer les costumes les plus spectaculaires, notamment lors du festival très animé de Viana do Castelo, aux alentours du 20 août, du festival de la Rose de Vila Franca do Lima, mi-mai, et des Feiras Novas (littéralement « nouvelles foires ») de Ponte de Lima, à la mi-septembre. Les amateurs de chevaux iront à Golegã, dans le Ribatejo, la première quinzaine de septembre, où ils goûte-

ront, à l'occasion de la plus importante foire équine du pays, parades, compétitions et autres courses de taureaux. Le calendrier de l'Alentejo est également très chargé : il comprend des fêtes fort animées se déroulant au rythme des saisons agricoles et célébrant la nourriture et le vin.

LES COURSES DE TAUREAUX

Les *touradas* ou courses de taureaux sont essentiellement circonscrites au Ribatejo, où se trouvent les élevages de taureaux, et à l'Algarve, où les représentations sont organisées à l'intention des touristes. La saison dure de Pâques à octobre. Dans la *tourada*, le taureau, dont les cornes sont neutralisées par un étui ou une enveloppe, n'est pas mis à mort. Le torero tente d'agripper la bête par les cornes pendant que son équipe essaie d'immobiliser son arrière-train. Les *touradas* les plus prisées se déroulent à l'occasion de la très importante foire agricole de Santarém, en juin.

Typique de l'architecture baroque du nord du pays, la chapelle Nossa Senhora da Agonia, à Viana do Castelo, accueille les pèlerins le 15 août de chaque année.

LE FOOTBALL

Comme la plupart des pays de l'Europe de l'Ouest, le Portugal s'enflamme pour le football. Pendant la saison, qui dure de septembre à mai, la plupart des restaurants prévoient, dans un coin, un téléviseur qui retransmet le match du jour à l'intention des clients – essentiellement des hommes, même si les femmes s'intéressent de plus en plus à ce sport. Les discussions autour du petit écran sont passionnées, en particulier lorsque l'une des quatre équipes nationales légendaires (Benfica et Sporting Clube, de Lisbonne, FC Porto et Boavista) joue. Une bonne connaissance de ces formations sportives permet, à coup sûr, de nouer la conversation. ■

L'histoire du Portugal

AU PORTUGAL, LES DOLMENS DU NÉOLITHIQUE COHABITENT AVEC D'ÉBLOUISSANTES constructions (églises et palais) de style baroque, le tout côtoyant les édifices modernes érigés dans le cadre du renouveau économique que connaît le pays depuis la révolution pacifique de 1974, qui a mis fin à des décennies de dictature au XXe siècle.

Le Portugal, l'une des plus anciennes nations d'Europe, conserve les mêmes frontières depuis huit siècles. Avant qu'Afonso Henriques (Alphonse) ne se proclame en 1139 roi de ce qui était alors Portucale *(Portus Cale)*, l'histoire du pays a été étroitement liée à celle de l'Espagne. Ces deux territoires ont connu une succession d'invasions et de colonisations inspirées par leurs richesses.

LES PREMIERS HABITANTS

Il semblerait que le Portugal était déjà habité il y a trente mille ans, comme l'attestent les inscriptions, gravées dans la pierre, relevées à Vale do Côa (au nord de Guarda). D'autres éléments établissent l'existence, il y a cinq à six mille années de cela, de rituels associés aux mégalithes, fort nombreux dans le pays. Les dolmens, cromlechs et menhirs que l'on trouve entre le Minho et l'Alentejo n'ont pas livré tous leurs secrets.

La progression des Celtes vers l'intérieur des terres a vu l'édification de *castros*, villages fortifiés situés en hauteur et dotés de constructions de pierre et de chaume, dont les habitants redoutaient les voisins en maraude. Le castro le plus représentatif est Citânia de Briteiros, non loin de Guimarães. Autour du IXe siècle av. J.-C., les Phéniciens mouillèrent pour la première fois dans l'Algarve ; ils furent rapidement suivis des Grecs et des Carthaginois, mais cette première vague n'a pas laissé de traces, si ce n'est qu'elle a introduit au Portugal la pratique de la pêche. En revanche, la deuxième salve d'invasions – l'arrivée des Romains dans le sud de la péninsule, vers 200 av. J.-C – allait bouleverser la vie du pays.

LES ROMAINS ET AUTRES ENVAHISSEURS

Alors qu'ils attendaient une écrasante victoire militaire, les Romains rencontrèrent une surprenante résistance, qui dura, avec des à-coups,

pendant quelque deux siècles, du fait essentiellement de la seule tribu des Lusitaniens. La rébellion s'éteignit en 139 av. J.-C, avec le dernier chef lusitanien, et c'est probablement en hommage au courage de cette peuplade que les Romains baptisèrent leur nouvelle province, au sud de la rivière du Douro, du nom de Lusitanie.

Les nombreux mégalithes découverts non loin d'Azaruja, dans l'Alentejo, témoignent du riche passé préhistorique du Portugal.

Les Romains améliorèrent considérablement l'infrastructure et le système de gouvernement dans leur territoire nouvellement conquis. Olisipo (Lisbonne) accéda au rang de capitale en 60 av. J.-C., tandis que Santarém, Évora, Beja et Braga devenaient des centres d'une grande importance. Au IIIe siècle de notre ère, l'actuelle région du Minho était englobée dans la province de Gallaecia (aujourd'hui la Galice, en Espagne, dont la langue est toujours plus proche du portugais que du castillan). Des routes et des ponts furent construits, et les latifúndios crurent et embellirent, en particulier dans l'Alentejo. Les Romains développèrent également l'agriculture, important la vigne, les figuiers, les amandiers et les oliviers, qui sont encore cultivés de nos jours. À partir du IVe siècle, l'expansion du christianisme entraîna la création de deux évêchés à Braga et à Évora. Dans l'ensemble, l'envahisseur romain marquait le territoire d'une empreinte indélébile, avec son réseau routier, son système juridique, son régime méditerranéen, sa langue latine et le catholicisme.

Mais l'Empire entamait son déclin : il ne put résister aux assauts des Suèves et des Wisigoths, qui eux-mêmes cédèrent le pas aux Maures.

LES MAURES

En 711, le calife de Damas mena une armée d'Arabes et de Berbères en territoire ibérique, à

Tarifa (en Andalousie espagnole). Il ne fallut pas moins de cinq cents ans pour déloger les nouveaux maîtres des lieux. Ces derniers ne s'aventurèrent pas au nord du Douro, si bien que cette région ainsi que la Galice conservèrent leurs traditions catholiques. C'est d'ailleurs en ces lieux que naquit la *Reconquista* (la Reconquête).

combler cette vacance du pouvoir : pendant deux siècles, les Almoravides et les Almohades régneraient d'une main de fer sur la partie méridionale de la péninsule Ibérique, qu'ils avaient fini par réunir. En 1100, la guerre sainte entre chrétiens et musulmans devenait inévitable. Il n'y aurait de concessions d'aucune part.

Manuscrits enluminés de l'époque médiévale vantant les exploits du prince Henri le Navigateur, dont la passion pour l'aventure maritime favorisa les découvertes portugaises.

Pendant ce temps, la colonie maure d'Al-Gharb (littéralement « ouest »), gouvernée depuis Cordoue, vivait paisiblement, dans la plus grande tolérance religieuse. Des systèmes d'irrigation innovants et des moulins à eau permirent d'améliorer la culture de denrées nouvelles, dont le blé, le riz, les agrumes et le safran. L'activité minière contribua à la prospérité de l'économie, fournissant les artisans en cuivre et en argent. Quant à l'industrie de la céramique, elle connut une expansion sans précédent grâce à l'introduction de la tuile vernissée *(azulejo)*, prisée des Maures.

Petit à petit, les chrétiens du Nord s'organisèrent sous la houlette du roi d'Asturies-Léon et reprirent Porto en 868, puis Coimbra dix ans plus tard. Au fil de la Reconquête, l'autorité de Cordoue se relâchait, donnant naissance à une multitude de petits royaumes, appelés *taifas*. Un islam plus fanatique et plus fondamentaliste vint

L'ÉMERGENCE DE PORTUCALE

Au même moment, le comté de Portucale (originellement la région bordée par le Lima et le Douro) naissait et développait une sorte d'identité nationale, grâce à Afonso Henriques, petit-fils d'Alfonso VI, roi de Castille et Léon. Lors du décès de ce dernier, ce comté, qui avait été donné au père d'Afonso Henriques en récompense des services rendus au roi, refusa de faire allégeance au nouveau souverain. Quelques années plus tard, en 1128, Afonso Henriques prit la tête de Portucale après avoir écarté du pouvoir sa mère, désormais veuve.

En 1139, une importante victoire contre les Maures (la bataille d'Ourique) donna suffisamment confiance à Afonso, qui proclama la souveraineté de Portucale (devenu Portugal) et s'en proclama le roi (dom) sous le nom d'Afonso Ier Henriques. Cette étape fut décisive dans la construction du pays tel que nous le connaissons aujourd'hui. Ce furent ensuite au tour de Santarém et de Lisbonne de tomber dans l'escarcelle du nouveau souverain, qui bénéficia de l'aide des croisés français, anglais, allemands et flamands qui échouaient sur ses côtes au cours de leur voyage vers la Terre sainte. Afonso, qui se sentait

L'HÉRITAGE DE DOM DINIS

Ce souverain particulièrement avisé et éclairé, surnommé le « roi poète », avait à cœur un ambitieux programme de consolidation de son royaume. Dans ce cadre, il fit construire quelque 50 châteaux, ordonna la plantation de forêts et fonda l'université de Lisbonne en 1290. Il sub-

Ce paravent japonais namban du XVIᵉ siècle, figurant des missionnaires portugais et un riche marchand, illustre l'importance des relations commerciales avec l'Extrême-Orient.

néanmoins coupable d'avoir ainsi tiré profit d'une main-d'œuvre initialement destinée à Jérusalem, entreprit de construire l'abbaye d'Alcobaça et fit don de terres à ceux qui l'aidaient dans son entreprise. Mais les croisés devinrent de plus en plus avides, au point que les puissants Templiers (ordre monastique militaire créé à la fin de la première croisade, en 1096) se rebellèrent.

Afonso consentit à rétrocéder certaines régions frontalières au royaume de Léon, allié des musulman ; le territoire portugais n'en était pas moins quasiment constitué au moment de son décès, en 1185. L'annexion de l'Algarve en 1249 par Afonso III paracheva la Reconquête. Mais la Castille contestait la souveraineté proclamée par Afonso, et il fallut le traité d'Alcañices, en 1297, pour formaliser la cession de l'Algarve à Dinis Iᵉʳ, roi du Portugal. À cette époque, Coimbra avait restitué à Lisbonne son statut de capitale.

stitua au riche et puissant ordre des Templiers l'ordre du Christ, qu'il contrôlait directement, anticipant chaque mouvement d'une Église avide de pouvoir. Le portugais remplaça le latin et le castillan dans le monde des affaires ; ce fut aussi la langue par laquelle les troubadours diffusèrent une culture orale naissante. Ses goûts littéraires n'écartaient cependant pas ce souverain de ses obligations royales : il s'attela aussi à développer l'agriculture en instaurant un réseau de foires et de marchés, en encourageant le commerce intérieur et en persuadant les agriculteurs de produire davantage que leurs besoins immédiats. Un pacte commercial conclu en 1308 avec l'Angleterre scella une alliance durable. Au moment du décès de dom Dinis, en 1325, le pays avait atteint un très haut niveau.

Pourtant, cette ère de progrès ne perdura pas, et le Portugal connut une stagnation, aggravée

EUROPE •Venise

•Rome

MER NOIRE

Constantinople•

PORTUGAL •Porto
•Tomar
•Lisbonne
Sagres•• •Lagos
•Gibraltar
Ksar el Kebir• •Ceuta
Açores

•Mazagan
Agadir•

MER MÉDITERRANÉE

Jérusalem•
Alexandrie• •Le Caire

Archipel de
Madère
Îles Canaries

Cap
Bojador

TROPIQUE DU CANCER

•Médine

MER ROUGE

•La Mecque

OCÉAN

Le Nil

ATLANTIQUE

Île d'Arguin

Sénégal

Tombouctou

AFRIQUE

Aden

Îles
du
Cap-Vert

Axim• •São Jorge
da Mina
São Tomé•

Golfe de
Guinée
Congo

ÉQUATEUR

Mogadis

•Mélinde

BRÉSIL

GRANDES VOIES MARITIMES PORTUGAISES
LES GRANDS EXPLORATEURS PORTUGAIS
— Diogo Cão (1482, 1485)
— Bartolomeu Dias (1487-1488)
— Vasco da Gama (1497-1498)
— Pedro Álvares Cabral (1500)
— Afonso de Albuquerque (1503-1515)
— Francisco Serrão (1512)

0   500

ÉCHELLE À L'ÉQUATEUR

Luanda•

Mombasa•

Kilwa •

Mozambique

Quelimane•

Sofala•

MADAGASCAR

Cap de
Bonne-Espérance

par les épidémies de peste noire qui ravagèrent la région par intermittence pendant un siècle et demi. Les guerres contre le royaume de Castille n'arrangeaient rien. Incursions, machinations, alliances, mariages et relations extra-conjugales achevaient de parfaire le tableau. Les choses tournèrent au pire en 1385, à l'occasion de la bataille d'Aljubarrota, où João (Jean), fils illégitime de Pedro (Pierre) Ier, affronta les Castillans, qui soutenaient Leonor, veuve du roi portugais Fernando (Ferdinand) Ier, et sa fille Beatriz, épouse de Juan de Castille. Cette querelle de succession divisa la population, les nobles et l'Église apportant leur soutien aux Castillans, les classes moyenne et ouvrière étant du côté de João. Ce dernier, qui avait fait le vœu de construire un monastère s'il était victorieux, fut exaucé, malgré la supériorité numérique de l'armée castillane. Fidèle à sa foi, il fit ériger le superbe monastère de Batalha. Dans la foulée, il conclut une alliance avec l'Angleterre (scellée par le traité de Windsor de 1386), prit pour épouse une Anglaise en

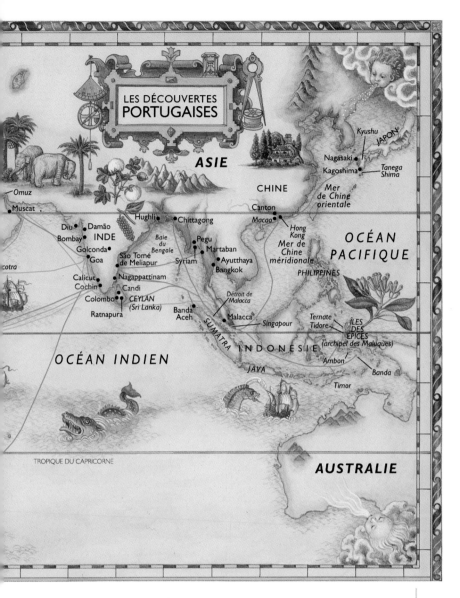

LES DÉCOUVERTES
PORTUGAISES

ASIE

CHINE

JAPON
Kyushu
Nagasaki
Kagoshima
Tanega
Shima

Mer
de Chine
orientale

Canton
Macao
Hong
Kong

Mer de
Chine
méridionale

OCÉAN
PACIFIQUE

PHILIPPINES

Omuz
Muscat

Diu
Damão
Bombay
INDE
Golconda
Goa
São Tomé
de Meliapur

Hughli
Chittagong

Baie
du
Bengale
Pegu
Martaban
Syriam
Ayutthaya
Bangkok

cotra

Calicut
Cochin
Nagappattinam
Colombo
Candi
CEYLÁN
(Sri Lanka)
Ratnapura

Banda
Aceh

SUMATRA

Détroit de
Malacca

Malacca
Singapour

INDONÉSIE

Ternate
Tidore
ÎLES
DES
ÉPICES
(archipel des Maluques)

Ambon

Banda

OCÉAN INDIEN

JAVA

Timor

TROPIQUE DU CAPRICORNE

AUSTRALIE

la personne de Filipa de Lancastre et s'attela à asseoir la suprématie de la dynastie d'Aviz.

LA DYNASTIE D'AVIZ ET L'ÈRE DES DÉCOUVERTES

Filipa de Lancastre fut une reine populaire, qui sut assagir le fougueux João Iᵉʳ et lui donna six enfants. Leur troisième fils, le prince Henri, influença considérablement la destinée de son pays. Après avoir conquis le bastion marocain de Ceuta pour le compte de son père en 1415,

L'ère des découvertes portugaises permit le développement de relations avec l'Inde, le Sud-Est asiatique et le Japon.

il créa une école de navigation à Sagres, dans l'Algarve. Henri le Navigateur – c'est ainsi qu'il fut surnommé – s'entoura d'astronomes et d'armateurs, et finança de nombreuses expéditions vers les côtes africaines. Les archipels de Madère et des Açores, alors récemment découverts, servirent par la suite d'escales lors des traversées de

F. MANVEL I. LVSITANIÆ. REX XIV.

Le règne de Manuel Iᵉʳ (1495-1521) coïncida avec l'ère des plus grandes découvertes.

l'Atlantique. D'aucuns subodorent que les explorateurs portugais atteignirent le continent américain vers 1470, plusieurs années avant Christophe Colomb.

Jusqu'à son décès en 1460, Henri fut un précieux conseiller pour son neveu Afonso V. Le règne de ce dernier (1438-1481) vit se dérouler de nouvelles batailles au Maroc et se renforcer le pouvoir des Cortes dans son propre pays. Les tensions avec l'Espagne se ravivèrent, et l'idéaliste, mais faible, souverain portugais échoua dans sa tentative militaire de reconquête de la Castille. Son fils João négocia la paix et, accédant au trône sous le nom de João II (r. 1481-1495), ouvrit ses frontières à quelque 60 000 juifs fuyant les persécutions en Espagne.

Pendant ce temps, Bartolomeu Dias avait contourné le cap de Bonne-Espérance en 1487, permettant au Portugal d'asseoir ses visées sur l'océan Indien. En 1494, la rivalité entre Portugais et Espagnols pour la conquête du monde était telle que l'intervention du pape s'imposa. Par le traité de Tordesillas, le Saint Père partagea en deux le monde connu entre les deux pays sollicitant son arbitrage. Les territoires du Ponant revinrent à l'Espagne, ceux du Levant au Portugal. Par mégarde, la ligne de partage coupait le Brésil, et quand, six ans plus tard, Pedro Álvares Cabral y ancra sa flotte, ce vaste pays fut attribué au Portugal, qui, durant les quatre siècles suivants, se félicita de ce clin d'œil du sort.

En 1498, la découverte par Vasco de Gama de la route des Indes via le Mozambique devait ajouter à la couronne coloniale portugaise un joyau africain ; mais surtout elle lui assura des richesses inespérées. Dix ans plus tard, Afonso de Albuquerque prenait possession, dans l'ouest de l'Inde, du port de Goa, qui battit pavillon portugais pendant quelque quatre cent cinquante ans, et, en 1511, il assit le contrôle du Portugal sur Malacca (en Malaisie), qui fut un point stratégique sur la route de l'Extrême-Orient. Les Portugais dominèrent rapidement la totalité de l'océan Indien, ainsi que le commerce qui s'y déroulait – dont celui, très convoité, des épices, auparavant apanage des marchands arabes.

Avec le retour à son point de départ, en 1522, de l'expédition espagnole menée par le Portugais Fernão de Magalhães (Magellan) – sans son capitaine, qui avait été tué aux Philippines –, après avoir accompli la première circumnavigation, l'aventure maritime portugaise avait gagné ses lettres de noblesse. Par leur courage et leur aptitude inégalée en matière de navigation, les habitants de ce petit pays côtier avaient réussi le tour de force d'explorer des lieux que l'on disait peuplés de monstres, prouvé que la Terre était ronde et découvert des destinations toutes plus exotiques les unes que les autres. Les agiles caravelles d'Henri le Navigateur (inspirées des navires de marchandises qui sillonnaient le Douro), ses cartes du ciel et des océans avaient porté leurs fruits. Les territoires découverts avaient infléchi (favorablement) la destinée du Portugal.

Le règne de Manuel Iᵉʳ (r. 1495-1521) coïncida avec une période de prospérité issue des richesses des colonies d'outre-mer, qui transformèrent radicalement Lisbonne, ainsi que le pays tout entier. L'une des principales manifestations de ce changement fut l'adoption d'un style décoratif très riche, dit « manuélin ». Manuel se proclama seigneur des Conquêtes, de la Navigation et du Commerce avec l'Inde, l'Arabie, l'Éthiopie et la Perse. Les marchands de toute l'Europe convergeaient vers Lisbonne, chargés de denrées qu'ils échangeaient contre de l'or et de l'ivoire en provenance d'Afrique, contre des épices (poivre, cannelle, girofle) venues des Indes orientales et, à compter du XVIᵉ siècle, contre des soieries et de la porcelaine de Chine. Du Nouveau Monde venaient aussi des fruits, des légumes et d'autres plantes étranges, comme la tomate, la pomme de terre, le maïs, le tabac et le cacao, tandis que l'Atlantique (en particulier les eaux proches de Terre-Neuve) offrait la fameuse morue *(bacalhau)* qui, aujourd'hui encore, hante et ravit les palais portugais.

Les Portugais se sont faits prosélytes dans leurs colonies d'outre-mer. Ici, la Saint-François-Xavier célébrée à Goa, en Inde. Goa est restée sous tutelle portugaise pendant 450 ans.

Plutôt tolérants, les Portugais respectaient les coutumes des territoires conquis, se préoccupant surtout de gérer leur commerce et d'imposer le catholicisme. Se mêlant aux populations locales, ils contractaient des mariages mixtes – une pratique dont témoignent aujourd'hui les noms des habitants des anciennes colonies portugaises, comme le Mozambique, le Sri Lanka ou Malacca. Des siècles plus tard, les Portugais en quête de travail émigrèrent vers leurs possessions d'antan. Mais la société de l'époque ne comptait pas la classe moyenne qu'il fallait pour véritablement établir des territoires d'outre-mer, et le problème devint rapidement insoluble.

Cependant, sous le règne avisé de Manuel Iᵉʳ, le pays avait grandement prospéré et accompli d'immenses progrès en matières sociale et juridique, ainsi que dans le domaine de l'éducation. L'humanisme et les idées nouvelles inspirées par la Renaissance italienne entraînèrent, notamment, une réforme radicale du système universitaire qui, jusque-là réservé aux ordres religieux, devint accessible aux nobles et aux bourgeois. À Lisbonne, l'université eut bientôt une sphère d'influence telle qu'elle constitua une menace pour la monarchie – ce qui conduisit João III, le fils de Manuel Iᵉʳ, à la transférer à Coimbra, loin du siège du pouvoir, sous la tutelle des Jésuites.

LA FIN D'UNE ÉPOQUE

Comme on pouvait s'y attendre, cette période d'abondance ne dura pas. Une excessive autosatisfaction entraîna une atonie économique et la surexploitation des ressources, l'émigration vers les nouveaux territoires réduisit la population locale, déjà peu importante, les richesses à portée de main étouffèrent les talents, et le coût de la vie crût démesurément. En outre, l'Inquisition portugaise, qui visait les juifs et les vouait au bûcher, fit sombrer le pays dans une apathie tant commerciale que culturelle. Le décès, en 1578, du jeune roi Sébastião Iᵉʳ au Maroc, lors d'une croisade particulièrement sanguinaire, fut la goutte d'eau qui fit déborder le vase.

En effet, Sébastião ne mourut pas seul. Huit mille hommes furent massacrés en même temps que lui, parmi lesquels une très importante proportion de la noblesse portugaise. De nombreux autres furent capturés, et, pour payer la rançon exigée pour leur libération, il fallut puiser dans les coffres de l'État, ce qui entraîna la faillite du pays, dont l'âge d'or était bel et bien révolu. En 1850, la situation était suffisamment critique pour permettre à Philippe II d'Espagne (un Habsbourg) de s'imposer comme Philippe Ier du Portugal. Le règne espagnol devait durer soixante ans. Une période de leur histoire que les Portugais n'ont jamais oubliée – ni pardonnée.

LA DOMINATION ESPAGNOLE

S'il était originaire de Madrid, Philippe Ier était aussi le petit-fils de Manuel Ier. Il adopta envers son nouveau royaume une attitude juste et équitable, qui permit de préserver l'indépendance du parlement local et de l'Empire portugais, et y introduisit un système administratif efficace. Mais cet état de choses ne perdura pas lorsque son fils Philippe II accéda au trône. Dénué de la finesse de son père, ce dernier exploita sans scrupules les revenus du pays pour financer les guerres qu'il menait dans le Nouveau Monde. Il s'écoula plusieurs années avant qu'il ne visite le pays après son couronnement, en 1598. Les tensions refirent surface, et avec elles nombre de prétendants au trône. Pendant ce temps, les possessions portugaises d'outre-mer s'effritaient : les Hollandais s'étaient emparés de Ceylan (Sri Lanka) et de Malacca, ainsi que de certaines parties du Brésil, alors que les Anglais faisaient main basse sur Ormuz.

En 1640, le pouvoir dut affronter une violente révolte, le recrutement de Portugais par l'Espagne pour mater un soulèvement en Catalogne ayant mis le feu aux poudres. Soutenu par les Français, un petit nombre de nationalistes portugais évinça les occupants espagnols de Lisbonne et se choisit un nouveau roi, qui prit le nom de dom João IV. C'est ainsi que naquit la maison de Bragance, qui régna sur le Portugal jusqu'à l'avènement de la République, en 1910.

LA MAISON DE BRAGANCE

Le « nouveau » Portugal connut des débuts difficiles. Non reconnu par la plupart des autres pays européens, il souffrait aussi de la faiblesse de son souverain. Il fallut attendre le mariage de Catherine de Bragance avec Charles II d'Angleterre, en 1662, pour que soit scellée la première solide alliance avec une nation étrangère. L'Espagne ne reconnut le Portugal qu'en 1668, à la faveur du traité de Lisbonne, après avoir perdu une série de batailles frontalières. Dans l'inter-

valle, le Portugal poursuivait sa déchéance économique. Après avoir abandonné le commerce des épices aux Hollandais, le pays perdit ceux du sucre et des esclaves. Pourtant, le sort allait de nouveau lui sourire à l'aube du XVIIIe siècle, avec la découverte au Brésil de mines d'or et de pierres précieuses. Conséquence de ces revenus importants et réguliers : le riche art baroque envahit bientôt les palais, églises et monastères du pays.

S'inspirant sans vergogne de son homologue français, le Roi-Soleil, João V (r. 1706-1750) passa maître dans l'art de puiser dans les caisses de l'État. Le palais et le monastère de Mafra illustrent son extravagance et son désintérêt pour le coût de ses réalisations. Aussi libertin que dépensier, João eut par ailleurs plusieurs enfants avec des religieuses. Cependant, sous son règne, le commerce connut une forte expansion, grâce à l'administration de son Premier ministre, le visionnaire marquis de Pombal. Il n'est d'ailleurs pas surprenant que le nom de ce dernier soit demeuré plus profondément ancré dans les mémoires que ceux des souverains qu'il servit (à João V devait succéder son fils José Ier, qui se révélerait faible et inconséquent).

En 1755, les talents de Pombal furent mis à rude épreuve quand un violent tremblement de terre secoua Lisbonne. Quelque 5 000 personnes furent tuées sur le coup, et, pendant les semaines qui suivirent cette catastrophe, des dizaines de milliers d'autres succombèrent à la famine et à la maladie. Gardant la tête sur les épaules, Pombal veilla à ce que la capitale fût reconstruite en un temps record – qui plus est intelligemment. Le bel agencement du quartier de la Baixa atteste bien la pertinence de ses projets. À compter de ce jour, cet homme brillant imposa des réformes radicales en matière de taxation, d'administration et d'éducation. Il instaura des contrôles dans le domaine des échanges commerciaux et abolit le commerce portugais des esclaves. Pourtant, au fur et à mesure que grandissait le nombre de ses ennemis, Pombal se faisait plus despotique : il finit par dissoudre l'ordre des Jésuites et fit exécuter les nobles qui se rebellaient.

Ses jours allaient être comptés avec l'avènement au pouvoir, en 1777, de dona Maria Ire, qui réprouvait ses méthodes, et qui eut tôt fait de le

Le somptueux intérieur baroque de l'église São Francisco, à Porto, atteste la richesse des Franciscains au XVIIIe siècle.

faire juger et condamner. Très pieuse, mais mentalement fragile, la nouvelle souveraine présida aux destinées de son pays jusqu'en 1795, quand sa conduite de plus en plus imprévisible contraignit son fils João à prendre la relève. Cependant, ce dernier attendit le décès de sa mère, en 1816, pour ceindre la couronne. Son règne fut marqué par la guerre d'Espagne, nouvel épisode tumultueux de la mésentente du Portugal avec son ennemi de toujours.

LA GUERRE D'ESPAGNE

Après la Révolution française de 1789 et l'avènement de Napoléon, avide de pouvoir, l'Europe connaissait le chaos. En 1801, la France menaça d'envahir le Portugal s'il ne fermait pas ses ports aux Anglais – ce que les Portugais refusèrent, l'essentiel de leurs exportations étant destiné à l'Angleterre. C'est ainsi que les Espagnols, alors alliés des Français, envahirent le Portugal. Le traité de paix qui mit fin à la guerre des Orange concéda des terres aux Espagnols, condamnant les Portugais non seulement à ouvrir leurs ports aux Français, mais aussi à leur payer une indemnité.

Le duc de Wellington contribua à vaincre les troupes napoléoniennes.

Les choses empirèrent en 1807, quand le général Junot et ses troupes marchèrent sur Lisbonne. Ils manquèrent de peu de faire prisonnière la famille royale qui, suivant les conseils des Anglais, s'était réfugiée au Brésil, où elle demeura quatorze ans, malgré de nombreux rappels. Pendant cet exil, le Portugal fut administré par un gouverneur britannique, le général William Carr (futur vicomte Beresford), qui, épaulé par le fin stratège qu'était sir Arthur Wellesley (duc de Wellington), débarrassa le Portugal de ses envahisseurs. En effet, un ingénieux repli de Wellington sur les lignes fortifiées de Torres Vedras eut finalement raison des différentes attaques françaises, avant que les alliés ne remportent la victoire à la faveur de la bataille de Buçaco, en 1810.

Une fois de plus, le Portugal était au bord de la ruine, et la situation allait s'aggraver du fait de sa dette envers les Anglais qui lui étaient venus en aide. Il paya son tribut en autorisant l'Angleterre à commercer directement avec le Brésil, ce qui entraîna pour lui un important manque à gagner, mais fit la fortune de plus d'un Britannique. Pourtant, l'impopularité et l'inconduite du gouverneur Beresford allaient rapidement bouleverser la situation : en 1820, un groupe d'officiers portugais constitua des états généraux et rédigea une Constitution inspirée par le souffle de libéralisme qui balayait l'Europe.

LES TROUBLES ET LA RÉPUBLIQUE

Finalement, João VI se vit contraint de rentrer au Portugal. En 1822 – année de l'indépendance du Brésil –, il dut accepter la nouvelle Constitution qui prévoyait, notamment, l'élection d'une assemblée tous les deux ans par le suffrage mâle et l'abolition des privilèges tant des nobles que du clergé. Si le souverain apposa sa signature au bas de ce document, son épouse espagnole Carlota et son plus jeune fils Miguel refusèrent de l'entériner – suscitant ainsi des mouvements réactionnaires qui mirent des décennies à s'apaiser. Au décès de João VI, en 1826, deux camps s'affrontèrent avec, d'un côté, la population rurale qui soutenait les contestataires et, de l'autre, les trois grandes puissances (l'Espagne, la France et l'Angleterre) qui étaient en faveur des libéraux.

Pedro et Miguel, respectivement l'aîné et le dernier fils de João, se retrouvèrent ainsi dans des camps opposés, et les guerres miguelistes finirent par donner la victoire et la couronne au libéral Pedro. Ce dernier régna jusqu'en 1834, date à laquelle sa fille dona Maria II lui succéda, alors qu'elle n'était âgée que de 15 ans. À ce moment, le souffle révolutionnaire qui balayait le pays avait entraîné l'abolition des ordres religieux – une mesure qui n'avait rien d'anodin dans un pays aussi profondément attaché à la religion.

Il y eut d'innombrables affrontements entre les différents partis politiques émergents, et le pays connut une période de forte récession. Lorsque Luís Iᵉʳ, le fils de Maria, prit le pouvoir

À gauche, António de Oliveira Salazar passant en revue les troupes à destination des colonies africaines, en 1950. Il dirigea le Portugal d'une main de fer de 1932 à 1968.

en 1861, il héritait, grâce au Premier ministre Saldanha, d'une infrastructure modernisée, mais la situation économique était encore préoccupante. L'émigration progressait, entraînant une forte dépopulation des campagnes. Malgré tout, Luís, qui avait des goûts plutôt intellectuels, connut un règne paisible, qui favorisa la renaissance des arts, en particulier la littérature.

Si les conservateurs et les libéraux pratiquaient l'alternance au Parlement, la grogne sociale ne s'apaisait pas pour autant et se traduisit par la naissance d'un mouvement républicain nationaliste. La tension atteignit des sommets en 1908, quand Carlos (Charles) Ier et son fils aîné furent tués lors d'une tentative de renversement. Deux ans plus tard, un coup d'État militaire (réussi, celui-là) écarta du pouvoir Manuel II (le cadet de Manuel Ier), qui s'enfuit en Angleterre. C'est ainsi que naquit la république du Portugal.

Au cours des seize années qui suivirent, nonobstant le fait que le pouvoir était entre les mains du parti démocrate de gauche, il y eut pas moins de 45 changements de gouvernement, qui eurent pour corollaire l'affaiblissement des structures sociales et économiques du pays. Le chaos régnait du fait de la multiplication des factions politiques, des grèves menées par les syndicats, ainsi que d'intermittentes interventions militaires. La toute nouvelle république était à genoux quand un second coup d'État militaire, en 1926, propulsa à la tête du pays le général Óscar Carmona, dont le ministre des Finances était António de Oliveira Salazar. Six ans plus tard, ce dernier devenait Premier ministre – une fonction à laquelle il s'accrocha pendant trente-six ans.

LES ANNÉES SALAZAR

Salazar ne mit pas longtemps à révéler sa vraie personnalité. En 1933, il proclama l'« État nouveau », prenant en cela modèle sur le dictateur fasciste italien Mussolini. Il réprima violemment les oppositions, instaura la censure et fonda une

police d'État. Le pays connut alors des heures noires, pendant lesquelles il fut coupé du reste de l'Europe, n'entretenant de relations qu'avec son voisin et ennemi juré, l'Espagne (Salazar avait apporté son soutien au général Franco pendant la guerre civile espagnole, de 1936 à 1939). La résistance au niveau local prit la forme d'un parti communiste clandestin, qui ne perça jamais.

Pendant la Seconde Guerre mondiale, le loyalisme du Portugal fut mitigé. La tradition eût voulu qu'il accordât son soutien à l'Angleterre, son vieil allié, mais la sympathie de Salazar allait plutôt à Hitler. En fin de compte, Salazar se pré-

occupa surtout de son intérêt personnel, entretenant des relations commerciales avec les deux camps et profitant royalement de la situation. Malgré l'admission du Portugal en 1955 à l'Organisation des Nations unies, Salazar continuait de réprimer toute forme d'opposition. Le général Delgado, un candidat à la présidence qui se déclarait ouvertement contre la dictature, fut assassiné en 1965 par la police d'État. Toutefois, au crédit de Salazar, il convient de saluer des réformes économiques radicales qui, dans les années 1950 et 1960, entraînèrent une croissance annuelle de l'ordre de 7 à 9 %.

À gauche : En avril 1974, la révolution des Œillets renversait Marcelo Caetano.
Ci-dessus, au centre : Deux ans plus tard, Mário Soares était élu Premier ministre.

LA GENÈSE DU PORTUGAL MODERNE

Incapable de mener les réformes qui s'imposaient, Caetano fut renversé en 1974 à l'occasion de la révolution des Œillets – un coup d'État étonnamment paisible et sans la moindre goutte de sang versée, organisé par le Mouvement des forces armées qui regroupait de jeunes officiers déçus par la politique africaine de leur pays. Une semaine plus tard, des milliers de personnes descendaient dans la rue pour manifester leur soutien au nouveau gouvernement militaire de gauche. Il s'ensuivit deux ans de semi-anarchie, au cours desquels les colonies retrouvèrent leur indépendance – ce qui plongea nombre d'entre elles, tels le Mozambique, le Timor-Oriental et l'Angola, dans d'atroces guerres civiles. L'une des conséquences de ce chaos fut l'afflux de quelque 500 000 réfugiés des pays nouvellement libérés vers l'ancienne puissance colonisatrice – ce qui engendra de graves problèmes sociaux.

En 1976, le socialiste Mário Soares fut élu Premier ministre, et une nouvelle Constitution fut adoptée. Mais le vrai changement intervint en 1986, quand Soares devint le premier président civil du Portugal en soixante ans. Cette même année marqua l'adhésion du pays, après neuf longues années de négociations, à ce qui est maintenant l'Union européenne – une étape décisive dans la genèse du Portugal moderne. ■

Pendant ce temps, les colonies portugaises étaient spoliées et leurs populations exploitées. Il y eut des révoltes, souvent réprimées sans état d'âme, et les guerres, comme en Angola en 1961, mirent à mal tant l'économie que les hommes. Salazar, toujours plus paranoïaque et plus tyrannique, finit par être rattrapé par le poids des ans. En 1968, à l'âge de 79 ans, il fut frappé d'incapacité après l'effondrement de sa chaise longue – ce qui n'était pas la manière la plus élégante de se retirer. S'il s'accrocha à la vie deux ans de plus, les rênes du pouvoir passèrent aux mains de Marcelo Caetano.

La cuisine portugaise

L'EMPIRE PORTUGAIS REPOSAIT ESSENTIELLEMENT SUR LE COMMERCE DES ÉPICES – CE qui explique que la cuisine de ce pays affiche toujours ce trait typiquement oriental. On constate d'ailleurs une nette différence entre les cuisiniers espagnols et portugais, ces derniers craignant moins que les premiers de rehausser leurs préparations. C'est Vasco de Gama qui, le premier, contournant le cap de Bonne-Espérance et traversant l'océan Indien, ramena d'abord le poivre noir et d'autres épices des Indes, puis la noix muscade, le macis et le girofle d'Indonésie. Par la suite, les marchands les introduisirent au Mozambique et en Angola (alors colonies portugaises), ce qui donna parfois de curieux mariages…

Le poisson frais, que l'on trouve fréquemment sur les tables du Portugal (pays riche de 1 793 kilomètres de côtes), est préparé de multiples – et toutes savoureuses – façons.

Le *piri piri* (littéralement « poivre-poivre » en swahili) – mélange de piment écrasé et d'herbes aromatiques arrosé d'un trait de citron – est une préparation désormais légendaire qui enrobe les crevettes géantes de Maputo, mais aussi de multiples autres mets, de l'Afrique au Brésil.

On distingue nettement trois types de cuisine, correspondant au nord, au centre et au sud du pays. Dans les régions du Minho, du Trás-os-Montes et des Beiras, l'entrée quasi obligée est le *caldoverde*, une soupe nourrissante, composée de chou en lamelles, de pomme de terre, d'huile d'olive et de boudin. Un autre potage, du centre du Ribatejo, porte le très étrange nom de *sopa de pedra*, qui signifie littéralement « soupe de pierre ». Tirant son nom d'une légende, ce mets ne comprend bien entendu pas de pierre, mais réunit des haricots en grains, de la saucisse fumée et toutes sortes de légumes. Le *caldeirada de peixe* (matelote de poisson) est plus répandu dans les régions côtières, comme une de ses variantes, rehaussée de crustacés, connue sous le nom de *sopa de marisco*. En Algarve, on déguste l'omniprésente *cataplane* – un plat mijoté de fruits de mer, souvent additionné de dés de porc ou de poulet, et cuit dans un plat en forme de dôme évoquant les tajines marocains.

Le Portugal signa en 1353 avec l'Angleterre un traité qui lui garantissait des droits de pêche sur la morue, qu'elle peut, à juste titre, revendiquer comme son plat national. En revanche, il est plus difficile de croire, comme s'en vantent les Portugais, qu'il y a autant de façons de préparer ce poisson que de jours dans une année. Le porc est également très prisé, Coimbra se targuant du meilleur *leitao assado* (cochon de lait rôti) qui soit. Rien ne se perd dans le cochon : les rognons sont sautés et déglacés au porto blanc, la langue est fumée et transformée en saucisse, le *presunto* ou jambon fumé se déguste seul ou rehausse le *cozido*, un ragoût de viande et de légumes. Quant à la *dobrada*, un plat de la région de Lisbonne constitué de tripes et de haricots blancs, elle accueille aussi bien le jambon que les saucisses épicées du nom de *chouriço*. Porto offre la même spécialité, avec un trait de curry.

Le chevreau est également fort apprécié. Cette viande très parfumée est généralement rôtie. Le canard préparé en *arroz de pato* (riz de canard) est une divine spécialité de la région de Braga. Quant à la *feijoada*, un très classique ragoût composé de haricots, de bacon, de viande, de tomate, d'oignon et d'ail, elle satisfait les solides appétits des habitants du Nord et du Centre. Plus au sud, dans l'Alentejo, le *carne de porco a Alentejana* est un plat délicieux, mais étonnant, de porc mariné dans du vin et servi avec des palourdes. C'est d'ailleurs dans cette région que l'on goûte les plats les plus méditerranéens du pays, généralement préparés à l'huile d'olive et aux herbes aromatiques. Cette cuisine aussi riche que variée propose d'exquises soupes (appelées *açordas*) de roussette ou d'agneau, ou encore du *gazpacho* glacé à base de légumes. Sans compter les tourtes au poulet, les saucisses fumées, les fromages de chèvre et de brebis, le porc à la coriandre et autres plats d'agneau et de gibier.

La cuisine portugaise se distingue encore par une profusion de desserts délicatement parfumés, principalement à base de jaune d'œuf et de sucre. Cela s'explique par le fait qu'autrefois les vins rouges étaient clarifiés au blanc d'œuf. Les jaunes étaient donnés aux couvents, où les sœurs concoctaient des douceurs pour les fêtes religieuses. La rivalité entre les donataires eut l'heureuse conséquence de contribuer au très haut niveau des réalisations, chaque couvent essayant de se surpasser pour s'attirer les faveurs de bienfaiteurs. À l'heure actuelle, on compte près de 200 desserts typiques du pays, dont les noms – *toucinho do ceu* (lard du ciel) ou *barriga de freiras* (ventre de nonne) – évoquent leurs origines. La plupart sont des variantes de tarte à la crème fraîche ou pâtissière, de riz au lait ou de pud-

ding, de flan. L'Algarve est, quant à elle, la reine de la pâte d'amande. C'est aussi la seule région dont les pâtisseries, à base de figue, de miel et d'amande, trahissent une influence arabe. ■

Ci-dessus : Les habitués trinquent au ginjinha, une liqueur douce de cerise.
Ci-dessous : La cannelle, épice orientale, rehausse merveilleusement le riz au lait.

Les arts

LE PATRIMOINE CULTUREL PORTUGAIS EST EXCEPTIONNEL. L'ARCHITECTURE, LA SCULPTURE et les arts décoratifs en constituent les points forts, la peinture étant légèrement en retrait. Mais le Portugal excelle aussi en matière de littérature et de musique.

ARCHITECTURE ET SCULPTURE

Les premières constructions de l'homme au Portugal – dolmens, cromlechs et menhirs préhistoriques – sont vieux de 5 000 à 6 000 ans, et les exemples les plus impressionnants se trouvent dans l'Alentejo, non loin d'Évora. Plus tard, les Celtes érigèrent des *castros* (villes en hauteur) où ils bâtirent des huttes de pierre, généralement circulaires, aux toits de chaume. Cette architecture rudimentaire survécut pendant des siècles, jusqu'à l'arrivée des Romains et de leurs techniques révolutionnaires en matière de construction. C'est ainsi que le Portugal, point reculé de l'empire, connut la « vraie » architecture, qu'illustrent le temple et les bains d'Évora, les sols en mosaïque des villas de Conímbriga, ainsi que les impressionnantes fondations de Miróbriga.

Les Maures, au VIIIe siècle, marquèrent ensuite le pays de leur empreinte. Cependant, une fois de plus, le Portugal fut négligé en matière artistique, et la conception inégalée du dessin et du détail caractérisant les nouveaux envahisseurs ne s'épanouit pas ici autant que dans l'Espagne voisine. D'ailleurs, le pays ne recèle que de rares vestiges de cette époque, la plupart des édifices maures ayant été détruits pendant la Reconquête, qui se poursuivit sur de longues années. Certaines églises – notamment celles qui furent érigées sur les ruines d'anciennes mosquées – conservent des éléments de ces constructions. On trouve encore, ici et là, des arches ou une tour étrange témoignant de ce passé. Cependant, les régions méridionales du pays (l'Alentejo et l'Algarve) ont conservé leurs *mourarias* (vieux quartiers maures), avec leurs dédales de ruelles évoquant les médinas nord-africaines. Dans les villages, les patios et les petites fenêtres des maisons blanchies à la chaux trahissent bien une influence venue d'au-delà du détroit de Gibraltar. Un artisanat particulier – la céramique – s'est imposé localement. Les Portugais développèrent la technique de cuisson des carreaux vitrifiés héritée des Maures et en firent la griffe de l'art décoratif de leur pays (voir p. 72-73).

La lente *Reconquista* vit l'avènement, au XIe siècle, d'une nouvelle forme d'architecture, le gracieux style roman importé par les chevaliers français et les moines cisterciens. L'élégance, la pureté de ligne et la générosité des proportions des constructions romanes (souvent conçues par des architectes français) n'atteignit jamais au Portugal les mêmes sommets de complexité qu'en Espagne. De fait, le granit – la pierre la plus répandue dans le pays – était trop dur à travailler. Cependant, il constituait le matériau idéal pour l'érection de vastes et solides lieux de culte, qui devinrent par la suite des bastions de la résistance contre l'occupant islamique. La superbe cathédrale de Coimbra est un merveilleux exemple de ce courant architectural. Achevée en 1174, elle est très fortifiée, mais d'une grande simplicité. Plusieurs de ses éléments romans furent ultérieurement masqués par les ajouts de la Renaissance et des époques manuéline et baroque.

Le style roman, en parfaite adéquation avec la vie contemplative, se vit pourtant rapidement concurrencé par le gothique, plus stylisé, caractérisé par des arches pointues, des voûtes d'ogives et des absides octogonales, et par la sculpture de reliefs figuratifs ou décoratifs à laquelle se prêtait le calcaire, plus tendre que le granit. Ce courant s'imposa au XIIe siècle, parallèlement, parfois, au roman. On trouve au centre du Portugal de magnifiques constructions gothiques, tel le monastère cistercien d'Alcobaça (commencé en 1178, puis détruit et reconstruit au XVIIIe siècle), dont le cloître aussi serein que spacieux a été largement copié. Le travail du détail dans l'abbaye de Batalha traduit le style gothique plus complexe et plus flamboyant de la fin du XIVe siècle. À Lisbonne, le portail ouest du monastère des Jerónimos constitue quant à lui un véritable tour de force en matière d'artisanat de l'époque.

À l'instar des abbayes et des églises, les structures militaires du Portugal évoluèrent aussi, les châteaux plutôt dépouillés du Xe siècle devenant progressivement plus complexes et plus sophistiqués. Des dizaines de constructions de cette

Répétition de la Companhia nacional de bailado (Compagnie nationale de ballets) dans un gymnase royal du XVIIIe siècle.

nature furent érigées tout le long de la frontière avec l'Espagne, certaines étant même intégrées à des villes fortifiées sous le règne de Dinis Ier. Les donjons furent rehaussés, celui de Beja atteignant les 42 mètres. D'autres influences découlent des relations avec les pays d'Europe du Nord et d'Asie (par les Maures et les croisés). Celle des Templiers fut de loin la plus importante, comme l'attestent les proportions et les extravagances que l'on peut constater à Tomar ; celle des Hospitaliers fut plus discrète. Les châteaux gothiques des XIVe et XVe siècles trahissent un style venu de France, avec leurs mâchicoulis et leurs tourelles arrondies (comme à Santiago do Cacém), ainsi que leurs barbacanes (murs protecteurs situés en dehors de la structure principale, et moins hauts que celle-ci). Vers la fin du Moyen Âge,

certaines anciennes forteresses furent converties en résidences pour les rois et les nobles, et leurs intérieurs rendus plus accueillants par la pose de lambris et l'installation de cheminées.

Au fur et à mesure que les cathédrales croissaient et se multipliaient, l'art funéraire progressait, atteignant une fois de plus son apogée à Alcobaça, sur les somptueuses tombes des amants maudits Inês de Castro et dom Pedro (futur Pedro Ier le Justicier). Coimbra, Évora et Lisbonne devinrent des plaques tournantes en la matière, l'école de Batalha étant pour sa part fortement marquée par le maître sculpteur français Huguet. L'influence française imprégna aussi les statuaires d'église, très en vogue pendant l'ère gothique.

Jusqu'au règne de Manuel Ier (1495-1521), il n'existait pas d'architecture typiquement portu-

À Tomar, la forteresse et le monastère des Templiers furent gratifiés de magnifiques ajouts de style manuélin, tel le vitrail du chapitre, réalisé par Diogo de Arruda. Batalha s'enorgueillit d'une superbe embrasure de porte menant aux *capelas Imperfeitas*, sculptée par Mateus Fernandes. Le monastère des Jerónimos, de Belém, qui a bénéficié des apports de Diogo de Boitaca et de l'Espagnol Juan de Castilla, est une parfaite illustration du summum de l'art portugais de l'époque. Mais c'est la torre de Belém, œuvre de Francisco de Arruda, frère de Diogo, qui s'impose comme l'apogée de l'art manuélin, avec ses cordages entortillés, ses balcons ouverts et ses remparts en forme de bouclier. Le Palácio nacional de Sintra se distingue aussi par ses nombreux détails manuélins ; ses magnifiques châssis de fenêtres en pierre travaillée ont été reproduits dans nombre de manoirs du pays.

Au XVIᵉ siècle, ailleurs dans le sud de l'Europe, la Renaissance gagnait du terrain, imposant un style italien, plus proportionné et plus réaliste. Ce courant mit longtemps à gagner le Portugal et, une fois de plus, un étranger en fut l'instigateur : de Coimbra à Lisbonne, les églises portent la marque du prodigieux sculpteur français Nicolas Chanterène, dont les compatriotes Jean de Rouen et Houdart perfectionnèrent l'art de la statuaire religieuse et des bas-reliefs. Entre-temps, l'architecture portugaise conservait un certain classicisme, comme on peut le constater au travers des œuvres de Miguel de Arruda, à Batalha, ou de l'Espagnol Diogo de Torralva, qui réalisa les grands cloîtres de Tomar.

Sous la domination espagnole et pendant l'Inquisition (1580-1640), l'architecture afficha un style plus réfléchi, appelé maniérisme, sous l'influence d'Italiens comme Filippo Terzi. Mais, à la fin du XVIIᵉ siècle, le baroque (du portugais *barroco*, « perle irrégulière ») s'imposait en contrepoint de tous ces courants. Il caractérisera l'art portugais pendant les deux siècles suivants. Les Espagnols ayant été repoussés dans leurs frontières et les mines du Brésil fournissant à l'envi l'or et les pierres précieuses, le Portugal connut un regain de confiance et d'optimisme. Les intérieurs s'ornèrent d'une profusion de bois sculpté

gaise, formes et techniques étant toutes importées. Le paysage changea radicalement avec l'évolution du style manuélin, l'expression artistique portugaise la plus exubérante qui soit et qui traduit bien le regain de confiance nationale. À mesure que grandissait l'influence du Nouveau Monde avec le développement des expéditions lointaines, les cordages entortillés, les nœuds marins, les ancres, les coquillages, les textures coralliennes et les sphères armillaires devinrent des motifs de choix qui se répandirent aussi bien dans les abbayes et les églises que dans les palais. Les arches relativement dépouillées des cloîtres romans ou gothiques évoluèrent en des œuvres d'une délicatesse évoquant la dentelle et encadrèrent portes et fenêtres dans une symphonie de pierre taillée.

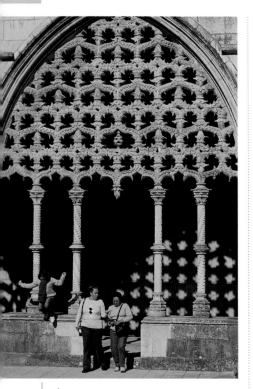

À Batalha, les gravures dans la pierre créent des jeux d'ombre et de lumière.

et doré, tandis que l'architecture abandonnait la symétrie classique pour davantage de fluidité, de complexité, d'extravagance et d'ornementation. Les assemblages de chérubins, de feuillages et de lignes sinueuses sculptées et dorées *(talha dourada)* ornaient tantôt des manteaux de cheminée, tantôt des panneaux ou des encadrements, tandis que les céramiques vitrifiées *(azulejos)* figurant des oiseaux, des fleurs, des personnages, des scènes urbaines ou religieuses habillaient les murs des églises et des manoirs.

Quoique très répandu à travers le pays, le baroque a surtout atteint des sommets dans la partie septentrionale, comme l'atteste l'église São Francisco, de Porto. À compter de 1725, cette ville devint le fief du Toscan Niccolò Nazzoni, l'architecte baroque le plus intéressant et le plus prolifique, auquel on doit de nombreux monuments d'une grande élégance, dont l'Igreja dos Clérigos, en forme d'ellipse, ou le Palácio de Mateus, qui se distingue par ses belles propor-

tions. Braga s'imposa aussi comme un havre de créativité, illustré, quoique tardivement, par le somptueux escalier métaphorique de Bom Jesus. Le Nord vit encore une prolifération de jardins baroques, comme à Mateus et à Braga, et toutes les villes de cette région arboraient leur part de manoirs de style. Sous le règne de João V (r. 1706-1750), passionné par les arts, de nombreux artistes et architectes étrangers débarquèrent au Portugal, où ils furent dûment commissionnés. On doit ainsi à l'Allemand Johann Friedrich Ludwig et au Hongrois Carlos Mardel le palais de Mafra – qui, somme toute, penche davantage vers le rococo que vers le baroque.

Une nouvelle architecture – le style « pombalin » – s'imposa après le terrible tremblement de terre qui dévasta Lisbonne en 1755. En effet, lorsqu'il s'attela à planifier la reconstruction de la capitale en ruine, le Premier ministre d'alors, le marquis de Pombal, préféra aux édifices baroques des portiques et des colonnades néoclassiques, plus sobres. Le Palácio de Queluz à Sintra, conçu par Mateus Vicente de Oliveira, illustre ce style, bien que son intérieur richement décoré soit à mettre au crédit de l'architecte français Jean-Baptiste Robillon. Le néoclassicisme demeura en vogue jusqu'au XIXe siècle, promu à Porto par la communauté des influents marchands de porto anglais, plutôt conservateurs.

Cependant, quoique latent, le désir de fantaisie demeurait bien présent et, aux alentours de 1850, l'éthique romantique céda peu à peu le pas à la mode néo-manuéline. Les exemples les plus parlants en la matière se trouvent à Sintra, où les riches aristocrates n'hésitèrent pas à satisfaire leurs caprices. Le fantasque Palácio da Pena du prince Ferdinand de Saxe-Cobourg est un des exemples les plus extraordinaires de telles réalisations. Son équivalent dans le Nord est l'opulent palais de Buçaco, dont l'achèvement coïncida pourtant avec la fin de la monarchie, et qui fut transformé en hôtel. La mode « néo » faisait rage, gagnant même la gare ferroviaire du Rossio, à Lisbonne, qui opta ainsi pour le « néo-mauresque ». Au début du XXe siècle, ces formes se marièrent avec les courbes et les motifs inspirés de l'Art nouveau, mais s'effacèrent rapidement devant le style Art déco, plus dépouillé et plus géométrique, magnifiquement illustré par la Casa de Serralves, à Porto.

Aujourd'hui, l'architecte le plus en vue du Portugal est Álvaro Siza Vieira (né en 1933). Basé

Le pavillon portugais du parque das Nações, construit par Álvaro Siza Vieira pour l'Expo 98, offre un spectacle saisissant. Son toit descendant en piqué semble défier les lois de la gravité.

à Porto, il se réclame de l'école de son maître Fernando Távora (né en 1923). Privilégiant une approche puriste de l'architecture et le respect du site – il est en cela en communion d'esprit avec ses autres confrères de renommée mondiale –, il ponctue ses réalisations d'exploits techniques époustouflants. On citera à ce titre le majestueux toit en piqué du pavillon portugais qu'il réalisa en vue de l'Expo 98 à Lisbonne. C'est à ce même architecte que l'on doit les vastes salles d'exposition de la fondation Serralves, à Porto, ainsi que le plan d'ensemble de la reconstruction du Chiado, suite à un incendie en 1988. La génération suivante compte un autre architecte de Porto, Eduardo Souto de Moura (né en 1952), ancien collaborateur de Siza qui fut chargé de la construction du stade de Braga en 2003, ainsi que João Luís Carrilho da Graça, qui conçut le pavillon de la Mer, aux strictes formes géométriques, dans le cadre de l'Expo 98, et qui opère souvent en Italie. La génération montante est

menée par Bernardo Rodrigues (né en 1972), Promontório Arquitectos (une association de 5 architectes, fondée en 1990) et S'A Arquitectos (jeune équipe travaillant entre Lisbonne et Barcelone), qui privilégient tous le style minimaliste. Il est encore trop tôt pour savoir si l'architecture portugaise opérera un retour vers le style décoratif prisé par les habitants de ce pays, mais il est certain que cet art ne restera pas figé.

LA PEINTURE

Prenant naissance au XVᵉ siècle, la peinture portugaise fut longue à se débarrasser des influences étrangères (espagnole, française, italienne et surtout flamande), et les peintres nationaux ne se sont jamais illustrés par une école ou un style particuliers. Parmi les artistes les plus connus, le peintre primitif du XVᵉ siècle Nuno Gonçalves se distingue tout particulièrement. Son polyptyque *Adoration de saint Vincent* (exposé au Museu Nacional de Arte Antiga, à Lisbonne) est

Un détail du polyptyque de Nuno Gonçalves ayant pour thème l'adoration de saint Vincent (1460-1470) représente, sur la droite, le prince Henri le Navigateur.

un grand classique de l'époque. Au XVIᵉ siècle, Vasco Fernandes (connu comme « Grão », ou le Grand) et Gaspar Vaz, tous deux de Viseu, ainsi que Jorge Afonso, de Lisbonne – qui fut nommé peintre à la cour en 1508 –, assurèrent la relève. Aussi étonnant que cela puisse paraître pour l'époque, ce fut une femme qui releva le flambeau au XVIIᵉ siècle : Josefa de Óbidos (1634-1684) éblouissait ses mécènes par ses portraits avenants et ses natures mortes. Domingos Vieira, un de ses contemporains, se distingua quant à lui par ses remarquables portraits de famille.

Au siècle suivant, Domingos Antonio de Sequeira (1768-1837) et Francisco Vieira (1765-1805) étudièrent à Rome – un signe des temps. Sequeira participa activement à la décoration du palais Adjuda avant d'être contraint à l'exil. Cette période accusa une sorte de vide artistique, caractérisé par une certaine dérive, tandis que le naturalisme prenait le pas sur le romantisme. Le monde de la peinture fut dominé au XIXᵉ siècle par Columbano Bordalo Pinheiro (1857-1929), dont le frère Rafael était le remarquable céramiste de Caldas da Rainha. Amadeo de Souza Cardoso (1887-1918), qui le suivit, produisit pendant sa courte vie une série d'œuvres cubistes et expressionnistes, après avoir embrassé la vie de bohème des habitués de Montparnasse.

La libre expression étant fortement réduite sous le régime Salazar, les artistes abstraits du milieu du XXᵉ siècle n'eurent quasiment aucune audience. Comme on pouvait s'y attendre, Maria Helena Vieira da Silva (1908-1992), qui excellait en la matière et jouissait d'une grande renommée, vivait à Paris. Installée à Londres, Paula Rego (née en 1935) se fit connaître par ses œuvres figuratives et imaginatives illustrant des métaphores et des causes féministes. Elle eut les honneurs du Tate Museum de Londres en 2004 et expose régulièrement au Portugal.

Dans les années 1980, une nouvelle vague d'artistes, dont Julião Sarmento (né en 1948) et Pedro Cabrita Reis (né en 1956), fut propulsée sur le devant de la scène internationale, grâce à ses superbes réalisations incorporant des matériaux nouveaux et repoussant au maximum les limites de la peinture. Depuis, la photographie et les technologies nouvelles ont acquis leurs lettres de noblesse et sont très prisés des jeunes talents. Cependant, on assiste, ici comme ailleurs, au grand retour de la peinture.

LE DESIGN

Au Portugal, les arts décoratifs revêtent la même importance au XXIᵉ siècle que jadis, et de gros efforts ont été consentis depuis les années 1990

Maria Helena Vieira da Silva, l'une des artistes modernes les plus renommées du Portugal, a développé un style abstrait. Ici, une toile exposée au théâtre Gérard-Philipe, à Saint-Denis.

pour faire connaître les protagonistes portugais en la matière. Le Centro Português de Design joue un rôle de coordination, tandis que l'École des arts appliqués de Caldas da Rainha, capitale de la céramique, dispense les meilleurs cours de design et d'architecture d'intérieur. En 1999, Experimenta, un collectif de Lisbonne, a présenté la biennale européenne du design la plus innovante qui soit. Cette manifestation, très prisée, a permis de faire connaître les jeunes talents portugais aux professionnels du monde entier. Le Moda Lisboa Design, événement de moindre envergure, se tient à l'occasion de la Semaine de la mode, qui a lieu deux fois par an à Lisbonne. Ajoutez, pour compléter ce panorama, le rôle didactique du Museu do Design, de Belém.

Les céramiques contemporaines de Cela Mansos et d'autres artistes sont exposées au Museu nacional do Azulejo (musée national de la Céramique) de Lisbonne.

Parmi les noms méritant d'être suivis, citons Fernando Brízio, Miguel Vieira (qui conçoit des décors absolument spectaculaires dans le cadre de la Semaine de la mode de Lisbonne), Catarina Nunes, Carina Martina, Naulila Luís, Pedro Cruz, Ricardo Mealha et Ana Cunha. La préférence de ces artistes va aux objets de céramique et de verre, mais des matériaux moins usuels comme le liège (très répandu dans la région d'Alentejo), l'acier et le plastique sont de plus en plus employés, tandis que le recyclage humoristique se forge tranquillement une place.

Si le design post-contemporain, très médiatisé, est prisé en matière de décoration hôtelière, les arts portugais classiques ne sont pas pour autant écartés. Les ateliers du museu de Artes Decorativas de Lisbonne jouent un rôle clé dans la transmission et la préservation de techniques artistiques complexes, tandis que l'artisanat plus basique perdure dans certains villages, dont il constitue la principale source de revenus, notamment dans l'Alentejo et le centre du pays.

LA MODE

En matière de mode, le nom d'Ana Salazar, alter ego portugais de Vivienne Westwood, est longtemps resté sur les lèvres. Cette grande dame de la haute couture portugaise a débuté sa carrière en 1970, en organisant les premiers défilés de l'ère post-révolutionnaire. Depuis qu'elle a lancé sa marque en 1978, elle a obtenu de nombreuses récompenses, ouvert une boutique à Paris et présenté, tant dans cette ville qu'à New York, des collections souvent controversées. C'est également elle qui a dessiné et fabriqué sous licence les uniformes de la police nationale de son pays.

S'inspirant d'un exemple aussi radical, la mode portugaise ne peut qu'être extrême. De fait, elle se distingue par sa flamboyance et sa fantaisie, frisant parfois l'extravagance. Fátima Lopes, José António Tenente, Anabela Baldaque, Dino Alves, Lidija Kolovrat, Alexandra Moura et le tandem Manuel Alves/José Manuel Gonçalves feront très certainement parler d'eux. Des événements tels que le Moda Lisboa (Semaine de la mode), à Lisbonne, servent de vitrine aux créations de ces artistes et confortent leur répu-

tation. D'un point de vue purement industriel, cependant, le domaine du prêt-à-porter est largement surpassé par celui de la chaussure, le Portugal s'imposant derrière l'Italie comme le deuxième producteur en la matière, avec quelque 100 millions de paires annuellement.

LA MUSIQUE

Le fado (voir p. 60-61), « blues » local et musique nationale du Portugal, a fait connaître au monde entier de nombreux chanteurs portugais, d'Amália Rodrigues et Madredeus à Mariza et Kátia Guerreiro, au xxie siècle.

Cependant, d'autres expressions musicales sont aussi répandues, la passion des Portugais pour la chanson et la poésie remontant aux troubadours du xiiie siècle. Ainsi, les chants à connotation politique *(canção de intervenção)*, dénonçant les abus du pouvoir, connurent leur

heure de gloire sous le régime totalitaire de 1926 à 1974. José Afonso (1929-1987) fut l'un des chantres de cette forme d'expression. Ce style de musique populaire, jusqu'alors inédit, se distinguait par ses messages politiques et sociaux, les textes étant souvent l'œuvre des chanteurs eux-mêmes. Les mélodies, dictées par la tonalité des mots, renforçaient le sens des paroles. Elles étaient inspirées de la musique traditionnelle portugaise, de la chanson française des années 1960, des rythmes africains et de la musique populaire brésilienne. Vers la fin des années 1970, le climat révolutionnaire s'apaisa, et les poètes, compositeurs et chanteurs durent se recomposer des rôles. Très rapidement, des groupes de rock se formèrent, imposant une version locale de ce type de musique.

Ce dernier quart de siècle a été marqué par la recherche de nouveaux courants, dictés par la médiatisation et les desiderata du public. On peut sans trop risquer la contradiction affirmer que le quintette Madredeus se distingue depuis le milieu des années 1980 par son excellence. Ce groupe a en effet développé une musique unique, faite de fado et de musique folk portugaise moderne. Ainsi nommé en hommage au couvent de l'est de Lisbonne qui accueillait ses répétitions (le local est désormais annexe du Museu do Azulejo), le groupe Madredeus s'est progressivement fait connaître par la voix envoûtante de sa chanteuse encore adolescente, Teresa Salguiero. Son album *Os Dias da Madredeus*, paru en 1987, marqua un grand tournant dans l'histoire de la musique portugaise et, suite à une tournée mondiale, fit retentir aux quatre coins du globe les accents du portugais et les échos du fado. Du fait de désaccords entre les musiciens, le groupe fut remanié, mais son album suivant

La talentueuse et charismatique Mariza incarne le fado nouvelle vague.

(sorti en 1997) ne comprenait pratiquement pas de fado. Quoique très mélodieux, son dernier disque en date, intitulé *Amor infinito* (paru en 2004), n'a plus grand-chose de commun avec la musique qui avait tant séduit le cinéaste Wim Wenders pendant le tournage de *Lisbon Story*.

Le jazz a aussi gagné en popularité, attirant davantage de musiciens et de public. Telectu, un tandem composé d'un pianiste et d'un guitariste, est l'une des formations phares. D'autres genres musicaux – en particulier ceux inspirés des anciennes colonies africaines – prospèrent à Lisbonne, et les rythmes étrangers comme le rap ou le hip-hop sont désormais bien implantés dans le pays. Originaire de l'ancienne colonie portugaise du Cap-Vert, Cesária Évora doit sa réputation internationale au *morna* (un style de blues mélancolique) caractéristique de son pays, qu'elle chante sur un rythme vibrant. Les quatre accordéonistes de Danças Ocultas représentent le courant ethno-folk, avec leurs mélodies enveloppantes jouant sur les émotions. La musique contemporaine savante n'est pas en reste. Ainsi Orchestrutopica crée-t-il les œuvres de nombreux jeunes compositeurs. D'autres groupes pop, tel The Gift, conjuguent musique et théâtre dans des spectacles fascinants.

LA LITTÉRATURE

Comme la musique, la poésie – en particulier les œuvres à connotation métaphysique – va droit au cœur des Portugais, ce qui explique qu'elle soit la forme littéraire la plus prisée. À l'instar du cinéma, la littérature portugaise du XXe siècle est dominée par une figure unique, celle de Fernando Pessoa. D'un point de vue historique, l'équivalent portugais de William Shakespeare est Luís Vaz de Camões (Camoens, 1525-1580); il est en effet l'auteur d'une épopée, *Os Lusíadas (Les Lusiades)*, qui retrace la glorieuse expédition de Vasco de Gama aux Indes en 1497. Contrairement à ce que l'on pourrait subodorer, l'histoire ne relève pas de la seule imagination de Camões, qui s'est inspiré de ses propres voyages à Goa et au Maroc pour construire un récit sur le modèle de *L'Odyssée* d'Homère.

Almeida Garrett (1799-1854) est un autre poète très célèbre et très apprécié, de l'époque romantique, connu pour ses pièces et romans à caractère politique, dont *Viagens na minha terra (Voyages dans mon pays)*. Son contemporain Alexandre Herculano (1810-1877) fut un activiste qui passa de longues périodes d'exil en Angleterre et en France, et dont les romans historiques connurent un grand succès. José Maria Eça de Queirós (1845-1900), qui importa le réalisme dans la littérature portugaise, est surtout connu pour son fameux roman *O Crime do padre Amaro (Le Crime du padre Amaro)*.

Au XXe siècle, c'est le grand poète lisboète Fernando Pessoa (1888-1935) qu'on lisait le plus. Parlant couramment anglais du fait de son enfance passée en Afrique du Sud, il se consacra à la poésie dès l'adolescence. Bien qu'il menât la vie monotone d'un traducteur officiel, son esprit tourmenté regorgeait d'idées. Il faisait partie du mouvement avant-gardiste de Lisbonne, fonda plusieurs journaux littéraires et introduisit dans son pays les principes du futurisme et du surréalisme. Usant de quatre pseudonymes, il publiait abondamment, mais son génie ne fut reconnu qu'après son décès prématuré (dû à une cirrhose). *O Livro do desassossego (Le Livre de l'intranquillité)* est une compilation de ses notes pleines d'angoisse, conservées dans une malle pendant sa triste et solitaire existence.

José Saramago (né en 1922), qui a obtenu en 1978 le prix Nobel de littérature, demeure l'écrivain le plus réputé du Portugal. Au nombre de ses œuvres parfois un peu oppressantes, mêlant le réalisme et le fantastique, figurent des pièces de théâtre, de la poésie, des nouvelles, des essais et des romans. Cet écrivain connut la gloire à la faveur de son ouvrage *Memorial do convento (Le Dieu manchot)*, une histoire d'amour ayant pour cadre le couvent de Mafra pendant sa construction, au XVIIIe siècle. En 1991, son *O Evangelho segundo Jesus Cristo (L'Évangile selon Jésus-Christ)*, qui dépeignait le Christ comme un être humain normal, faillible, doutant de lui-même et obéissant à des pulsions sexuelles, scandalisa l'Église du Portugal – au point qu'il dut s'exiler, cette fois à Lanzarote, dans les Canaries.

António Lobo Antunes (né en 1942) est un autre écrivain contemporain mondialement connu. Ses romans noirs, qui examinent en profondeur les relations humaines, présentent souvent des éléments historiques, mais trahissent aussi son expérience de la guerre et des troubles psychiatriques. On lui doit en particulier d'excellentes études psychologiques, comme dans *Explicação dos pássaros (Explication des oiseaux)*. Autres auteurs dignes d'intérêt : Lídia Jorge, José Cardoso Pires, Hélia Correia, ainsi que le très célèbre philosophe-essayiste Eduardo Lourenço (1923), dont la *Mitologia da saudade (Mythologie de la saudade)* fait aujourd'hui école.

LE CINÉMA

Le nom de Manoel de Oliveira (né en 1908) domine, à lui seul, le cinéma portugais. Originaire de Porto, ce maître reconnu, qui est aussi le cinéaste le plus âgé du monde, a été le témoin de toute l'histoire du film depuis son premier métrage muet, en 1928, jusqu'à sa dernière œuvre, qui date de 2004. Étonnant de vitalité et de talent, il peut s'enorgueillir d'une production exceptionnelle, avec une moyenne d'un film par an ces vingt dernières années. Oliveira a travaillé avec une multitude d'acteurs plus célèbres les uns que les autres, de Marcello Mastroianni à Michel Piccoli, en passant par Irène Papas, John Malkovich ou Catherine Deneuve. Ses films sont régulièrement présentés lors de manifestations prestigieuses, tels les Festivals de Cannes et de Venise, les derniers en date étant *O Principio da incerteza (Le Principe de l'incertitude)*, en 2002, et *O Quinto Império (Le Cinquième Empire)*, en

2004. La réputation d'Oliveira a franchi l'Atlantique, puisqu'il est fort connu aux États-Unis, des rétrospectives de son œuvre ayant été présentées au Festival du film de Los Angeles (en 1992), à la National Gallery of Art, à Washington (en 1993), au Festival du film de San Francisco et au Cleveland Museum of Art (en 1994).

João César Monteiro (1939-2003), une autre figure du cinéma national, initia le courant « nouveau cinéma portugais » dans les années 1960, mais ne perça vraiment que dans les années 1970. Considéré comme l'un des metteurs en scène européens les plus originaux, il produisait des films provocateurs où s'affrontaient le sublime et le graveleux. Parmi ses dernières œuvres, *As Bodas de Deus (Les Noces de Dieu)*, en 1998, *Branca de Neve (Blanche-Neige)*, en 2000, et *Vai e Vem (Va et Vient)*, en 2003, qui

« Éventualité de l'impossible, rêves et illusions sont les thèmes de mes romans. » José Saramago, prix Nobel de littérature.

Le célèbre et très prolifique metteur en scène Manoel de Oliveira – ici en 2001, à 93 ans – continue de faire des films. Sa production n'a cessé de s'enrichir ces dernières années.

fut présenté au Festival de Cannes en 2004. *A Comédia de Deus (La Comédie de Dieu)*, en 1995, lui valut le Grand prix spécial du jury au Festival du film de Venise.

Pour ce qui est du financement, le cinéma portugais ne survit que grâce à de substantielles subventions de l'État et aux importants investissements des chaînes de télévision locales. Le marché national est, on s'en doute, relativement restreint, le pays comptant tout au plus 400 salles de projection. Par ailleurs, le cinéma portugais ne s'impose pas de manière significative sur le plan international. Un film est considéré comme une réussite lorsqu'il attire plus de 150 000 spectateurs – et rares sont ceux qui atteignent ce seuil. Cependant, l'un d'entre eux connut effectivement un succès sans précédent. Il s'agit de *Tentação*, une œuvre de Joaquim Leitão (né en 1956) sortie en salle en 1997, qui traite d'une histoire d'amour entre un prêtre et une junkie dans le Portugal profond. C'est Joaquim de Almeida, l'acteur portugais le plus célèbre du moment, qui y tient la vedette. Parmi la jeune génération, Teresa Villaverde (née en 1966) mérite tout par-

ticulièrement l'intérêt. Après avoir débuté une carrière de comédienne dans *A Flor do Mar (Fleur de mer)*, de César Monteiro, en 1986, elle s'est imposée comme metteur en scène dans les années 1990. Ses films, généralement angoissés et angoissants, présentent des adolescents en conflit avec la société. L'un de ses succès, *Três Irmãos (Deux Frères, une sœur)*, valut à Maria de Medeiros le prix d'interprétation féminine au Festival du film de Venise 1994.

On ne saurait parler du cinéma portugais sans évoquer deux films très denses et très impressionnants, consacrés à Lisbonne, réalisés par des cinéastes étrangers. *Dans la ville blanche* (1983), du Suisse Alain Tanner, plonge Bruno Ganz et Teresa Madruga dans une quête du temps et de la folie, avec pour toile de fond une capitale portugaise délabrée. *Lisbon Story* (1994), de Wim Wenders, accède quant à lui au rang de véritable chef-d'œuvre, avec pour thème le son. Ce film tourné à proximité de l'Alfama évoque le groupe Madredeus et ses voix mélancoliques ; il bénéficie par ailleurs de l'extraordinaire présence à l'écran de Manoel de Oliveira. ■

Les sept collines de Lisbonne délimitent parfaitement les quartiers de cette capitale estuarine, qui mêle vastes avenues et ruelles tortueuses, tradition et avant-garde, passé et présent – le tout conjuguant envoûtement et art de vivre.

Lisbonne

Des trams d'époque gravissent toujours les collines de Lisbonne.

Lisbonne

Postez-vous sur les rives du Tage et savourez l'air marin de l'Atlantique – vous aurez l'impression d'être à la frontière de l'Europe. De fait, Lisbonne (Lisboa) a davantage subi l'influence des anciennes colonies portugaises d'outre-mer que celle de ses voisins immédiats. La capitale se distingue surtout par son architecture harmonieuse – résultat de la reconstruction imposée par un terrible tremblement de terre en 1755. S'il dévasta la ville, le séisme épargna son monument le plus important, le monastère des Jerónimos, qui date du xvie siècle. Depuis lors, Lisbonne n'a cessé d'évoluer.

Outre des attractions culturelles uniques, Lisbonne propose des restaurants à la fois excellents et accessibles, des rues animées, un service de tram efficace, mais aussi de nombreuses possibilités d'escapades dans la nature. Sa situation en front de mer contribue à la beauté des multiples vues qu'offrent les *miradouros* (points de vue) et les tours situés sur les hauteurs. L'impression d'es-

pace est renforcée par la présence de deux ponts spectaculaires : le pont 25 de Abril et le pont Vasco da Gama. Ce dernier, long de 17 kilomètres – un véritable tour de force technologique –, se fond dans l'horizon.

Le centre de la Baixa, le Chiado, le Bairro Alto et l'Alfama sont les quartiers les plus intéressants pour les touristes. Plus à l'ouest, Belém constitue

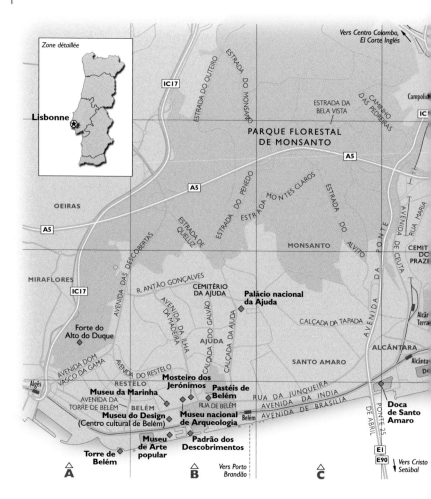

une étape obligée, avec sa tour, son monastère et ses nombreux musées ; à l'est, le long du Tage, le parque das Nações (parc des Nations) est moins envoûtant, mais idéal pour les sorties familiales – et les pauses. Le musée Calouste Gulbenkian, le Musée national de l'Azulejo et le Musée national d'Art ancien méritent également le détour.

Cependant, la vie à Lisbonne ne se limite pas aux musées. Aventurez-vous dans le parc de Monsanto, vaste et boisé. Flânez le long des allées du Chiado et de la Baixa ; originellement pavées par des prisonniers au XIXᵉ siècle, elles sont constituées de basalte et de calcaire, et reproduisent des figures étonnantes. Goûtez, le temps d'une soirée, le riche héritage musical et la vie nocturne animée de Lisbonne. Et, pour un voyage hors du temps, rejoignez les allées et les espaliers bordés de bougainvilliers de l'Alfama, le plus vieux quartier, dominé par les ruines d'un château mauresque. ∎

Ouvert en 1998, le pont Vasco da Gama enjambe le Tage, à Lisbonne. C'est le plus long pont d'Europe (17 kilomètres).

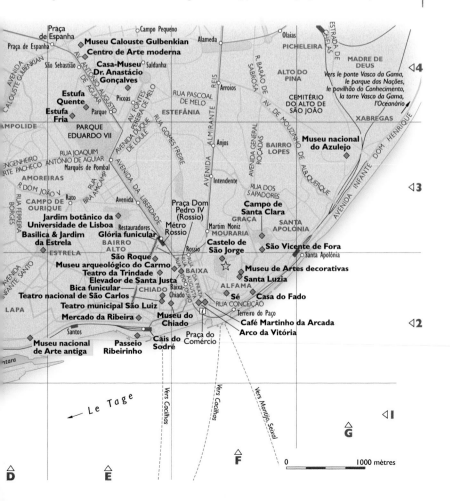

La Baixa et les quais

LE CENTRE COMMERCIAL DE LISBONNE EST BORDÉ PAR DEUX PLACES : la praça dom Pedro IV (place Pierre-IV), ou Rossio, et la superbe praça do Comércio (place du Commerce), qui donne sur le fleuve. De là, vos pas vous guideront vers les quais qui sont, depuis leur rénovation, la destination nocturne la plus prisée de la capitale.

Baixa
🗺 51 F2
Informations touristiques
www.visitlisboa.com
✉ Lisboa Welcome Center, praça do Comércio
☎ 21 031 2810

Mercado da Ribeira
✉ Avenida 24 de Julho
☎ 21 031 2600
🕐 Fermé le dim. soir

Excursions en bateau sur le Tage
Départ du quai Alcantara tous les jours à 15 h 30
☎ 21 882 0348 20
💶 €€€
Embarquement possible au niveau de la praça do Comércio

La vue du haut de l'elevador de Santa Justa balaie la Baixa jusqu'au castelo de São Jorge (château Saint-Georges), qui surplombe l'Alfama.

Après le tremblement de terre de 1755 qui toucha plus particulièrement la Baixa, le marquis de Pombal ordonna la reconstruction de bâtiments relativement simples pour l'hébergement des ouvriers. Le plan d'aménagement divisa le quartier en deux parties (nord et sud) par la rua Augusta, et les rues furent nommées d'après les différents commerces. Dans la rua do Ouro (rue de l'Or) se trouve l'**elevador de Santa Justa**. Ce funiculaire, une construction métallique haute de 45 mètres et datant de 1902, permettait d'accéder directement au Chiado par une allée qui est désormais fermée. On peut néanmoins toujours faire l'ascension de la tour, qui offre un point de vue extraordinaire. Plus fonctionnel, l'**elevador Gloria**, juste au nord de la gare du Rossio, vous mènera au Bairro Alto.

Désertée par les artisans, la rua Augusta est aujourd'hui une rue piétonnière, dont les pavés noirs et blancs longent des banques, des cafés et des boutiques de mode. Elle finit au sud à l'**arco de Vitória**, une arche imposante qui encadre la vaste **praça do Comércio** et ses arcades. Là se situent le Palacio da Ribeira, ancien palais royal abritant aujourd'hui des ministères, ainsi que le *Welcome Center*, l'office du tourisme de Lisbonne. La statue équestre de dom José Iᵉʳ domine le lieu non loin de la terrasse du **café Martinho da Arcada**, qui fut autrefois l'antre du poète Fernando Pessoa (voir p. 46-47). L'endroit est tout indiqué pour un rapide *bica* (espresso).

De là, les quais rénovés bordant le Tage s'étendent vers l'ouest au-delà d'Alcantara et vers l'est jusqu'à Santa Apolónia (les quais toujours en service se trouvent plus loin). Les silos reconvertis n'abritent plus des marchandises exotiques en provenance des colonies portugaises, mais des restaurants et des night-clubs, ainsi que des boutiques de mode. Il n'y a rien d'étonnant, donc, à ce que les embouteillages soient ici plus denses le dimanche matin qu'à toute heure de pointe en semaine.

La structure bombée de métal et de verre que longe cette bande de terre est le **mercado de Ribeira**, les halles de Lisbonne, datant de 1876. Les étages supérieurs, destinés aux touristes, proposent de l'artisanat, des spécialités, ainsi que des spectacles de musique et de danse. Tous les dimanches, le lieu se transforme en brocante. De l'autre côté de la rue principale, le **cais de Sodré** voit converger les lignes d'autobus, de train, de tram, de métro et de ferry, et partir les trains pour Estoril et Cascais, ainsi que le ferry pour Cacilhas. De là, il est impossible de ne pas voir le **Cristo Rei**, la statue du Christ, sur l'autre rive. Érigée en 1959, elle domine la ville de ses 110 mètres, tel son homologue de Rio de Janeiro. On peut prendre l'ascenseur qui mène au sommet de la statue (*Almada, Cacilhas*, ☎ 21 275 1000, €€), d'où l'on jouit d'une magnifique vue sur la ville et, vers le sud, sur la péninsule de Setúbal.

De retour sur la rive droite, appréciez une promenade face à la brise légère le long du fleuve, ou prenez le temps de déguster un poisson au barbecue le long du **passeio Ribeirinho**, à l'ouest du cais do Sodré. Au-delà du terminal maritime d'Alcântara, le cais Santo Samaro, une réalisation nouvelle, attire beaucoup de monde ■

São Jorge et l'Alfama

Si Lisbonne s'étend sur sept collines, l'édifice le plus élevé est sans nul doute le castelo de São Jorge (château Saint-Georges). La vue des remparts embrasse le Chiado et le Bairro Alto en face, le quartier de Graça à l'arrière, l'Alfama et ses labyrinthes se situant au pied du mur d'enceinte. L'Alfama, de l'arabe *Al-Hamma,* « sources chaudes », fut ainsi nommé par les Maures, qui édifièrent ce quartier animé. Ruelles étroites et escaliers serpentent parfois jusqu'au fleuve, longeant des façades décorées de fresques en céramique, des patios cachés, ainsi que des maisonnettes aux tons pastel de rose, de bleu ou de jaune.

LE CASTELO DE SÃO JORGE

Le moyen le plus simple d'atteindre le castelo de São Jorge est de prendre le tram n° 28 jusqu'à Santa Luzia, puis de gravir sur quelques mètres la petite côte séparant l'arrêt de l'édifice. Bâti par les Wisigoths au Ve siècle, le château fut, quatre cents ans plus tard, agrandi par les Maures, qui l'entourèrent de murs pour protéger leur *kasbah* (forteresse). Par la suite, il fut modifié par Afonso Henriques, premier roi du Portugal, et servit jusqu'au XVIe siècle de résidence royale. Après avoir fait office, par intermittence, de prison, il subit une rénovation complète et fut rouvert au public. L'ensemble, doté d'un café, de jardins peuplés de vieux canons et de pins magnifiques, offre une vue superbe sur les alentours.

C'est en ces lieux que, de retour des Indes en 1499, Vasco de Gama fut reçu par Manuel Ier. Au centre multimédia **Olisipónia**, à l'endroit de cette entrevue, une exposition interactive retrace l'histoire de Lisbonne. Tout près, la tour des Ulysses offre une vue inhabituelle de la capitale à travers la **Camera obscura** *(fermé de mi-mars à mi-sept.),* par le biais d'un ingénieux montage de miroirs et d'écrans.

Le versant sud de la colline où se dresse le château accueille la cathédrale romane **Sé patriarcal** *(largo da Sé,* ☎ *21 886 6752).* Sa façade, très sobre, est flanquée de deux tours construites à la fin du XIIe siècle, après qu'Afonso Henriques eut repris Lisbonne aux Maures. Fort endommagé par le tremblement de terre de 1755, l'édifice fut heureusement très bien restauré. Son intérieur aux voûtes élégantes ouvre sur des cloîtres gothiques et mène au chapitre, qui abrite un fabuleux trésor d'église *(€).* Admirez ainsi l'ostensoir baroque de José Ier, un remarquable travail d'orfèvrerie comportant pas moins de 4 000 pierres précieuses. Des fouilles menées dans les cloîtres ont permis de mettre au jour des objets phéniciens, romains et arabes.

L'ALFAMA

Au pied du château, côté sud, le **miradouro de Santa Luzia** domine le cœur de l'Alfama. Les murs extérieurs de la cathédrale faisant face à cette terrasse sont revêtus de superbes fresques en céramique figurant les principaux événements qui ont marqué l'histoire de la ville. En face, le palácio Azurara, ancien palais des comtes du même nom (XVIIe siècle), abrite le **museo de Artes decorativas** (musée des Arts décoratifs).

Ce musée, conçu par un banquier, présente, dans un univers racé et élégant, divers types d'objets – argenterie, verrerie, porcelaine, peintures, tapisseries et tapis – agencés selon les périodes historiques dont ils relèvent. Les salles les plus remarquables sont consacrées au mobilier des XVIIe et XVIIIe siècles, traduisant bien le goût du Portugal pour l'art et les matériaux exotiques. Remarquez en particulier l'écritoire indien délicatement travaillé, ainsi que la fantaisie orientale qui orne les deux meubles laqués. Les azulejos recouvrant les murs de l'escalier central et des salles sont un régal pour les yeux.

Bien qu'il se trouve en dehors de l'Alfama, l'imposant monastère de pierre blanche **São Vicente de Fora** *(largo de São Vicente,* ☎ *21 882 4400, fermé le lun., €€),* situé au nordouest, ne saurait vous échapper. Le cloître de cet édifice, qui fut construit à l'aube du XVIe siècle en dehors de la ville, présente encore des murs d'azulejos illustrant les fables de La Fontaine. Tous les mardis et vendredis, la grande place derrière São Vicente, **campo de Santa Clara**, accueille la **feira da Ladra** (foire de la Voleuse) – que ne manqueront sous aucun prétexte les amateurs d'antiquités et de brocante. ■

Le tram n° 28, qui arbore une couleur jaune d'œuf, est très apprécié des visiteurs. Il fait le va-et-vient, dans un cliquetis métallique, entre la rua de São Julião et les hauteurs de l'Alfama.

La vue panoramique qu'offre le château balaie l'Alfama et ses maisons multicolores.

À la découverte de l'Alfama

L'Alfama, le plus vieux quartier de Lisbonne, construit par les Maures au XIᵉ siècle, conserve son authenticité, même s'il manque un peu de raffinement. Des blasons fanés évoquent le passé aristocratique de l'endroit, aujourd'hui surtout peuplé de pêcheurs.

Depuis l'entrée principale du castelo de São Jorge, située dans la rua do Chão da Feira, descendez la côte tout en appréciant les fresques d'azulejos qui recouvrent les murs. Au carrefour, jetez un coup d'œil sur la gauche par l'entrée du patio Belmonte, pour admirer un magnifique exemple de ce type d'architecture. En arrivant au largo do Contador-Mor, traversez la route pour rejoindre l'**igreja Santa Luzia ❶** ; les fresques extérieures en céramique figurent Lisbonne et la praça do Comércio avant le tremblement de terre de 1755. À l'opposé, au coin du largo das Portas do Sol (littéralement « portail du Soleil » – l'une des sept entrées de la citadelle mauresque), se trouve le **museu de Artes decorativas** (musée des Arts décoratifs) **❷**, qui mérite une visite (voir p. 55). Vous pouvez aussi vous installer à la terrasse d'un café, pour admirer les trams passant devant le **mosteiro São**

Vicente de Fora (voir p. 55), situé en hauteur. Juste derrière Santa Luzia, des escaliers tortueux descendent vers le cœur de l'Alfama. Suivez cette route jusqu'à une petite place où vous tournerez à droite (vers le beco da Corvinha), puis à gauche, avant de redescendre d'autres marches qui s'élargissent à l'arrière de **São Miguel ❸**. Cette église, fondée en 1150, fut rebâtie après le tremblement de terre de 1755. Les orangers, le linge flottant au vent, les pots de fleurs, les canaris en cage et les sanctuaires privés contribuent à l'ambiance particulière du lieu.

Passez sur votre droite quelques tavernes à fado, tournez à gauche vers le largo de São Miguel et son unique palmier, puis à droite pour descendre la rua São Miguel. Les épiceries et les boutiques de cette rue très typique reflètent l'animation qui y règne. Prenez à droite au croisement de la rue da Regueira, puis à gauche, et longez l'étroit beco do Carneiro, en remarquant au passage les bains publics. À gauche, un escalier mène à l'**igreja Santo Estêvão** ❹, ainsi qu'à une terrasse offrant un magnifique point de vue. Revenez sur vos pas jusqu'à une jolie petite place. Au croisement suivant, descendez les très typiques **escadinhas de Santo Estêvão** et, au pied de l'escalier, prenez sur la droite la rua dos Remédios. Sur la droite toujours, découvrez l'entrée manuéline de l'**ermida de Nossa Senhora dos Remédios**, un sanctuaire construit entre les XVIᵉ et XVIIIᵉ siècles pour les pêcheurs d'Alfama, dont l'intérieur est décoré d'azulejos de style baroque et de fresques du XVIᵉ siècle. Cette voie, ainsi que la rua de São Pedro dans son prolongement, sont les plus commerçantes de l'Alfama.

Au largo do Chafariz de Dentro, la **casa do Fado** ❺ (☎ *21 882 3470, fermé le midi*) célèbre la musique traditionnelle lisboète (voir p. 60-61) par des projections audiovisuelles. Poursuivez le long de la rua de São Pedro (peut-être aurez-vous la chance de voir le marché de poisson du matin), à travers le largo de São Rafael avec sa tour mauresque en ruine, puis prenez la rua São João da Praça. Juste après l'église du même nom, tournez à gauche sous un tunnel en forme d'arche qui vous fera sortir de l'Alfama, au cais de Santarém. Tournez à droite vers la **casa dos Bicos** ❻ et ses étonnantes avancées de pierre taillée en losange. ∎

🗺 Carte p. 51
▶ Castelo de São Jorge
↔ 0,8 km
🕐 1 h
▶ Casa dos Bicos

À NE PAS MANQUER

- Museu de Artes decoratives
- Escadinhas de Santo Estêvão
- Casa do Fado

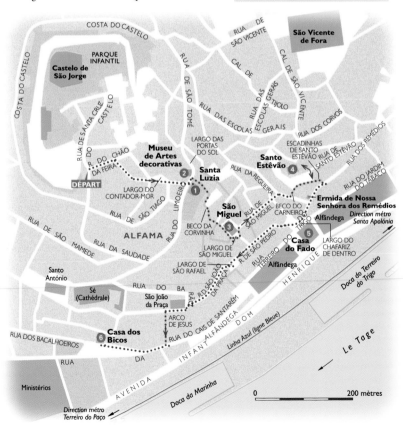

Le Chiado et le Bairro Alto

Museu arqueológico do Carmo

🅰 51 F
✉ Largo do Carmo
☎ 21 346 0473
🕐 Fermé le dim.
€ €
Ⓜ Baixa-Chiado

LE CHIADO, QUI S'ÉLÈVE À L'OUEST DE LA BAIXA, S'ÉTEND JUSQU'AU Bairro Alto. Malgré sa superficie relativement restreinte, ce quartier compte des théâtres, un musée et des galeries d'art, un superbe Musée archéologique et des boutiques traditionnelles. En revanche, le Bairro Alto est constitué d'un dédale de ruelles étroites où les tavernes à fado pour touristes et les night-clubs bondés côtoient de petits magasins de mode. En plein jour, l'endroit semble quelque peu défraîchi. Cependant, des projets de rénovation veillant à préserver son caractère du XVIᵉ siècle sont actuellement à l'étude.

Cette église, qui a miraculeusement résisté au tremblement de terre de 1755, abrite aujourd'hui dans sa nef une partie du museu do Carmo (Musée archéologique).

Les Lisboètes comme les touristes apprécient les cafés en terrasse, tel l'**A Brasileira** (*rua Garrett 120*), établissement Art déco où Fernando Pessoa avait ses habitudes (voir p. 46-47). Une statue en bronze y rend hommage au poète. Plus en hauteur se trouve le **teatro da Trindade** (*rua Nova da Trindade 9,* ☎ *21 342 0000*), assez défraîchi, qui fut construit en 1867 pour accueillir des opérettes et des ballets. Remarquez sur la façade opposée les images grandeur nature de colporteurs à bicyclette. Juste à côté, l'**Anglo-Portuguese Telephone Company**, qui date des années 1920, est un vestige de l'activité commerciale des Britanniques dans la capitale. Notez le joli vert « bureau de poste » de l'encadrement des fenêtres, typique de la compagnie. C'est à ce partenariat que l'on doit de trouver partout des cabines téléphoniques de style anglais – mais peintes, elles, en blanc. Tout en haut de cette rue se dressent l'**igreja São Roque** et le **museu d'Arte sacra** (*largo Trindade Coelho,* ☎ *21 323 5381, fermé le lun. et les jours fériés, €*), deux édifices des XVIᵉ-XVIIᵉ siècles conçus par Filippo Terzi. La **capela de São João Baptista**, une chapelle du XVIIIᵉ siècle à gauche de l'autel, est un chef-d'œuvre d'art baroque conçu à Rome et béni par le pape, puis démonté pierre à pierre, transporté jusqu'ici et reconstruit. Le musée, à droite de l'entrée, présente de riches vêtements sacerdotaux et des objets de culte.

Lorsqu'un incendie se déclara en août 1998 dans une boutique de la rua do Carmo, en plein cœur de Lisbonne, les étroites ruelles du Chiado ne permirent pas le passage des camions de pompiers : quatre blocs d'immeubles furent dévastés. Pourtant, ces derniers renaîtront rapidement de leurs cendres, grâce au plan de reconstruction – en cours d'exécution – établi par Álvaro Siza Vieira.

Une partie du **Museu arqueológico do Carmo**, dont la visite est plus stimulante que celle du musée précédent, occupe la nef d'une église de 1389 dont le toit s'était effondré lors du tremblement de terre de 1755. Les chapelles situées à l'arrière abritent une superbe collection, composée après l'abolition des ordres religieux en 1834. Vous pourrez y apprécier notamment les tombeaux médiévaux de Fernão Sanches (fils illégitime de Dinis Ier) et de Fernando Ier (Ferdinand), ainsi que l'étrange juxtaposition d'une bibliothèque, d'une momie égyptienne, de deux momies péruviennes et de pièces d'Amérique centrale, antérieures à la colonisation espagnole.

Prenez ensuite le temps de vous rafraîchir à la terrasse ombragée d'un des cafés situés sur la jolie petite place. Plus bas, à l'extrémité sud du Chiado, le **Teatro nacional de São Carlos** (*rua Serpa Pinto 9,* ☎ *21 325 3045*), édifié en 1793, reproduit la Scala de Milan. Vous pourrez pleinement goûter l'opulence du décor de cet édifice fin du baroque à la faveur d'un concert, d'une représentation de ballet ou d'opéra.

Une rue plus loin au sud se trouve le **museu do Chiado**. Nonobstant son titre de Musée national d'Art contemporain, il abrite principalement des œuvres romantiques, naturalistes, symbolistes et modernistes d'artistes portugais des années 1850 à 1950. L'ensemble accueille par ailleurs des expositions temporaires. L'édifice – un monastère du XIIIe siècle rénové en 1911 – fut gravement endommagé par un incendie en 1988. Réaménagé par l'architecte français Jean-Michel Wilmotte, il se distingue aujourd'hui par ses salles aérées, qui en font un lieu d'exposition idéal. Un escalier suspendu descend vers le café, la terrasse et le jardin de sculptures. Plus à l'ouest, le long de la rua de São Paulo, le **funiculario Bica** vous remontera au Bairro Alto. ■

Au début de l'automne, les rues sont envahies par les vendeurs de marrons chauds.

Museu do Chiado
www.museudochiado-ip
museus.pt
🅰 51 F2
✉ Rua Serpa Pinto 4
☎ 21 343 2148
🕐 Fermé le lun.
et le mar. matin
💶 €
Ⓜ Baixa-Chiado
🚊 Tram 28

Le fado

Il n'y a pas de sonorités plus typiquement portugaises que les mélancoliques accords du fado (littéralement « destin »), version locale du blues. Cette musique particulière, née à Lisbonne au début du XIXᵉ siècle et plus spécialement dans les bouges de l'Alfama, s'inspire du rythme des danses des esclaves africains, des voix arabes et du folklore oral local. D'après le critique musical Miguel Francisco Cadete, les premiers adeptes de cette forme musicale furent « les souteneurs, les prostituées, les marins et les bandits armés ». Les choses ont changé, et le fado est désormais ancré dans l'âme du Portugal.

En règle générale, le chanteur de fado à la voix rauque, non travaillée, est accompagné de deux guitaristes acoustiques, l'un jouant de la guitare portugaise (de la forme d'une mandoline, avec un dos plat), l'autre de la guitare espagnole. Les mélodies langoureuses, tristes et fatalistes suscitent l'émotion et la mélancolie de l'auditoire. Les authentiques tavernes à fado voient souvent naître des dialogues musicaux entre chanteurs confirmés et amateurs. La ville de Coimbra se targue d'une tradition en la matière : le fado y est l'apanage des seuls hommes, les textes sont plus travaillés et la guitare de Coimbra confère davantage de solennité à la mélodie.

Quoique issu des couches populaires, le fado fut progressivement adopté par la haute société, grâce au scandale qu'occasionna, dans les années 1840, la liaison de la chanteuse Maria Severa avec le comte de Vimioso. Dès lors, les *fadistas* furent invitées à se produire chez les aristocrates ; l'avènement de la radio acheva de consacrer leur art. Sous le joug salazariste (1932-1968), le fado était considéré comme un frein au progrès social ; de nombreux musiciens furent ainsi contraints soit de s'exiler, soit de s'engager à ne se produire que dans les tavernes spécialisées.

Mais Salazar s'avisa d'utiliser le fado comme outil diplomatique ; il devint ainsi politiquement correct, mais perdit son aspect populaire. Depuis les années 1990, le fado a retrouvé son statut ancien et continue d'enflammer les foules.

Amália Rodrigues (1920-1999), la plus grande diva en la matière, était l'objet d'une telle admiration qu'un deuil national de trois jours fut décrété pour ses funérailles. Il est d'ailleurs peu

À gauche : Un trio jouant à la Taverna do Julião, une taverne à fado typique et familiale. Ci-dessus : Le musicien Mario Pacheco (à gauche) gratte une guitare portugaise à douze cordes, la *guitarra do fado*, dérivée de la guitare anglaise du XVIIIᵉ siècle.

probable que sa renommée soit jamais surpassée. Outre le fait qu'elle était d'une grande beauté et dotée d'une voix bouleversante, elle incarnait la princesse de conte de fées passée de la plus extrême misère à l'opulence. Désormais ouverte au public *(rua de São Bento 193, Lisbonne, ☎ 21 397 1896, fermé le lun. et les jours fériés, €€)*, sa résidence urbaine du XVIIIᵉ siècle, débordant d'antiquités, de portraits et de riches costumes, est aux antipodes de ses conditions de vie d'adolescente, quand elle vendait des fruits sur les quais d'Alcântara.

La chanteuse Mariza, qui pourrait bien atteindre le niveau de popularité jusqu'ici inégalé d'Amália, cultive un style bien à elle. Ses parents tenaient une taverne à fado, et il n'est pas étonnant qu'elle ait su chanter avant même d'apprendre à lire. Âgée d'une trentaine d'années, dotée d'une voix pure et assurée et d'un charisme indiscutable, elle est en phase avec son siècle : son fado renouvelé, teinté d'influence brésilienne, fait appel à des instruments nouveaux. À n'en pas douter, le fado a de longs et beaux jours devant lui. ■

Belém

SITUÉ À L'EXTRÊME OUEST DU CENTRE DE LA VILLE, LE QUARTIER DE Belém est une étape obligée, avec sa concentration de monuments à la fois modernes et anciens. L'endroit revêt aussi un cachet officiel, dans la mesure où s'y trouve le palais présidentiel, le Palácio de Belém.

Mosteiro dos Jerónimos

🅰 50 B1

✉ Praça do Império

☎ 21 362 0034/8

🕐 Fermé le lun.

€ Église entrée gratuite, monastère €€

🚌 Bus 27, 28, 29, 43, 49, 51

Le célèbre mosteiro dos Jerónimos et l'emblématique torre de Belém, en bordure du fleuve, comptent au nombre des sites les plus remarquables du quartier. Entre ces deux éléments se situent, d'une part, le Centro cultural de Belém, d'autre part, le Palácio nacional da Ajuda. Le premier, aux formes pures et résolument modernes, abrite le très novateur museu do Design. Le second est un ancien palais royal, aux allures plus travaillées. Ces deux édifices encadrent eux-mêmes de nombreux musées voués à l'archéologie, à l'histoire maritime, à l'art folklorique et aux attelages.

Cependant, Belém n'est pas seulement une destination touristique, car de nombreux Lisboètes y viennent le week-end et les jours fériés, pour profiter de la vue qu'on a de la

berge, à proximité du Padrão dos Descobrimentos, ou encore… des délices que propose la pâtisserie la plus réputée de Lisbonne.

LE MOSTEIRO DOS JERÓNIMOS

L'imposant monastère des Hiéronymites (de l'ordre de saint Jérôme) se situe derrière la monumentale praça do Império, transformée en jardins à la française et en un vaste parking. Sa façade en pierre sculptée a retrouvé, après restauration, son éclatant blanc d'origine ; l'édifice n'en tranche que davantage avec la grisaille de l'architecture alentour, essentiellement postérieure à 1755.

La construction de ce fleuron de l'architecture manuéline commença en 1501 et fut complétée un siècle plus tard, ce qui explique qu'il inclue des éléments inspirés du gothique, de la Renaissance et du néoclassicisme.

Bâti sur l'ordre de Manuel Ier, le monastère se voulait l'expression de la puissance politique et expansionniste du Portugal à l'époque. Il se situe, de ce fait, à proximité de la berge où la flotte de Vasco de Gama accosta à son retour des Indes. Financé par les richesses dérivées du commerce des épices d'Extrême-Orient, il bénéficia de l'or du Brésil et du Mozambique, qui servit à orner les chapelles latérales et l'autel. C'est aussi l'un des rares bâtiments miraculeusement épargnés par le tremblement de terre de 1755, grâce à sa voûte nervurée judicieusement conçue. Il faut néanmoins souligner que les secousses délogèrent certaines statues de leur niche ou les détachèrent des colonnes auxquelles elles étaient adossées. Le mosteiro dos Jerónimos doit à son architecture unique son classement par l'Unesco au patrimoine mondial de l'humanité.

Au titre de curiosité culturelle, on notera que deux grandes figures historiques portugaises, Vasco de Gama et le poète Luís de Camões (1524-1580), sont enterrées à l'entrée du monastère, sous la tribune du *coro alto*. Ces tombes, ainsi que celle du poète Fernando Pessoa (1888-1935) située dans le cloître, et les quatre sépultures royales de la chapelle (voir encadré ci-contre) font de cet endroit un illustre lieu de sépultures.

Dès l'entrée dans le monastère, on ne peut qu'être saisi par le cloître, dont les arches et les colonnes effilées évoquent la porcelaine biscuit. On doit ce véritable chef-d'œuvre manuélin à l'architecte d'origine française Diogo Boytac (ou Boitaca). Au décès de ce dernier, en 1517, l'Espagnol João de Castilho entreprit l'aménagement du premier étage, qu'il acheva en 1544.

Penchez-vous sur la tombe minimaliste – et d'autant plus émouvante – de Pessoa, dont la dépouille fut transférée au monastère en 1985. Dans le réfectoire vous attendent des azule-

Le génie manuélin du détail

Le génie (singulièrement celui du style manuélin) est dans le détail. Les magnifiques sculptures du portail Sud, œuvre de João de Castilho, sont surmontées d'une croix des chevaliers de l'ordre du Christ et d'une statue d'Henri le Navigateur, grand-oncle de Manuel Ier et force motrice de l'exploration maritime portugaise. Tout aussi somptueux, le portail Ouest, sous le porche, présente des statues du prodigieux Nicolas Chanterène. L'ensemble se distingue par un parfait équilibre entre la simplicité et de détail, comme l'illustre la corde sculptée entortillée autour des colonnes et montant jusqu'à la voûte.

Un lourd tabernacle d'argent orne la tombe du roi Manuel Ier, dans la chapelle principale. Quatre autres tombes royales, soutenues par des éléphants de marbre, témoignent des prouesses du pays en matière d'exploration. ■

jos colorés évoquant la vie de saint Joseph ; et ne manquez sous aucun prétexte, l'escalier menant au chœur qui surplombe l'église.

Dehors, amusez-vous à repérer les symboles ésotériques gravés par les tailleurs de pierre qui travaillèrent à la construction de l'édifice. L'aile dite « moderne » du monastère, qui date du XIXe siècle, abrite un Musée archéologique et un Musée maritime. Le **Museu nacional de Arqueologia** (☎ 21 362 0000, *fermé le dim. et le lun.*, €) recèle quelques pièces de choix, dont une statue d'Apollon trouvée dans l'Algarve, ainsi que des sangliers et des guerriers en granit, en provenance de la région du Douro. La salle des Trésors abrite des bijoux

Torre de Belém

🗻 50 A1

✉ Avenida da Índia

☎ 21 362 00 34/8

🕐 Fermé le lun.
et les jours fériés

de l'âge du bronze et des périodes celte et romane. Curieusement, l'une des pièces du musée contient des momies égyptiennes et des sandales en fibre. Le **museu de Marinha** (☎ *21 362 0019, fermé le lun., €*) retrace quant à lui les exploits du Portugal dans le domaine maritime, au travers de maquettes de bateaux de différentes époques, d'instruments de navigation, d'uniformes – et même d'une paire d'armures japonaises du xve siècle. L'objet le plus hétéroclite est néanmoins l'hydravion utilisé par Gago Coutinho et Sacadura Cabral en 1922, pour leur périple de Lisbonne à Rio de Janeiro.

PALÁCIO NACIONAL DA AJUDA

Le Palácio nacional da Ajuda, de style néoclassique, coiffe la colline située derrière le monastère. Bien qu'il soit somptueusement décoré, il ne saurait, du fait de sa relative lourdeur – typique du xixe siècle –, rivaliser avec les palais nationaux de Queluz (voir p. 170) ou de Sintra (voir p. 160-162). Les plafonds peints, les statues, les tapisseries, les objets précieux et le mobilier ont connu le roi Luís et son épouse italienne Maria Pia après leur mariage en 1862, ainsi que leur fils Carlos Ier (Charles Ier). L'édifice révèle un élément totalement inattendu,

JERÓNIMOS

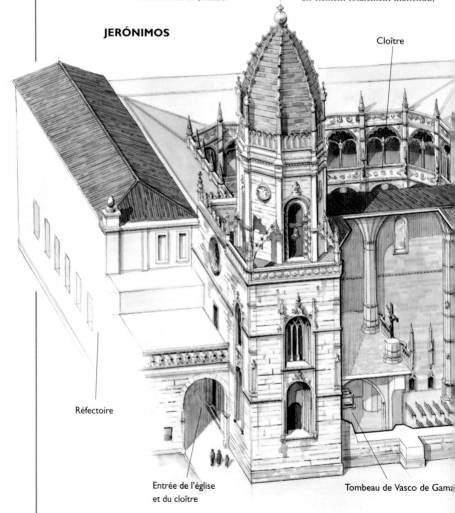

Cloître

Réfectoire

Entrée de l'église
et du cloître

Tombeau de Vasco de Gama

sous la forme de l'atelier de peinture néogothique de Carlos ; en effet, cette pièce et son mobilier très dépouillé contrastent singulièrement avec les salles de réception des étages supérieurs, plus solennelles et richement dotées en chandeliers. Peintre de qualité, Carlos a laissé des œuvres remarquables, que l'on peut notamment admirer au palais de Vila Viçosa (voir p. 188-189), dans l'Alentejo.

LE CENTRO CULTURAL ET SES ENVIRONS

Plus proche de l'architecture contemporaine avec ses formes géométriques massives, le Centre culturel de Belém,

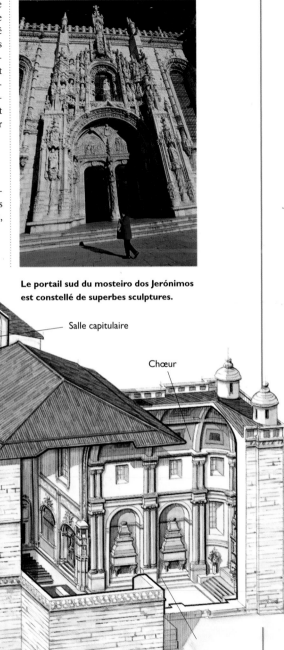

Le portail sud du mosteiro dos Jerónimos est constellé de superbes sculptures.

Salle capitulaire

Chœur

Portail Sud

Tombeaux de Manuel Ier et de son épouse Dona Maria

**Palácio nacional
da Ajuda**

🗺 50 B2

✉ Calçada da Ajuda

☎ 21 363 7095

🕐 Fermé le mer.

💶 €

🚌 Bus 14, 32, 42,
60

Museu do Design

www.ccb.pt

🗺 50 B1

✉ Centro cultural
de Belém, praça
do Império

☎ 21 361 2400

💶 €

La magnifique
tombe néo-
manuéline de
Vasco de Gama
se trouve sous la
tribune du *coro
alto*, à l'entrée
du mosteiro dos
Jerónimos.

conçu par l'Italien Vittorio Gregotti et le Portugais Manuel Salgado, a ouvert ses portes en 1999. Son escalier monumental, bordé de cafés et de boutiques design, mène au point stratégique du centre, à savoir les auditoriums et le **museu do Design,** qui accueille les 600 pièces (meubles et objets de 1937 à nos jours) de la collection Francisco Capelo. La plupart des grands designers du xxᵉ siècle y sont représentés, de Gío Ponti à Puiforcat, en passant par Jean Prouvé, Hans Wegner, Sori Yanagi, Charles Eames, Frank O. Gehry et Philippe Starck. Quatre salles attenantes abritent des expositions temporaires. Le bar et le restaurant, qui bénéficient d'une belle terrasse, sont accueillants.

À l'extérieur, la voie piétonne passe sous les avenues situées en front de mer pour atteindre les quais de Belém et le **padrão dos Descobrimentos** (monument des Découvertes). Ce massif monument de pierre situé face au Tage a été réalisé dans les années 1960 par le sculpteur Leopoldo de Almeida, pour commémorer l'époque des grandes découvertes portugaises. Il figure la proue d'un bateau où sont réunis plusieurs personnages historiques, dont le prince Henri le Navigateur, qui inspira et encouragea l'exploration maritime portugaise (voir p. 25-27). Une allée en mosaïque au pied du monument reproduit un énorme compas dans lequel s'inscrit une carte du monde.

Le bâtiment voisin, souvent oublié, est le dernier pavillon qui subsiste de l'Exposition universelle de Lisbonne de 1940 ; il abrite le **museu de Arte popular** *(avenida de Brasilia,* ☎ *21 301 1282, fermé le lun., €)* où l'on peut découvrir tout ce qui touche aux arts et traditions populaires (folklore, costumes, bijoux, dentelles, outils, poteries, céramiques, vanneries, charrettes en bois, meubles, tapis), ainsi que de nombreux documents. (Fermé pour rénovation, le musée devrait rouvrir ses portes d'ici deux ans.)

LA TORRE DE BELÉM

Depuis le museu de Arte popular, il suffit de quelques minutes à pied – une petite promenade le long du Tage – pour atteindre la magnifique tour de Belém, joyau architectural le plus photographié de la capitale portugaise. Édifiée en 1519 par les frères Francisco et Diogo de Arruda pour protéger Lisbonne des attaques des pirates anglais et hollandais, la tour se situait à l'origine sur une île en plein milieu du Tage. Cependant, elle se retrouve aujourd'hui à deux pas du rivage, le tremblement de terre de 1755 ayant dévié le cours d'eau. Véritable chef-d'œuvre manuélin mêlé d'éléments gothiques et Renaissance, la construction comprend aussi des tours de guet mauresques, une loggia vénitienne et des fenêtres géminées. L'ensemble n'en est pas moins d'une rare harmonie.

Si la file d'attente pour accéder à la terrasse du dernier étage vous paraît longue, profitez-en pour apprécier les sculptures de cordages, les sphères armillaires, ainsi que les remparts – uniques en leur genre – en forme de boucliers décorés de la croix de l'ordre du Christ.

PÉCHÉ MIGNON

Vous ne sauriez quitter Belém sans un détour gourmand par la pâtisserie **Pastéis de Belém** *(rua de Belém 84-88),* la plus réputée de Lisbonne, située à côté du monastère. Le salon de thé – un véritable labyrinthe – date du xixᵉ siècle ; c'est ici que l'on proposa aux premiers clients les célèbres petits flans dont la recette, restée secrète, aurait été mise au point par les moines voisins. Les murs tapissés d'azulejos servent de somptueux décor à la dégustation quotidienne, par les familles lisboètes, de quelque 7 000 exemplaires de ces douceurs. N'oubliez pas le conseil des initiés : saupoudrez légèrement votre gâteau de sucre glace et de cannelle. C'est délicieux ! ■

Le musée Calouste Gulbenkian et ses environs

Museu Calouste Gulbenkian

www.museu.gulbenkian.pt

- 🅰 51 E4
- ✉ Avenida de Berna 45A
- ☎ 21 782 30000
- 🕐 Fermé le lun. et les jours fériés
- 💶 €
- Ⓜ São Sebastião, praça de Espanha

La collection Gulbenkian comprend tant des antiquités classiques (ci-contre, une tête de femme en marbre blanc attribuée à Phidias, Vᵉ siècle av. J.-C.) que des peintures européennes des XVIIIᵉ et XIXᵉ siècles (ci-dessous).

L'UN DES NOMBREUX CENTRES CULTURELS DE LISBONNE SE SITUE autour de la praça de Espanha (place d'Espagne), au nord de la Baixa, et du mondialement célèbre musée Calouste Gulbenkian. D'autres sites, comme la casa-museu Anastácio Gonçalves ou les luxuriantes *estufas* (serres tropicales) du parque Eduardo VII, méritent indiscutablement votre visite.

Le musée Gulbenkian s'inscrit dans un vaste parc dont les vertes pelouses sont parsemées de sculptures et de points d'eau. Il présente une collection aussi riche qu'éclectique – quelque 6 000 pièces allant de l'art mésopotamien et gréco-romain à l'impressionnisme français – ayant appartenu à l'Arménien Calouste Sarkis Gulbenkian (1869-1955). Né et élevé en Turquie, ce dernier commença sa collection dès l'adolescence, et, au début du XXᵉ siècle, il se portait quasi systématiquement acquéreur d'œuvres d'art de haut vol. Au fur et à mesure qu'il réussissait dans l'industrie du pétrole, il passait maître dans l'art d'acheter et d'échanger ses précieux objets, faisant parfois des donations ou consentant des prêts à des musées de Londres, de Paris ou de Washington.

En 1942, en pleine Seconde Guerre mondiale, il émigra à Lisbonne, où il demeura jusqu'à la fin de ses jours. Suivant ses dernières volontés, une fondation fut créée afin que sa collection demeure «sous un même toit», et le musée ouvrit finalement ses portes en 1969. Magnifiquement dessiné, mais discret, il fut conçu de manière à créer une harmonie entre l'extérieur et les œuvres proposées à l'intérieur. En effet, les salles d'exposition présentent de larges baies ouvrant soit sur deux cours, soit sur les jardins entourant le bâtiment. La disposition des objets tient compte de leur origine géographique, de leur matière et de l'époque dont ils relèvent. Dans les trois premières pièces, vouées aux **civilisations égyptienne, gréco-romaine et mésopotamienne**, vous privilégierez un envoûtant masque de momie en argent, une belle sculpture de schiste vert datant de 2000 ans av. J.-C., ainsi que le superbe bas-relief du palais de Nimrud, sculpté dans l'albâtre. Les deux salles suivantes sont consacrées à une riche collection d'objets d'**art islamique et oriental** – un style que Gulbenkian affectionnait particulièrement. Cette section regorge d'inestimables faïences turquoise et vertes d'Iznik, de fastueux

tapis persans des XVIᵉ et XVIIᵉ siècles, de manuscrits et de lampes de mosquée en verre émaillé venues de Syrie. L'étrange *mihrab* (dans une mosquée, niche dont l'emplacement indique la direction de La Mecque) persan en céramique des XIIIᵉ-XIVᵉ siècles est tout à fait remarquable, avec ses reproductions de végétation et de citations du Coran. Dans la pièce consacrée à l'**Extrême-Orient** vous attendent des laques japonaises, des porcelaines ming, des biscuits des XVIIᵉ et XVIIIᵉ siècles, des jades de Chine et autres rares paravents laqués du Japon. Passez ensuite à l'Occident avec les galeries consacrées à l'**art européen du XIVᵉ au XVIIᵉ siècle**, où vous découvrirez la Sainte Catherine de Rogier Van der Weyden (1400-1464), à côté d'ivoires sculptés et de manuscrits enluminés du Xᵉ siècle. Une très belle exposition de tableaux présente notamment le *Portrait d'un vieillard* de Rembrandt. Les deux salles qui suivent, vouées aux **arts décoratifs français du XVIIIᵉ siècle**, proposent des tapisseries, de l'argenterie et des meubles de toute beauté. Dans une pièce latérale, vous découvrirez, parmi les **sculptures du XVIIIᵉ siècle**, la statue de Diane en marbre, datant de 1780, par Jean-Antoine Houdon. Vous attendent ensuite les œuvres du sculpteur italien de la Renaissance, Andrea Della Robbia. De là, dirigez-vous sur l'exceptionnelle collection de **peintures européennes des XVIIIᵉ et XIXᵉ siècles**, qui comprend entre autres des œuvres de Gainsborough, Turner, Millet, Fantin-Latour, Manet, Degas, Renoir et Corot. Ne manquez pas non plus les bronzes et marbres de Rodin, ni l'exceptionnelle collection de pièces Art nouveau signées Lalique.

La dernière galerie du musée abrite de très belles verreries Art nouveau et des joailleries fantasques de **René Lalique** (1860-1945). La pièce la plus sophistiquée est un fermoir en forme de chat, qui réussit l'exploit technique de mêler des diamants, du cristal de roche et de l'or, tout en se révélant d'une irréprochable sobriété.

En bas, vous trouverez deux salles aux belles proportions qui accueillent des expositions temporaires, ainsi qu'une agréable cafétéria ouvrant sur une terrasse qui domine les jardins.

LES ALENTOURS DU MUSÉE GULBENKIAN

Nettement moins fréquenté que le musée Gulbenkian, bien qu'il en soit à proximité immédiate, le **centro de Arte moderna** (☎ *217 823474, fermé le lun. et le mar. matin, €*) offre

Les jardins verdoyants entourant le musée Calouste Gulbenkian sont parsemés de statues et de sculptures.

Casa-museu Anastácio Gonçalves

🅰 51 E4

✉ Avenida 5 de
Outubro, 6-8

☎ 21 354 0823

🕐 Fermé le lun.,
et le mar. matin

€ €

Ⓜ Picoas, Saldanha

Détails baroques
et azulejos
rehaussent ce
pavillon du parque
Eduardo VII.

un panorama complet de la peinture portugaise et, dans une moindre mesure, de l'art britannique du XXᵉ siècle.

Au cœur de ce très chic quartier à la fois résidentiel et commercial se situe la **casa-museu Anastácio Gonçalves**, qui rassemble une collection d'arts décoratifs de quelque 2 000 pièces ayant appartenu à António Anastácio Gonçalves (1889-1965), médecin de son état et ami de Gulbenkian (ils fréquentaient les mêmes cercles littéraires et artistiques). Ce manoir du XIXᵉ siècle, baptisé casa Malhoa en hommage au peintre contemporain dont il fut

autrefois la propriété, se distingue par une élégance, un calme et une sérénité qui en font un lieu particulièrement adapté à la présentation d'une collection de grande envergure. Si l'édifice abrite des tapisseries, de l'argenterie et du mobilier européen des XVIIᵉ, XVIIIᵉ et XIXᵉ siècles tout à fait remarquables, il recèle surtout des porcelaines chinoises, qui y tiennent la vedette. Parmi les plus belles pièces, on citera des céramiques de la dynastie song, une importante série de porcelaines « bleu et blanc » de l'époque ming destinées, pour la plupart, à l'exportation – ainsi qu'une sélection remarquable de porcelaines « vertes » et « roses » de l'époque qing.

LE PARQUE EDUARDO VII

Le parque Eduardo VII (*avenida da Liberdade*, ☎ *21 388 2278*), qui constitue un très agréable lieu de promenade de 25 hectares, se situe tout de suite à l'ouest de la casa-museu Anastácio Gonçalves, juste derrière El Corte Inglés, le grand magasin le plus vaste et le plus populaire de Lisbonne. Ce parc est ainsi nommé en hommage à Édouard VII d'Angleterre, qui visita la capitale portugaise en 1903, peu après son couronnement. Admirez depuis le sommet de la colline la vue donnant sur la Baixa, l'avenida da Liberdade et le château, puis descendez vers la serre principale, l'**Estufa fria** (*serre froide* – €), dont les premières plantations datent de 1910. Dénuée de chauffage, elle est dotée d'un toit d'ardoise permettant l'infiltration de filets d'eau de pluie qui serpentent au milieu de ce qu'il convient d'appeler une mini-forêt tropicale : s'y mêlent fougères, bananiers, aspidistras et autres hévéas venus des Antilles, du Brésil, du Mexique et du Pérou. À proximité, l'**Estufa quente** (littéralement « serre chaude ») présente une végétation encore plus luxuriante. Une troisième serre, située en surplomb, abrite des cactées géantes. ■

Le parque das Nações

À PROXIMITÉ DES QUAIS DE LISBONNE, LE PARQUE DAS NAÇÕES (PARC des Nations) est une réalisation architecturale spectaculaire qui fut conçue pour l'Expo 98. Les différents bâtiments ont été, pour une partie, transformés en appartements modernes et, pour l'autre, convertis en attractions aussi diverses que variées.

Ici, l'architecture contemporaine est reine, comme l'atteste la station de métro Oriente, qui dessert le parc et qui fut réalisée par l'architecte espagnol Santiago Calatrava. L'attraction principale est ici l'**Oceanário de Lisboa** *(pavillon des Océans,* ☎ *21 891 7002, €€€),* que l'on doit à l'Américain Peter Chermayeff. Ce magnifique océanorium – à ce jour le plus grand d'Europe –, qui se reflète dans une vaste étendue d'eau, est accessible par un pont double. Cette structure innovante de verre et d'acier accueille quelque 25 000 spécimens de faune et de flore marine issus des eaux de l'Antarctique, de l'Atlantique, du Pacifique et de l'océan Indien. On ne peut qu'être impressionné par la grande diversité des espèces vivant dans cet énorme réservoir central de plus de 7 millions de litres d'eau.

L'imposant pavillon du Portugal d'Álvaro Siza Vieira, qui se distingue par son toit suspendu descendant en piqué, abrite désormais des administrations gouvernementales, tandis que le **pavilhão do Conhecimento** *(pavillon de la Connaissance,* ☎ *21 891 7100, fermé le lun., €€)* accueille un musée des Sciences et de la Technologie, dont les activités interactives feront la joie des enfants. L'une des structures les plus remarquables du parc est la **torre Vasco da Gama** *(*☎ *21 896 9869, €)* qui, du haut de ses 140 mètres, offre sur la ville et le fleuve une vue n'ayant rien à envier à celle dont on jouit depuis le **teleférico** *(téléphérique ;* ☎ *21 896 5823, €)* qui assure le transport des personnes d'un bout à l'autre de l'ensemble. Sur toute la promenade qui longe le fleuve – et permet d'admirer le Tage à son point le plus large –, on peut admirer le superbe pont Vasco-de-Gama – pour l'heure le plus long d'Europe avec ses 17 kilomètres –, qui s'étend vers l'horizon, depuis les abords du parc, sa structure minimaliste. Achevé pour l'Expo 98, il est l'œuvre du Français Jean Vassord. ∎

Les azulejos

Le palácio dos Marqueses de Fronteira, à Lisbonne, est magnifiquement décoré d'azulejos.

O mniprésents, les azulejos tapissent aussi bien l'intérieur des églises que les cages d'escalier des manoirs, les salles de restaurant, les chambres des hôtels de luxe, les façades des bâtiments, les terrasses ou le métro de Lisbonne. La technique, importée par les Maures, s'est enrichie au fil des siècles, au contact d'autres civilisations. Elle donne aujourd'hui le fameux azulejo portugais, un carreau en céramique peinte et vitrifiée.

Le mot azulejo est dérivé de son homologue arabe *alzulaycha (az-zulaïj)*, signifiant « petite pierre émaillée ». La tradition des dessins géométriques, fortement ancrée chez les Maures, s'est perpétuée longtemps après la Reconquête, et il fallut attendre le XIIIᵉ siècle pour voir sur les murs de Leira et de l'abbaye d'Alcobaça les premiers panneaux d'un autre genre. Mais ce n'est qu'au XVIᵉ siècle, avec l'avènement du style hispano-mauresque, que l'utilisation des carreaux vitrifiés se propage. Manuel Iᵉʳ, qui appréciait cette décoration venue de Séville, l'adopta pour le Palácio nacional de Sintra (voir p. 160-162) ; la mode se prolongea des siècles durant.

Des motifs Renaissance furent progressivement adoptés, si bien que des panneaux entiers

de mur se révélèrent non seulement décoratifs, mais aussi illustratifs. Ces premières réalisations, dominées par des tons bleus et jaunes, figuraient généralement des scènes religieuses, mais elles cédèrent progressivement le pas à d'autres couleurs et à d'autres thèmes, inspirés de l'aventure coloniale. Vers la fin du XVIIᵉ siècle, les carreaux bleu et blanc s'imposèrent, sous l'influence des importations de porcelaines ming. Les grands ateliers de Lisbonne et de Coimbra produisaient des panneaux lyriques illustrant, entre autres, des scènes de chasse ou des contes pour enfants.

Les carreaux multicolores redevinrent à la mode après le tremblement de terre de 1755, au moment où l'on s'aperçut qu'ils faisaient échec à l'humidité. Les façades de nombreuses habitations nouvelles de Lisbonne furent ainsi tapissées de céramique ; certains exemples sont encore visibles au Bairro Alto et dans l'Alfama.

Le XIXᵉ siècle marqua l'âge d'or de l'azulejo, grâce à l'introduction par les immigrés brésiliens de modes d'impression mécaniques permettant de diminuer les coûts. La ville de Porto possède sa part d'azulejos de qualité, notamment à la gare ferroviaire de São Bento, où l'on peut voir une réalisation de Jorge Colaço datant du début du siècle dernier. Comme le voulait le

Très souvent, les fresques de céramique figurent des scènes de collectivité, comme ici à Funchal (Madère), où les cueilleurs de fruits sont représentés sous une luminosité idéale.

style en vogue à l'époque, l'œuvre, inspirée des créations du XVIIIᵉ siècle, est dominée par le bleu et le blanc. Cependant, l'architecture portugaise allait être rapidement influencée par la décoration Art nouveau.

Après être tombé en désuétude pendant quelques années, l'art de la céramique revint au goût du jour dans les années 1950, en particu-lier dans la région de Porto, où il allait de pair avec l'architecture. Depuis lors, l'administration du métro de Lisbonne n'a eu de cesse de donner l'exemple, dotant chaque nouvelle station d'une fresque d'azulejos. La première fut un abstrait de Maria Keil, en 1959. Pour mieux connaître les carreaux vitrifiés, rendez-vous au Museu nacional do Azulejo (voir p. 74). ■

Autres sites à visiter

LE JARDIM BOTÂNICO DA UNIVERSIDADE DE LISBOA

Ces jardins botaniques sont un havre de paix permettant de se mettre en retrait de l'agitation régnant dans les rues et les musées de Lisbonne. Ils sont d'ailleurs tellement bien cachés que vous pourriez vous y retrouver seul.

Ces jardins, à vocation scientifique, rassemblent des végétaux du monde entier, les premiers spécimens ayant été plantés en 1873. De nombreuses espèces importées d'Australie, de Nouvelle-Zélande, de Chine, du Japon ou encore d'Amérique latine s'y épanouissent, et l'on peut y admirer des palmiers tropicaux et des cycades (fossiles vivants très rares) extraordinaires. À l'entrée principale, juste derrière le musée d'Histoire naturelle, se dresse notamment un gigantesque banian d'Australie *(Ficus macrophylla)*, dont les racines aériennes s'apparentent à des troncs d'arbre. Le figuier des Pagodes ou figuier indien *(Ficus religiosa)* – arbre sous lequel le Bouddha aurait médité – mérite également le détour.

🗺 51 E3 ✉ Rua da Escola Politécnica 58 ☎ 21 392 1893 ; www.jb.ul.pt 🎫 € Ⓜ Avenida

LE MUSEU NACIONAL DE ARTE ANTIGA

Ce sanctuaire culturel, situé dans la zone résidentielle surplombant les quais d'Alcântara, fut aménagé en 1884, pour accueillir les œuvres d'art récupérées par l'État du fait de la fermeture des monastères.

Depuis, le musée a débordé du cadre du manoir du XVIIᵉ siècle où il était originellement installé pour investir une chapelle baroque, ainsi qu'une annexe construite dans les années 1940. Le rez-de-chaussée accueille une importante collection d'art européen et d'arts décoratifs de l'époque médiévale au début du XIXᵉ siècle. Privilégiez les œuvres majeures, tels *La Vierge à l'Enfant* de Hans Memling ou le *Saint Augustin* de Piero Della Francesca, tous deux situés dans la salle 56, ou bien encore la *Salomé* de Lucas Cranach, authentique chef-d'œuvre visible en salle 57. Vous pourrez voir de près l'une des fameuses *Ménines* de Vélasquez (salle 59) et, pour rester dans le style espagnol, la série des sept apôtres réalisée par Zurbarán, le maître de la peinture monastique (salle 62).

À l'étage supérieur, vous découvrirez l'art des anciennes colonies ou des anciens partenaires commerciaux du pays, des céramiques portugaises et chinoises, ainsi que des bijoux en or et en argent. Le dernier étage est consacré à la peinture et à la sculpture portugaises. Le superbe portrait du roi Sebastião par Cristovão de Morais et l'*Adoration de saint Vincent*, polyptyque du XVᵉ siècle réalisé par Nuno Gonçalves, y occupent les places d'honneur.

L'étage inférieur à celui où se trouvent les œuvres d'art européen accueille les expositions temporaires et abrite un agréable café ouvrant sur un jardin et doté d'une terrasse.

🗺 51 D2 ✉ Rua das Janelas Verdes ☎ 21 391 2800 ; www.ipmuseus.pt 🕐 Fermé le lun. 🎫 € 🚌 Bus 27, 28, 32, 49, 60

LE MUSEU NACIONAL DO AZULEJO

Ce musée est un autre joyau culturel de la capitale lisboète. Installé dans un ancien couvent (mosteiro da Madre de Deus), il est d'une conception irréprochable. Même si l'art de la céramique ne vous séduit pas particulièrement, le lieu mérite la visite, car l'exposition stimulera sans nul doute votre imagination. Elle retrace en effet toute l'évolution de l'azulejo, depuis le style géométrique hérité des Maures jusqu'aux figures modernes abstraites du XXᵉ siècle, en passant par le style mudéjar de la fin du XVᵉ siècle et du XVIᵉ siècle et les classiques « bleu et blanc » des XVIᵉ et XVIIᵉ siècles. Les galeries entourant le cloître central présentent des panneaux importés d'Andalousie, d'Italie et même de Goa (en Inde), ainsi que les toutes premières céramiques portugaises. L'exposition se poursuit en ordre chronologique à l'étage supérieur, avec de superbes pièces des XVIIᵉ et XVIIIᵉ siècles.

Profitez-en pour visiter la belle église de la Madre de Deus et le chapitre, tout de dorures et d'azulejos. Remarquez en particulier, sur la gauche, les crocodiles peints. Le cloître manuélin, élément préservé du couvent d'origine, présente enfin de très beaux panneaux d'azulejos aux motifs géométriques, de facture hollandaise, dont il a hérité au XVIIIᵉ siècle.

🗺 51 G3 ✉ Rua Madre de Deus, 4 ☎ 21 810 0340 ; www.mnazulejo-ipmuseus.pt/html/activ-amig/html 🕐 Fermé le lun. et le mar. matin 🎫 € 🚌 Bus 18, 42, 104, 105 ∎

Cette région, bordée au nord par la Galice espagnole, se caractérise par ses vignobles et ses villages isolés. Cadre idéal des randonnées et des séjours en gîte rural, elle abrite aussi des chefs-d'œuvre baroques et veille jalousement sur l'enivrant porto.

Porto et le Nord

Le légendaire coq de Barcelos, symbole de justice et de liberté, est devenu l'emblème du Portugal.

Porto et le Nord

À LA FOIS SAUVAGE ET TRÈS CULTIVÉ, AUSSI ARIDE QUE VERDOYANT, MÊLANT LA PURE
tradition et le modernisme, le nord du Portugal est fait de contrastes. Ce territoire assez
restreint, mais montagneux, est séparé des Beiras par son principal attrait, le majestueux
Douro, dont la vallée, qui abrite la très profitable industrie du porto, offre un panorama
spectaculaire. D'autres cours d'eau sillonnent la région, notamment le Minho, frontière
naturelle avec l'Espagne dans l'extrême Nord, ainsi que le Lima et le Cávado. C'est à eux
que le nord du Portugal – officiellement divisé en deux régions, le Minho et le Trás-os-
Montes – doit le fait d'être plus fertile que le reste du pays, ainsi que la multiplicité des
établissements thermaux qui ajoutent à son charme. Ce sont eux aussi qui favorisent la
viticulture et, partant, la production du rafraîchissant *vinho verde* (vin vert) et celle du
porto, qui fait la fortune de la ville homonyme – l'une des plus vieilles d'Europe.

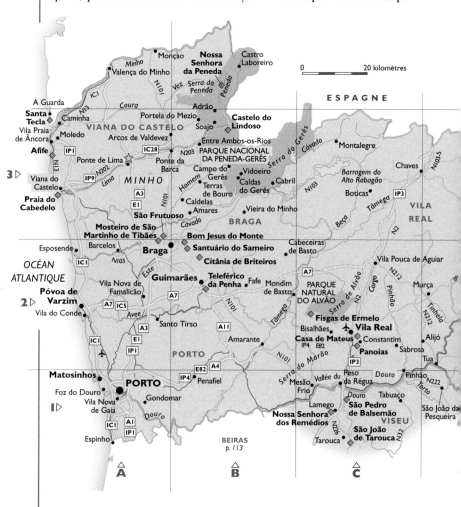

Malgré un dépeuplement croissant, les campagnes de la région continuent de séduire par leur sérénité intemporelle. On y voit encore de vieilles femmes vêtues de noir et coiffées d'un couvre-chef côtoyées par d'autres, à peine plus jeunes, portant sur la tête des paniers de légumes qui se balancent au gré de leurs pas. Des hommes ayant manifestement passé la prime jeunesse manœuvrent toujours leurs tracteurs dans les champs et les vergers, et il n'est pas rare de rencontrer un enfant menant un âne le long d'un étroit chemin pavé. On ne peut s'empêcher de se demander combien de temps encore un tel mode de vie subsistera. Les visiteurs seraient inspirés de se rendre dans la région avant que les grands immeubles qui bordent désormais la plupart des petites villes ne défigurent davantage le paysage, pour l'heure encore de toute beauté.

Vue de la ville de Porto dans ses multiples perspectives depuis la berge du Douro.

Pour sillonner cette zone du Portugal, il vaut mieux prendre ses quartiers à Porto, ville aussi riche par sa culture que par sa gastronomie, et dont les plages baignées par une douce brise séduisent autant que les vues panoramiques sur l'embouchure du Douro. À proximité et facile d'accès, il y a la verdoyante vallée du Douro, tapissée de vignobles établis en terrasses régulières et symétriques, et l'industrielle et pieuse ville de Braga, dotée d'une belle cathédrale du XIIᵉ siècle et d'une banlieue qui abrite le célèbre sanctuaire du Bom Jesus. Bercée par une atmosphère plus aérienne, lacité de Guimarães, qui figure au patrimoine mondial de l'humanité établi par l'Unesco, est considérée comme le berceau de la nation portugaise. Plus au nord, vous découvrirez la tranquille bourgade de Viana do Castelo, sur l'estuaire du Lima. Dans le nord-est, du côté de la frontière espagnole, loge la très belle, mais encore pauvre et austère, région du Trás-os-Montes, dont la capitale Bragança demeure isolée malgré son riche passé historique. Le paysage comprend aussi d'imposantes collines de granit couronnées d'éboulis, situées, pour certaines, au sein du parc national de Peneda-Gerês. Celui-ci se distingue par ses pierres gigantesques, et par son peuplement de taureaux aux cornes allongées, de chevaux sauvages, de sangliers et de cerfs. Ces panoramas exceptionnels et ces successions de villages de charme font l'attrait et constituent l'âme de cette région du Nord, qui mérite assurément une visite. ■

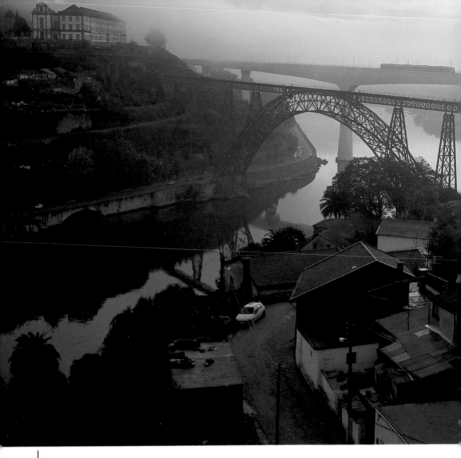

Porto

Forte de plus d'un million d'habitants, Porto, la deuxième ville du Portugal, jouit d'une belle situation en bord de fleuve. De nombreux points de vue permettent d'admirer les pentes raides de la cité, à commencer par le pont des *rabelos* (traditionnels bateaux à voile servant au transport des fûts de porto, aujourd'hui motorisés pour véhiculer les touristes), qui effectuent un circuit fermé dit des « six ponts ». Vous pouvez aussi goûter le paysage depuis la terrasse d'un des cafés situés en bordure des quais de Vila Nova de Gaia (le quartier des chais et des silos, sur la rive gauche de Porto) ou du pont dom Luís Iᵉʳ, superbe structure de 1886 évoquant les œuvres de Gustave Eiffel.

Tous ces points de vue permettent de prendre la mesure du dense tissu urbain qui s'est formé ici depuis le temps des Phéniciens et des Romains – Porto était alors connue sous le nom de *Cale* (beau, en grec), auquel s'ajouta par la suite celui de *Portus* (port), ce qui donna Portus-Cale, dont est dérivé le terme Portugal.

Ruelles étroites, pavé rugueux et escaliers tortueux sont l'apanage de la rive nord, où les flèches d'église rivalisent avec le linge à sécher. Il faudra mobiliser votre énergie et vos muscles pour arriver au faîte de ces rues pentues, mais le jeu en vaut la chandelle : la beauté du spectacle vous incitera à consentir l'effort nécessaire – peut-être avec l'aide d'un verre de porto ?

Maritime dans l'âme, imprégnée de traditions navales et commerciales, la ville de Porto a joué un rôle clé dans les expéditions portu-

Au coucher du soleil, les ponts de Porto se détachent sur le ciel ; en avant-plan le pont Doña Maria Pia, conçu par Gustave Eiffel.

Le porto

La production de ce vin doux fortifié, qui fait l'objet d'une stricte réglementation au plan national, est circonscrite à la vallée du Douro. Perpétuant une tradition séculaire, des mains expertes assemblent et travaillent les cépages locaux, pour élaborer différentes sortes de vins naviguant sous la seule appellation de « Porto ». Tous sont mutés en cours de fermentation. Une fois que la moitié du sucre contenu dans le moût est transformée en alcool, le vigneron y ajoute une bonne proportion d'alcool de qualité – ce qui arrête le processus de fermentation et donne un produit à la fois doux et corsé. Les étapes suivantes varient. Si le vin est issu d'une vendange de haut vol, il peut être millésimé ; il est alors mélangé à d'autres cépages dûment sélectionnés, élevé en fût pendant deux ans, puis mis en bouteille pendant plusieurs années. Ce porto – le nec plus ultra en la matière – exigera quelques décennies de garde. Les vins plus courants subissent un élevage prolongé, mais peuvent être consommés dès leur mise en bouteille. Le Ruby est plus fruité et plus léger que le Vintage, tandis que le Tawny, issu de cuvées plus jeunes, plus concentrées et plus corsées, connaît le bois plus longtemps que le Ruby – parfois quarante ans – pour acquérir un certain moelleux. L'appellation *Tawny* (« fauve » en anglais) renvoie à la couleur tuilée du vin après son long vieillissement. ∎

gaises du XVᵉ siècle ; cependant, elle ne s'est vraiment épanouie que quatre cents ans plus tard, à la faveur du florissant commerce du porto et de l'entregent des marchands anglais. Cette époque fut aussi l'âge d'or du baroque, un style qui a fortement marqué plus d'une église de la ville, ainsi que de nombreuses bourgades à l'intérieur des terres. Quoique d'origine plus ancienne, des monuments comme la cathédrale ou l'église São Francisco furent dotés de gravures, de peintures et autres éléments d'art baroque. Ces ajouts se remarquent singulièrement sur la torre dos Clérigos, une tour baroque originale constituant l'un des attraits de la ville. Les azulejos sont aussi très présents, décorant tant les murs du cloître de la cathédrale que ceux de la gare ferroviaire.

Hormis son aspect historique, Porto est une ville animée et laborieuse, mais les endroits propices à la détente ne manquent pas, notamment les bars du bord de mer à Foz ou les bars et restaurants du centre-ville, qui peuvent être aussi bien vieillots que d'un chic très moderne. La culture contemporaine est l'apanage de la Fundação de Serralves, ainsi que d'un ensemble de galeries spécialisées en la matière, regroupées dans une même rue ; le centre piétonnier est quant à lui idéal pour le shopping. Ne manquez pas non plus le quartier très animé de la Ribeira, plus loin en bordure du fleuve, où les bateaux vont et viennent, où les gigantesques panneaux publicitaires des différentes marques de porto masquent l'horizon, où les querelles d'ivrognes se relaient et où les tables de café s'éparpillent au soleil. C'est là que Porto se révèle vraiment. ∎

La fresque d'azulejos de l'igreja do Carmo, dédiée à la Vierge Marie, est la plus importante de Porto. Elle fut réalisée en 1912.

La praça da Liberdade et ses environs

POUR PRENDRE LE POULS DU PORTO DU XIXe SIÈCLE, IL FAUT SE POSTER au milieu de la place de la Liberté, à côté de la statue équestre de Pedro IV. Le rectangle nord-sud légèrement en pente sépare en quelque sorte l'est de la ville, plus terre à terre, des avenues huppées de l'ouest, ainsi que de la Baixa et de la Ribeira, plus au sud, classées par l'Unesco au patrimoine mondial de l'humanité.

Porto

📍 76 AI

Informations touristiques

www.portoturismo.pt

✉ Gabinete de Turismo, rua Clube dos Fenianos 25

☎ 22 3393472/3

Praça da Liberdade

📍 85

La praça da Liberdade est reliée à la praça General Humberto Delgado qui la borde juste au nord par des avenues que longent les sièges de banques et de grandes sociétés, l'ensemble étant surplombé par le **paços do Concelho** (la mairie), situé à l'extrême nord, à proximité de l'office du tourisme. Ce quartier est un important carrefour social de la ville, où le chemin des hommes d'affaires croise celui des mendiants, des femmes au foyer et des écoliers, sous la trajectoire des mouettes. Cependant, Porto sait aussi se décontracter : l'endroit est investi le vendredi soir par des cadres jouant de leurs instruments favoris ; en été, les cafés en terrasse

ont comme un air de fête. La place en amont est un point stratégique du très efficace réseau d'autobus de la ville ; de là, on peut facilement se rendre à São Bento, la principale gare ferroviaire, qui se situe légèrement en décalé vers l'est. Le vieux quartier de Porto, classé par l'Unesco au patrimoine mondial de l'humanité, commence à l'extrémité sud de la praça da Liberdade. Le principal marché de Porto, le **mercado municipal do Bolhão** (*au coin de la rua Sá da Bandeira et de la rua Formosa, fermé le sam. soir et le dim.*), se trouve à l'est, à une rue de la mairie. Les vastes galeries intérieures de cette imposante structure métallique ouverte depuis

1851 accueillent de nombreux stands où l'on vend les produits de toute la région. Toujours à l'est, à une rue de distance, se trouve la voie piétonne **rua de Santa Catarina**, qui fut jadis un lieu de promenade bourgeois et est aujourd'hui l'une des principales rues commerçantes de la ville. Cela dit, l'installation de grandes surfaces espagnoles a porté ombrage aux épiceries et aux boutiques qui faisaient autrefois le charme du quartier. À l'extrémité sud de la rue se tient le très réputé – et quasi incontournable – **Majestic Café** *(rua de Santa Catarina 112, ☎ 222 003887, fermé le dim.)*, pure merveille de la Belle Époque, qui se distingue par ses lignes sinueuses, ses boiseries dorées, ses larges miroirs, ses radieux chérubins et ses stucs Art nouveau. Réalisé par l'architecte João Queirós, l'établissement fut baptisé « Elite » lors de son ouverture en 1921, mais ce n'est qu'un an plus tard qu'il devint effectivement le quartier général de l'intelligentsia, après avoir été renommé « Majestic ». Après une – longue – période faste, le café commença à décliner, jusqu'à tomber en ruine en 1960. Il fut fermé, puis rénové, avant de rouvrir ses portes en grande pompe en 1994. Bien que l'endroit soit aujourd'hui très touristique, il constitue une halte indispensable pour quiconque découvre Porto. En face, la partie ouest de la praça da Liberdade est dominée par la façade de l'**igreja** et par la **torre dos Clérigos**, qui fait la joie des photographes. L'église et la tour de style baroque, qui forment un ensemble ovale et compact, ont été réalisées entre 1735 et 1748 par le très prolifique architecte italien Niccolò Nazoni. Bien que la ville regorge de lieux de culte aux intérieurs plus impressionnants, la façade de l'igreja est particulièrement remarquable par sa coupole ovale. Ne vous laissez pas impressionner par les 225 marches menant au sommet de la tour (76 mètres de hauteur), qui

offre une vue superbe par-dessus les toits jusqu'au fleuve, et même au-delà. À quelques pas plus au nord se dresse un autre édifice baroque, l'**igreja do Carmo** *(rua do Carmo, ☎ 222 078400, fermé le sam. et le dim. soir)*. Si sa façade principale ne manque pas d'impressionner, la belle fresque latérale d'azulejos mérite également l'intérêt : réalisée par Silvestre Silvestri, elle figure la prise de voile de Carmélites. L'édifice immédiatement voisin est l'**igreja das Carmelitas** *(rua do Carmo, ☎ 222 050279, fermé le dim. matin)*, moins harmonieux, qui mêle le néoclassique et le baroque. Les amateurs de contrastes absolus tant dans le style que dans la fonctionnalité iront voir un peu plus loin la librairie la plus connue de Lisbonne, la **livraria Lello e Irmão** *(rua das Carmelitas 144, ☎ 222 018170, fermé le dim.)*, une extraordinaire curiosité néogothique datant de 1906, à structure de ciment armé et plafond de verre dépoli. Le bâtiment est classé patrimoine national. Quoique soucieuse de sa vocation première, la librairie tolère les visiteurs venant y admirer l'opulente décoration en stuc façon bois de l'architecte d'intérieur français Xavier Esteves, ses vitraux lumineux, ses rayonnages sculptés et son grand escalier ajouré à double volée. ■

La torre dos Clérigos, vue depuis la rua 31 de Janeiro, domine les environs.

Torre dos Clérigos
- 🅰 85
- ✉ Rua dos Clérigos
- ☎ 222 001729
- 🕐 Fermé le midi
- 💶 €

La Ribeira

BIEN QU'ELLE SOIT SITUÉE À L'INTÉRIEUR DES TERRES ET À PROXIMITÉ de l'Atlantique, la vieille ville de Porto évoque, par son atmosphère, son histoire et sa vie quotidienne, un port méditerranéen. Les ruelles pentues et sinueuses du quartier de la Ribeira, en bordure de l'eau, offrent des vues magnifiques sur le Douro, dont les quais attirent aussi bien les locaux que les touristes. Deux édifices religieux – la cathédrale et la superbe église São Francisco – constituent, avec le palácio da Bolsa, l'ancien palais de la Bourse, les principaux attraits de la ville.

Visible de loin, la Sé (cathédrale) se profile derrière le quartier de la Ribeira, qui borde le fleuve.

Sé

🏛 85

✉ Terreiro da Sé

☎ 222 059028

🕐 Église fermée le midi, cloître fermé également le sam. après-midi

💶 €

La **Sé** (cathédrale), qui s'élève au-dessus d'une colline rocheuse avec ses rudes tours jumelles carrées, est faite du solide granit gris dont regorge le nord du pays. Fondée au XIIᵉ siècle, elle témoigne de l'ardeur guerrière de cette époque, avec ses créneaux et ses modillons, peu courants dans un édifice religieux. Elle fut entièrement restaurée à la fin du XVIIᵉ et au début du XVIIIᵉ siècle, au point d'y perdre la pureté de son architecture romane originelle. Une fois de plus, c'est à l'Italien Niccolò Nazoni (Nicolau Nasoni en portugais) que l'on doit les ajouts de style baroque, ainsi que le palais épiscopal voisin.

La nef principale et les deux nefs latérales sont imposantes et austères, mais ce dépouillement met en valeur le transept et le chœur, qui ont subi d'importantes modifications. Sur la gauche, la **capela do Sacramento** (chapelle du Saint-Sacrement) abrite un très bel autel, et un tabernacle en argent ciselé – élaboré par étapes entre 1632 et le XIXᵉ siècle – qui attestent le grand savoir-faire des orfèvres portugais. Remarquez la statue du XIVᵉ siècle figurant Nossa Senhora da Vendoma (Notre-Dame de Vendôme) – une incarnation de la Vierge Marie rappelant la venue de Tourangeaux – qui trône dans une niche aux riches dorures. D'autres ornements recouverts d'or du Brésil (typiques de la *talha dourada*, ou art du bois doré sculpté) rehaussent le maître-autel, entouré de fresques de Nazoni.

Un passage à droite de la nef mène au **cloître**, où les arches de style gothique s'inscrivent en contrepoint des sept panneaux d'azulejos datant de 1731, qui illustrent le Cantique des cantiques du roi Salomon et la vie de la Vierge. Le chapitre du XVIIIᵉ siècle abrite des trésors liturgiques, notamment des tenues de riche brocart, un retable et des couronnes en argent, mais aussi un somptueux plafond à caissons recouvert d'azulejos représentant des allégories, ainsi que, à une extrémité de la pièce, un magnifique candélabre, lui aussi en argent.

Depuis le cloître, on accède à la **capela São João de Evangelista,** qui contient, outre l'impressionnant sarcophage de pierre du chevalier de Malte João Gordo, une belle statue du XIVᵉ siècle figurant Nossa Senhora da Batalha. Il est possible que certaines pièces soient inaccessibles au

public durant les travaux de restauration ; cependant, ne manquez pas l'escalier monumental de Nazoni, qui mène à la galerie supérieure, tapissée d'azulejos illustrant des scènes champêtres et mythologiques, et qui offre une vue imprenable sur Porto.

Alors que la Ribeira aurait fort bien pu se contenter de la Sé, elle s'offre le luxe d'un autre monument d'envergure, l'**igreja de São Francisco**. Malgré de nombreux ajouts de style baroque à la fin du XVIIe siècle et au début du XVIIIe siècle, cet édifice conserve une décoration stupéfiante. En effet, l'intérieur en est presque entièrement palissé de bois doré sculpté *(talhas douradas)* représentant des entrelacs de pampres, de chérubins et d'oiseaux. L'église et l'ancien monastère, dont la construction commença en 1245, ne furent achevés qu'en 1425, pour le mariage de João Ier avec Philippa de Lancastre. Plusieurs siècles plus tard, le clergé, choqué par le caractère ostentatoire des décors, refusa de continuer à y célébrer des offices. Quoi qu'il en soit, l'élément le plus impressionnant de

l'ensemble est le retable du maître-autel, à gauche de la nef. Décoré de bois sculpté et d'une polychromie de l'arbre de Jessé, il représente les douze rois de Judée dans les branches d'un arbre issu du corps du Christ et finissant avec la Vierge à l'Enfant. Ce tour de force en matière de sculpture a été réalisé dans les années 1720 par deux petits artisans locaux, Filipe da Silva et Antonio Gomes.

D'un style plus naïf, la statue en granit de saint François orne une niche à droite de l'entrée. En face de l'église, le monastère rénové abrite un petit musée d'art religieux, ainsi que des catacombes d'un genre peu courant. Le **palácio da Bolsa**, ou palais de la Bourse, se situe juste derrière Saint-François. Une visite guidée permet de découvrir cet immeuble et ses enfilades de salons richement décorés et meublés. La pièce la plus spectaculaire est le pátio das Nações, avec lequel peuvent seuls rivaliser les stucs mauresques, les dorures et les vitraux du salon arabe, typique de son époque (XIXe siècle), qui évoque l'Alhambra de Grenade, en Espagne. ■

Une symphonie de talhas douradas (bois doré sculpté) éblouit le visiteur de São Francisco, spectaculaire expression du baroque portugais.

Igreja de São Francisco
🔺 85
✉ Rue Infante D. Henrique
☎ 222 062100
€

Palácio da Bolsa
🔺 85
✉ Rua Ferreira Borges
☎ 223 399000
🕐 Fermé le midi
€ €€

PROMENADE À TRAVERS LA RIBEIRA

La vue de la cathédrale embrasse un entrelacs de maisons, avec la torre dos Clérigos en repère.

Promenade à travers la Ribeira

Compte tenu de sa topographie, Porto se visite du haut vers le bas, des principaux sites historiques ou touristiques jusqu'aux ruelles menant aux rives du Douro.

Commencez votre périple au pied de la statue équestre de la praça da Liberdade. De là, dirigez-vous vers le sud et passez deux petites rues transversales, pour atteindre la praça Almeida Garrett et ressortir face à l'**estação de São Bento** ①. Entrez dans la gare pour apercevoir la grande fresque d'azulejos des années 1930 (qui compte, semble-t-il, quelque 20 000 carreaux), réalisée par Jorge Colaço et illustrant la vie quotidienne dans la région, ainsi que les principales batailles impliquant le Portugal. Retournez sur vos pas vers la statue, tournez à gauche, et ne vous laissez pas rebuter par la pente de la rua dos Clérigos. Avancez en direction de l'église et de la **torre dos Clérigos** ② (voir p. 81). En haut de la rue, au coin, arrêtez-vous au niveau de la belle épicerie **Casa Oriental** *(campo dos Mártires da Pátria 111)*, qui vend des fruits, des légumes et la traditionnelle morue, puis à la pharmacie du XVIIIᵉ siècle *(campo dos Mártires da Pátria 122)*.

Juste devant vous s'élèvent les murs – peu avenants – d'un bâtiment qui servait autrefois de prison et de cour d'appel, et qui abrite maintenant le **Centro português de fotografia** ③ *(campo dos Mártires da Pátria, ☎ 222 076310, fermé le matin et le lun.)*. Cet édifice a connu des hauts et des bas depuis sa construction en 1606 : effondré en 1752, il fut reconstruit en 1794, puis fermé en 1974, avant de rouvrir ses portes en 1997 pour accueillir le Centre portugais de la photographie – et des expositions de haut vol.

Poursuivez en prenant à gauche après ce bâtiment ; vous tombez dans la rua dos Caldeireiros, une rue ouvrière typique avec son linge à sécher, ses drapeaux et ses habitants postés aux balcons ou travaillant dans les ateliers du rez-de-chaussée. Descendez la rue et passez le croisement de la rua das Flores jusqu'à la rua de Mouzinho da Silveira, très animée. Traversez encore jusqu'à atteindre une fontaine murale, puis remontez la rua do Souto. Cette rue animée vous mène à la **Muralha Fernandina** ④. Il s'agit des vestiges du mur d'enceinte de Porto, datant du XIIᵉ siècle, qui courait sur 1 kilomètre et faisait 10 mètres de hauteur. La **Sé** ❺ (la cathédrale, voir p. 82) est maintenant en vue. À la patte d'oie, prenez à droite, passez sous une arche, dépassez une tour médiévale jusqu'à atteindre la vaste esplanade qui la borde. Cet endroit offre l'une des plus belles vues de Porto sur la rivière.

Repassez sous l'arche et remontez jusqu'au prochain clocher d'église. Descendez les marches

> ► Praça da Liberdade
> ↔ 1 km
> ⊕ 45 min (plus avec les visites)
> ► Praça da Ribeira
>
> ## À NE PAS MANQUER
> - L'estação de São Bento
> - La torre dos Clérigos
> - Le Centro português de fotografia
> - La Sé (cathédrale)

jusqu'à une petite place et une terrasse bien exposée, bordée, sur la gauche, par le **museu de Arte sacra e Arqueologia** ❻ (*largo Dr. Pedro Vitorino 2, ☎ 222 008056, fermé le dim. et le lun.*), qui lui-même jouxte une église. Ce petit musée présente des pièces d'art religieux, ainsi que le fruit de fouilles. Descendez la rua de Santana, prenez à gauche la rua da Bainharia et à gauche encore la rua dos Mercadores. Vous atteignez un autre quartier pittoresque, grouillant d'enfants et de pigeons, rythmé par des accords de musique et le bruit des marteaux, et décoré de l'inévitable linge mis à sécher. Au bout de cette voie, tournez à droite dans la rua do Infante dom Henrique. Remarquez, au n° 8, les arcades d'une ancienne fabrique, la **Feitoria inglesa**, construite à la fin des années 1780 à l'intention des marchands de porto anglais. Traversez, tournez à gauche, et flânez le long des cafés et des restaurants en terrasse de la praça de Ribeira. ■

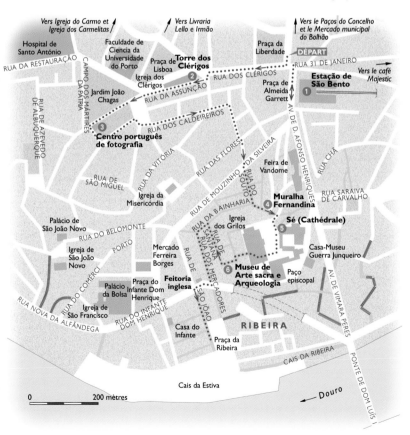

Au-delà du centre-ville

PORTO S'ÉTEND DÉSORMAIS VERS L'OUEST, DE LA BAIXA AUX PLAGES DE Foz do Douro. Il y a là pléthore de sites passionnants et de coins de détente, appréciables après les détours dans les venelles du centre-ville. Les chais à porto de Vila Nova de Gaia méritent aussi une visite.

La ligne néo-moderniste de la spectaculaire Fundação de Serralves.

Plus près de la Baixa se trouve l'élégant **Museu nacional Soares dos Reis**, fondé en 1833 par Pedro IV, et essentiellement dédié à l'art portugais du XIXᵉ siècle. L'ancien Museu portuense déménagea à son emplacement actuel (le palácio dos Carrancas, qui date du XVIIIᵉ siècle) dans les années 1940, et s'enrichit par la suite de collections d'arts décoratifs et d'art contemporain du XXᵉ siècle. Bien que l'intérieur ait été rénové, l'endroit est un peu vieillot. Faites l'impasse sur les œuvres académiques, hormis les autoportraits de bonne facture signés João Baptista Ribeiro, Aurélia de Sousa et António Carneiro.

Préférez les sculptures, surtout celles de Soares dos Reis, qui a donné son nom au musée. La collection d'arts décoratifs est plus intéressante : elle présente des azulejos, des faïences orientales, des verreries, des opalines et des bijoux de l'âge du fer, trouvés à Póvoa de Varzim, qui feraient pâlir plus d'un designer contemporain. Ne manquez pas les objets d'art namban (superbe paravent japonais laqué du XVIIᵉ siècle) ni le coup d'œil au patio surélevé, dont le mur orné d'azulejos ouvre sur un agréable café en terrasse.

Des œuvres plus avant-gardistes vous attendent plus au nord, à deux rues de là, dans la **rua de Miguel**

Bombarda, où sont réunies la plupart des galeries d'art contemporain *(souvent fermé le dim. et le lun., ainsi que le matin)*. Cependant, le must en matière culturelle est sans conteste le **museu de Arte contemporânea de la Fundação de Serralves**, situé nettement plus à l'ouest, dans un quartier résidentiel. Ce centre artistique ambitieux est planté au cœur d'un parc dont l'étendue (18 hectares) est à l'image de son contenu, puisqu'il abrite, outre de superbes sculptures d'Angela de Sousa, de Claes Oldenburg, de Richard Serra, d'Alberto Carneiro et de Dan Graham, des jardins ultramodernes dont la rénovation a coûté près de 2 millions d'euros. Les lacs, les bois, les fontaines, les arbres et les roseraies originellement destinés à mettre en valeur la casa Serralves, un pimpant manoir rose de style Art déco qui accueillit le musée lors de son ouverture en 1989, constituent désormais un agréable but de promenade. L'endroit propose aussi un délicieux salon de thé, qui mérite le détour. La casa Serralves accueille également des expositions temporaires permettant de se familiariser avec son intérieur somptueux, réalisé grâce à la participation d'artistes tels que Lalique, Ruhlmann, Brandt, Leleu et autres designers français de renom de l'époque. D'importantes manifestations – expositions d'art contemporain, spectacles ou festivals –, généralement d'avant-garde, se tiennent dans cet ensemble, inauguré en 2000. Sa superbe structure minimaliste et ses murs de granit blanc sont le fait d'Álvaro Siza Vieira, célèbre architecte portugais originaire de Porto. La collection permanente comprend quant à elle des pièces illustrant tous les mouvements d'art internationaux de 1960 à nos jours. La librairie spécialisée et l'agréable café-restaurant du dernier étage, de même que l'auditorium, la bibliothèque et l'espace vidéo, constituent aussi des étapes intéressantes de la visite.

À environ 1,5 kilomètre se trouve l'agréable station balnéaire de **Foz do Douro**, qui s'est construite à l'embouchure du Douro autour du **fort São João da Foz**. Aujourd'hui, Foz s'étend sur quelque 12 kilomètres vers le nord, où elle rejoint **Matosinhos**, via le castelo do Queijo. Plus industrialisée, la ville a converti ses anciennes conserveries de pêche en night-clubs branchés, fort bien situés le long du front de mer.

La ville de Foz do Douro elle-même se limite à une longue avenue et à une promenade balisée (incluant une pergola très photographiée) longeant des plages de sable grossier et de rochers. Comme il sied à un endroit à vocation de pêche, les restaurants sur le front de mer proposent d'excellents produits. Rares sont ceux qui s'aventurent ici, hormis les bodysurfers, car l'eau y est froide. Cependant, les terrasses de café baignées par la brise offrent la possibilité d'une escapade vivifiante le week-end, à une demi-heure en autobus de Porto. De retour au centre-ville, le visiteur ne manquera pas d'aller voir, sur la berge opposée du Douro, les chais à porto de **Vila Nova de Gaia**. Le meilleur moyen de s'y rendre est d'emprunter le pont dom Luís Ier, où vertige et vues imprenables sont au rendez-vous. En contrebas, des douzaines de producteurs de porto rivalisent d'ingéniosité pour inviter les passants à des dégustations, espérant ainsi les conduire à effectuer quelques achats. Si ces entreprises sont généralement plus enclines à accueillir des cars de touristes que les amateurs, elles présentent de l'intérêt pour quiconque s'intéresse à l'industrie du porto. Certaines proposent même la visite de leurs installations, ce qui permet de se familiariser avec l'élaboration du breuvage. Par ailleurs, les bars situés sur le front de mer, en face des façades multicolores de la Ribeira, constituent des haltes de choix au moment du coucher du soleil. ■

Museu nacional de Soares dos Reis
www.mnsr-ipmuseus.pt
✉ Palácio dos Carrancas, rua Don Manuel II 44
☎ 223 393770
🕐 Fermé le lun. matin et le dim.
€ €

Fundação de Serralves Museu de Arte contemporânea
www.serralves.pt
✉ rue Don João de Castro 210
☎ 226 156500
🕐 Fermé le lun.
€ Musée et parc €€ ; parc seulement €
🚌 Bus 78 de la praça da Liberdade

Les vignobles, que l'on voit ici revêtus de leurs atours d'automne, tapissent entièrement les coteaux – les moins pentus comme les plus raides – de la vallée du Douro.

La vallée du Douro

QUOI QUE L'ON PUISSE DIRE POUR VANTER LA VALLÉE DU DOURO, ON est toujours en deçà de la réalité. Rien ne saurait préparer le visiteur à la majesté des terrasses sculptées dans le schiste ni aux magnifiques panoramas qu'offre le fleuve. Quant à la vallée, elle marque profondément, qu'on la voie du bateau, du train ou d'une voiture.

Serpentant sur quelque 850 kilomètres depuis sa source en Espagne jusqu'à son embouchure à Porto, le Douro fait son chemin en traçant dans le schiste et le granit des ravins vertigineux. Autrefois turbulent – il alternait rapides et ravins étroits –, il a été assagi par la construction de 8 barrages. Sa partie la plus spectaculaire au Portugal s'étend entre le Mesão Frio et le Pinhão : le coteau est ici tellement dense et régulier qu'on le dit parfois visible depuis l'espace – comme la Grande Muraille de Chine. Les choses n'ont pas bougé depuis quelque deux mille ans. Capitale du porto et première région viticole officiellement délimitée au monde, la

vallée du Douro s'est imposée dès 1756 et n'a jamais fléchi, comme en témoignent les pancartes ponctuant les différents vignobles du nom des maisons de production – Sandeman, Taylor ou Ferreira. Malheureusement, les charmants *rabelos* (voir p. 78) n'effectuent plus depuis longtemps le transport des fûts remplis du convoité nectar ; désormais motorisés, ils servent parfois aux excursions fluviales et s'engagent, chaque année en juin, dans une course. Ce sont aujourd'hui de gros camions-citernes (qu'on doublera avec précaution sur les routes sinueuses du Douro) qui se chargent de véhiculer la précieuse cargaison. Cependant, les élégantes *quintas* (maisons nobles situées sur les propriétés) n'ont pas cédé leur place sur les rives du Douro, les villages étant toujours concentrés dans les vallées à l'intérieur des terres.

Vergers, oliviers et amandiers se nichent au cœur des vignobles ; une visite au mois de février permettra d'apprécier le festival que constituent pour les yeux les fleurs rose et blanc qui donneront des amandes.

La capitale officielle du Douro et le siège de l'Institut du porto est **Peso da Régua**, ou Régua. L'endroit n'a rien de remarquable et ne présente aucun attrait particulier. Mais il constitue un point stratégique en matière de transports : on peut y prendre le train ou le bateau à destination des chais situés en bordure de quai, où des dégustations sont organisées par les grandes maisons de porto.

À 11 kilomètres au sud, la charmante ville de **Lamego**, riche d'histoire et pleine de caractère, affiche un style bien différent. Son atout majeur est le sanctuaire de **Nossa Senhora dos Remédios** (☎ *254 614392*), version locale du Bom Jesus do Monte (voir p. 100) de Braga, à laquelle on accède, comme c'est le cas pour ce dernier, par un grand escalier baroque richement décoré. La vue que l'on a du sommet est superbe. N'hésitez pas à faire le chemin à pied ou en voiture.

La **Sé**, ou cathédrale de Lamego (*largo de Camões*, ☎ *254 612766, fermé le midi*), se situe à l'extrémité d'une esplanade ombragée et bordée de cafés. Datant de la seconde moitié du XIIᵉ siècle et partiellement reconstruite au XVIᵉ siècle, elle subit d'importantes rénovations au XVIIIᵉ siècle. Admirez le plafond illustré de fresques bibliques dues à l'Italien Niccolò Nazoni, ainsi que le merveilleux cloître du XVIᵉ siècle. Accessible depuis l'extérieur, il est doté d'une roseraie parfumée et de deux chapelles superbement décorées. De moindre importance historique, mais intéressante, la **capela São Pedro de Balsemão**

(☎ *254 655656, fermé le lun., le mar. matin et le 3ᵉ week-end du mois*) se trouve à 3 kilomètres au nord-est de Lamego, dans le village de Balsemão. Cet édifice, sans doute du VIIᵉ siècle, serait le deuxième plus vieux sanctuaire de la péninsule Ibérique et le plus ancien du Portugal. La petite chapelle à colonnades, ornées de motifs byzantins et wisigothiques, abrite le sarcophage à gisant sculpté d'Afonso Pires, évêque de Porto mort en 1362.

À 15 kilomètres au sud-est de Lamego) se niche, au fond d'une jolie vallée, **São João de Tarouca**, le premier monastère (cistercien) du Portugal. Datant du XIIᵉ siècle et à moitié en ruine, il est actuellement le site de fouilles archéologiques. L'église attenante (☎ *254 678766, fermé le lun. et le mar. matin*) est en meilleur état. La sacristie renferme 4 700 carreaux d'azulejos et de belles *talhas*

douradas (voir p. 83), ainsi qu'un *Saint Pierre* attribué à Gaspar Vaz.

Traversez le minuscule village en suivant les cours d'eau bouillonnants dans leur course en aval, jusqu'à la rivière (un affluent du Douro), qu'enjambe un pont de style roman. Plus à l'est, sur la rive nord, se trouve **Pinhão**, le « centre » du vignoble du Douro. Cette modeste cité, qui séduit davantage par sa situation que par

Cercia, non loin de Miranda do Douro, connaît un vieillissement de sa population – une situation fréquente dans les villages et bourgades du nord du Portugal.

Peso da Régua

🗺 76 C1

Informations touristiques

www.douro-turismo.pt

✉ Rua da Ferreirinha

☎ 254 312846

🕐 Fermé le sam. et le dim. en hiver

Lamego

🗺 76 C1

Informations touristiques

✉ Avenida Visconde Guedes Teixeira

☎ 254 612005

Pinhão

76 C1

Informations touristiques

✉ Gare ferroviaire de Pinhão

☎ 254 732883

🕐 Fermé le dim.

Le Douro serpente depuis sa source en Castille (Espagne) jusqu'à son estuaire, à Porto.

son importance, connaît une grande animation à la saison des vendanges, les raisins issus des vignobles environnants arrivant ici par remorques pleines pour le foulage. Hormis cette période intense, le village est plutôt calme, avec pour seule activité ses hôtels et ses restaurants. Le monument le plus important de Pinhão est sa gare, impeccable et d'un style peu commun, dont les murs sont tapissés de panneaux d'azulejos figurant des scènes de la vie quotidienne dans la vallée du Douro. Ceux qui passent ici en faisant route vers le nord ont le choix entre deux voies spectaculaires, qui serpentent toutes deux entre les coteaux aménagés en terrasses ; l'une mène à Alijó et l'autre rejoint Sabrosa, le village natal du célèbre navigateur portugais Fernão de Magalhães (en français, Fernand de Magellan).

Il est également possible de retraverser le Douro et de suivre la route en lacets sur quelque 19 kilomètres vers l'est, depuis le village de **São João da Pesqueira**, berceau de superbes manoirs et de points de vue offrant les panoramas les plus époustouflants qui soient sur le Douro. L'endroit comprend aussi le sanctuaire **São Salvador do Mundo**, autrefois fré-

quenté par les jeunes filles en quête d'un mari. L'histoire locale retient le nom du baron Forrester – un Anglais qui œuvra énormément en faveur du développement de la région. Il mourut noyé lorsque son embarcation se renversa dans les rapides de Valeira, juste à l'aplomb de ce point de vue. On prétend qu'il était lesté de pièces d'or… Sa compagne d'escapade survécut, sauvée, semble-t-il, par sa crinoline victorienne qui, gonflée par les eaux, aurait fait office de bouée. Y a-t-il une morale à cette histoire ? ■

En train le long du Douro

Le train constitue une manière agréable de découvrir la majestueuse vallée du Douro. La voie ferrée, qui couvre en tout 175 kilomètres, longe le fleuve sur 100 kilomètres entre Porto et Pocinho. Les tronçons les plus spectaculaires, entre Pinhão et Tua, et, plus au nord, à proximité de la Tua et jusqu'à Mirandela, offrent des paysages somptueux et des vignobles à perte de vue. ■

Amarante

LA SÉDUISANTE AMARANTE – MECQUE DES POÈTES ET DES PEINTRES – se situe à l'extrémité nord du Douro et s'étend de part et d'autre du rio Tâmega, un affluent du Douro.

Ce véritable pôle historique est d'une beauté légendaire. Son monastère du XVIᵉ siècle côtoie les arches en granit d'un pont du XVIIIᵉ siècle, l'ensemble reposant à l'avant-plan d'un paysage de collines se reflétant dans la rivière, bordée de saules. Flânez dans les rues pavées – et pentues – de la vieille ville, sur les hauteurs, d'où vous admirerez la vue sur les superbes maisons des XVIᵉ et XVIIIᵉ siècles. Dominant cet enchevêtrement de ruelles subsistent les ruines du **solar dos Magalhães**, un manoir mis à sac en 1809 par les troupes de Napoléon sous le commandement du maréchal Soult. C'est sur le ponte de São Gonçalo que les Portugais tinrent en respect la calamiteuse invasion française ; pourtant, après deux semaines de statu quo, les Français mirent le feu à la plus grande partie de la vieille ville.

Le **mosteiro de São Gonçalo** (☎ *255 437425*), qui date de 1540, surplombe l'ensemble, l'église donnant sur une vaste place où se trouve un café en terrasse. Anachorète du XIIIᵉ siècle, Gonçalo s'éprit du lieu pour sa beauté, y construisit un pont et un ermitage, fondant ainsi la ville que nous connaissons aujourd'hui. Sa tombe, qu'abrite la chapelle située à gauche du maître-autel, attire toujours les foules ; il n'est pas rare de voir les adorateurs toucher ou baiser les orteils du gisant. Ce saint patron du mariage est en effet souvent invoqué par ceux qui désespèrent de trouver l'âme sœur. L'intérieur de l'église se distingue encore par ses impressionnantes *talhas douradas*.

Le **museu Amadeo de Souza-Cardoso** (☎ *255 420233, fermé le lun., €*), qui occupe le dernier étage du couvent, est accessible depuis la place bordant l'église. Il est dédié au peintre cubiste Amadeu de Souza-Cardoso (1887-1918), natif d'Amarante, qui étudia à Paris avec d'autres artistes comme Modigliani, et dont les œuvres côtoient celles de peintres portugais contemporains. ■

Conçu en 1790, ce pont de style baroque est l'un des derniers qui furent construits au-dessus du Tâmega. L'une des deux entrées est encadrée par deux obélisques.

Amarante
🗺 76 B2
Informations touristiques
✉ Alameda Teixeira de Pascoães
☎ 255 420246

Vila Real et ses environs

LE SUPERBE SOLAR (MANOIR) DE MATEUS ORNE L'ÉTIQUETTE DU MATEUS rosé depuis des décennies ; il est, de ce fait, le plus connu du Portugal. Nichée au pied de la serra do Marão, Vila Real est quant à elle résolument moderne, malgré la proximité d'un centre historique.

L'université de Vila Real contribue à l'animation de cette ville semi-industrialisée de 25 000 habitants, qui a tourné la page de son passé aristocratique. L'endroit est bordé par les magnifiques collines d'Alvão au nord et de Marão dans le sud-ouest, toutes donnant sur le Corgo, un affluent du Douro, tandis que la région du Trás-os-Montes, plus sauvage, s'étend vers l'est. Du fait de sa situation stratégique, la ville est le passage obligé des visiteurs se rendant au solar de Mateus (à 3,2 kilomètres) ou en revenant. Dans le centre-ville, restaurants et boutiques bordent les voies piétonnières à l'est de l'avenue principale, l'avenida Carvalho Araújo. Les chasseurs de souvenirs y trouveront la célèbre poterie noire de Bisalhães, ainsi que les lainages des collines d'Alvão et de Marão – le choix étant la seule difficulté qui se poserait éventuellement à eux.

La cathédrale gothique (dite São Domingos) se situe dans cette avenue, mais son intérieur morne et terne ne présente d'intérêt que pour les inconditionnels de ce style. Plus intéressante est la façade de la **casa de Diogo Cão** (*avenida Carvalho Araújo 19, fermé au public*), une demeure du XVe siècle qui jouxte la mairie. C'est ici que serait né Diogo Cão, qui découvrit l'embouchure du Congo, en Afrique. À quelques pas de

Le solar (manoir) de Mateus est l'un des plus beaux palais baroques du Portugal.

Les merveilles du solar de Mateus

Parmi les trésors que recèle ce chef-d'œuvre d'élégance baroque, citons de superbes portes et plafonds en bois de noyer sculpté, des porcelaines de Canton des XVIIe et XVIIIe siècles, des portraits de famille, ainsi que des meubles japonais, français, anglais et espagnols. Dans le salon des dames trône une superbe table de Goa en écaille de tortue et nacre. Un petit musée présente des vêtements liturgiques richement travaillés, des reliquaires, des sculptures religieuses et des documents. Quant à la bibliothèque, elle rassemble des livres du XVIe siècle à nos jours. Une inestimable édition des *Lusiades* de Luís de Camões (1524-1580) – la première –, datant de 1817 et illustrée de gravures sur cuivre réalisées par Fragonard, atteste ainsi le mécénat de longue date des Mateus. ∎

là, le **palácio dos Marqueses de Vila Real** se distingue lui aussi par sa façade aux fenêtres manuélines richement décorées.

AU-DELÀ DE VILA REAL

Le **solar de Mateus**, situé à 3 kilomètres de la ville, est sans conteste le plus important attrait de Vila Real. Cette habitation abritée de la route par un écran de verdure est connue dans le monde entier, car elle figure sur les étiquettes de Mateus rosé, qui détient le record des exportations portugaises au XXe siècle. Ce magnifique manoir datant des années 1740 arbore une ornementation baroque de la meilleure facture, grâce à l'architecte italien Niccolò Nazoni. Il s'inscrit dans le cadre d'un superbe parc bordé de haies de buis parfumés et de charmilles, et planté de cèdres bicentenaires ; points d'eau étagés et parterres à la française achèvent d'en faire un très agréable lieu de flânerie. Des visites guidées permettent de visiter les salons de réception ; certaines pièces du manoir sont cependant inaccessibles, le lieu étant encore habité par le septième comte de Sousa Botelho Mourão Albuquerque. Une fondation, créée en 1970 pour promouvoir les arts, a financé la transformation d'une grange en salle de concert qui accueille un festival de musique. Aux antipodes de ces extravagances baroques, le sanctuaire de **Panoias** (☎ 259 336 322 *fermé le lun. et le mar. matin, €*), à 7 kilomètres au-delà du village de Constantim, mérite la visite. Ce site très ancien, coincé en bordure d'un village, rassemble une suite d'immenses rochers de granit, dont certains portent des inscriptions latines et d'autres des creux ou des sillons. Ces pierres, qui auraient été le lieu de sacrifices humains et animaux, suggèrent une vision indiscutablement moins paisible de ces lieux et de leurs anciennes peuplades.

La **serra do Marão** fait partie du **parque natural do Alvão**, un espace protégé de 7 220 hectares situé entre Vila Real et Mondim de Basto. Cette région rurale se caractérise par ses maisons de granit aux lourds toits de chaume et par ses *espigueiros* (greniers à grains en granit, très répandus dans le Nord) situés sur les hauteurs. Les champs servent de pâture au bétail de race maronesa, aux cochons et aux chèvres, tandis que les lieux plus sauvages sont investis par les aigles, les faucons, les loups et les loutres. Entre Ermelo et Lamas de Olo, l'impressionnante cascade des **fisgas de Ermelo,** haute de 300 mètres, est la plus belle attraction naturelle de la région. Pour finir, une visite des lieux serait incomplète sans la dégustation des délicieuses saucisses fumées, une spécialité locale. ∎

Le vin portugais

R ares sont les pays pouvant se targuer d'un produit national aussi en vue que le porto – qui a tendance, cependant, à éclipser d'autres délicieux vins du Portugal comme le *vinho verde* (vin vert) du Minho, les rouges souples et corsés de l'Alentejo ou ceux, plus veloutés, de Coloares, ou encore le doux Muscatel de Setúbal. La notoriété relative de ces vins s'expliquait, jusqu'à il y a peu, par la faible superficie des vignobles dont ils étaient issus. Les exportations concernaient surtout

le vinho verde blanc, le Dão rouge, le vin doux de Madère, ainsi que le célèbre Mateus rosé. Pourtant, ces vingt dernières années, la viticulture portugaise a accompli de grands progrès, tant qualitatifs que quantitatifs, la modernisation permettant d'exploiter – enfin – le potentiel des vignobles locaux.

Les vins portugais résistent à la mondialisation galopante et conservent leur typicité. Refusant de céder à la vogue de cépages comme le merlot, le cabernet sauvignon ou la syrah, ils sont généralement issus de variétés locales, telles que le touriga nacional (qui donne le porto et les rouges de Dão), la tinta roriz (proche du tempranillo des Rioja espagnols), la malvoisie (version locale du cépage grec entrant dans la composition des vins pétillants du Douro), l'alvarinho (base de la plupart des vinhos verdes), ainsi que la periquita (très répandue dans la péninsule de Setúbal et dans l'Alentejo). En outre, ils sont toujours élaborés selon des méthodes ancestrales ayant fait leurs preuves – ainsi, il n'est pas rare de voir des producteurs utilisant pour l'élevage de leurs vins des contenants en argile.

Page ci-contre, en haut : Le *tinto verde* (dont le nom, étrange, signifie rouge-vert). **Page ci-contre, en bas :** Dégustation de porto dans les chais de Castelinho. **Ci-dessus :** Certaines opérations comme l'entonnage sont encore manuelles. **Ci-contre :** Le bois contribue aux arômes.

La production de vin dans la région remonte aux Phéniciens, qui l'introduisirent dans le sud du Portugal en 600 av. J.-C. et le commercialisaient autour du Bassin méditerranéen. Depuis cette époque, les Grecs, les Celtes, les Romains et les Wisigoths, et même les Maures, apprécièrent le breuvage local. Cependant, ce furent vraiment les Anglais qui lancèrent le commerce du porto. En 1678, un marchand de Liverpool l'élabora en ajoutant de l'eau-de-vie à des vins du Douro, pour les empêcher de tourner pendant la traversée jusqu'à l'Angleterre. Plus doux et plus épais est le vin, plus parfumé est le porto, selon le temps de son élevage après le mutage. Il ne fallut pas longtemps pour que des fûts entiers de vins fortifiés soient envoyés à Londres, et un accord de 1703 officialisa les liens unissant à jamais les marchands anglais et le porto.

Quelques décennies plus tard, le Premier ministre portugais, le marquis de Pombal, édicta la première réglementation mondiale en matière de production et d'appellation. Mais les choses n'étaient pas simples : à la fin du XIXe siècle, les vignobles subirent de plein fouet l'attaque du phylloxéra, avec les effets que l'on sait. Depuis que le Portugal est membre de l'Union européenne, il a entièrement réformé son industrie viticole et ses classements incompréhensibles. Aujourd'hui à la tête de près de 400 000 hectares de vignobles s'épanouissant sur des sols granitiques, sableux, argileux ou schisteux, le pays consomme quelque 53 litres d'alcool par an et par habitant – ce qui fait du Portugal l'un des cinq plus grands consommateurs du monde en la matière. Cependant, hormis le porto qui s'exporte bien, la plupart des vins portugais franchissent rarement les frontières de leur région de production, si bien que les touristes qui sillonnent le pays sont généralement confrontés à des découvertes et à des choix difficiles… ∎

Guimarães et ses environs

Les murs du château de Guimarães ont été restaurés dans les règles de l'art ; les visiteurs apprécieront la promenade qui longe les remparts.

L'HISTOIRE, LA GASTRONOMIE, LA RELIGION ET UN ZESTE DE PANACHE contemporain font de Guimarães une ville médiévale séduisante. L'endroit, inscrit au patrimoine mondial, affiche une rare harmonie architecturale. Une zone piétonnière judicieusement aménagée achève d'en faire une étape obligée d'un périple dans le nord du Portugal.

Séparée de Porto d'une cinquantaine de kilomètres, Guimarães est une cité dans l'air du temps, même si c'est là que naquit la nation portugaise au XIIᵉ siècle, quand Afonso Henriques, héritier du comté de Portucale, s'y proclama roi après avoir bouté les Maures hors de son territoire (voir p. 22-23). Il siégeait dans le château qui domine Guimarães, construit au Xᵉ siècle par la comtesse de Mumadona pour protéger l'abbaye Nossa Senhora da Oliveira (Notre-Dame de l'Olivier) des attaques des Normands et des Maures.

La vieille ville s'étend des jardins de l'Alameda vers le sud jusqu'au centre commercial très animé du largo do Toural, et vers le nord jusqu'aux château, palais et parc situés en hauteur. La place principale (sur le **largo da Oliveira**), point de départ d'une visite de la ville, est séparée de la praça da São Tiago voisine par une séduisante allée bordée d'arcades que surplombe l'ancienne salle du conseil municipal, transformée en un **musée d'Art naïf moderne** de peu d'intérêt (☎ *253 414186, fermé le week-end et le midi*). Juste à côté se situe une ancienne *pousada* (auberge), réputée pour son ambiance. En été, la place est envahie par les terrasses de café, qui offrent une vue imprenable sur l'église de l'abbaye **Nossa Senhora da Oliveira**, fondée au Xᵉ siècle.

Du fait de nombreuses transformations, cet édifice médiéval (*fermé le midi*) n'a conservé de son architecture romane originelle que les cloîtres et le chapitre, rien ne subsistant de l'abbaye proprement dite.

Guimarães
🗺 76 B2
Informations touristiques
www.guimaraesturismo.com
✉ Praça de Santiago
☎ 253 518790

Un autel ouvert non loin du largo da Oliveira, à Guimarães, représente l'une des stations du chemin de Croix.

L'endroit n'en est pas moins superbe, qui abrite aujourd'hui le **museu Alberto Sampaio** *(rua Alfredo Guimarães,* ☎ *253 423910, fermé le lun., €, entrée gratuite le dim. matin),* généreusement doté en trésors d'église. On peut y admirer, entre autres, des sculptures médiévales et la plus belle collection d'argenterie du pays. Remarquez en particulier le triptyque en vermeil, qui aurait été ravi aux Castillans lors de la bataille d'Aljubarrota en 1395, ainsi que la tunique que portait de roi João Iᵉʳ à cette dernière occasion. Cependant, ne vous limitez pas aux objets présentés. Le chapitre, les cloîtres – notamment le cloître roman – et l'ancien prieuré méritent aussi le coup d'œil. À l'extérieur, au coin de cette ruelle, une petite châsse ouverte abrite des sculptures des personnages de la Passion. C'est l'un des cinq exemplaires restants d'une série de sept, qui furent exécutés en 1727 pour illustrer les **stations du chemin de croix**.

L'autre principal attrait de Guimarães est le **paço dos Duques de Bragança** *(palais des Ducs de Bragance),* un splendide édifice fortifié hérissé de conduits de cheminée en brique, situé dans un petit parc. Alors qu'il était demeuré pratiquement en ruine depuis le départ de la Cour au XVIᵉ siècle, il fit l'objet dans les années 1930 d'importantes rénovations qui

lui rendirent son aspect originel du XVᵉ siècle. Proportions massives, plafonds de chêne et de châtaignier, et murs de granit furent ainsi rehaussés de tapis persans, de tapisseries d'Aubusson, de porcelaines d'Orient, de solides commodes, de meubles marquetés et de riches étains constituant un ensemble d'un luxe royal.

À l'extérieur se trouve une statue d'Afonso Henriques, fondateur de la nation portugaise, tandis que, au milieu du parc, repose la **capela São Miguel do Castelo** (☎ *253 412273, fermé le midi),* un bâtiment simple et dépouillé du XIIᵉ siècle, où Afonso Henriques aurait été baptisé. Notez les tombes de pierre taillée des premiers soldats portugais, scellées dans le sol. Coiffant la colline, le **castelo** (☎ *253 412273, fermé le midi),* qui date du Xᵉ siècle, a lui aussi été entièrement rénové. Ceux qui oseront défier la pente menant à son donjon haut de 33 mètres apprécieront la très belle vue qu'il offre sur Guimarães et ses environs.

Les amateurs de hauteurs et de panoramas ne manqueront pas non plus le verdoyant sommet du Penha, point culminant de la serra de Santa Catarina, à l'est de la ville. L'endroit est accessible par le **teleférico da Penha** *(parque das Hortas,* ☎ *253 515085, €),* qui gravit les 400 mètres en moins de dix minutes. ■

Paço dos Duques de Bragança
✉ Rua Conde D. Henrique, Guimarães
☎ 253 412273
🕐 Fermé le midi
€ €

Braga et ses environs

CONNUE POUR SES NOMBREUSES ÉGLISES ET, EN PARTICULIER, POUR sa cathédrale, l'industrieuse ville de Braga offre aussi l'occasion de soirées animées qui contribuent à la vivacité du centre-ville. Au-delà des banlieues résidentielles se trouvent quatre sites religieux d'envergure, ainsi que l'ancienne cité-refuge, la citânia de Briteiros.

L'imposante cathédrale de Braga témoigne du riche passé de la ville.

Braga
🅰 76 A2-B2
Informations touristiques
www.cm-braga.com.pt/
turismo
✉ Avenida da
Liberdade I
☎ 253 262550
🕐 Fermé le dim.
en hiver

Si ses principaux attraits ont souvent un caractère religieux, cette cité épiscopale, dite la « Rome du Portugal », présente d'autres centres d'intérêt. Remontant à l'époque romaine, lorsqu'elle était connue sous le nom de Bracara Augusta, la ville s'est imposée comme un centre commercial stratégique jusqu'aux invasions successives des Suèves, des Wisigoths et des Maures, qui, au VIIIᵉ siècle, la mirent à sac. Elle ne retrouva la prospérité et son prestige qu'au XIᵉ siècle, quand l'archevêque de ce lieu récemment libéré par Ferdinand de Castille assit son autorité ecclésiastique sur toute la péninsule Ibérique.

Plus tard, au XVIᵉ siècle, l'un de ses successeurs, Diogo de Sousa, lança une vaste campagne de construction, dotant la ville de fontaines, de places, de manoirs et, bien entendu, d'églises Renaissance. Le XVIIIᵉ siècle apporta sa part de baroque – même si Braga avait perdu son rôle de capitale épiscopale, avec le transfert du patriarcat à Lisbonne en 1716. Aujourd'hui, c'est lors de la semaine sainte que l'on peut le mieux percevoir la ferveur de Braga, où les processions du jeudi saint sont les plus belles du Portugal. D'autres parades, des bals, des feux de joie et d'artifice célèbrent, les 23 et 24 juin, le solstice d'été et la Saint-Jean.

LE CENTRE DE BRAGA

Commencez votre périple au cœur de la zone piétonnière, au **rossio da Sé**. Comme son nom l'indique, la place accueille la **cathédrale**, dont l'architecture romane est, pour l'essentiel, masquée par de très riches ajouts de l'apogée du gothique et du baroque. Remarquez le magnifique autel sculpté dans la pierre blanche et la statue de la Vierge à l'Enfant, que l'on attribue au Français de la Renaissance Nicolas Chanterène. Le trésor – qui abrite aujourd'hui le **musée de Arte sacra** (☎ *253 263317, €*) – est le principal attrait de l'édifice. Une visite guidée permet de découvrir l'imposante collection d'objets précieux acquis au cours des siècles par les différents prélats – calices d'or et d'argent, crucifix d'ivoire ou de cristal, nappes d'autel et tenues liturgiques brodées de fil d'or, bijoux processionnels et ostensoirs –, qui illustre bien la vie fastueuse qu'ils menaient à l'époque. L'itinéraire vous conduit aussi au magnifique chœur manuélin aux voûtes nervurées, ainsi qu'aux orgues de style baroque. Vous poursuivrez par les deux chapelles du bas. La chapelle gothique des rois, la capela dos Reis, présente la momie plutôt macabre d'un archevêque du XIVᵉ siècle, et les tombes d'Henri de Bourgogne et de son épouse Teresa, dont le fils Afonso Henriques serait le premier roi de Portugal. En face, la capela de São Geraldo est dédiée au premier évêque de Braga, décédé en 1108. Sa tombe, inscrite dans un somptueux retable doré, est entourée d'azulejos du XVIIIᵉ siècle qui illustrent sa vie.

En face de la Sé, longeant la rua do Souto, se trouve l'**antigo Paço episcopal** (l'ancien palais épiscopal) dont l'austère façade clôt les trois côtés du largo do Paço. Ce bâtiment construit entre les XIVᵉ et XVIIIᵉ siècles est, pour l'essentiel, occupé par les archives municipales, mais passez l'entrée sur la gauche pour jeter un coup d'œil au plafond peint et sculpté de la bibliothèque *(fermé le weekend)*. À l'arrière de l'ancien palais, le **jardim de Santa Bárbara** est aussi merveilleusement coloré que bien entretenu. Le **palácio dos Biscaínhos**, qui constitue l'un des sites les plus évocateurs de Braga, est, à tort, sous-estimé. Ce palais transformé en musée se trouve à l'ouest de la zone piétonnière, juste au-delà de porta Nova, une arche du XVIIIᵉ siècle qui marquait autrefois l'entrée de la ville. Cette maison riche de coins et de recoins offre une très remarquable perspective de l'histoire sociale de la noblesse portugaise – des informations en plusieurs langues sont disponibles dans chaque pièce.

Les murs (peints ou recouverts de fresques d'azulejos) et les plafonds stuqués datent, pour la plupart, du XVIIIᵉ siècle, mais certains éléments subsistant de la construction originelle par André Soares leur sont antérieurs d'une centaine d'années. La plate-forme destinée aux femmes de la maison, qui s'y installaient pour coudre et broder, est, dans une certaine mesure, révélatrice d'une forme de ségrégation sociale.

Non loin se trouve le salon voué aux réunions de société *(partidas)*, dont le milieu du XVIIIᵉ siècle vit le

L'arco da Porta Nova, qui matérialisait autrefois l'entrée de la ville, donne maintenant sur une vaste zone piétonnière.

Palácio dos Biscaínhos

✉ Rua dos Biscaínhos, Braga

☎ 253 204650

🕐 Fermé le lun.

€

La complexité
des détails et des
expressions est
la principale
caractéristique
de l'architecture
du Bom Jesus.

**Bom Jesus
do Monte**
🗺 76 B2
✉ 6 kilomètres à l'est
de Braga
€ Funiculaire €

**São Frutuoso
de Montélios**
🗺 76 A3
✉ Largo de São
Francisco, Real
☎ 253 623264
🕐 Fermé le lun. et
le mar. matin
€ €

**Mosteiro de São
Martinho de
Tibães**
🗺 76 A3
✉ Mire de Tibães
☎ 253 622670
🕐 Fermé le lun.
€ Jardin €,
monastère €€

développement et qui favorisèrent celui des tables de jeu, des instruments de musique et des services à thé ou à café, ainsi que l'entrée des femmes dans la société. L'endroit regorge de porcelaines ming, de verreries précieuses, d'argenterie et de bijoux, mais aussi de meubles de différents styles, allant de l'indo-portugais aux laques japonaises. Les écuries et les vastes cuisines peuvent également être visitées sur la route menant au jardin baroque. Ce dernier, agréablement ombragé par des noyers et des magnolias immenses, est parsemé de sculptures écaillées qui ajoutent à son charme. L'endroit offre une paisible retraite le dimanche en été.

QUATRE LIEUX DE PÈLERINAGE

L'un des monuments les plus photographiés de Braga, le **Bom Jesus do Monte**, est aussi un très important lieu de pèlerinage. Cette église située sur une colline, à 6 kilomètres à l'est de Braga, se trouve au terme d'un magistral *escadório* (escalier) à double rampe baroque, dont la construction dura plusieurs décennies – anachronisme architectural expliquant que l'édifice soit de style néoclassique et moins fantaisiste que l'escalier lui-même. La montée, plus aisée qu'il n'y paraît, mérite l'effort, car elle permet d'apprécier de plus près les chapelles, les figurines de terre cuite et les fontaines allégoriques qui décorent chaque palier.

Passez des différentes stations du chemin de croix en bas à l'étape intermédiaire que constitue l'escalier des Cinq Sens (que tout croyant qui se respecte doit surmonter), qui permet d'atteindre celui des Trois Vertus (la Foi, l'Espérance et la Charité). Les pèlerins les plus dévots effectuent la montée à genoux, mais cela est de plus en plus rare, la plupart d'entre eux se contentant désormais de marcher. Une solution plus reposante pour atteindre votre but consiste à prendre le plus vieux **funiculaire** du Portugal (il date de 1882), qui effectue des rotations toutes les demi-heures. Il y a aussi une route qui serpente jusqu'à l'église et jusqu'aux hôtels voisins. Essayez de faire coïncider votre visite avec le coucher du soleil, de manière à profiter de la vue soit depuis la terrasse d'un café, soit depuis le restaurant panoramique. Vous apprécierez la spectaculaire explosion de couleurs dans le ciel, pendant que les lumières de Braga s'allument les unes après les autres. La colline est fort prisée des locaux le week-end, qui y trouvent notamment la possibilité de promenades à pied ou à poney dans les bois.

Situé à 5 kilomètres à l'ouest de Braga, l'imposant **santúario Nossa Senhora do Sameiro** est aussi un haut lieu de pèlerinage voué à la Vierge Marie. S'il découvre une vue magnifique sur le Minho, il ne présente qu'un intérêt architectural relatif. Deux autres importants édifices religieux se situent dans le nord-ouest de Braga, dont la chapelle wisigothique **São Frutuoso de Montélios**, située sur l'un des anciens chemins de Compostelle (dans le nord-ouest de l'Espagne) et désormais rattrapée par les banlieues tentaculaires. Bien que cette chapelle, l'une des plus vieilles du Portugal (elle date du VIIe siècle), ait été incorporée au XVIIIe siècle dans une église, elle a conservé sa structure simple et cruciforme, ainsi que ses chapiteaux, encore bien visibles. D'une ampleur et d'un style radicalement différents, l'exceptionnel **mosteiro de São Martinho de Tibães**, fondé au XIe siècle, acquit rapidement la fortune et la renommée. Il fut ainsi considéré comme le précurseur des monastères bénédictins du pays. Les agrandissements et les embellissements du XVIIe siècle le dotèrent d'un intérieur d'une grande richesse, si bien qu'il est actuellement tenu pour l'un des fleurons du baroque au Portugal. Après un aban-

Têtes, statues, urnes en pierre et autres chapelles ornent l'escalier en zigzag du Bom Jesus.

don de plus d'un siècle, l'édifice fut sauvé en 1986 par l'État, et les travaux de rénovation s'y poursuivent. Une des ailes du bâtiment a été transformée en une salle d'exposition ultramoderne, qui accueillera un centre historique. L'un des attraits majeurs du monastère est, outre l'éblouissante église rococo, un jardin baroque très vaste, mais quelque peu touffu, installé à flanc de coteau. Doté de fontaines, de cours d'eau, d'arbres, d'un lac ovale, d'allées bordées de buis, il compte aussi un escalier menant à la chapelle (restaurée) vouée à saint Benoît, œuvre des moines qui voulaient ainsi illustrer pour les fidèles la montée aux cieux.

LA CITÂNIA DE BRITEIROS

Nettement plus loin, à mi-chemin environ entre Braga et Guimarães, le plus important campement celto-ibérique du Portugal, la citânia de Briteiros, vous ramènera plus de deux mille ans en arrière, au temps des premiers Lusitaniens. Les triples murs d'enceinte s'échelonnant sur différents niveaux ceignent les fondations de 150 bâtiments circulaires ou elliptiques, dont deux ont été reconstruits. Sachez seulement que les plus belles pièces issues des fouilles locales se retrouvent au musée archéologique de Guimarães, le **museu Martins Sarmento** (*rua Paio Galvão,* ☎ *253 415969, fermé le lun.*), ainsi nommé en hommage au premier archéologue qui entreprit des travaux sur les lieux, en 1875. Tout en demeurant un site rural évocateur, la citânia de Briteiros est peu à peu aménagée pour le confort des visiteurs et compte maintenant un restaurant. En programmant votre visite, veillez à éviter les pics de chaleur de la journée. ∎

Viana do Castelo

M 76 A3

Informations touristiques

www.rtam.pt

✉ Rua do Hospital Velho

☎ 258 822620/ 824971

🕐 Fermé le midi et le dim. soir

Chaque année, dans le Minho, les multiples festivités offrent l'occasion d'admirer des masques et des costumes traditionnels, plus superbes les uns que les autres.

Viana do Castelo et le nord du Minho

PAYS DE CONTRASTES, LE NORD-OUEST DU PORTUGAL FAIT COHABITER un charmant chef-lieu (Viana) avec des plages battues par le vent et une succession d'avant-postes fortifiés longeant le Minho. Plus à l'intérieur des terres se trouvent la vallée du Lima et les sommets rugueux du parc national de Peneda-Gerês (voir p. 106-107).

Viana offre l'une des plus belles vues sur la côte, qui embrasse la basilique Santa Luzia, située à flanc d'un coteau dominant une bande de plages apparemment idylliques. En réalité, l'estuaire du Lima est désormais défiguré par des structures industrielles, mais la ville elle-même, invisible dans le cadre ci-dessus décrit, constitue une agréable surprise. Des rues piétonnières, une riche architecture de styles baroque et Renaissance, ainsi qu'une atmosphère sereine augurent d'une visite agréable.

Cette petite ville portuaire prospère, qui compte 15 000 habitants, connut un fort essor commercial au XVIᵉ siècle, grâce à ses activités d'exportation et de pêche en eaux profondes. L'océan joue encore un rôle majeur dans la vie quotidienne, et il est fréquent de voir dans la ville des femmes vendant du poisson frais aux carrefours, sous le ballet des mouettes poussant des cris rauques et stridents.

La broderie est une autre spécialité locale – ne manquez pas le linge de maison. Ceux qui passent dans la région entre les 20 et 23 août peuvent profiter du festival de Nossa Senhora d'Agonia, où les costumes et bijoux traditionnels, typiques de la région, tiennent la vedette – juste devant la bombance.

Le cœur de la ville est la très animée **praça da República**, avec ses cafés en terrasse et son point de rencontre, le Chafariz, une fontaine à étages de style Renaissance. Elle est surplombée à son extrémité nord par l'**antigos paços do Concelho** (hôtel de ville), qui fait exactement face à l'**hospital da Misericórdia**, un ancien hospice de style vénitien. Les impressionnantes loggias soutenues par des atlantes et des caryatides de 1589 surplombent (et abritent) des sièges en pierre, où prennent place les citoyens attendant d'entrer dans les bureaux de la municipalité. L'**igreja** da Misericórdia (☎ *258 822350, ouvert le dimanche matin seulement)*, attenante, fut reconstruite en 1714 ; on y voit de superbes azulejos d'António de Oliveira Bernardes. Un dédale de ruelles, un peu plus au sud, concentre la majorité des bâtiments historiques, dont l'**hospital Velho** du XVe siècle, aux voûtes magnifiques, qui fut un hospice pour les pèlerins et abrite aujourd'hui le siège de l'office du tourisme. Juste à côté se dresse la **Sé** (cathédrale), dont la somptueuse façade, qui s'enorgueillit d'éléments gothiques et romans, contraste avec l'intérieur, plutôt lugubre. Dirigez-vous vers la **rua São Pedro**, où vous pourrez admirer une succession de manoirs manuélins, avant de poursuivre votre route vers le musée situé de l'autre côté de l'avenue principale, qui traverse Viana do Castelo dans le sens nord-sud.

Le **Museu municipal** constitue une autre surprise de taille parmi les musées locaux du pays. Ce manoir légèrement délabré des années 1720 est un précieux témoin de l'histoire, avec ses azulejos de Policarpo de Oliveira Bernardes (fils d'António, auquel on doit ceux de la Misericórdia), ses imposants plafonds à caissons et le caractère unique de ses collections. Il rassemble en effet une extraordinaire série de faïences portugaises du XVIIIe siècle (dont certaines fabriquées à Viana, la plupart étant bleu et blanc et destinées à remplacer les importations de porcelaines ming, venues de Chine), mais aussi des meubles indo-portugais, des dessins et peintures, une chapelle familiale, ainsi qu'une chambre richement meublée. Au fond de la cour arrière, une annexe à l'aspect soigné, conçue en 1993 par Luís Teles, accueille des expositions temporaires. Outre un pont en treillis métallique du prolifique Gustave Eiffel, les berges de Viana accueillent le **castelo Santiago da Barra** *(fermé au public)*, qui garde l'embouchure du fleuve.

Juste au-dessus, gravissez le monte (la colline) de Santa Luzia jusqu'au

Museu municipal

✉ Largo de São Domingos, Viana do Castelo

☎ 258 710310

🕑 Fermé le lun. et le midi

Inspiré du Sacré-Cœur de Paris, le templo de Santa Luzia surplombe Viana do Castelo et l'estuaire du Lima.

Caminha

⚇ 76 A3

Informations touristiques

✉ Rua Ricardo Joaquim de Sousa

☎ 258 921952

🕐 Fermé le midi et le dim.

Valença do Minho

⚇ 76 A4

Informations touristiques

✉ Avenida de Espanha

☎ 251 823374

🕐 Fermé le midi

Monção

⚇ 76 A4

Informations touristiques

✉ Casa do Curro

☎ 251 652757

dôme du **templo de Santa Luzia** (☎ 258 823173, €), une basilique néo-byzantine dont l'attrait majeur est la magnifique vue panoramique qu'elle offre sur les environs. Ou, mieux encore, admirez le coucher du soleil en sirotant un cocktail sur la très agréable terrasse du **Pousada** (☎ 258 828889).

LA CÔTE DU MINHO

Seuls les nageurs chevronnés bravent les vagues de ces côtes de l'Atlantique, qui sont cependant prisées par les adeptes du bronzage et du surf. La principale plage de la région, la **praia do Cabedelo**, est juste au sud de la ville et accessible en ferry (margem rio Lima, ☎ 258 842290, juil. et août seulement). À 11 kilomètres au nord de Viana, celle d'**Afife**, prisée des surfeurs, est séparée de la route principale par des champs de maïs et ne compte, pour l'heure, que deux ou trois bars. Quelques kilomètres plus loin se trouvent la station balnéaire de **Vila Praia de Âncora** (☎ 258 911383), où l'on se rend en famille, puis celle de **Moledo do Minho**, plus sûre et plus chaude, car bénéficiant d'une plage plus calme et d'une eau moins profonde. Elle offre une belle vue sur une petite île, dont le fort garde l'estuaire du Minho, et sur les collines de Galice, en arrière-plan.

Une vaste pinède, dotée de promenades aménagées bordant la plage de sable blanc, s'étend entre Moledo et Caminha. La partie orientale du cap protège une petite plage faisant face au point d'ancrage des bateaux de pêche dans l'estuaire.

À **Caminha**, de beaux bâtiments gothiques et Renaissance encadrent la place centrale, la **praça do Conselheiro Silva Torres**, ainsi que l'**igreja matriz** (☎ 258 921413, ouvert le sam. et le dim. après-midi), une église paroissiale dotée non seulement d'un très beau portique Renaissance, mais aussi d'un des plafonds à caissons les plus richement sculptés du pays. Un

voyage de dix minutes en car-ferry (☎ 9122 53809) vous fera gagner la ville d'A Guarda, en Galice, où vous pourrez découvrir le village celtoibérique de **Santa Tecla**.

L'étape suivante le long du Minho est la ville fortifiée de **Valença do Minho**, qui fut autrefois l'un des plus importants bastions du pays. Au pied des imposants remparts du XVIIᵉ siècle s'étend une ville frontalière moderne plutôt anodine, mais l'ascension vers les deux forteresses polygonales vous introduira dans un monde hybride mêlant des cultures espagnole et portugaise. Aménagées pour les nombreux Espagnols qui viennent y passer la journée, les rues pavées de Valença sont bordées de bars à tapas (avec des menus en espagnol) et de boutiques vendant des alcools, des vêtements et du linge de maison bon marché. Pendant la semaine, l'ambiance est plus calme, et il est agréable de profiter en flânant du charme des bastions, des canons, des tours de guet, des fontaines, des églises et des très harmonieuses maisons des XVIIᵉ et XVIIIᵉ siècles. La **porta do Sol** offre la plus belle entrée et ouvre l'accès à un pont piétonnier qui relie les deux forteresses. Moins touché par les aménagements commerciaux, la forteresse médiévale de **Monção**, située à 16 kilomètres à l'est, s'inscrit dans un environnement plus agréable et plus serein, aménagé autour d'une belle place centrale verdoyante, la **praça Deu-la-Deu**. Y trônent deux églises qui méritent le détour : l'**igreja matriz** (rua da Glória), une collégiale du XVᵉ siècle en partie de style roman, et la **Misericórdia** (praça Deu-la-Deu), du début du baroque. Vous pourrez y admirer de magnifiques caryatides et, à l'intérieur, des chérubins dansant sur un plafond peint au-dessus d'un autel Renaissance très travaillé.

La région de Monção produit un excellent Alvarinho blanc, parfait compagnon de la lamproie locale. ■

Ponte de Lima

PLANTÉE AU BEAU MILIEU DU PAYS DU VINHO VERDE, PONTE DE LIMA est une ville remarquablement conservée – l'une des plus vieilles du Portugal. Si elle ne compte aucun monument de réelle envergure – hormis un pont romain qui fait sa fierté –, elle s'impose comme un superbe point de vue naturel sur la vallée du Lima.

Ponte de Lima
A 76 A3
Informations touristiques
✉ Praça da República Cruz
☎ 258 942335

Les Romains rapprochaient le Lima du Léthé, fleuve de l'Oubli dans la mythologie, dont l'eau permettait aux âmes des morts qui la buvaient d'oublier leur vie passée. De nos jours, ce rôle échoit plutôt au vinho verde…

Au Moyen Âge, la ville constituait une étape importante pour les pèlerins se rendant de la fervente Braga à Compostelle. C'est à cette époque que fut reconstruit le pont romain, dont il ne subsiste que 5 arches d'origine, issues d'une structure militaire des Romains sur la rive gauche. Il y a aussi de beaux jardins à thèmes, au sein desquels se niche notamment le petit **Museu rural** (☎ 258 900411, *fermé le lun. et l'après-midi*).

Cependant, le principal attrait de Ponte de Lima est sa place centrale, le **largo de Camões**, avec sa fontaine du XVIIIe siècle et ses cafés en terrasse propices à un moment de détente. Le deuxième lundi de chaque mois, les rives du Lima s'animent à l'installation d'un marché qui s'y déroule sans interruption depuis 1125. L'architecture de la vieille ville va du roman au néoclassique. Une promenade permet d'admirer les façades des riches et vieilles demeures et les vestiges des fortifications. Remarquez en particulier le portique roman de l'**igreja matriz**, l'église paroissiale. Faites un tour dans les boutiques, qui proposent des spécialités locales comme le lin, les costumes traditionnels du Minho ou, mieux encore, des reproductions grandeur nature de moutons à laine !

Le modeste **museu dos Terceiros** (*avenida D. Luís Filipe,* ☎ *258 942563, fermé le lun.,* €) est abrité par deux églises, l'**igreja Santo António dos Frades** et l'**igreja dos Terceiros**, dotée d'une façade baroque, qui fut construite en 1745. Il présente, outre une collection d'art religieux, des azulejos hispano-arabes mudéjar du XVIe siècle, ainsi que des boiseries sculptées d'excellente facture. ∎

À Ponte de Lima, les sentiers ombragés bordant le fleuve sont très prisés des promeneurs.

Le parque nacional da Peneda-Gerês

UNIQUE PARC NATIONAL DU PORTUGAL, PENEDA-GERÊS ÉPOUSE EN fer à cheval la courbe de la frontière espagnole dans l'extrême nord du pays. Créé en 1971 pour préserver certains villages traditionnels retirés, ainsi que des espèces rares de faune et de flore, il constitue l'un des derniers refuges du lynx ibérique et de l'aigle royal.

Parque nacional da Peneda-Gerês
www.adere-pg.org
www.icn.pt
🅰 76 B3
✉ Largo da Misericórdia 10, Ponte da Barca
☎ 258 452250

S'étendant sur quelque 77 000 hectares entre les villes de Castro Laboreiro au nord et de Caldas do Gerês au sud, le parque nacional da Peneda-Gerês est traversé par le Lima, le Homen et le Cávado. Un accord conclu en 1997 avec son homologue espagnol, le parc naturel de Galice, qui le jouxte, a permis la création du parque transfronteiro Gerês-Xurés. Ce vaste territoire (91 000 hectares) favorise une meilleure protection des espèces menacées. Quatre chaînes montagneuses (les *serras*), riches de granit et de schiste, dominent l'endroit. Le point culminant de la serra do Gerês, la zone la plus fréquentée, s'élève à 1 538 mètres. L'ensemble façonne un paysage de sommets et de vallées encadrées de collines ondoyantes. Cependant, les éléments les plus impressionnants sont ici d'anciens mégalithes (notamment ceux qui se situent autour de Castro Laboreiro et de Mezio), ainsi que d'étranges formations granitiques, vestiges de l'ère glaciaire.

Mêlant les écosystèmes méditerranéens et nord-européens, le parc offre une grande variété de faune et de flore, cette dernière étant particulièrement remarquable en avril et en mai ; ces deux mois sont aussi le moment idéal pour une visite de la région. Cependant, la beauté a un prix : la pluie. Les collines de la serra da Peneda subissent la plus forte pluviométrie du pays – d'où leurs pâtures verdoyantes favorisant l'épanouissement du bétail de race barrosão, qui se distingue par ses cornes allongées.

On trouve aux niveaux les moins élevés diverses espèces de chênes, tandis que les hauteurs sont envahies par la végétation typique des landes, à savoir des champs d'ajoncs d'un jaune brillant, des genêts, de la bruyère, des pins et des sapins. Les plus chanceux auront peut-être l'occasion d'admirer l'iris endémique de Gerês, qui ne pousse que dans des endroits boisés très particuliers. Parmi les hôtes du lieu, citons les chevreuils (l'emblème du parc), mais aussi les sangliers, les loutres, les renards, les chevaux sauvages et les rapaces (notamment les busards, les crécerelles et les émerillons, mais aussi des aigles royaux). L'infrastructure est concentrée dans une zone tampon entourant le point culminant du parc, qui en est aussi la partie la plus spectaculaire. Ceux qui veulent passer la nuit sur place peuvent réserver un refuge *(casa abrigo)* pouvant loger jusqu'à 8 personnes ou faire du camping à Entre Ambos-os-Rios, à Vidoeiro, à Campo do Gerês ou à Cabril. Évitez les alentours de Caldas do Gerês, très fréquentés le week-end et pendant les vacances. De manière totalement inattendue, cet environnement rude et escarpé abrite, derrière une falaise de pur granit, le superbe sanctuaire baroque de **Nossa Senhora da Peneda**, doté d'un escalier contourné inspiré de celui du Bom Jesus, de Braga. Quatorze chapelles bordent les marches, représentant chacune une étape de la vie du Christ. Ce sanctuaire fut érigé au point précis où une jeune bergère aurait eu des visions de la Vierge au XIIIᵉ siècle. Aux alentours du 7 septembre, le lieu accueille l'un des plus importants pèlerinages du Portugal, qu'accomplissent même certains Espagnols. Le sanctuaire se situe dans l'un des endroits les plus accueillants de la partie nord du parc, où vous pourrez découvrir un mode de vie rural que la structure essaie de préserver, malgré l'important exode des populations concernées vers la ville. Ainsi, le village de Campo do Gerês, qui rassemblait 1 350 habitants en 1970, n'en compte plus que 200. Pour mieux appréhender les coutumes locales, visitez la ville de **Terras de Bouro**, située juste en dehors du parc, au sud-ouest. Son musée ethnographique, le **Museu etnográfico de Vilarinho das Furnas**, présente ce qu'était la vie quotidienne à Vilarinho das Furnas, un village submergé en 1972 par le réservoir situé à côté de Campo do Gerês. Des pierres de taille furent récupérées sur place pour la construction du musée. ∎

Museu etnográfico de Vilarinho das Furnas

✉ São João do Campo, Terras de Bouro

☎ 253 351888

🕐 Fermé le lun.

€ €

L'austère château de Lindoso est perché tout en haut d'une montagne de la serra do Gerês.

Les *espigueiros*, ou greniers à grains en granit, sont typiques du nord du Portugal.

Promenade dans
le parque nacional da Peneda-Gerês

Davantage axé sur les paysages ruraux que sur des sites plus spécifiques, cet itinéraire
mène de Ponte de Lima aux montagnes escarpées du parc national de Peneda-Gerês,
le retour s'effectuant le long des rives verdoyantes jusqu'à Ponte da Barca.

Quittez **Ponte de Lima** ❶ en direction de l'A3
vers Valença/Espanha (Valence/Espagne). Enga-
gez-vous sur l'autoroute et prenez immédiatement la sortie vers Ponte da Barca. Vous êtes sur
la N202, qui longe des pergolas recouvertes de
vignes, des coteaux boisés et des villages typiques
du Minho. Contournant Ponte da Barca, vous
arrivez à **Arcos de Valdevez** ❷ *(informations au
campo do Transladário, ☎ 258 516001, fermé le
dim.)*, une jolie petite ville en bordure du Vez,
qui abrite une population croissante de loutres.

Prenez à gauche au premier rond-point pour
traverser la rivière et tournez à droite après le
pont. C'est le moment d'admirer le paysage le
temps d'une promenade le long de la rivière.
Revenez ensuite (en voiture) vers l'entrée de la
ville et suivez les panneaux indiquant Soajo
(N202). Après l'**igreja São Paio**, que vous recon-
naîtrez à sa façade en azulejos, tournez à droite,
puis prenez la première à gauche. La route serpente à travers des pinèdes et des bosquets d'eucalyptus, mais traverse aussi des terrains plus

rocheux, ainsi que des coteaux aménagés en terrasses, jusqu'aux montagnes au loin. À **Portela
do Mezio** ❸, vous quittez la zone tampon et
entrez dans le parc national, où vous trouverez
un petit **centre d'accueil pour les visiteurs**,
ainsi que d'anciens mégalithes, sur le côté droit
de la route. Celle-ci descend maintenant vers
Soajo ❹, célèbre pour ses 24 *espigueiros*, ou greniers à grains en granit. Continuez tout droit
jusqu'à un monument de pierre, tournez à
gauche, faites 180 mètres pour admirer les *espigueiros* sur le côté. Revenez à la grand-route,
tournez deux fois à droite pour atteindre la place
principale et le pilori de Soajo. Revenez sur vos
pas, arrêtez-vous à l'excellent restaurant Espi-
gueiro pour un rafraîchissement et, juste après
un virage à droite extrêmement serré, tournez à
droite dans une petite rue pavée assez pentue,
signalée par un panneau indiquant **Gavieira**.

La route traverse un paysage de genêts et de
pinèdes peuplé de moutons noirs, de chevaux,
de chèvres et du bétail de race barrosão, qui se

distingue par la forme allongée de ses cornes. Des virages en épingle offrent des vues stupéfiantes sur le sud-est, juste avant un col rocheux à 1 416 mètres. De là, le chemin serpente jusqu'au village d'**Adrão** ❺, l'un des plus beaux points de vue de la région. Admirez entre autres le **mosteiro de Nossa Senhora da Peneda**, niché au pied d'une falaise granitique à l'extrême nord. De là, revenez en arrière sur 3,2 kilomètres, jusqu'à une route bordant une paroi rocheuse. Avancez avec précaution, puis prenez sur la gauche cette voie étroite, de plus en plus vertigineuse, qui offre une vue imprenable sur les collines et la vallée. Le **barragem do Alto Lindoso** (barrage), sur le Peneda, est bientôt en vue, en contrebas. Après avoir passé une chapelle sur le bord de la route à **Paradela**, vous atteignez le Lima. Tournez à gauche, traversez le barrage et continuez sur **Lindoso** ❻. Tournez à droite à l'intersection et dirigez-vous vers la tour médiévale et les pierres couvertes de lierre du **castelo do Lindoso** *(c/o ADERE, largo da Misericórdia, Ponte da Barca, ☎ 258 452250, fermé le lun.).* La petite exposition de photos et d'armes vaut une

visite rapide, mais c'est surtout l'impressionnant rassemblement de 60 *espigueiros*, juste hors la ville, qui mérite l'attention. En quittant Lindoso, prenez à gauche pour rejoindre la N203 au-dessous, qui longe la rivière sur 29 kilomètres jusqu'à **Ponte da Barca** ❼ *(informations rua D. Manuel I*ᵉʳ*, ☎ 258 452899, fermé dim.).*

L'attrait principal de la vieille ville réside dans ses rives idylliques, son pont du XVᵉ siècle, son pilori et son marché ouvert. ∎

🅼 Voir aussi p. 76
▶ Ponte de Lima
↔ 100 km
🕒 3 h (sans les arrêts)
▶ Ponte da Barca

À NE PAS MANQUER

- La vallée du Lima
- Ponte de Lima
- Les espigueiros de Soajo
- Le castelo do Lindoso
- Les rives de Ponte da Barca

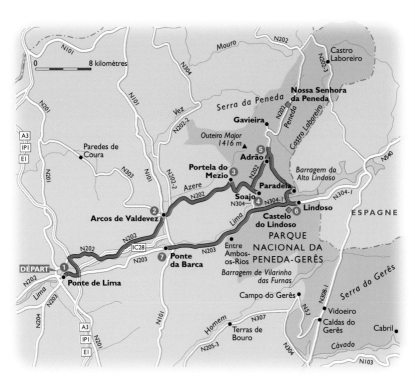

Bragança et ses environs

La superbe
citadelle
médiévale de
Bragança domine
la ville moderne
qui l'entoure.

RELATIVEMENT ISOLÉE DANS L'EXTRÊME NORD-EST DU PORTUGAL, LA
ville fortifiée de Bragança domine la région du Trás-os-Montes, l'une
des moins riches du pays. De vastes plateaux, de larges vallées et des
villages traditionnels de la partie septentrionale de cette zone sont
préservés au sein du parque natural de Montesinho.

Bragança

🄰 77 E3

**Informations
touristiques**

✉ Avenida Cidade
de Zamora

☎ 273 381272

🕐 Fermé le lun. soir

Bragança peut se targuer d'un riche
passé. Visible de loin, son centre historique s'étend au pied de la citadelle,
édifiée par Sancho Ier au XIIe siècle et
agrandie au fil du temps. Des murs
de pierre crénelés, des portails en
forme d'arche, des escaliers, des remparts, un donjon, un pilori et des rues
pavées fleuries se mêlent ici dans un
cadre des plus harmonieux. Le donjon (1409-1449), l'un des plus beaux
du Portugal, abrite le **Museu militar**
(☎ 273 322378, fermé le jeu., €), qui
offre depuis son toit une vue panoramique sur les environs. De l'autre
côté de l'esplanade se trouve l'église
Santa Maria (XVIe-début XVIIe siècle),
dotée de fort beaux plafonds peints.

Elle fait face au **Domus municipa-
lis** (☎ 273 322181, fermé le jeu.), la
plus vieille mairie de la péninsule Ibérique. Sa structure pentagonale et ses
ouvertures en forme d'arche, qui
remonteraient au début du XIIe siècle,
en font un rare exemple de bâtiment
civil roman. L'étage supérieur semble
avoir été conçu pour des réunions, le
bas abritant une citerne.

De la citadelle, les rues serpentent
vers un quartier du XVIIIe siècle, plus
tourné vers le baroque, et, au-delà,
vers la ville moderne, conçue sans
discernement.

La **Sé** ou cathédrale (praça da Sé,
☎ 273 322671, fermé le dim.), qui
occupe le cœur de la vieille ville,

donne sur un pilori torsadé datant de 1689 et entouré de riches demeures ornées de blasons. Bragança regorge de ces impressionnantes constructions des XVIIe et XVIIIe siècles, qui illustrent son riche passé de fief des ducs de Bragance.

La sacristie de la cathédrale (XVIIe siècle) mérite la visite pour son plafond peint, qui retrace la vie de saint Ignace de Loyola, fondateur de l'ordre des Jésuites, lesquels eurent la charge de l'église durant deux siècles.

En descendant en direction de la citadelle, la belle **igreja São Vicente** *(largo do Principal,* ☎ *273 331172),* d'origine romane, fut profondément remodelée aux XVIIe et XVIIIe siècles, si bien qu'elle présente maintenant une profusion de sculptures et de dorures de style baroque.

Ceux qui veulent avoir un aperçu de l'intérieur d'une belle demeure d'antan passeront la porte du **Museu regional do Abade de Baçal,** qui se trouve à proximité de l'église, dans l'ancien palais épiscopal. Il rassemble une vaste collection de pièces d'ethnologie, d'archéologie, de numismatique et d'art sacré, notamment une Vierge à l'Enfant en bois polychrome du XVe siècle.

La présentation des pièces est moderne et innovante, contrastant en cela avec le reste de la ville, quelque peu figée dans son passé. Au rez-de-chaussée, des fibules en or de l'âge du fer jouxtent des ferronneries locales et des stèles funéraires romaines. À l'étage, dans la chapelle de l'ancien palais, appréciez la statue de sainte Thérèse d'Avila parmi les très belles pièces d'art religieux de la salle 4 et la remarquable commode incrustée de style indo-portugais de la salle 6. Un triptyque du XVIe siècle figurant le martyre de saint Ignace constitue l'une des éléments les plus précieux du musée. Et ne manquez pas l'ancienne semeuse en granit de l'entrée – même si de nombreux exemples parsèment la région.

LE PARQUE NATURAL DE MONTESINHO

Bordant la frontière espagnole, le parc naturel de Montesinho s'étend sur 75 000 hectares et englobe 90 villages traditionnels ne dépassant pas à eux tous les 9 000 âmes. Comme celui de Peneda-Gerês (voir p. 106-107), ce parc fut créé davantage pour préserver un certain mode de vie rural que pour assurer la protection de la faune et de la flore. Les collines et les vallées de granit et de schiste de cette partie nord du Trás-os-Montes constituent la *terra fria* (terre froide), contrastant avec la *terra quente* (terre chaude), plus au sud, où prospèrent oliviers, amandiers et figuiers.

Le climat difficile (le plus rude de tout le pays) permet la production de seigle, de pomme de terre et de noix, ainsi que l'élevage de capridés, de suidés et de bovidés. Mais c'est aussi le refuge d'espèces sauvages comme le sanglier, le renard, le loup et les rapaces. Les origines du Montesinho sont fort anciennes. En témoignent les maisons de pierre aux toits d'ardoise, les noms, les rues et les rituels, parfois immémoriaux. Les surnoms d'origine wisigothique ne sont ainsi pas rares, et des rites païens subsistent – tel celui invitant les adolescents à se déguiser en démons saturniens. Les villages les plus accessibles depuis Bragança sont Rio de Onor et Montesinho, tous deux situés à une vingtaine de kilomètres au nord. ■

Des modes de transport et de culture ancestraux ayant fait leurs preuves ont encore cours dans le Trás-os-Montes.

Museu regional do Abade de Baçal

✉ Rue Conselheiro Abílio Beça 27, Bragança

☎ 273 331595

🕐 Fermé le lun.

€ €

Parque natural de Montesinho

✉ Rua Cónego Albano Falcão 5, Bragança

☎ 272 381234

🕐 fermé le sam. et le dim.

Autres sites à visiter

BARCELOS

Située à 21 kilomètres à l'ouest de Braga, la ville de Barcelos est connue pour le marché qui s'y déroule tous les jeudis, mais aussi pour son curieux coq d'argile peint de couleurs vives. Cette figure, qui incarne la Justice et la Liberté, est omniprésente au Portugal. La légende veut qu'un coquelet mort retrouva la vie sur le plateau de la balance d'un juge, pour attester l'innocence d'un pèlerin injustement condamné. Hormis le jeudi, jour de marché, Barcelos est une ville endormie, dont les deux principaux monuments sont le **museu de Olaria** (☎ 253 824741, *fermé le lun.*), qui expose des poteries portugaises, et le **Museu arqueólogico** (*tél. 253*

Véritable institution, le marché de Barcelos attire tant les locaux que les touristes.

824741, fermé le midi). Ce dernier, un étrange et très évocateur musée à ciel ouvert, se situe derrière l'église paroissiale, dans les ruines du palais des Comtes de Barcelos, qui surplombent le Cávado.

🅰 76 A2 **Informations touristiques** ✉ Torre de Menagem, largo da Porta Nova ☎ 253 811882 ⏰ Fermé le dim. en hiver

CHAVES

Cette petite ville thermale située sur les rives du Tâmega fut développée par les Romains autant pour sa position stratégique que pour ses eaux thermales. Le principal attrait du lieu est son imposant donjon du château, la **torre de Menagem** (☎ 276 340500), qui s'élève dans les jardins surplombant la rivière, et le pont romain.

Cette construction abrite un modeste musée militaire, où sont exposées des cartes détaillant les attaques menées à Chaves contre les troupes françaises en 1809 par Luso et Wellesley (ci-devant lord Wellington). Grimpez jusqu'aux remparts, d'où vous bénéficierez d'un magnifique panorama sur les environs. La tour donne sur les principaux monuments de la ville, concentrés au cœur du quartier médiéval, dont la mairie, un musée ethnographique relativement limité, l'église paroissiale et un pilori plutôt élaboré. Couronnant la colline située à l'arrière, l'impressionnant **forte de São Francisco** a été, pour l'essentiel, converti en un hôtel de grand standing. L'excellent jambon et les délicieuses saucisses faites localement sont des spécialités à ne pas manquer.

🅰 76 C3 **Informations touristiques** ✉ Terreiro de Cavalaria ☎ 276 340661 ⏰ Fermé le dim. en hiver

MIRANDELA

Située à flanc d'un coteau versant sur le rio Tua, la ville très animée de Mirandela constitue une halte de choix lorsqu'on se dirige vers Bragança ou lorsqu'on la quitte. Elle se trouve aussi au départ de la voie ferrée qui serpente à travers la vallée du Douro. La cité, qui connaît un certain essor commercial, se targue d'un quartier ancien jouxtant un long pont romain, reconstruit au XVIᵉ siècle, soutenu par 20 arches irrégulières. Le principal attrait de Mirandela est son hôtel de ville, qu'abrite le **palácio dos Távoras**, un superbe manoir du XVIIIᵉ siècle coiffant le sommet d'une colline. Quant au **Museu municipal Armindo Teixeira Lopes** (☎ 278 265768, *fermé le dim.*), il met en perspective l'art portugais du XXᵉ siècle. Cependant, les véritables atouts de la ville sont le marché du jeudi, où sont proposés de délicieux produits régionaux (fromages de chèvre et de brebis, jambons séchés, excellente huile d'olive extra-vierge, miel, confitures et, bien entendu, vin), la feira de São Tiago, le 25 juillet, et la festa de Senhora do Amparo, fin juillet-début août. Lien entre la généreuse région du Douro et les collines plus arides du Trás-os-Montes, Mirandela attire aussi par sa beauté et son harmonie.

🅰 77 D2 **Informations touristiques** ✉ Rua D. Afonso II, Praça do Mercado ☎ 278 200272 ⏰ Fermé le dim. ■

Avec ses villages fortifiés situés à flanc de coteau, ses énormes rochers, mais aussi ses fromages de chèvre crémeux, la région des Beiras opère une agréable transition entre la verte fraîcheur du Nord et l'animation de la bouillonnante Lisbonne. C'est aussi là qu'est établie la plus prestigieuse université du pays.

Les Beiras

Des azulejos décorent un mur de la ville de Viseu, l'un des joyaux des Beiras.

Un réseau de canaux fut construit au XIXᵉ siècle à Aveiro pour faciliter l'accès à la mer.

Les Beiras

LA RÉGION DES BEIRAS EST OFFICIELLEMENT DIVISÉE EN TROIS SOUS-RÉGIONS, LA BEIRA Alta, la Beira Baixa et la Beira Litoral (haute, basse et côtière), auxquelles pourrait s'ajouter la serra da Estrela. À l'ouest de ce massif s'élèvent des cités accueillantes et dynamiques, quand l'est demeure l'apanage des châteaux forts et des villes fortifiées défiant l'Espagne. Si ces bastions médiévaux ont évolué au fil des siècles et des conflits, Conímbriga, à l'ouest, a été marquée par l'empreinte des Romains. Aujourd'hui encore, cette région s'impose comme le cœur des Beiras. Ville universitaire animée, Coimbra séduit par ses sites culturels, son fado, sa cuisine gastronomique, ses activités en plein air et les multiples possibilités d'excursions qu'elle offre dans la campagne environnante.

La côte fait valoir ses pinèdes et ses plages de sable fin, mais l'eau y est froide et très agitée, ce qui explique que le bord de mer soit moins prisé que l'intérieur du pays. Une exception, toutefois : Aveiro, petite ville avenante située à proximité des canaux et de deux sympathiques complexes balnéaires, offre les vestiges d'un passé haut en couleur. Côté gastronomie, vous y goûterez de délicieux poissons et fruits de mer.

Tous les endroits des Beiras qui méritent votre visite sont relativement peu étendus, mais s'honorent généralement de nombreuses églises – et aussi, le plus souvent, d'un château. Les abords de la serra da Estrela sont parsemés de

gigantesques rochers de granit, de dolmens et de cromlechs. Plus au nord, chevauchant la frontière entre les Beiras et le Trás-os-Montes, la vale do Côa (vallée du Côa) se distingue par ses peintures rupestres du paléolithique. Plusieurs éléments attestent la présence en ces lieux de Celtes, de Suèves et d'Arabes, tandis que la communauté juive, qui y tint autrefois un rôle important, semble retrouver progressivement la place qui fut la sienne. L'artisanat est omniprésent sous des formes multiples, qu'il s'agisse de la poterie noire des montagnes, des céramiques de Coimbra ou de la porcelaine fine de Vista Alegre, non loin d'Aveiro. Côté textile, Castelo Branco est inégalable en matière de couvre-lits brodés, tandis que les villages de la serra da Estrela proposent, outre de magnifiques couvertures de laine, divers objets en peau de mouton, ainsi que les fameux fromages de chèvre typiques de la région. Côté gastronomie, les Beiras se targuent de plats tous plus appétissants les uns que les autres, qu'il s'agisse de la généreuse cuisine des montagnes (à base de viande ou de gibier) ou des fruits de mer frais, spécialité des régions côtières. Ne manquez pas le *rancho* (ragoût de viande) de Viseu, la *chanfana* (chevreau au vin) de Buçaco ni les *caldeiradas* (matelotes de poisson) d'Aveiro, que vous accompagnerez d'excellents vins locaux, issus des Terras de Sicó, de Dão ou de Bairrada (qui propose également des vins pétillants). ■

Aveiro et ses environs

Des maisonnettes aux couleurs vives bordent le front de mer à Costa Nova.

AVEIRO N'EST PAS SEULEMENT UNE MÉTROPOLE INDUSTRIELLE DE 75 000 habitants, mais aussi une ville pleine de charme, qui doit son surnom de « Venise portugaise » aux canaux qui la sillonnent. Située près de la côte, elle est le point de départ idéal pour qui veut ensuite découvrir les stations balnéaires de Barra et de Costa Nova.

Aveiro

🅰 115 A4

Informations touristiques

www.rotadaluz.pt

✉ Rua João Mendonça 8

☎ 234 420760

On peine à croire qu'Aveiro fut un port de mer. Pourtant, la large voie rapide qui relie aujourd'hui la ville à la côte traverse une lagune située à l'emplacement de l'ancien port proprement dit. En effet, il y a quatre cents ans, une violente tempête barra le rivage d'une levée de sable et, petit à petit, l'endroit s'enlisa, entraînant un déclin inexorable les deux siècles suivants. Cependant, Aveiro retrouva la prospérité à la faveur d'activités comme la collecte d'algues et la production de sel, mais aussi grâce à l'épanouissement de l'art de la céramique dans la ville voisine de Vista

Alegre. Elle fut enfin le berceau d'une école réputée de sculpture baroque. À l'heure actuelle, la ville est le troisième pôle industriel du Portugal, après Lisbonne et Porto.

Le centre-ville, relativement compact, peut être découvert à pied. Les canaux offrent aussi l'occasion d'une jolie promenade *(Tur Aveiro, ☎ 967 088183 ou contacter l'office du tourisme)*, éventuellement sur une version motorisée des *moliceiros*, ces bateaux à voile à fond plat typiques de la région. Profitez du fait que les embarcations sont à quai pour admirer leurs décors naïfs, régulièrement

remis au goût du jour, qui rendent souvent hommage aux vedettes du ballon rond. Le site le plus intéressant, le **museu de Aveiro**, occupe les locaux de l'**Antigo Covento de Jesus**, qui accueillit de 1461 à 1834 une communauté de religieuses cloîtrées. Malgré de nombreuses modifications, l'édifice conserve sa beauté, avec notamment un réfectoire tapissé d'azulejos du XVIIe siècle et un lutrin manuélin. L'église, éblouissante extravagance baroque de bois doré, abrite un autel massif et étagé. Les magnifiques plafonds illustrent la vie de São Domingo, tandis que les peintures de 1729 figurent celle de santa Joana, la plus célèbre résidente du cloître. Les souvenirs de la fille d'Afonso V ne manquent pas dans ce couvent où elle passa dix-huit ans de sa vie, jusqu'à sa mort en 1490. Son petit reliquaire en argent se trouve dans la sala de Lavor (salle de broderie), où elle vécut ses derniers jours. Son tombeau, en marbre marqueté de style baroque, fut réalisé après sa sanctification, en 1693 ; il est dans le chœur bas. Le cloître Renaissance accueille quant à lui le très beau tombeau de João de Albuquerque, du XVe siècle. À l'étage, la principale collection du musée rassemble un large éventail de peintures, sculptures, boiseries et meubles, de superbes crèches baroques et de l'argenterie. Tous ces objets datent du XVe au XVIIIe siècle. La pharmacie du couvent (XVIIIe siècle) présente d'intéressantes herbes médicinales.

La **Sé São Domingos** (XVe siècle), autrefois incluse dans un monastère dominicain, s'élève de l'autre côté de la place, où se dresse le **cruzeiro de São Domingos**, un calvaire de style gothique. La cathédrale fut considérablement transformée au cours des siècles, au point d'être aujourd'hui dominée par les éléments baroques. Mais le cœur de la ville se trouve de l'autre côté du pont. Dans un dédale d'étranges petites ruelles, partez à la découverte du **largo da praça do Peixe**, une vaste place entourant le marché aux poissons. Les restaurants de fruits de mer ne manquent pas (au dernier étage du marché, on peut se restaurer à peu de frais) ; il est aussi conseillé de goûter les pâtisseries locales. Chaque dernier dimanche du mois, le lieu est investi par un gigantesque marché aux puces. Juste au nord des plages de surf et des stations balnéaires de **Barra** (impressionnant phare de 60 mètres de haut) et **Costa Nova** (la plus agréable) se trouve la **reserva natural das Dunas de São Jacinto**, une large bande de terre bordée de dunes. Si la réserve ne compte plus les multiples espèces d'oiseaux qui firent sa renommée (conséquence de l'invasion des acacias plantés après plusieurs incendies de forêt), elle n'en mérite pas moins la visite. L'endroit est accessible par le ferry d'Aveiro ou de Barra, ou par la route depuis Ovar. Les entrées sont strictement réglementées, et il est fortement conseillé de réserver plusieurs jours à l'avance. En revanche, l'immense pinède qui s'étend vers le sud jusqu'à Figueira da Foz est libre d'accès. Ce qui ne l'empêche pas d'abriter une faune autrement plus intéressante. ∎

L'extraordinaire **Antigo Covento de Jesus** abrite désormais le **museu de Aveiro**.

Museu de Aveiro
✉ Avenida de Santa Joana
☎ 234 423297
🕐 Fermé le lun.
💶 €

Reserva natural das Dunas de São Jacinto
http://camarinha.aveiro-digital.net
🅰 115 A4
☎ 234 331282/ 831063
🕐 Fermé le dim., le jeu. et les jours fériés
Entrée seulement de 9 h à 9 h 30 et de 14 h à 14 h 30

Coimbra et ses environs

Coimbra
115 B2
Informations touristiques
www.turismo-centro.pt
Largo da Portagem
239 488120

Université de Coimbra
www.uc.pt
Paço das Escolas, largo da Porta Férrea
239 859800

COIMBRA, LA TROISIÈME VILLE LA PLUS IMPORTANTE DU PORTUGAL, fut sa première capitale et la résidence de ses rois pendant plusieurs siècles, avant que le siège du pouvoir ne soit transféré à Lisbonne. La ville doit son animation et sa vitalité aux traditions de son université, la plus ancienne et la plus prestigieuse du pays. Des groupes d'étudiants drapés dans leurs capes noires flottant au vent flânent dans les rues, tandis que la Velha Universidade coiffe une colline qui est, géographiquement parlant, le cœur de la cité.

En bas, en bordure du Mondego, s'étend une ville provinciale typique du nord du Portugal, avec de vieilles rues pavées qui sont maintenant piétonnières et des banlieues envahies d'immeubles résidentiels. Deux couvents importants se situent sur la rive opposée, ainsi que la route qui mène vers le sud à Conímbriga, ancien site romain prospère (voir p. 124). Dans cette même direction, les collines de la serra da Lousã bordent l'extrémité ouest de l'imposante serra da Estrela (voir p. 130-131). Malgré leur renommée croissante comme lieu de villégiature, elles sont éclipsées par la plus célèbre forêt de Buçaco et par l'éta-

blissement thermal voisin de Luso – deux sites au nord de Coimbra.

La création de l'université de Coimbra remonte à 1537, lorsque le pouvoir royal décida d'y exiler celle

Une tragédie amoureuse

La ville de Coimbra fut le théâtre d'une authentique tragédie amoureuse, ayant pour cadre le couvent de Santa Clara-a-Velha. La belle Inês de Castro, dont le prince héritier Pedro était éperdument amoureux, s'y était réfugiée après le décès de l'infante Constanza (Constance de Castille). Craignant l'influence espagnole, le roi Afonso IV la fit exécuter en 1345, ignorant que Pedro l'avait en secret épousée un an auparavant. Mais les deux amants maudits furent réunis dans la mort : leurs tombes reposent côte à côte dans l'abbaye d'Alcobaça. ■

de Lisbonne, fondée en 1290 (voir p. 27). On comprend ainsi les liens étroits qui unissent la ville à cette institution et à ses traditions. Les *repúblicas* (logements des étudiants), fondés par un décret royal de l'époque médiévale, existent toujours. Elles se veulent les promoteurs des valeurs de la vie en communauté et de la démocratie. Une visite au début du mois de mai vous familiarisera avec la **Queima das Fitas** – une cérémonie lors de laquelle les robes et les distinctions (rubans) sont brûlés symboliquement, un mois jour pour jour avant le début de la session d'examens. L'événement permet surtout d'interrompre momentanément des révisions menées d'arrache-pied, et sont l'occasion de faire la fête et de boire à l'envi. Un autre exercice de prédilection des intellectuels de la ville est le fado, plus complexe et plus triste ici que celui, plus émotionnel, de Lisbonne. Il est, en outre, l'apanage de la seule gent masculine.

L'UNIVERSITÉ DE COIMBRA

Il faut une bonne dose d'énergie et des mollets musclés pour aller de la ville basse jusqu'à l'université, aux allures de forteresse, située au sommet d'une colline. Le moyen le plus

Baignée par la douce lumière du soir, Coimbra la romantique séduit au premier regard.

pays fut ainsi régulièrement habitée avant d'être abandonnée au XVᵉ siècle, ne retrouvant une identité que lors de son rattachement à l'université, en 1537. L'édifice a subi de nombreuses transformations au cours des siècles, ce qui explique qu'il porte des motifs aussi bien manuélins que baroques. Cependant, si le spectacle des étudiants serrés les uns contre les autres, en hiver, sur des bancs en bois ne manque pas d'étonner, il faut savoir que les seuls changements intervenus en ces lieux depuis près d'un siècle se limitent à l'installation de radiateurs électriques.

On accède à la cour principale par l'imposante praça da Porta Férrea, face à l'école de droit (Gerais) et à la capela de São Miguel ; à l'extrême gauche, on aperçoit l'élément majeur du complexe universitaire, la biblioteca Joanina. Sur la droite, la galerie à colonnades, dite **via Latina**, fut construite à la fin du XVIIIᵉ siècle pour améliorer l'accès à la **sala dos Capelos**, ainsi qu'à la **sala do Exame Privado**, toutes deux de style manuélin et fermées au public à l'occasion de cérémonies universitaires. La vaste et imposante sala dos Capelos (salle des Actes) est dotée d'un plafond peint par Jacinto da Costa et d'une galerie d'austères portraits royaux. Ne manquez pas la vue que l'on a du balcon sur la ville et au-delà. La **capela de São Miguel**, accessible du Gerais, mêle avec panache les styles Renaissance et baroque. Ses voûtes ornées de peintures d'une grande délicatesse et ses murs décorés d'azulejos abritent un autel dont le retable doré est signé Bernardo Coelho. Mais ce sont les grandes orgues de 1733, encastrées dans une chinoiserie peinte et sculptée, qui tiennent ici la vedette.

À proximité, le petit **tesouro** (trésor) rassemble de la vaisselle liturgique, des tenues sacerdotales et des peintures. Passez à l'étage supérieur pour avoir un aperçu de la vie estudiantine du XXIᵉ siècle.

Regorgeant de livres et de chinoiseries, la biblioteca Joanina de Coimbra – désormais transformée en musée – s'impose comme la plus belle bibliothèque du monde.

classique d'y arriver est d'emprunter les escaliers on ne peut plus raides de Quebra-Costas, en passant par l'arco de Almedina, un ancien portail mauresque. Ceux qui souhaitent réserver cet itinéraire à la descente emprunteront pour l'aller la pente plus douce de la couraça de Lisboa.

La structure en U qui constitue le cœur de l'université était, à l'origine, une forteresse mauresque du Xᵉ siècle, dont l'ampleur et le caractère massif se voulaient le reflet du puissant califat de Cordoue, siège du pouvoir des Maures dans la péninsule Ibérique. En 1130, lorsque Afonso Henriques, premier roi du Portugal, quitta Guimarães pour s'installer à Coimbra, l'édifice prit le nom de Paço real. La plus ancienne demeure royale du

La **biblioteca Joanina** – vantée pour sa richesse et sa beauté baroque – surpasse tous les édifices précités pour ce qui est du seul plaisir des yeux. (Les billets d'entrée sont en vente au guichet qui jouxte le clocher baroque.) Ses trois imposantes salles communicantes constituent sans nul doute la bibliothèque la plus somptueuse du monde, grâce à la perspective créée par les fresques en trompe-l'œil du plafond et par les rayonnages

que vous-même pourrez apprécier depuis l'esplanade.

Délaissant les deux édifices religieux, la **Sé Nova** (nouvelle cathédrale) et l'**igreja de São Salvador**, coincés entre les bâtiments administratifs, descendez vers la **Sé Velha**, nettement plus attrayante *(largo da Sé Velha,* ☎ *239 825273, fermé le ven. après-midi, le dim. et les jours fériés).* Ce bâtiment aussi beau que sobre, originellement de style roman, est la

de bois sculpté et peint, rehaussés de chinoiseries, d'or et de marbre.

Des colonnes fuselées soutiennent les rayonnages, lourds de quelque 30 000 volumes et 5 000 manuscrits, près de 300 000 autres reposant dans les sous-sols. On accède aux niveaux supérieurs au moyen de 24 échelles encastrées. Les motifs allégoriques de la dernière salle – la plus somptueuse de toutes – rendent hommage à dom João V, fondateur de la bibliothèque en 1724. Une statue de ce souverain corpulent trône à l'extérieur, dos tourné à la vue sur la ville – panorama

plus ancienne cathédrale du Portugal (elle date de 1140). Elle doit sa ligne austère à deux maîtres d'œuvre français, Bernard et Robert. Les azulejos mudéjars du XVIᵉ siècle et les chapiteaux byzantins d'inspiration orientale du transept donnent un certain relief à cet intérieur relativement dépouillé. L'élément le plus remarquable de l'ensemble est le retable gothique flamboyant du maître-autel, un haut-relief polychrome que l'on doit aux maîtres flamands Olivier de Gand et Jean d'Ypres. La chapelle sur la droite, la **capela do Sacramento**

Des escaliers relient entre elles les rues animées de Coimbra, situées à flanc de coteau.

Santa Clara-a-Nova

- ✉ Rua Santa Isabel
- ☎ 239 441674
- 🕐 Fermé le lun.
- 💶 Cloître €

Lousã

- 🅰 115 B2
- **Informations touristiques**
- ✉ Rua Dr. João Santos
- ☎ 239 990376

Les rubans (fitas) et autres écussons ornant les robes des étudiants indiquent la discipline étudiée et le niveau d'études atteint.

(chapelle du Saint-Sacrement), recèle une œuvre Renaissance signée Tomé Velho, élève de Jean de Rouen (João de Ruão) : il s'agit de sculptures du Christ entouré des apôtres, des quatre évangélistes, de la Vierge, de Joseph et de l'Enfant Jésus. Un beau cloître du XIIIᵉ siècle, situé sur la droite de la nef et légèrement surélevé par rapport au reste de l'édifice, offre une vue assez rare des bâtiments de l'université, situés plus haut sur la colline.

De là, descendez la colline par les Quebra-Costas, bordées de boutiques de souvenirs vendant les azulejos bleu et blanc typiques de Coimbra. Principal accès piétonnier au quartier universitaire, l'endroit propose tout ce qu'il faut pour satisfaire une clientèle d'étudiant : des librairies, bien sûr, mais aussi des magasins de disques et des cybercafés. Les boutiques de mode et de design les plus

en vue de Coimbra bordent la rue piétonnière (**rua Ferreira Borges**), qui se trouve tout en bas de la côte.

LA VILLE BASSE

La très belle praça 8 de Maio accueille l'imposante **igreja de Santa Cruz** (*☎ 239 822941, fermé le dim. matin, le midi, cloître €*), fondée en 1131 selon les canons de saint Augustin (dont la vie est illustrée par les azulejos du mur droit de la nef). Cet édifice abrite les tombeaux des deux premiers rois du Portugal, Afonso Henriques et Sancho Iᵉʳ, richement décorés de motifs de fleurs et de médaillons. L'ensemble est l'œuvre du sculpteur français Nicolas Chantérène, à qui l'on doit aussi le superbe pupitre Renaissance, ainsi que les motifs du portail, réalisés avec Jean de Rouen (João de Ruão). Ne manquez pas la salle capitulaire, sa belle voûte manuéline et ses azulejos du XVIIᵉ siècle. L'élégant cloître, lui aussi manuélin, est signé Manuel Pires. Dans un coin retiré, l'accès à un espace réaménagé, baptisé **memórias de Santa Cruz**, permet ensuite de découvrir une très remarquable collection de statues, de reliquaires, d'argenterie et de peintures, issue de l'ancien monastère. Aux antipodes de cette atmosphère ecclésiastique et académique, le sud-ouest de Coimbra abrite un jardin botanique, ainsi qu'un musée assez restreint, mais très personnalisé, la **casa-museu Bissaya-Barreto** (*rua da Infantaria 23, ☎ 239 853800, fermé en été le matin et le lun., en hiver le matin et du sam. au lun.*). Ce manoir de 1925 abrite l'éclectique collection d'objets d'art du Pr Bissaya-Barreto (1886-1974), un chirurgien érudit qui réunit ici des azulejos, des livres du XVIᵉ et du XVIIᵉ siècles, des sculptures, de la peinture portugaise, de la porcelaine chinoise, des meubles de style baroque, etc. De l'autre côté de l'Alameda, le merveilleux **Jardim botânico** (*calçada Martins de Freitas, ☎ 239 855210, €*),

couvre 13 hectares de jardins à la française créés en 1774 par le paysagiste anglais William Elsden, dans le cadre des réformes édictées par le marquis de Pombal. Jouissant d'une réputation internationale pour sa superbe collection d'espèces rares, le jardin évoque inévitablement les tropiques par sa profusion d'arbres exotiques et ses deux serres. Les plus vieux spécimens sont réunis dans le Quadrado grande, accessible par une longue série de marches. C'est aussi un lieu de promenade fort agréable, loin de l'agitation citadine.

SANTA CLARA-A-NOVA

Situé sur la rive opposée du Mondego, le couvent **Santa Clara-a-Nova** fut construit en 1649 pour abriter les Clarisses, contraintes par les inondations de quitter **Santa Clara-a-Velha** (☎ *239 801160, visites guidées de mai à sept. uniquement, fermé le lun.*). Les ruines gothiques de l'ancien édifice subsistent à proximité de la rivière. Le principal attrait du couvent actuel est le tombeau de cristal et d'argent richement travaillé de la reine sainte (Isabel), épouse de Dinis Ier. Le tombeau primitif – en pierre d'Ança peinte reposant sur six lions stylisés – se trouve derrière la « clôture des Clarisses », à l'extrémité du chœur bas. Sainte Isabel, patronne de Coimbra, est célébrée en juillet les années paires. En 2004, la procession menant la statue de bois de la reine à travers toute la ville était si longue qu'elle mit quatre heures à passer le pont.

LES ENVIRONS DE COIMBRA

À 29 kilomètres au sud-est de Coimbra, les ondoyantes collines de la **serra da Lousã** abritent un espace protégé sauvage. Des hameaux aux maisons basses de schiste ponctuent ce pays de pinèdes et de forêts de noyers, peuplées de sangliers et de cerfs . Du haut de ses 1 202 mètres, l'**alto de Trevim**, point culminant de la serra, offre une

vue superbe sur le centre du Portugal, juste au-dessus des étonnantes falaises de quartz des **penedos de Góis**. Une agence locale, le Trans Serrano *(barrio de S. Paulo 13, Góis, ☎ 235 778938)*, organise des visites guidées, à pied ou en jeep. Tout aussi bucolique, la **forêt de Buçaco**, située à 24 kilomètres au nord de Coimbra, conserve une plus forte empreinte

De sompteux azulejos ornent le Palace-Hotel do Buçaco, résidence d'exception au cœur de la forêt.

humaine et religieuse. Tout d'abord utilisé comme lieu de retraite par les moines bénédictins du VIe siècle, cet endroit fut au XVIIe siècle clôturé par les Carmes, afin, sur ordre du pape Grégoire XV, d'en défendre l'accès aux femmes. Les religieux y plantèrent 300 espèces d'arbres exotiques rares, ainsi que des variétés indigènes, qui entourent de petites châsses, des grottes, des points d'eau et des fontaines. La **vale dos Fetos** (vallée des Fougères) est particulièrement belle, tandis que la **cruz Alta**, le plus haut point de l'endroit, offre une vue imprenable sur la mer. Le week-end, la forêt est investie par les promeneurs, dont certains rejoignent la ville thermale de **Luso**, 3 kilomètres plus bas sur la colline. Aux **termas de Luso**, on peut boire l'eau des sources, suivre une cure ou se faire faire des massages, ou bien encore profiter du confort de l'hôtel, un bel édifice flanqué de tourelles qui surplombe les vestiges de l'ancien couvent. ■

Luso

🅰 115 B3

Informations touristiques

✉ Rua Emídio Navarro 136

☎ 231 939133

Termas de Luso

www.termasdoluso.com

✉ Rua Álvaro Castelões 63

☎ 231 937400

🕐 Fermé de nov. à avr.

La casa dos Repuxos (maison aux Jets d'eau) est l'un des vestiges romains les plus impressionnants de Conímbriga.

Conímbriga

Déjà peuplée pendant le néolithique, habitée par les Celtes puis par les Romains, Conímbriga est le site romain le plus important du Portugal. Située à 15 kilomètres au sud de Coimbra, dans un cadre de bois et d'oliveraies creusé de ravins, elle mérite le détour.

Museu e Ruínas de Conímbriga
www.conimbriga.pt

🗺 115 B2

☎ 239 941177

🕐 Musée fermé le lun.

💶 €

Le suffixe celtique *briga* traduit l'importance du site, qui existait déjà au moment de l'arrivée des Romains en 138 av. J.-C. Mais c'est seulement sous le règne d'Auguste, au Iᵉʳ siècle de notre ère, que la ville prit réellement son essor. Conímbriga se dota de thermes publics, d'un forum et d'un aqueduc, ainsi que de grandioses villas. Elle s'imposa dès lors comme une étape prospère sur la route entre Lisbonne et Braga. Au IIIᵉ siècle, pour parer les attaques des barbares, les Romains construisirent une muraille protectrice, dont les Suèves vinrent toutefois à bout en 468. Les premiers quittèrent progressivement les lieux, et, au VIIIᵉ siècle, l'endroit était déserté au profit de Coimbra, qui gagna ainsi en puissance et en importance.

Aujourd'hui, le superbe **musée de Conímbriga**, une construction de style pseudo-romain, permet de se familiariser avec le site archéologique.

Étudiez avec attention la maquette du forum pour pouvoir bien la projeter sur les ruines que vous allez visiter. Les sculptures et les mosaïques, les fragments de stuc et de fresques donnent une idée précise de la vie quotidienne dans ce bastion reculé, mais prospère, de l'empire romain.

L'endroit est suffisamment vaste pour que vous ayez besoin d'une bouteille d'eau et d'un chapeau, en particulier si votre visite se déroule par une chaude journée d'été. Un itinéraire clairement signalé permet de longer les sections les plus importantes et de fouler une partie de la voie romaine qui menait à Braga. Ne manquez pas la **casa de Cantaber**, la plus vaste demeure conservée du site – et peut-être du monde romain – ni la **casa dos Repuxos** (maison aux Jets d'eau), dont les mosaïques sont considérées comme les plus belles de la péninsule Ibérique. ■

Viseu

LA VILLE DE VISEU MARQUE LES ESPRITS, TANT PAR SON ESTHÉTIQUE que par son ambiance. Elle se niche au cœur de la région viticole du Dão, dans cette partie du nord du Portugal dominée par le granit, comme l'attestent les nombreux dolmens, églises et forteresses qui parsèment la campagne.

Le vieux quartier de la ville, compact et superbement conservé, présente un grand intérêt architectural. Mais c'est aussi un lieu de commerce et d'artisanat, où l'on trouve également les produits gastronomiques réputés de la serra da Estrela (voir p. 130-131). Les principaux attraits de Viseu sont concentrés autour de la place de la cathédrale, le **largo da Sé**.

LE LARGO DA SÉ

Situé sur un côté de la place, le paço dos Tres Escalões, l'ancien palais épiscopal du XVIᵉ siècle, a été récemment rénové et réaménagé pour accueillir un impressionnant musée d'art, le **museu Grão Vasco**. En effet, la ville doit en partie sa notoriété à son école de peinture, constituée au XVIᵉ siècle par des artistes comme Vasco Fernandes (v. 1475-1543) et Gaspar Vaz (mort v. 1568), tous deux fortement imprégnés de l'influence flamande, mais s'en affranchissant peu à peu.

Fernandes était connu sous le nom de Grão Vasco (le Grand Vasco), ce qui explique que cette dénomination soit étroitement liée au musée, lequel présente ses œuvres majeures. Y figurent aussi des sculptures du XIIIᵉ au XVIIIᵉ siècle, des peintures des XIXᵉ et XXᵉ siècles, des céramiques, des textiles et des meubles. Ne manquez pas les 14 tableaux provenant de l'ancien retable de la cathédrale, notamment l'étonnante *Adoration des mages*, de 1503-1505, où le roi noir Balthazar a été remplacé par un Indien du Brésil, découvert par le Portugal en 1500. La **Sé**, somptueux édifice flanqué de deux tours gothiques, est juste en face du musée. Construite entre 1289 et 1313, mais copieusement modifiée du XVIᵉ au XVIIIᵉ siècle, elle mêle, dans sa partie principale, des éléments de styles divers. La voûte manuéline de la nef est attribuée à João de Castilho. L'ensemble doit sa belle luminosité à ses multiples fenêtres et à des sources latérales de lumière, qui focalisent le regard sur le maître-autel en bois doré, chef-d'œuvre baroque. Admirez, sur le devant, le travail des stalles, et les aménagements ultramodernes de granit et d'acier réalisés en 1992 par Luís Cunha.

Dans la salle capitulaire se trouve un trésor sacré comprenant notamment des reliquaires du XIIIᵉ siècle. L'un d'eux recèlerait les ossements de saint Teotónio (1082-1162), patron de Viseu, qui fut prieur de la cathédrale avant de fonder le monastère de Santa Cruz, à Coimbra.

Le **cloître manuélin**, situé sur la droite de l'entrée principale, est un bel exemple d'architecture Renaissance portugaise. Ne négligez pas

Cette place du Marché, très remaniée, surprend dans une ville réputée pour ses sites historiques.

Viseu

◪ 115 C4

Informations touristiques

✉ Avenida Gulbenkian

☎ 232 420950

🕐 Fermé le dim. en hiver

Museo Grão Vasco

✉ Largo da Sé

☎ 232 422049

🕐 Fermé le lun. et le jeu. matin

€ €

Museu de Arte sacra

✉ Catedral, Largo da Sé

☎ 232 436065

🕐 Fermé le jeu., le sam. matin et les jours fériés

€ €

L'**igreja da Misericórdia**, un édifice du XVIIIe siècle de style rococo, est l'un des trois monuments qui bordent le largo da Sé, à Viseu.

non plus le portail latéral romano-gothique, orné de sculptures en pierre incorporant un bas-relief de la Vierge à l'Enfant. Cet élément, ignoré pendant des siècles, fut découvert à la faveur de travaux de restauration en 1918. À l'arrière du cloître se trouve le *coro alto*, ou tribune, du XVIe siècle, que surplombe un **museu de Arte sacra**. Celui-ci réunit des vêtements sacerdotaux richement brodés, des calices et des coffrets en émail, un évangéliaire et une croix byzantine du XIIe siècle, tous éléments contrastant singulièrement avec le reliquaire en argent de sainte Ursule, de fabrication allemande et au design étonnamment moderne.

La modeste mais harmonieuse **igreja da Misericórdia**, qui date du XVIIIe siècle, affiche résolument son style rococo. Flanquée de deux clochers de granit, sa façade de crépi blanc est d'une grande harmonie.

AUTRES SITES DE VISEU

Juste au-dessous de la Sé, la **statue de dom Duarte I**[er] (1391-1438), qui serait né non loin de là, dans la **torre de Menagem** (donjon), semble veiller sur la **cidade antiga**, la vieille ville animée. Descendez la **rua Direita**, longue et sinueuse voie piétonnière et commerçante qui était, au Moyen Âge, le chemin le plus court pour rejoindre la citadelle (*direita* signifiant « direct »). Faites une halte au niveau du n° 90 pour admirer la casa da Viscondessa de Treixedo, aujourd'hui reconvertie en banque, dont les châssis de fenêtre richement ornés et les élégants balcons à consoles de fer forgé sont typiques de cette ville modeste, mais séduisante.

Le vieux marché, le **mercado 2 de Maio**, situé rua Formosa, a été rénové récemment, sous la houlette d'Álvaro Siza Vieira, le célèbre architecte de Porto. Il s'inscrit désormais dans une vaste place pavée parsemée d'arbres et de points d'eau, et bordée de boutiques de luxe. Le marché s'y tient le jeudi ; le 24 juin a lieu la procession des Cavalhadas et, plus tard dans l'été, Viseu accueille la feira de São Mateus. Ces événements sont prétextes à déguster les spécialités locales, dont le *cabrito assado* (chevreau grillé), les saucisses, les viandes fumées et les châtaignes – le tout arrosé de Dão ou de Jeropiga, vins régionaux issus de moûts non fermentés. ∎

[ ]

Guarda

FASCINANTE MALGRÉ SA DÉSOLATION, GUARDA DÉGAGE UNE CURIEUSE impression qu'explique sans doute sa situation isolée dans la montagne, à moins de 40 kilomètres de la frontière espagnole. C'est en fait, à 1 056 mètres d'altitude, la plus haute ville du Portugal.

Bordée au nord-est par la serra da Marofa et au sud-ouest par la serra da Estrela, Guarda fut fondée en 1199 par Sancho Iᵉʳ, deuxième roi du Portugal. Ville frontière jouxtant l'Espagne, la « gardienne » du Portugal devait être protégée et fut, de ce fait, entourée de hautes murailles percées de cinq portes, dont deux seulement subsistent à ce jour.

Le cœur de cette petite cité est dominé par l'imposante **Sé** (cathédrale) fortifiée (☎ *271 211231, fermé le lun.*), dont la construction s'étendit sur un siècle et demi, entre 1390 et le règne de João III. Doté d'arcs-boutants, de pinacles et de gargouilles, l'édifice compte trois entrées. La plus intéressante, de style gothique fleuri, ouvre sur la praça Luís de Camões. À l'intérieur, la nef gothique à trois travées mène au superbe retable Renaissance, signé Jean de Rouen (João de Ruão) et Nicolas Chanterène. Sculpté dans la pierre d'Ança, il illustre la vie du Christ en 100 personnages.

La **rua Francisco de Passos**, la voie principale qui part de la praça

Velha en direction du nord, longe des maisons des XVIᵉ et XVIIᵉ siècles, des boutiques antiques et l'église baroque São Vicente jusqu'au dédale de petites rues médiévales qui constituait autrefois la **Judiaria** (quartier juif). Ici, les rues pavées, les portails voûtés et les maisons basses – le tout plutôt défraîchi – sont adossés à des rochers de granit. Tout au bout, au niveau du largo do Torreão, un petit jardin, le **jardim José de Lemos**, offre une belle vue sur le Nord. Installé dans les locaux d'un séminaire du XVIIᵉ siècle, le modeste **museu da Guarda** voue 4 pièces à l'histoire de la Beira Alta depuis les temps anciens jusqu'à la Renaissance, mais accueille aussi des expositions temporaires d'art et d'artisanat. Dans cette même rue, l'**igreja da Misericórdia** (☎ *271 200090, fermé le sam. et le dim. après-midi*), haute en couleur, abrite un autel et des chaires baroques, et un gisant de la Renaissance. En face, la **torre dos Ferreiros**, qui faisait partie des fortifications originelles de la cité, mérite elle aussi le coup d'œil. ∎

Guarda

🅐 115 D3

Informations touristiques

✉ Praça Luís de Camões

☎ 271 205530

🕐 Fermé le midi

Museu da Guarda

✉ Rua Alves Roçadas 30

☎ 271 213460

🕐 Fermé le lun.

💶 €

À 976 mètres d'altitude, un Christ-roi domine la serra da Marofa, non loin de Castelo Rodrigo.

Circuit : les villages fortifiés de la serra da Marofa

Depuis Guarda, ce circuit mène, en direction du nord, vers quatre villages médiévaux qui, malgré leur relative proximité, présentent des fortifications très différentes.

La vallée du Côa, au nord de Castelo Rodrigo, est riche de peintures rupestres.

Depuis Guarda, suivez la N221 en direction de Pinhel. Traversez les banlieues et le village de Rapoula, puis une campagne de pierres sèches et de vergers. Le paysage change rapidement en faveur d'arides coteaux granitiques. Essayez d'apercevoir, sur le côté de la voie, un dolmen, l'**anta de Pêra do Moço**. Des hêtres, des chênes et des noyers bordent la route jusqu'à **Gouveia**, où ils cèdent la place, vers l'ouest, à des vignobles et à des meules de foin coniques. Les villages que

vous rencontrez sont plutôt traditionnels, et comme il n'est pas rare d'y croiser un âne tirant une carriole, il vaut mieux éviter de conduire vite. D'énormes rochers parsement un paysage morne et austère caractérisent **Pinhel** ❶ *(informations touristiques, rua Silva Gouveia, ☎ 271 4100004)*, cité respectable dont l'histoire militaire remonte à l'époque romaine et qui conserve des vestiges d'un château du XIVᵉ siècle. Des rues pavées pentues mènent à la vieille ville. La sinueuse rua do Castelo longe de jolies maisons tapissées de lierre jusqu'à un plateau dominé par deux tours massives, qui offrent un beau panorama sur les environs. Laissez Pinhel sur la route principale après le cimetière, et tournez à gauche en bas de la colline. La route serpente à travers la vallée avant de traverser le Coâ, de longer des oliveraies aménagées en terrasses, et de recommencer à tournicoter dans un paysage parsemé d'énormes rochers.

Castelo Rodrigo ❷ est en vue au croisement. Visitez la citadelle au sommet de la colline. En ruine, le **palais de Cristóvão de Moura** *(rua do Relógio, ☎ 271 311277)* fut incendié en 1640 par les villageois, qui soupçonnaient leur chef de conspiration avec les Espagnols. La citadelle elle-même renferme de nombreux édifices intéressants, mais les habitants sont rares (ils tiennent généralement les restaurants et les commerces). Rejoignez la route principale, tournez à gauche et prenez la N332 en direction d'Almeida. Dans le village de **Vilar Torpim**, remarquez l'imposante *quinta* (maison noble) sur votre droite. Très rapidement, **Almeida** ❸ se profile à l'horizon, avec sa forteresse entourée de douves, dont la forme en étoile à six branches est inspirée de l'architecture de Vauban *(informations touristiques, portas de São Francisco, ☎ 271 574204)*. En 1810, les troupes de Masséna firent sauter l'édifice, qui servait de dépôt de munitions. Une promenade le long des remparts vous révélera le parfait état de conservation des rues dans l'enceinte des murs.

Restez sur la route principale et poursuivez en direction de Vilar Formoso, puis tournez à droite et retraversez le Côa en suivant les panneaux IP5/Guarda. À 8 kilomètres, prenez la sortie à gauche marquée **Castelo Mendo** ❹

(qui vous fera passer sous l'IP5). Tournez à gauche au croisement et roulez jusqu'à la voûte d'entrée gardée par deux ours stylisés en granit, qui donne sur le village médiéval de Castelo Mendo. Admirez le plafond mudéjar de l'igreja da Misericórdia, le pilori haut de 7 mètres et les maisons de granit typiques de la région. De là, revenez à Guarda par la N16. ∎

🗺	Voir aussi p. 115
➤	Guarda
↔	110 km
⏱	2 h (sans les arrêts)
➤	Guarda

À NE PAS MANQUER
- Pinhel
- Castelo Rodrigo
- Almeida

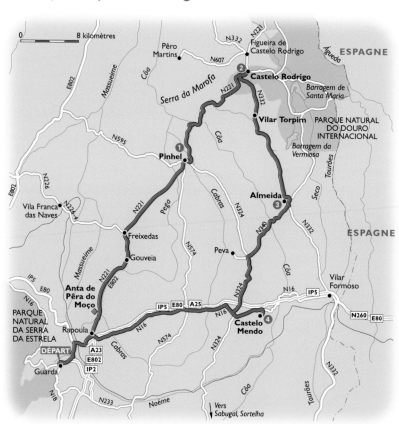

La serra da Estrela

VÉRITABLE SPECTACLE ITINÉRANT – CHAQUE VILLE QUI LA BORDE s'appropriant sa beauté sauvage –, la serra da Estrela est la chaîne de montagnes la plus élevée du Portugal. Cette réserve naturelle de 101 000 hectares sépare l'ouest du pays, plus urbanisé, de la désolation des campagnes de la partie orientale des Beiras.

Bordée par le Mandego et le Zêzere, la serra da Estrela est constituée de pics rugueux, dont le point culminant, à **Torre**, s'élève à 1 993 mètres. Cependant, l'endroit est matérialisé par une tour de 7 mètres – la *torre* –, érigée en 1817, qui porte sa hauteur totale à 2 000 mètres. En hiver, les pentes enneigées font ici la joie des skieurs. À l'aplomb du site, un lac naturel, le **lagoa Comprida** (lac Long) et d'autres points d'eau – artificiels ceux-là – servent à la produc-

tion d'électricité. Le massif en lui-même est un haut lieu de promenade en voiture ou de randonnée, offrant aussi, outre la possibilité d'explorer de fort beaux villages de montagne, l'occasion de déguster les fromages crémeux élaborés sur place *(queijo da serra)* ou d'acheter la laine de fabrication locale, très réputée.

Les principaux points de départ d'une excursion sont Viseu, Guarda et Belmonte ; mais certains villages comme Manteigas et Linhares per-

LES HAUTEURS

Situé à l'extrême nord de la chaîne, **Celorico da Beira** offre une entrée étonnante dans cette région montagneuse, se distinguant par son château, ses ruelles étroites, ses portails gothiques et ses fenêtres manuélines. Ce cadre accueille une foire aux Fromages un vendredi sur deux. Sur la rive opposée du Mondego, la **nécropole de São Gens**, datant de l'époque wisigothique (VIIIᵉ-IXᵉ siècles), recèle 46 tombes creusées à même le roc et dominées par le superbe **penedo do Sino** (rocher de la Cloche). L'étape suivante est **Linhares**, assurément le plus beau village de la serra. Cet ancien *castro* (village de montagne fortifié), construit aux alentours de 580 av. J.-C., est baigné par une atmosphère médiévale, que traduisent son château et ses remparts, édifiés sur le rocher, et ses maisons typiques. Vous pourrez aussi y apprécier la délicieuse cuisine locale.

Plantée en plein cœur du massif, au sein de la verte vallée du Zêzere, et abritée par les collines environnantes culminant à 700 mètres d'altitude, **Manteigas** propose de nombreuses spécialités artisanales, notamment des couvertures tissées à la main, des tapis, des objets en peau de mouton et des étains. Plus haut dans la montagne, accessible par une petite route pour le moins tourmentée, le site des **Penhas Douradas** (roches Dorées), ainsi nommé en raison de la couleur des massifs qui l'entourent, est un lieu de villégiature prisé.

La station thermale de **Caldas de Manteigas**, toute proche, est un complexe moderne ouvert d'octobre à mai. Elle est réputée pour ses eaux soufrées soulageant les rhumatismes, les affections cutanées et les insuffisances respiratoires. Dans cette même région, en bordure de fleuve, vous remarquerez les maisons de pierre aux toits de paille de seigle et de genêt, ainsi que les nombreuses cascades qui dévalent les coteaux pentus. ∎

Note : pour informations sur les gîtes ruraux, contacter l'agence d'Adruse (largo Dr. Alípio de Melo, Gouveia, ☎ 238 490180).

mettent de mieux appréhender l'atmosphère de l'Estrela, et en particulier sa gastronomie : saucisses, jambon fumé, lait caillé (servi avec de la gelée de potiron), chevreau ou sanglier rôti, agneau, boudin au chou ou truite sauvage grillée. Les desserts, à base d'œufs, incluent généralement du miel, du fromage, des châtaignes ou du riz. Un robuste vin de Dão s'impose en accompagnement. Le chien de berger de la serra da Estrela est une autre curiosité de la région. Il semblerait qu'il s'agisse d'une des races canines les plus anciennes et les plus pures de la péninsule Ibérique. Grand et musclé, doté d'une épaisse fourrure dorée, ce mâtin docile – mais parfaitement capable d'affronter les loups qui sévissent parfois ici – est un compagnon de choix pour les bergers locaux.

Castelo Branco
et ses environs

Si ELLE NE FIGURE PAS PARMI LES PLUS TOURISTIQUES DES BEIRAS, l'industrieuse ville de Castelo Branco compte quelques sites méritant l'attention. Elle s'impose de ce fait comme une halte intéressante.

Cette effigie de Manuel Iᵉʳ est l'une des nombreuses statues qu'abritent les superbes jardins du palais épiscopal de Castelo Branco.

Castelo Branco
115 D1
Informations touristiques
✉ Praça do Município
☎ 272 330339
🕐 Fermé le week-end à midi

Monsanto
115 D2
Informations touristiques
✉ Rua Marquês da Graciosa
☎ 277 314642
🕐 Fermé le midi ; en hiver, fermé en semaine

Idanha-a-Velha
115 D2
Informations touristiques
✉ Rua do Castelo
☎ 277 914280
🕐 Fermé le midi

Faisant le lien entre le cœur des Beiras et la vallée du Tage à l'ouest, et la région de l'Alentejo au sud, cette cité antérieure à l'ère romaine prit son essor sous le règne d'Afonso Henriques. De fait, elle fut alors concédée, avec d'autres territoires, aux Templiers. Certains éléments de la partie la plus ancienne et la plus élevée de Castelo Branco remontent à cette époque. Les étroites ruelles ornées de linge à sécher et de cages à oiseaux contribuent à une ambiance très particulière, dont il est agréable de prendre la mesure le temps d'une promenade en ces lieux. Cependant, le principal attrait de la ville est l'**Antigo Paço episcopal** (l'ancien palais épiscopal), qui s'honore de magnifiques jardins parsemés de statues de style baroque et bordés de haies de buis taillées. Les jardins, qui furent créés en 1725, comprennent également des fontaines et des bassins. L'intérieur du palais abrite un musée un peu étouffant, le **museu de Fran-**cisco Tavares Proença Junior (*largo da Misericórdia*, ☎ *272 344277, fermé le lun., €*), qui présente force portraits d'évêques et tenues sacerdotales, mais aussi des monnaies, des faïences et des armes romaines, des tapisseries flamandes du XVIᵉ siècle inspirées de l'histoire de Loth, ainsi que des *colchas*. Spécialité locale, la *colcha* est un couvre-lit ouvragé dont la réalisation peut s'étirer sur un an – le prix variant en fonction du temps passé à la confection. Une visite guidée permet de découvrir les ateliers de broderie d'où sont issues ces merveilles.

LES VILLAGES FORTIFIÉS

Au nord-est de Castelo Branco se trouve une série de village reculés qui méritent une visite. Situé à 50 kilomètres, **Penamacor** fut habité par les Romains, les Goths et les Maures. Son château du XIIIᵉ siècle et son donjon, situés sur une hauteur, offrent une vue panoramique sur les environs. Dans les plus vieilles rues de Penamacor, on peut encore admirer des fenêtres et des portails des XVIᵉ et XVIIᵉ siècles. Remarquez également l'**igreja da Misericórdia** (☎ *272 394133, fermé le dim.*), avec son porche manuélin et son retable en bois doré, et le **convento de Santo António** (☎ *272 394133, fermé le dim.*), qui s'honore d'une chapelle, d'un pupitre ouvragé et d'un superbe plafond en bois doré. Plus près de Castelo Branco, le village de **Monsanto** est considéré comme le plus traditionnel du Portugal. Accroché à la base d'un escarpement granitique en bordure du Ponsul, c'est à lui seul un spectacle somptueux. Dans cette région faite d'une succession de plaines et de rochers, les châteaux sont le plus souvent soustraits à la vue, se confondant avec leur base rocheuse. Malgré son riche passé, Monsanto n'accéda vraiment à la notoriété que sous l'égide des Templiers, qui y construisirent une cita-

de **capela do São Miguel**, édifice roman qui jouxtait le château fort, conservent quelques somptueux éléments architecturaux. Par ailleurs, l'endroit offre un panorama exceptionnel sur le **barragem da Idanha**, un lac artificiel. Bien qu'il soit situé à 12 kilomètres à peine au sud-ouest

delle au XIIe siècle. Le village tout entier est digne d'intérêt, avec ses venelles pentues sinuant entre les rangées de maisons en granit, dont certaines sont blasonnées ou ornées de fenêtres manuélines. Le **château fort** a subi de nombreux assauts, et les victoires de Monsanto sont traditionnellement célébrées le premier week-end du mois de mai, lors de la festa das Cruzes (fête des Croix). À cette occasion, un pot de fleurs est symboliquement jeté du haut des remparts, en mémoire du veau que les habitants du lieu jetaient autrefois à l'ennemi pour lui signifier qu'ils ne manquaient pas de vivres. Les ruines

de Monsanto, le minuscule village d'**Idanha-a-Velha** affiche un style totalement différent. S'il fut jadis réputé – les Romains, les Suèves, les Wisigoths, les Maures et les Templiers s'y installèrent successivement –, il est désormais pratiquement en ruine et l'objet de fouilles importantes. L'ancienne **cathédrale paléochrétienne**, maintes fois remaniée, détruite et reconstruite, fut aussi une mosquée : sa chapelle voûtée et ses proportions asymétriques trahissent une influence islamique. Les murs romains ont été préservés, et une petite galerie située sur le côté de la cathédrale abrite des stèles de la même époque (IIe siècle). ■

Formations naturelles et réalisations humaines cohabitent à Monsanto, autrefois élu « village le plus portugais du Portugal ».

La vie de château

Si la plupart des pays d'Europe peuvent se targuer d'un riche héritage culturel, rares sont ceux qui, comme le Portugal, proposent des séjours dans de luxueuses maisons privées. En effet, ce pays se distingue par ses possibilités d'hébergement en *quintas* (demeures élégantes, à la campagne) ou en *solares* (manoirs plus huppés) : quoique moins chères que des hôtels de catégorie comparable, ces habitations offrent le luxe d'un mobilier d'époque et/ou de famille. Le système repose sur la confiance, les hôtes se voyant généralement concéder l'usage d'une maison tout entière. C'est aussi l'occasion de faire connaissance avec les maîtres des lieux.

Alors que certaines *quintas* datent du XVe siècle, la plupart des *solares* ont été construits entre 1650 et 1750. Après l'austérité de la domination espagnole, le retour de la monarchie portugaise signa l'essor du baroque. Dans le Nord, le florissant commerce du porto avec les Anglais favorisa la construction de nombreuses quintas dans les vignobles du Douro, tandis que, ailleurs dans le pays, l'aristocratie terrienne profitait des revenus des richesses du Brésil et jouait aussi les bâtisseurs. Cette période de prospérité et de créativité artistique culmina au XVIIIe siècle, sous le règne de João V. Quelque deux cents ans plus tard, suivant le déclin général du pays, certaines de ces propriétés se retrouvèrent dans un état

Si les prestations des *quintas* et des *solares* vont du grandiose à l'élégance suprême, leur accueil est invariablement chaleureux.

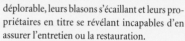

déplorable, leurs blasons s'écaillant et leurs propriétaires en titre se révélant incapables d'en assurer l'entretien ou la restauration.

Dans les années 1980, un comte de Ponte de Lima remédia à sa situation financière délicate en convertissant son manoir en résidence pour hôtes payants. Après avoir épousseté les tapisseries et redoré le blason de la famille, il ouvrit ses portes aux visiteurs en quête d'une demeure authentiquement grandiose, quoique un peu défraîchie. Si l'idée avait fait son chemin depuis longtemps en Irlande et en Angleterre, elle était nouvelle au Portugal, qui avait longtemps vécu, au sens propre comme au figuré, en marge de l'Europe. Le principe plut, les subsides du gouvernement et de l'Union européenne suivirent, et le *turismo de habitação* (ou tourisme d'habitation, principe de chambres d'hôtes en château)

changea graduellement l'aspect de la campagne portugaise. Des villages qui étaient autrefois totalement coupés du monde revinrent à la vie, les possibilités d'emploi se multiplièrent, et un réseau de superbes propriétés fut rapidement constitué à travers le pays et mis à la disposition des visiteurs. Ce système d'hébergement offre aussi l'avantage de favoriser les échanges entre les villageois et les hôtes de la « grande maison », ainsi qu'entre ces derniers et les maîtres des lieux qui, le plus souvent, s'expriment aussi bien en anglais qu'en français. Si certaines demeures n'offrent pas plus de deux suites dotées de tout le confort nécessaire – et notamment de lits à baldaquin garnis d'un linge de lit raffiné, de planchers grinçants et d'armoires sculptées à la main –, d'autres proposent une douzaine de chambres dans les communs réaménagés. Cependant, dans tous les cas, les visiteurs ne seront déçus ni par l'atmosphère ni par le sens de l'hospitalité des propriétaires. Souvent, plus la demeure est retirée, plus le petit-déjeuner promet d'être spectaculaire. Dans les quintas qui sont encore en activité, les hôtes de passage peuvent se familiariser avec la viticulture ou d'autres pratiques agricoles. La plupart de ces demeures bénéficient d'un environnement tout aussi somptueux que leur intérieur, et le seul reproche que l'on pourrait adresser à certaines d'entre elles serait un certain surcroît d'opulence, les décors portugais étant parfois trop chargés. Cependant, ceux qui peuvent s'en accommoder – et supporter un chauffage minimal pendant l'hiver – sont parés pour cette vie de château d'un nouveau genre. ∎

L'or du soleil couchant sur les eaux du Mondego et les salines de Gala, près de Figueira da Foz.

Autres sites à visiter

BELMONTE

C'est dans cette séduisante petite ville que naquit Pedro Álvares Cabral, qui, en 1500, prit possession du Brésil au nom du Portugal. Belmonte est dominé par les vestiges (partiellement restaurés) du **castelo** du XIVᵉ siècle, qui accueille en été un festival artistique et offre, par l'une de ses élégantes fenêtres manuélines, une vue magnifique sur les montagnes alentour. L'édifice, dont la partie frontale abrite deux chapelles, présente, sur le côté, une réplique de la croix en bois utilisée par Cabral lors de la première messe célébrée sur le sol brésilien. Tout près, l'**igreja de São Tiago** recèle les tombes de la famille Cabral, ainsi que des superpositions de fresques des 400 à 500 dernières années. La **synagogue**, plus récente (elle fut construite en 1997), se situe dans le vieux quartier juif de la ville. Si la communauté israélite de Belmonte fut contrainte de s'effacer pendant l'Inquisition, elle s'est réaffirmée récemment et s'impose désormais comme la plus importante de tout le Portugal. L'impressionnante **torre de Centum Cellas**, située à 4 kilomètres à l'ouest, est une tour dont on pense qu'elle fit autrefois partie d'une villa romaine et qu'elle tint un rôle sur la route du commerce de l'étain entre Mérida (en Espagne) et Braga.

115 D3 **Informations touristiques**
✉ Largo do Brasil, Castelo de Belmonte ☎ 275 911488 🕐 Fermé le midi

FIGUEIRA DA FOZ

Situé à 45 kilomètres à l'ouest de l'embouchure du Mondego, Figueira est la plus proche station balnéaire de Coimbra. Si la côte est dominée par de hautes falaises, le site offre de vastes plages de sable et de fortes vagues appréciées des surfeurs ; il propose aussi un casino et accueille un festival folklorique à la fin du mois de juin. L'estuaire est dominé par le **forte de Santa Catarina**, un édifice du XVIᵉ siècle où Wellington fit débarquer les premières troupes britanniques en 1808. Hormis ces événements, cet ancien petit port de pêche tranquille n'eut pas d'autres rendez-vous marquants avec l'Histoire. Pour un cadre plus tranquille, poussez vers le nord, jusqu'à la petite plage de **Buarcos**, qui s'inscrit à l'avant-plan de la serra da Boa Viagem, dont les coteaux sont peuplés d'eucalyptus, de pins et d'acacias.

115 A2 **Informations touristiques**
✉ Avenida 25 de Abril ☎ 233 407200 ;
www.figueiraturismo.com 🕐 Fermé le midi

SORTELHA

Ce village frontalier absolument superbe offre, depuis ses fortifications, une vue imprenable sur les alentours. S'inscrivant au sein d'un paysage ondoyant parsemé de rochers et de pinèdes, ses murs de granit, son donjon et ses majestueux portails gothiques semblent tout droit sortis de la pierre. Le cœur du site (de style médiéval), qui a subi d'importantes rénovations, renaît à la vie au printemps et en été, au rythme des boutiques d'artisanat, des bars et des restaurants. Hors saison, le lieu est toujours évocateur, mais battu par les vents et perdu dans les nuages.

115 D3 **Informations touristiques** ✉ Rua Direita ☎ 271 751040 🕐 Fermé d'oct. à avr. ∎

P arsemé de châteaux,
de palais, de monastères
et de petites villes qui rayonnent
depuis Lisbonne, le cœur du
Portugal propose au visiteur
tant des chapelles et des cloîtres
prisonniers du temps que des
plages riches de promesses
d'évasion.

L'Estrémadure et le Ribatejo

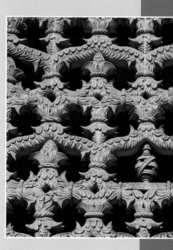

Les complexes et délicates sculptures de pierre manuélines du monastère de Batalha.

L'Estrémadure et le Ribatejo

Les prospères régions de l'Estrémadure et du Ribatejo relient le nord du Portugal, plutôt montagneux, au sud, plus plat et plus chaud, en encerclant Lisbonne et l'estuaire du Tage. Elles constituent l'épicentre culturel du pays, comptant quatre sites exceptionnels classés par l'Unesco au patrimoine mondial, de grandioses palais royaux, un lieu de pèlerinage majeur, des vestiges des guerres avec l'Espagne, des châteaux mauresques et la station balnéaire préférée de la noblesse en exil dans les années 1930.

Village de carte postale, Óbidos accueille des milliers de visiteurs chaque année.

Si leur infrastructure moderne menace aujourd'hui de rompre le charme de leurs paysages, ces régions conservent aussi des perles naturelles, comme la romantique et luxuriante serra da Sintra ou de magnifiques portions de côte (dont la pointe ouest de l'Europe continentale, à Cabo da Roca). Depuis Lisbonne, il est facile de se rendre à Sintra, Cascais, Estoril, Mafra, Óbidos, Peniche, Santarém ou Setúbal ; l'aller-retour peut être effectué dans la journée, mais de telles visites ne donnent qu'un aperçu furtif des lieux. Seul un séjour prolongé permet de goûter l'ambiance et l'âme de ces régions : courses de taureaux des environs de Santarém, vagues de Guincho tant prisées des surfeurs, cloches du monastère de Batalha ou palais de Mafra, roulettes du casino d'Estoril, dauphins de l'estuaire du Sado ou brumes matinales enrobant les merveilles de Sintra. Ajoutez à cela une foule de moulins à vent, des villages aux murs crépis d'un blanc éclatant, quelques empreintes de dinosaures, et vous aurez un panorama d'une diversité inégalée – à laquelle ne peut répondre que la profusion des spécialités locales (fruits de mer et vins), aussi savoureuses qu'accessibles.

Cette terre des rois et des reines connut son apogée pendant l'ère des Découvertes (soit aux XVe et XVIe siècles), les revenus des « nouveaux » territoires permettant le financement de constructions et de rénovations d'envergure. L'enrichissement des structures gothiques en motifs manuélins se généralisa, l'un des fleurons de ce mélange étant le Palais national de Sintra, qui abrite aussi les fresques d'azulejos les plus importantes d'Europe. Quant au couvent du Christ, qui domine Tomar, il s'impose comme un chef-d'œuvre des architectures Renaissance, gothique et manuéline. Plus ancien, le château mauresque d'Óbidos, traditionnel présent de mariage royal depuis 1282, domine un lacis de rues pavées généreusement fleuries. Près du vaste palais-monastère de Mafra, quintessence du baroque, se trouve le palais Queluz, de style rococo, désormais englouti par la banlieue de Lisbonne. Il y a enfin la cosmopolite Cascais, version locale de la Riviera depuis l'entre-deux-guerres. ∎

L'ESTRÉMADURE ET LE RIBATEJO

Lisbonne

Zone détaillée

Figueira da Foz

BEIRAS
p. 113

Pombal

Pedrógão Grande
Sardoal

Alvaiázere

Leiria

Marinha Grande

Ferreira do Zêzere

Batalha
Ourém
Aqueduto dos Pegões

Sítio
Nazaré
Pedreira da Galinha
Fátima
Tomar
Mação

Praia Gralha
Alcobaça
Serra de Santo
Torres Novas
Constância

RESERVA NATURAL DA BERLENGA
Ilhas Berlengas
São Martinho do Porto
Serra do Aire
Grutas de Alvados/ Santo António
Entroncamento
Abrantes

Foz do Arelho
Caldas da Rainha
PARQUE NATURAL DAS SERRAS DE AIRE E CANDEEIROS
Golegã
Castelo de Almourol

Remédios
Peniche
Óbidos
Rio Maior
Chamusca
Bemposta

bo Carvoeiro
Praia de São Bernardino
Bombarral
SANTARÉM

Lourinhã
Cadaval
Asseca
Santarém

Praia de Santa Cruz
Serra de Montejunto
Almeirim
Muge

OCÉAN ANTIQUE
Torres Vedras
Alenquer
ALENTEJO
p. 175

Praia de ira de Ilhas
Arruda dos Vinhos
Vila Franca de Xira
Coruche
Couço

Ericeira
Mafra
LISBONNE
Alverca do Ribatejo

QUE NATURAL NTRA-CASCAIS
Azenhas do Mar
RESERVA NATURAL DO ESTUÁRIO DO TEJO
Lavre

raia das Maçãs
Colares
Sintra
Amadora
Parque da Pena
Palácio nacional de Queluz

Grande raia da adraga
Sintra
LISBONNE (LISBOA)

Praia do Guincho
Estoril
Almada
Montijo
SETÚBAL

Cascais
Costa do Estoril
Caparica
Barreiro
Amora

Costa da Caparica
Costa Azul
Palmela

Vila Nogueira de Azeitão
Péninsule de Setúbal
Setúbal
Forte São Filipe

PARQUE NATURAL DA ARRÁBIDA
Praia de Figueirinha
ALENTEJO
p. 175

Sesimbra
Portinho da Arrábida
Alcácer do Sal

Cabo Espichel
Lapa de Santa Margarida
Troia Peninsula
Comporta
RESERVA NATURAL DO ESTUÁRIO DO SADO

Baia de Setúbal

0   20 kilomètres

Leiria et ses environs

AU CŒUR D'UNE VASTE VALLÉE, LEIRIA DONNE UNE FAUSSE IMPRESSION d'immensité. En réalité, son centre, plutôt compact, se niche entre la rivière Lis et une colline que surplombe le château. Le lieu, sans attrait particulier, constitue néanmoins une halte agréable sur la route des monastères (Batalha, Alcobaça et Tomar) ou celle menant à la côte.

Leiria tint un rôle historique majeur au XIVe siècle, quand le roi Dinis Ier et la reine sainte (Isabel) choisirent d'y établir leur résidence principale. D'un aspect un peu particulier, le **castelo de Leiria** (☎ 244 813982, fermé le lundi, €) mérite la visite. On doit sa construction à Afonso Henriques, qui le fit ériger en 1135, après avoir repris le site aux Maures. Par la suite, le déclin de Leiria au profit de Santarém et de Lisbonne entraîna la ruine du château. Dom Dinis le fit restaurer et, plusieurs décennies plus tard, João Ier le fit agrandir vers le sud. On y découvre aujourd'hui – entre autres – une loggia Renaissance, un chœur gothique et des arcades manuélines.

Dans l'enceinte des murs se niche une vaste cour fleurie donnant sur le donjon, le palais royal et les vestiges de **Nossa Senhora da Pena**, une chapelle gothique ornée de motifs manuélins. Le donjon abrite un musée d'armurerie médiévale, le **Núcleo museológico** (fermé le lun.), où sont exposées aussi bien des répliques que des pièces originales. De la loggia du palais, la vue porte sur Leiria et ses environs.

La **praça Rodrigues Lobo**, la place principale de Leiria, est aménagée en zone piétonnière. Située au cœur du centre historique de la ville, elle s'honore d'arches du XVIIe siècle encore intactes. Une incursion dans les ruelles bordant la place vous permettra de découvrir la **Sé**, une cathédrale Renaissance dissimulée par une rangée de superbes maisons recouvertes d'azulejos – et converties en night-clubs. Si votre visite coïncide avec le deuxième samedi du mois, vous pourrez faire le tour de la brocante et du marché d'artisanat qui investissent les lieux. Pendant la deuxième semaine de septembre se déroule la foire gastronomique de

Pèlerinage à Fátima

Fátima, le lieu saint le plus important du Portugal, attire chaque année quelque 4 millions de pèlerins. Si on ne peut en recommander la visite qu'à de fervents croyants, il faut admettre que le lieu a quelque chose de fascinant. La basilique néoclassique, consacrée en 1953, peut accueillir 300 000 personnes sur sa vaste esplanade ; nombreux sont en effet ceux qui parcourent à genoux les 600 derniers mètres de leur chemin de croix ou qui participent, le soir, à la procession aux flambeaux. En 1917, la Vierge serait apparue ici à trois petits bergers. Les anniversaires de ses première et dernière apparitions (le 13 mai et le 13 octobre) réunissent 100 000 pèlerins. Le pape Jean-Paul II a contribué à la renommée du site par trois visites et la canonisation en 2000 de deux des trois enfants. Une nouvelle basilique d'envergure est en construction. ∎

Leiria, où l'on fait longue table jusque très tard dans la nuit ; des spécialités locales comme la *caldeirada de peixe* (matelote de poisson) sont alors à l'honneur.

AU-DELÀ DE LEIRIA

Nombreux sont ceux qui traversent Leira dans l'unique but de se rendre à Fátima (voir encadré ci-dessus), alors que d'autres apprécient la campagne qui l'entoure. En effet, la ville est bordée au nord et à l'ouest par la plus vaste pinède d'Europe, le **pinhal de Leiria**, dont les 10 millions d'arbres tapissent quelque 11 500 hectares quadrillés par des routes aussi longues que droites. Cette forêt, créée par Dinis Iᵉʳ, fut agrandie au fil des années pour prévenir l'ensablement des terres et fournir les matériaux aux armateurs de la grande époque des Découvertes. À l'heure actuelle, la pinède approvisionne les usines à bois et à papier de la région, cette dernière industrie remontant ici à 1411. Situé au sud de Leiria, le **parque natural das serras de Aire e Candeeiros** est un endroit préservé, d'une beauté sauvage. S'étendant sur un rugueux massif calcaire, il abrite au cœur de ses 35 000 hectares de nombreux sites intéressants. Les traditionnels **moinhos da Pena** (moulins à vent), mémoire d'un autre temps,

parsèment le paysage ; certains ont été transformés en structures d'accueil pour les touristes. Prenez aussi le temps de découvrir, à **Pedreira da Galinha,** des empreintes de dinosaures dont on pense qu'elles datent du milieu de l'ère jurassique (il y a quelque 175 millions d'années), ainsi que quatre grottes (*grutas*) recelant des stalactites et des stalagmites d'une qualité exceptionnelle. Les **grutas de Alvados** (*Alvados,* ☎ *244 440787, www.grutasalvados.com, €€*) et les **grutas de Santo António** (☎ *249 841876,www.grutassantoantonio.com, €€*), voisines, se distinguent particulièrement par leur ampleur et leur diversité. ∎

Découvert en 1947 dans la serra de Aire, le spectaculaire réseau de grottes de Mira de Aire aboutit à un lac souterrain situé à 110 mètres de profondeur.

Parque natural das Serras de Aire e Candeeiros
 139 B4-C4

Des bateaux de plaisance se balancent doucement dans le port de Nazaré.

La côte de l'Estrémadure

LA CÔTE DE L'ESTRÉMADURE, LONGUE ET RECTILIGNE, RELIE LA BEIRIA Litoral (dont l'attrait principal est Figueira da Foz) au nord du pays, les villégiatures de Lisbonne étant plus au sud. Rares sont les plages qui ont échappé à la modernisation, et les traditionnels villages de pêcheurs sont désormais plus rares et plus espacés.

Nazaré

⊠ 139 B4

Informations touristiques

✉ Avenida da República

☎ 262 561194

De magnifiques étendues de sable blanc, des dunes impressionnantes et des vagues aussi spectaculaires que les falaises en aplomb constituent le cadre de la côte de l'Estrémadure – havre du bronzage, de la voile et du surf. La côte rocheuse autour de Peniche et des ilhas Berlengas est le paradis des amateurs de plongée sous-marine ou de pêche au gros.

NAZARÉ

La station balnéaire la plus vaste, mais aussi la plus bruyante, de la région est celle de Nazaré, dont la longue plage de sable est dominée par une falaise abrupte dénommée **O Sítio** (le Site).

Des marches raides, une route ou un **elevador** (funiculaire) vous amèneront au sommet du rocher. Vous y aurez une vue magnifique sur la plage, bordée au sud par le port de pêche, ainsi que sur la très pittoresque petite ville de **Pederneira**, perchée tout en haut d'une colline.

Nazaré tiendrait son nom d'une statue de la Vierge qui y aurait été rapportée de Nazareth par un moine, au IVe siècle. Après une période d'oubli, celle-ci n'aurait été redécouverte qu'au XVIIIe siècle. Comme il se doit, une église fut érigée pour célébrer l'événement ; il s'agit de **Nossa Senhora da Nazaré**, située sur la place principale d'O Sítio. Tous les ans, le 8 septembre, elle accueille un pèlerinage majeur, qui prélude à la fête de la ville. Juste à côté du point de vue se trouve le principal attrait de Nazaré, la minuscule **ermida da Memória**. Cette chapelle, construite par le seigneur Fuas Roupinho, commémore le miracle qui lui sauva la vie en 1182, quand une prière à la Vierge fit reculer son cheval sur le point de se jeter du haut de la falaise. Des azulejos – ajoutés plusieurs siècles plus tard – illustrent la scène avec force détails. De là, une petite marche jusqu'au cap vous mènera au phare, qui offre lui aussi un panorama superbe sur les environs.

En contrebas, les pêcheurs ramènent leurs prises comme par le passé, mais leurs maisonnettes blanches, pour la plupart dominées par des immeubles résidentiels modernes, sont désormais converties en bars ou en restaurants. La tradition veut que les femmes des pêcheurs de Nazaré s'habillent de noir, avec sept jupons de couleur superposés, ainsi qu'un foulard bariolé. Ce rite ne survit qu'à des fins commerciales, pour attirer le touriste. En juillet et en août, la ville est très fréquentée. Préférez une visite hors saison, quand elle retrouve son calme et sa sérénité.

SÃO MARTINHO DO PORTO ET SES ENVIRONS

À 13 kilomètres au sud de Nazaré, la discrète station balnéaire de São Martinho do Porto est surtout connue pour sa baie quasi circulaire et pour ses eaux calmes et peu profondes, idéales pour la baignade. Tous les matins, de petits bateaux viennent à quai décharger les tonnes de sardines des chalutiers ancrés dans la baie, qui laissent leur place, plus tard dans la journée, aux bateaux de plaisance (*Club náutico, ☎ 262 980290*). Prenez les quais vers le nord, longez des restaurants, puis passez sous un court tunnel pour admirer le spectacle des vagues se fracassant sur les rochers. Au-dessus croissent des complexes immobiliers jouissant de vues panoramiques sur les alentours. Un peu plus loin, le **monte do Facho** permet d'embrasser du regard Foz do Arelho (voir p. 151) au nord, la baie et l'anse de sable de São Martinho do Porto au sud. Les formules d'hébergement se limitent ici à des hôtels et à des pensions de catégorie moyenne, situés dans des rues ne donnant pas directement sur la plage. S'il subsiste quelques édifices Art nouveau autour du largo Vitorino Frois, la partie sud est désormais défigurée par des constructions modernes.

PENICHE ET CABO CARVOEIRO

Peniche est une curiosité : il s'agit d'une ancienne île, qui fut rattachée à la terre ferme au XVIᵉ siècle par un isthme formé à la faveur d'un dépôt alluvionnaire. De hauts immeubles modernes masquent son très agréable port, doté de vieux bastingages, de murs et d'une forteresse du XVIᵉ siècle qui servit autrefois de prison. Ce dernier édifice, désormais converti en **Museu municipal** (*campo da República, ☎ 262 780116, fermé le lun.*), accueille des expositions autour de la pêche, de la construction navale et de la dentelle au fuseau (*rendas de bilros*). Cet art, qui fait la renommée de Peniche depuis le XVIᵉ siècle, est à l'honneur le troisième dimanche de juillet, à l'occasion du **dia da Rendilheira** (fête des Dentellières). En revanche, les cellules et les chambres de torture de la **fortaleza** (ancienne forteresse) offrent un spectacle moins avenant. La résistance antifasciste menée par la ville sous le régime Salazar y est aussi célébrée. Deuxième port de pêche du pays, Peniche a une solide réputation en matière de conserverie et d'industrie de la pêche. Des restaurants spécialisés, concentrés autour du fort et du port, proposent la délicieuse *caldeirada de*

São Martinho do Porto
🗺 139 B4
Informations touristiques
✉ Praça Eng. José Frederico Ulrich
☎ 262 989110

Peniche
🗺 139 A4
Informations touristiques
www.cm-peniche.pt
✉ Rua Alexandre Herculano
☎ 262 789571

LES ILHAS BERLENGAS

Des bateaux à moteur assurent des navettes entre les îles et le port de Peniche, tous les jours de l'année en fonction du temps et du nombre de passagers. Les compagnies proposant ces services sont Berlenga Turpesca (☎ 262 789960), Nautipesca (☎ 917 588358) et Viamar (☎ 262 785646). Les deux premières organisent également des parties de pêche sportive.

Les eaux paisibles de la baie en fer à cheval de São Martinho do Porto constituent une exception sur la côte Atlantique.

peixe (matelote de poisson), ainsi que des sardines grillées et de la langouste à la vapeur. À proximité, de belles plages bordent l'isthme de Baleal ; celle de Cabo Carvoeiro, longue de 4 kilomètres, est entourée et parsemée de rochers. Un phare s'y dresse, offrant une vue superbe sur les alentours. Quelques centaines de mètres en amont, le hameau de **Remédios** abrite une charmante petite chapelle, **Nossa Senhora dos Remédios**, lieu de culte depuis une apparition de la Vierge Marie sur les lieux, dans une cave, au XIIe siècle. Une simple croix fichée dans la pierre indique l'endroit présumé de cette manifestation. Une autre élévation rocheuse située au sud de Peniche, entre les plages de **São Bernardino** et **Santa Cruz**, atteste l'ancienneté de ce site, qui fut autrefois fréquenté par les dinosaures.

ILHAS BERLENGAS

La seule réserve marine du Portugal se situe autour des ilhas Berlengas. Cet archipel, à juste titre réputé, est accessible par bateau depuis Peniche, au terme d'une traversée d'une quarantaine de minutes. Eaux limpides, anses et criques superbes, îlots sauvages et grottes sous-marines contribuent à faire de ces îles de granit rouge-ocre, vieilles de 280 millions d'années, une destination privilégiée, idéale pour la natation, la pêche sportive et la plongée sous-marine.

L'île principale, **ilha da Berlenga** ou **Berlenga Grande,** n'offre rien de plus qu'un fort du XVIIe siècle tombant quasiment en ruine, relié à la terre par un pont étroit, ainsi qu'une structure hôtelière assez sommaire (*Casa-Abrigo forte de São João Baptista,* ☎ *262 785263*), un camping, un petit restaurant et un phare. Une promenade le long du sentier côtier permet d'apprécier quelques vues superbes sur la mer ainsi que les multiples espèces d'oiseaux qui peuplent les lieux. Les Berlengas constituent en effet l'un des principaux repaires d'oiseaux marins dans la péninsule Ibérique. Vous pouvez aussi louer un canot à moteur pour explorer les grottes marines jalonnant la côte. ■

Batalha

CETTE PERLE DE L'APOGÉE DU GOTHIQUE COMMÉMORE LA VICTOIRE de João Ier sur les Castillans en 1385, lors de la bataille d'Aljubarrota, dont le site est à 15 kilomètres. En effet, le souverain avait fait le vœu de construire, s'il venait à vaincre, la plus belle des églises à la Vierge.

C'est donc en témoignage de sa gratitude que João Ier fonda le mosteiro de Santa Maria da Vitória. Aujourd'hui, l'édifice est plus souvent appelé Batalha, du nom de la petite ville voisine qui vit à l'ombre de ce monstre sacré du Moyen Âge. Son classement par l'Unesco au patrimoine mondial n'a en rien enrayé le flot des voitures empruntant la voie rapide voisine.

Il a fallu près d'un siècle et demi (1388-1533) pour achever cette riche et complexe construction, généreusement dotée en pinacles, contreforts, gâbles, gargouilles et autres clochetons. Si l'importance d'Alcobaça tient à la pratique religieuse (voir p. 147-149) et à ses résonances sociales, Batalha illustre davantage la confiance politique, son édification coïncidant avec le début de l'aventure maritime portugaise.

Sur la vaste esplanade se tient la statue équestre du connétable Nuno Álvares Pereira, qui commandait les troupes portugaises à Aljubarrota.

Elle est à l'avant-plan d'une magnifique façade de calcaire à grain fin, qui a pris au fil du temps une teinte dorée. On la doit à un maître étranger, Huguet (Ouguete), qui prit la suite de l'architecte portugais Afonso Domingues après le décès de celui-ci, en 1402.

Si Fernão de Évora dirigea les travaux du cloître d'Afonso V, c'est Mateus Fernandes le Vieux, maître de l'art manuélin, qui intervint ensuite, réalisant la superbe entrée des chapelles Inachevées ainsi que l'essentiel de la décoration du cloître royal. Il repose dans la nef principale.

À la fois vaste et imposant, l'intérieur de l'église n'est décoré que de vitraux illustrant la vie du Christ. À droite, la **capela do Fundador** (chapelle du Fondateur) constitue un autre tour de force d'Huguet (nonobstant l'effondrement de la lanterne octogonale d'origine au moment du tremblement de terre de 1755). C'est là que reposent João Ier et Filipa de

Chef-d'œuvre du gothique et du manuélin, le monastère de Batalha trône seul, majestueux, au beau milieu d'une vaste esplanade.

Batalha
🅰 139 B5
Informations touristiques
✉ Praça Mouzinho de Albuquerque
☎ 244 765180

Mosteiro de Santa Maria da Vitória-Batalha
www.ippar.pt
☎ 244 765497
🕐 fermé les jours fériés
€ €€

Les chapelles Inachevées de Batalha, ouvertes sur le ciel en signe de déférence, étaient destinées à accueillir les tombes des souverains de la dynastie des Aviz.

tulo (salle capitulaire), dont la voûte n'est soutenue que par une étoile de nervures se rejoignant en un centre constitué par les armoiries de João Ier. Ne soyez pas étonné de la permanence de sentinelles : elles gardent les deux soldats inconnus du Portugal (un mort lors de la Grande Guerre et l'autre durant la campagne d'Afrique). À l'opposé, l'ancien **réfeitório** (réfectoire) abrite les sculptures originelles (du XVe siècle) du portail Ouest, auxquelles on a substitué, à leur emplacement premier, des copies. Au-delà, le **claustro do Afonso V**, moins ostentatoire et de dimensions plus humaines que le cloître Royal, abrite à l'arrière un atelier de taille de pierre. Le dernier site de Batalha est aussi le plus éblouissant : les **capelas Imperfeitas** (chapelles Inachevées) sont accessibles depuis l'extérieur de la salle capitulaire. Commandées par le roi Duarte Ier (1391-1438), conçues par Huguet et complétées par Mateus Fernandes, elles devaient, à l'origine, recevoir les tombeaux du souverain et de ses descendants (de fait, n'y reposent que Duarte et son épouse). L'endroit – véritable festival d'ornements – offre un spectacle éblouissant. Remarquez en particulier la sculpture du portail, qui évoque la dentelle, et les piliers délicatement ouvragés – et notez que ces merveilles sont à la merci des éléments. ■

Lancastre, dont les gisants sont surmontés de deux dais ciselés ; les tombeaux des infants, dont celui d'Henri le Navigateur, sont abrités dans des enfeus. Accessible par le bas-côté gauche de la nef, l'éblouissant **claustro Real** (cloître Royal) est un joyau de la sculpture manuéline greffé sur la structure gothique originelle. Il est bordé, d'un côté, par la **sala do Capí**

Deux vasques d'où jaillit l'eau surplombent l'énorme lavabo gothique situé dans un angle du cloître Royal.

Alcobaça

L'UNIQUE ATTRAIT DE LA PETITE VILLE D'ALCOBAÇA EST SA SUPERBE abbaye cistercienne de 1153, classée en 1985 au patrimoine mondial. L'édifice, réputé pour son intérieur typiquement médiéval, est une étape obligée d'un circuit touristique au Portugal.

Magnifiquement situé au confluent de l'Alcoa et du Baça, le **mosteiro de Santa Maria de Alcobaça** dégage une atmosphère de sérénité. En dépit de son caractère massif et austère, il se distingue par la beauté et la complexité de ses détails architecturaux. Inspiré de son homologue de Clairvaux, il s'est vite imposé comme l'une des abbayes cisterciennes les plus puissantes. Faisant leur la règle de saint Bernard – qui rejette richesses, privilèges et ostentation –, les Cisterciens revinrent aux valeurs simples du travail et de la prière, deux activités qu'ils accomplissaient dans un silence total.

Une fois sa construction achevée, au milieu du XIIIᵉ siècle, Alcobaça connut six siècles de prospérité. Pen-dant cette période, les abbés successifs assirent leur emprise régionale ; leur puissance était telle qu'ils n'en référaient même pas au roi. À partir de la fin du XVIᵉ siècle, l'intérêt des moines pour les arts et la littérature se traduisit par la réalisation de sculptures et par la constitution d'une des plus riches bibliothèques du pays. La communauté aurait compté jusqu'à 999 moines qui disaient la messe à tour de rôle, mais elle fut décimée par les épidémies de peste noire. Le monastère retrouva peu à peu son rayonnement, sa renommée culminant au XVIIIᵉ siècle. À cette époque où l'agriculture était en plein essor, les cuisines de l'abbaye, qui avaient été agrandies, devinrent un haut lieu de la gastronomie, et le train de vie à

Du déambulatoire, la perspective souligne la pureté, l'ampleur et la grandeur du monastère cistercien d'Alcobaça.

Alcobaça
🅰 139 B4
Informations touristiques
✉ Praça 25 de Abril
☎ 262 582377

Une statue de la Vierge à l'Enfant veille désormais sur le silence du réfectoire.

Alcobaça fut nettement moins frugal qu'il ne l'avait été. En 1810, l'endroit fut pillé par les troupes françaises, avant d'être abandonné en 1834, lorsque le gouvernement abolit les ordres religieux.

Les parties de l'édifice accessibles au public offrent un spectacle époustouflant. L'entrée principale – un portail gothique – mène à l'**igreja,** dont les voûtes couvrent une triple nef, longue de 109 mètres (il s'agit de la plus grande église du Portugal). L'endroit respire la simplicité et la pureté : le maître-autel se réduit à un crucifix et une statue du Christ. Remarquez, dans le transept droit, les terres cuites polychromes réalisées par les moines au XVIIe siècle et représentant la vie de saint Bernard. Véritables joyaux de la sculpture médiévale portugaise, les deux tombes du XIVe siècle de Pedro Ier et d'Inês de Castro consti-

tuent les principaux attraits du lieu. Les deux bras du transept abritent ces mausolées de calcaire ornés de sculptures et de frises d'une facture exceptionnelle, qui illustrent l'histoire tragique des deux amants maudits (voir encadré p. 118). Derrière le chœur se situe la sacristie de style baroque. De la structure Renaissance du XVIe siècle ne subsistent que le superbe portail manuélin et le déambulatoire, signés de l'architecte espagnol João de Castilho – seuls éléments ayant survécu au tremblement de terre de 1755. Notez, dans le panthéon, le gisant de Beatriz, seconde épouse d'Afonso III. L'entrée latérale mène au guichet puis au cloître de dom Dinis, dit **claustro do Silêncio.** Cette élégante construction du début du XIVe siècle, à laquelle fut adjointe, deux siècles plus tard, une galerie supé-

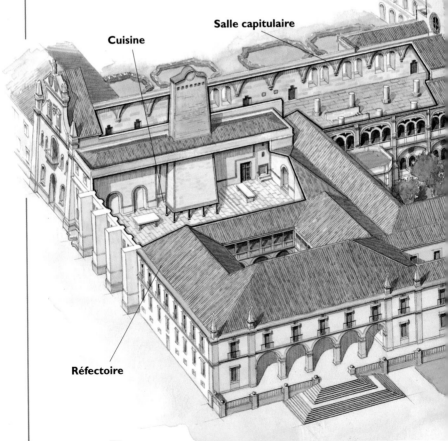

Cuisine

Salle capitulaire

Réfectoire

rieure, accueille des orangers et des buis taillés, ainsi que, dans sa partie nord, un étrange lavabo octogonal. Elle débouche sur la **sala do Capítulo**, qui abrite des statues gigantesques. À l'étage, il y a un immense dortoir ; la **sala dos Monges** (salle des Moines), les cuisines et le réfectoire donnent sur le flanc nord. Remarquez comme chaque travée s'abaisse en paliers successifs, pour respecter la topographie naturelle du sol. Cela étant, l'ensemble a perdu de son unité avec l'ajout d'un escalier, au moment des rénovations de 1940. L'énorme **cozinha** (cuisine), du XVIIIᵉ siècle,

semble avoir été conçue pour des géants. Entièrement tapissée d'azulejos, elle comporte deux vastes cheminées et de massives tables de pierre adossées à une rangée de réservoirs d'eau alimentés par la rivière Alcoa. Des détails baroques contrastent avec la pureté cistercienne des lieux. Le **refeitório** voisin accueille une chaire du lecteur ouvragée, d'où l'un des moines faisait la lecture aux autres, dînant en silence. Aujourd'hui, cette salle aux voûtes d'ogives abrite une belle statue de la Vierge à l'Enfant du XVIIIᵉ siècle, qui fut détachée de l'autel lors des événements de 1940. ∎

Mosteiro de Santa Maria de Alcobaça
☎ 262 505120
🕐 fermé les jours fériés
💶 €€

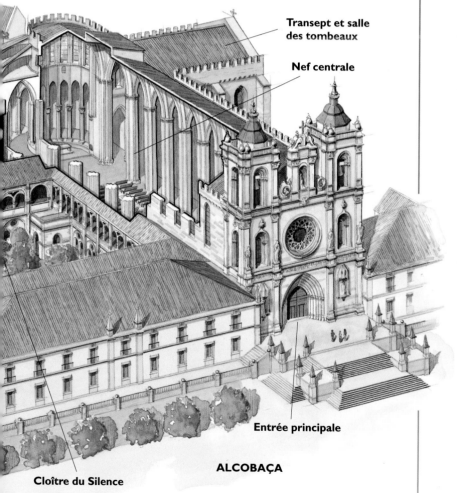

Transept et salle des tombeaux

Nef centrale

Entrée principale

ALCOBAÇA

Cloître du Silence

Caldas da Rainha et Óbidos

Caldas da Rainha

▲ 139 B4

Informations touristiques

✉ Câmara Municipal, Rua Eng. Duarte Pacheco

☎ 262 831003

Museu de Cerâmica

✉ Palacete do Visconde de Sacavém, Rua Dr. Ilídio Amado, Caldas da Rainha

☎ 262 840280

🕐 Fermé le lun.

💶 €

Malgré leur proximité géographique, ces deux villages de l'Estrémadure sont aux antipodes l'un de l'autre. Caldas est une honorable station thermale aussi réputée pour ses eaux que pour ses céramiques. Óbidos est un charmant village au riche passé historique, superbement conservé et presque exclusivement voué au tourisme.

CALDAS DA RAINHA

Caldas da Rainha (bains de la Reine) prit son essor en 1484, quand la reine Leonor, épouse de João II, conquise par les vertus curatives des eaux soufrées locales, y créa un hôpital. Après des heures de gloire suivies d'un relatif déclin, cette station retrouva un nouveau souffle sous l'impulsion du céramiste Rafael Bordalo Pinheiro (1846-1905). Les techniques nouvelles et les sujets inédits de cet artiste révolutionnèrent un artisanat vieux de 400 ans, qui toucha avec lui à la fantaisie et à la caricature. Ses œuvres les plus célèbres sont ses plats en forme de feuilles de chou. Pour une vue d'ensemble de cet art, une visite

Caldas da Rainha s'anime chaque matin au rythme de son marché aux fruits et légumes, véritable carrefour social.

au **museu de Cerâmica** s'impose. Installé dans une villa Art nouveau ayant appartenu au vicomte de Sacavém, un collectionneur de faïences et de céramiques, il présente des pièces issues du monde entier. Les salles de l'étage sont réservées aux œuvres de

Caldas da Rainha, figurant des animaux ou des plantes. Ces reproductions de langoustes, de moules, de fleurs et de feuillages, de maïs et de petites baies sont tellement réalistes qu'elles confinent au kitsch. Le dernier niveau est consacré aux œuvres contemporaines.

La ville compte quatre autres musées, dont le plus intéressant est le **museu José Malhoa** (*parque Dom Carlos I,* ☎ *262 831984, fermé le lun.,* €). Niché dans un parc très ombragé donnant sur le complexe thermal, ce repaire de l'Art déco rend principalement hommage à un enfant du pays, José Malhoa (1855-1933), mais aussi à d'autres peintres portugais, ainsi qu'à des céramistes. Ne manquez pas la **faïencerie** (*Faianças artísticas Bordalo Pinheiro, rua Rafael Bordalo Pinheiro 53,* ☎ *262 839384, fermé le dim.*) située du côté oriental du parc, qui propose des articles à prix d'usine. Une visite des ateliers (€) est également possible.

ÓBIDOS

Si vous n'avez pas l'intention de faire une cure pour vos rhumatismes, il n'y a pas lieu de vous attarder à Caldas. Prenez donc la direction du sud et dirigez-vous vers le village fortifié d'Óbidos, qui surplombait la mer avant que le site ne s'enlise. Quoique superficiel, l'endroit ne manque pas de charme, même si la foule qui s'y presse en pleine saison se révèle parfois très envahissante. Óbidos doit sa renommée à Dinis Ier qui, en 1282, offrit l'ancien château mauresque à sa jeune épouse, Isabel d'Aragon, qui avait été littéralement subjuguée par

cet édifice. Depuis ce temps et jusqu'en 1833, tous les souverains portugais réitérèrent ce geste à l'égard de leurs reines. En 1950, le château fut transformé en *pousada* (auberge), ce qui entraîna d'importantes restructurations dans tout le village. Aujourd'hui, les remparts crénelés ceignent des rues pavées que longent des maisons d'un blanc immaculé rehaussées de bleu marine ou de jaune safran, des jardins intérieurs, 14 églises et chapelles, des buissons de bougainvillées éclatantes et une multitude de boutiques d'artisanat. La promenade le long des remparts commence au niveau du château ou de l'entrée principale, le circuit étant de 1,5 kilomètre. Josefa de Óbidos (1630-1684), grande dame de la peinture baroque, quitta sa Séville natale pour s'installer dans ce village. Quelques œuvres de cette figure locale ornent l'**igreja Santa Maria**, une charmante église Renaissance édifiée sur les fondations d'un temple wisigothique transformé en mosquée par les Maures. C'est là que le futur Afonso V épousa, à l'âge

de 10 ans, sa cousine Isabel, de deux ans sa cadette. Des panneaux d'azulejos tapissent les murs, tandis que les peintures de Josefa de Óbidos se trouvent à droite de l'autel. De l'autre côté de la praça Santa Maria, où se dresse l'ancien marché couvert, vous apercevrez un pilori du XVe siècle, surmontant une fontaine. À l'extrémité sud de la ville, la **porta da Vila** (porte de la Ville), qui date de 1380, arbore de superbes panneaux d'azulejos du XVIIIe siècle. Elle joue un rôle primordial pendant les processions de Pâques, qui s'étalent ici sur deux semaines et comptent au nombre des plus spectaculaires qui soient au Portugal. La saison musicale (juin à septembre) est un autre temps fort. Les concerts ont lieu dans un amphithéâtre, juste en dehors des murs de la ville. Les amateurs de vie nocturne feront un saut à **Foz do Arelho**, une ville côtière distante de 6 kilomètres à l'ouest de Caldas, que l'écrivain anglais Graham Greene (1904-1991) honora de sa présence plusieurs étés durant. ■

Les remparts crénelés d'Obidos, hauts de quelque 13 mètres, attirent des milliers de visiteurs, qui en font le tour à pied.

Óbidos
www.cm-obidos.pt
⊠ 139 B4
Informations touristiques
✉ Porta da Vila
☎ 262 959231

Tomar

CONTRAIREMENT À BATALHA ET À ALCOBAÇA, LA VILLE DE TOMAR NE
vit pas qu'autour d'un seul site. Il n'en est pas moins vrai qu'elle puise
ses origines médiévales dans l'édification d'une structure exceptionnelle : le monastère-forteresse de l'ordre du Christ, ou convento de
Cristo. Elle devint ainsi la capitale portugaise des puissants Templiers.

Malgré son caractère imposant, le
couvent juché sur une colline mêle
harmonieusement les styles roman,
gothique, Renaissance et manuélin.
Son labyrinthe de cloîtres, de galeries,
d'escaliers, de couloirs, de terrasses et
de salles est empreint d'une atmosphère spéciale. De fait, le lieu ferait
un cadre idéal pour une intrigue à la
manière du *Nom de la Rose*… Nul ne
s'étonnera de ce qu'il soit inscrit par
l'Unesco au patrimoine mondial.

La vue sur la vieille ville de Tomar
en contrebas est superbe : admirez les
maisons au crépi blanc bordant des
rues pavées, les fleurs jaillissant des
jardins intérieurs et embaumant l'air,
les saules pleureurs habillant les rives
du Nabão et les sentiers pédestres serpentant à travers les coteaux boisés.
Un lacis de ruelles anciennes abrite
la plus vieille **synagogue** du Portu-

gal *(rua Dr. Joaquim Jacinto 73,*
☎ *249 322427)*, construite en 1430.
Désaffectée en 1496, quand les juifs
furent contraints de se convertir ou
de s'exiler, elle fit ensuite office de prison, avant de devenir une église et de
servir d'entrepôt à un épicier… Elle
accueille aujourd'hui le **Museu luso-
hebraico Abraão Zacuto**, où sont
exposées des pierres tombales portant des inscriptions en hébreu, ainsi
que des objets cultuels juifs. Remarquez, notamment, en haut des murs,
les cruches d'argile dont la résonance
permettait d'amplifier l'acoustique.
Une rue plus loin, vers le nord, la
praça da República abrite l'**igreja São
João Baptista**, construite à la fin du
XVᵉ siècle. Si l'intérieur de l'édifice se
révèle relativement terne, le campa-
nile manuélin mérite le coup d'œil.
On y jouit d'une des plus belles vues

qui soient sur la ville. Depuis le portail gothique flamboyant, admirez également les superbes murs du couvent du XIIᵉ siècle, ainsi que l'hôtel de ville (XVIIIᵉ siècle), situé de l'autre côté de la place. Malgré le caractère anodin de la partie moderne de la ville, qui s'étend sur la rive droite, Tomar constitue une halte agréable sur la route des monastères.

CONVENTO DE CRISTO

Rejoignez ce gigantesque édifice à pied ou en voiture, et accordez-vous une bonne heure pour le visiter (ou pour vous y perdre). Sa construction, commencée en 1160 sous l'égide des Templiers – un ordre militaire créé en 1119 par les croisés de Jérusalem –, se poursuivit plus ou moins régulièrement sur quatre siècles, malgré un transfert de propriété intervenu au cours du XIVᵉ siècle (voir encadré). Le complexe changea encore de mains en 1834, lorsque les ordres religieux furent abolis ; il devint alors la résidence du comte de Tomar.

Au-delà d'une vaste esplanade et d'un large escalier, vous trouverez l'entrée principale, nichée sur le côté d'une importante rotonde – qui est en fait l'arrière de l'église fortifiée originelle. Avant de pénétrer dans les lieux, scrutez les sompteux motifs du **portail Sud**. À l'intérieur, des flèches vous guident le long de deux itinéraires couvrant les trois étages de l'édifice. Un tour complet demande une heure à une heure et demie, mais une visite rapide peut être effectuée en trente à quarante-cinq minutes. Des notices explicatives (en portugais et en anglais) jalonnent le parcours. Prenez le temps d'admirer les diverses perspectives de l'architecture du monastère depuis des points de vue différents. Commencez par l'ancienne sacristie, qui ouvre sur deux cloîtres gothiques, le **claustro do Cemitério** (cloître du Cimetière) et le **claustro da Lavagem** (cloître des Ablutions). Ce circuit vous permet de

L'ordre du Christ

Les Templiers, qui jouèrent un rôle clé dans la reprise progressive de la péninsule Ibérique aux Maures, édifièrent le monastère de Tomar pour y installer leur quartier général. Craignant leur puissance sans cesse croissante, le roi Dinis les exila en 1314 et les remplaça par l'ordre du Christ, qui quitta Castro Marim (dans l'Algarve) pour investir les lieux en 1356. Cette congrégation connut son apogée au siècle suivant, sous l'égide de son grand maître Henri le Navigateur, en finançant les expéditions portugaises en Afrique et aux Indes.
Les richesses ainsi générées permirent la réalisation des extraordinaires ornements manuélins de Tomar, ainsi que ceux des Jerónimos de Lisbonne (voir p. 62-65). L'ordre déclina par la suite puis disparut en 1834, au moment de l'abolition des congrégations religieuses. ∎

longer les superbes panneaux d'azulejos du XVIIᵉ siècle qui ornent le mur du premier cloître, ainsi que le cimetière des chevaliers et des moines, et d'admirer les deux énormes citernes

Convento de Cristo

☎ 249 313481

🕐 Fermé les jours fériés

€ €€

L'austérité des hautes murailles du XIIᵉ siècle contraste avec la délicatesse des cloîtres, pour la plupart des XVᵉ et XVIᵉ siècles.

La célèbre fenêtre manuéline du couvent de Tomar est un véritable enchevêtrement de feuillages, de pavots, d'algues, de glands, de cardons, de sphères armillaires, d'ancres et de cordages.

trônant au centre du second cloître. Vous passez par d'autres chapelles et par la sacristie moderne, avant d'atteindre la belle **igreja** du XVIᵉ siècle, qui inclut la structure originelle du XIIᵉ siècle, la **charola dos Templários** romane, une sorte de rotonde dont la disposition évoque celle du Saint-Sépulcre de Jérusalem. Le déambulatoire à 16 côtés ouvre sur un oratoire octogonal richement décoré d'une multitude de peintures, de statues et de fresques mêlant les illustrations de la vie du Christ et les insignes du pouvoir régalien. Les ornements de la charola et de la nef au chœur surélevé qui la jouxte conjuguent les talents du très prolifique artiste manuélin Diogo de Arruda et de l'Espagnol João de Castilho, qui acheva l'œuvre du premier et contribua notamment aussi au monastère des Jerónimos, à Lisbonne (voir p. 62-65).

De là, des flèches vous dirigent vers l'étage inférieur, en direction des bâtiments du couvent. Vous passerez par l'extraordinaire **claustro Principal** (Grand Cloître), fleuron d'architecture Renaissance et de décoration manuéline datant de 1529. Il fut commencé par João de Castilho, mais essentiellement réalisé par Diogo de Torralva, entre 1557 et 1566, avant d'être achevé vers 1580 par l'Italien Filippo Terzi. Recherchez en particulier les cordages, motifs manuélins par excellence (sur le mur du fond, à droite, en entrant dans le cloître). En sortant sur la terrasse qui surplombe le cloître Santa Barbara, aux proportions relativement restreintes, vous aurez un premier aperçu de la célèbre **fenêtre manuéline** de Tomar, qui fait la joie des photographes. Ce chef-d'œuvre de calcaire gris sculpté, réalisé par Diogo de Arruda, mêle motifs marins et emblèmes royaux surmontés de la croix de l'ordre du Christ. Un escalier en colimaçon orienté au nord-est mène à d'autres terrasses, qui ouvrent de belles perspectives sur le couvent en son entier. Ne manquez

surtout pas la terrasse à l'extrémité du Grand Cloître, qui surplombe le jardin des moines et les pittoresques vestiges de la salle capitulaire. L'imposant couloir menant aux **cellules des moines** comme les cuisines et le réfectoire, au rez-de-chaussée, méritent également le détour. Le circuit se termine par la visite du **claustro de la Micha** (cloître de la Miche, où l'on donnait du pain aux pauvres) et du **claustro das Hospedarias** (cloître de l'Hospitalité, destiné à la réception des visiteurs). La sortie s'effectue par la face nord du couvent.

À PROXIMITÉ

À l'ouest du monastère, l'**aqueduto dos Pegões** est impossible à manquer depuis la route de Fátima et de Leiria (voir p. 140-141). Cette construction austère, attribuée au grand architecte toscan Filippo Terzi, fut réalisée au début du XVIIᵉ siècle pour alimenter le couvent en eau. Ses 180 arches courent sur quelque 6 kilomètres. Autre monument bordant le couvent du côté opposé, à mi-hauteur de la colline : le mausolée inutilisé de João III, la **capela de Nossa Senhora da Conceição** (*se renseigner au monastère*), qui date du XVIᵉ siècle.

UNE CÉLÉBRATION QUADRIENNALE

Tous les quatre ans, au début du mois de juillet, se tient la légendaire **festa dos Tabuleiros** (fête des plateaux), qui a contribué à la renommée de Tomar. Si cette célébration de quatre jours, qui se tiendra prochainement en 2007, honore officiellement la reine sainte Isabel, épouse de Dinis Iᵉʳ, il semblerait qu'elle ait des origines païennes. La procession la plus spectaculaire est celle des 400 jeunes filles toutes de blanc vêtues, portant sur la tête un plateau en osier où repose un monticule de pain, de fleurs et de feuillage. Le lendemain, du pain et du vin sont distribués aux familles les plus pauvres de la ville. ■

La vallée du Tage

LE TAGE, LE PLUS LONG FLEUVE DE LA PÉNINSULE IBÉRIQUE, PARCOURT
1 100 kilomètres depuis sa source en Espagne, à travers le Portugal
et jusqu'à Lisbonne, où il se jette dans l'Atlantique. C'est à lui que le
Ribatejo (littéralement « rives du Tage ») doit son nom.

Trônant sur son
île au milieu du
Tage, le castelo
de Almourol
surpasse tous
les châteaux de
conte de fées.

Lors de sa course, le Tage serpente tantôt entre de denses pinèdes, tantôt parmi des installations industrielles, l'ensemble abritant quelques sites intéressants. Ainsi, le **castelo de Almourol**, le château le plus romantique du pays, trône majestueusement sur une île rocheuse au milieu du fleuve, à 22 kilomètres au sud de Tomar. Il fut construit en 1171 sur les vestiges d'une forteresse romaine, suivant les ordres d'un grand maître des Templiers, Gualdim Pais. Son isolement inspira pléthore de légendes et d'œuvres littéraires. Cependant, le lieu fut abandonné quand sa fonction première devint obsolète. Un petit bateau *(€)* conduit les visiteurs entre l'île et la berge.

Plus à l'est, **Abrantes** se révèle pleine de charme lorsqu'on a dépassé sa banlieue industrielle. Le **castelo** du XIIᵉ siècle, qui a subi d'importantes rénovations (☎ *241 371724, fermé le*

lun.), surplombe les étroites ruelles du vieux quartier. Ses murs d'enceinte abritent une nécropole wisigothique, le palais du Gouverneur et l'**igreja Santa Maria do Castelo** (XVᵉ siècle). Convertie en musée, elle recèle les sépultures de la famille Ameida, les comtes d'Abrantes. On y voit aussi des azulejos sévillans du XVIᵉ siècle, des pièces romaines et un très rare retable de bois mi-gothique, mi-manuélin. La terrasse offre, sur le nord, une vue qui embrasse la serra da Estrela (voir p. 130-131).

Entre Almourol et Abrantes, **Constância** jouit d'une vue panoramique à l'aplomb du Tage et du Zêzere. C'est l'endroit idéal pour flâner. Promenez-vous le long des rues pavées et des allées, gravissez les marches et passez sous les arches que décrivait avec affection le poète Luís de Camões (1524-1580), qui y fut exilé trois ans. ■

**Castelo
de Almourol**
△ 139 C4
⊠ Office du tourisme
   Vila Nova da
   Barquinha
☎ 249 720350
🕐 fermé le midi

Abrantes
△ 139 D4
**Informations
touristiques**
⊠ Esplanada 1°
   de Maio
☎ 241 362555

Les chevaux tiennent une place de choix dans le Ribatejo. La foire équine annuelle de Golegã (située à 25 kilomètres au nord-est de Santarém) offre sur cinq jours un spectacle qui met à l'honneur la race Lusitano.

Santarém
🗺 139 C3
Informations touristiques
www.cm-santarem.pt
✉ Rua Capelo
e Ivens 63
☎ 243 304437

Museu arqueológico
✉ Rua Conselheiro Figueiredo Leal
☎ 243 3044868
🕐 Fermé le lun.
€ €

Santarém

CAPITALE DU RIBATEJO, SANTARÉM EST CÉLÈBRE POUR SES FESTIVALS et ses courses de taureaux. José Saramago (prix Nobel de littérature) la compara au « château de la Belle au bois dormant sans la Belle » – allusion à son isolement dans les vastes plaines de la région.

Santarém n'en compense pas moins son manque d'attraits majeurs par son ambiance et son caractère. L'un des temps forts de l'année est la foire agricole de dix jours, au tout début du mois de juin, qui organise corridas, courses de taureaux et compétitions équestres. Nombre d'azulejos illustrent d'ailleurs avec humour le thème taurin.

De rares vestiges royaux subsistent dans cette ville prisée par les souverains portugais de la fin du Moyen Âge. L'**igreja do Seminário**, l'église du collège des jésuites (*praça Sá da Bandeira, fermé le lun.*), date de 1640. Édifié sur le site de l'ancien palais royal, ce bâtiment baroque abrite une longue frise d'azulejos du XVIIIᵉ qui fait sa renommée. Les amateurs d'élégance gothique apprécieront l'**igreja da Graça** (*largo Pedro Álvares Cabral, ☎ 243 304469, fermé les lun. et mar.*) et sa rosace flamboyante, sculptée dans une pierre d'un seul bloc. C'est là que repose Pedro Álvares Cabral, qui découvrit le Brésil en 1500. À

quelques minutes à pied vers le nord, l'**igreja São João de Alporão** mêle le roman et le gothique. Elle abrite le **Museu arqueológico**, dont l'attrait principal est le superbe cénotaphe de Duarte de Meneses, comte de Viana, qui ne contient – dit-on – qu'une dent, seule relique récupérée après le massacre de ce chef militaire par les Maures, au Maroc, en 1464.

La **torre das Cabaças** (tour des Calebasses) se dresse face au musée. Après avoir rythmé le quotidien de la ville pendant des siècles, ce clocher du XVᵉ siècle, dont Manuel Iᵉʳ exécrait la laideur, accueille désormais une exposition sur le thème du temps et présente, entre autres, des cadrans solaires et des mécanismes d'horlogerie anciens. Le sommet de la tour offre une belle vue des environs, mais celle que l'on a depuis le **jardim das Portas do Sol** est plus spectaculaire. Au pied des vestiges d'une citadelle mauresque percée d'une porte dite « du Soleil », le regard plonge en effet sur toute la plaine du Tage. ■

Torres Vedras

AU CŒUR DE L'ESTRÉMADURE, TORRES VEDRAS ET SES ENVIRONS SE caractérisent par des vignobles et des tours. La ville est flanquée, à l'est, de la terne serra de Montejunto et, à l'ouest, des longues plages de l'Atlantique, fort prisées des surfeurs.

Au sud, les vignobles ondoyants d'**Arruda dos Vinhos** sont voués à la production aussi bien des rouges que des blancs. À 27 kilomètres au nord se trouve **Bombarral**, dont la station ferroviaire est littéralement tapissée d'azulejos illustrant la viticulture. Cependant, les férus d'histoire militaire ne connaissent la région que par les fameuses lignes de Torres Vedras, les lignes défensives mises en place lors de la guerre contre l'Espagne pour protéger Lisbonne. Sous le commandement du duc de Wellington, les alliés anglo-portugais construisirent, sur une période de douze mois, deux lignes parallèles de tranchées et de redoutes – ce qui altéra considérablement le paysage –, installant entre la côte et le Tage 152 tours armées de 600 canons. À la tête des 65 000 soldats qui tentaient la troisième invasion française (les deux premières avaient échoué) du Portugal, le général Masséna passa par Almeida, à l'est. Mais, au fur et à mesure de son avancée sur Lisbonne, il dut prendre la mesure du système imprenable mis en place par Wellington (qui incluait des routes, des fossés et des digues). Il fut contraint de se replier sur Santarém et, manquant de vivres, de battre en retraite. Cela mit un terme aux prétentions guerrières des Français.

Les vestiges d'une des redoutes, le **forte de São Vicente**, se situent dans la ville même. Le **Museu municipal** explique en détail l'invasion napoléonienne, et présente une maquette des lignes de Torres Vedras. Les panneaux d'azulejos qui ornent les murs du cloître de cet ancien couvent ainsi que l'exposition de céramiques valent aussi le coup d'œil. Parmi les autres sites dignes d'intérêt, citons le château en ruine du XIIIᵉ siècle qui se trouve à l'orée de la ville, ainsi que l'**igreja de São Pedro**. Située sur la place principale, elle se distingue par son riche intérieur baroque et son portail manuélin d'un style peu commun (il est orné de dragons ailés). Juste derrière se trouve le **chafariz dos Canos**, une fontaine gothique dotée d'arches en ogives. ■

Torres Vedras

🗺 139 B3

Informations touristiques

✉ Rua 9 de Abril

☎ 261 314094

Museu municipal

✉ Convento da Graça, Praça 25 de Abril

☎ 261 310485

🕐 Fermé le lun.

€ €

Dans l'église de São Pedro, à Torres Vedras, les azulejos bleu et blanc typiques du XVIIIᵉ siècle figurent des scènes pastorales et religieuses.

Mafra

LE SUPERBE COMPLEXE DE MAFRA – UN PALAIS, UN MONASTÈRE ET
une basilique – se dessine très distinctement sur la plaine au nord de
Sintra. Ce site – l'un des plus beaux du Portugal – est une ode au sens
du décor, à l'ampleur et à la magnificence baroques.

L'architecture du palais-monastère de Mafra trahit la forte influence du baroque allemand comme du néoclassicisme italien.

Une rubrique « Mafra en chiffres » serait assez parlante : 50 000 artisans, 13 ans de travail, 880 pièces, 154 escaliers, 4 500 portes et fenêtres sculptées dans des tonnes de marbre portugais et italien et de bois exotiques du Brésil. Respectant son vœu, le roi João V ordonna la construction de cet édifice en 1717, à la naissance de l'héritier qu'il espérait. Il en confia la réalisation à l'Allemand Johann Friedrich Ludwig de Ratisbonne (1670-1752), connu au Portugal sous le nom de João Federico Ludovice. Celui-ci fit appel à des artistes et à des artisans étrangers, plus précisément romains.

Initialement financée par l'or du Brésil, cette splendeur architecturale finit pourtant par ruiner l'économie portugaise. En 1807, plus de soixante-dix ans après l'achèvement de l'édifice, qui se voulait le rival du célèbre Escurial de Philippe II d'Espagne, la famille royale fut contrainte par l'invasion française (voir encadré p. 159) de s'exiler au Brésil ; elle emporta l'essentiel des meubles et des objets d'art de Mafra. Après la restauration de la monarchie en 1821, les lieux ne furent utilisés qu'épisodiquement, mais c'est de là que Manuel II, le dernier roi du Portugal, partit pour l'exil en 1910.

LA BASÍLICA

La longue façade ambrée du palais jouxte la basilique de marbre blanc, surmontée de deux clochers garnis de 42 cloches de facture flamande. Des concerts carillonnés (le style de musique allant du classique au folk) y sont donnés chaque dimanche à 16 heures, de mai à octobre.

Inspiré de Saint-Pierre de Rome, l'intérieur de la basilique est majestueux ; plutôt néoclassique, il révèle néanmoins, comme la façade, une forte influence du baroque allemand. L'élégance du marbre ajouten à l'harmonie des lieux, les boiseries étant dominées par le noyer. Remarquez en particulier les 14 statues de marbre représentant des saints, ainsi que les nombreux retables en bas-relief issus de l'école de Mafra. Créée par des sculpteurs portugais et italiens travaillant au palais entre 1753 et 1770, celle-ci eut pour chefs de file l'Italien Alessandro Giusti et le célèbre Portugais Joaquim Machado de Castro (1731-1822), lui-même issu de ces ateliers dont il portera haut les couleurs, notamment à Lisbonne.

PALÁCIO NACIONAL DE MAFRA

Cette visite guidée d'une heure du **Palácio e convento** de Mafra s'ouvre sur l'entrée de la Reine, à mi-chemin de la façade de gauche. Le palais, qui se caractérise par ses longs couloirs, ses vastes salons et ses plafonds peints, est meublé de pièces du XIXᵉ siècle, copies des originaux. Le principal attrait du lieu est indiscutablement la **biblioteca**, superbe galerie rococo, avec son sol de marbre à damier et les voûtes en berceau de son plafond. Les rayonnages de style rocaille abritent 40 000 volumes, dont de nombreux incunables, mais aussi des manuscrits du XVIᵉ au XIXᵉ siècle. Le monastère, à l'arrière du palais, donne accès aux cellules des moines, à une pharmacie, à une infirmerie et à un hospice, en partie réservé aux aliénés.

L'exode royal

La fuite des Bragance au Brésil en 1807 coïncida avec l'une des heures les plus sombres de l'histoire du Portugal. Le pays était en sérieux déclin ; la coûteuse folie de Mafra avait vidé les coffres de l'État, l'Angleterre et la France avaient éclipsé le Portugal sur la scène politique internationale et les troupes napoléoniennes balayaient l'Europe. À l'approche des forces françaises, le prince régent, dom João, pressé par l'envoyé britannique, prit une décision qui se révéla fatale tant à la couronne portugaise qu'à sa colonie, le Brésil.

Le 29 novembre 1807, un jour avant l'entrée des Français dans Lisbonne, dom João et son épouse dona Carlota prirent la mer. Un convoi de trois douzaines de frégates, de brigantines, de sloops et de corvettes fit route vers le Brésil, sous escorte britannique, avec à son bord 10 000 membres de la Cour et une bonne partie des effets de l'empire : le carrosse royal, un piano, des tonnes de documents, des objets d'art... Cet exil marqua la fin de l'âge d'or du Portugal. ∎

UN HAVRE DE PAIX

Les membres de la famille royale comme les moines ont certainement passé plus d'un après-midi dans le **jardim do Cerco**, le paisible jardin d'intérieur à la française situé au nord du palais. Entourant entièrement le palais de Mafra, la **tapada nacional de Mafra** est quant à elle un parc clos de murs de 819 hectares, où vivent des sangliers, des cerfs, des civettes et même des loups. Les visites se font par le train électrique, à VTT ou bien à pied, en compagnie d'un guide (☎ *261 817050, €€ en semaine, €€€ le week-end*). ∎

Mafra

▲ 139 A3

Informations touristiques

✉ Terreiro D. João V, Palácio Nacional

☎ 261 817170

Palácio nacional de Mafra

www.ippar.pt

✉ Mafra

☎ 261 817550

🕑 Fermé le mar.

€ €€

Sintra

Sintra

W 139 A2

Informations touristiques

www.cm-sintra.pt

✉ Praça da República 23

☎ 21 923 1157, 21 924 1700

Palácio nacional de Sintra

✉ Praça da República

☎ 21 910 6840

🕐 Fermé le mer.

€ €€

L'hôtel de ville de Sintra, qui date du début du XXᵉ siècle, mêle des décors néomanuélins et Renaissance.

VERDOYANTE, ROMANTIQUE, LA TRÈS BELLE SINTRA EST BAIGNÉE PAR un microclimat favorisant une flore luxuriante. Elle doit à son charme et à l'engouement qu'elle suscite depuis des siècles sa profusion de palais et de manoirs, plus admirables les uns que les autres.

Nichée dans les collines surplombant la douce costa do Estoril à l'ouest de Lisbonne, Sintra offre un saisissant contraste avec la capitale, en termes à la fois de style et de climat – infiniment plus agréable ici.

La ville ainsi que le parque natural de Sintra-Cascais qui l'entoure (et qui englobe des coteaux boisés parsemés de châteaux et autres édifices de conte de fées) sont – à juste titre – classés par l'Unesco au patrimoine mondial. Le principal attrait est le Palácio nacional, dont les hautes cheminées coniques dominent la Vila Valha (vieille ville). Il est possible de visiter Sintra dans la journée (on est à quarante-cinq minutes en train de Lisbonne), mais il vaut mieux passer une, voire deux nuits dans cette délicieuse retraite, autrefois appréciée des rois et de l'aristocratie européenne, ainsi que des artistes et des poètes (dont lord Byron).

La ville s'étend de part et d'autre d'un chemin qui serpente à flanc de colline, depuis la gare ferroviaire jusqu'à la place bordant le Palais national. Quand on arrive en voiture d'Estoril, on passe par le petit village de **São Pedro**, situé à 1,5 kilomètre de Sintra et bordé de magasins d'antiquités. À l'ouest de la place principale, les vestiges d'un palais mauresque et le palácio da Pena dominent la ville, tandis que la N247 quitte l'agglomération et serpente dans la serra, menant au palácio da Seteais et au parque de Monserrate. La région offre un cadre superbe pour les randonnées. Même ceux qui montent jusqu'au palácio da Pena en autobus ou en taxi devraient prendre le temps de marcher dans la ville. La vue qu'on y a en descendant les ruelles découvre notamment des manoirs Art nouveau qui contribuent à son charme. Les chineurs profiteront, le deuxième ou le quatrième dimanche du mois, de la brocante qui se tient au centre de São Pedro, tandis que les amateurs de musique préféreront les mois de juin et de juillet, quand la région accueille un festival de musique international. En revanche, on peut apprécier en toute saison les fameuses *queijadas* (gâteaux au fromage) de Sintra, ainsi que d'autres spécialités locales telles que le cochon de lait de Negrais, le porc à la mode de Mercês, le chevreau rôti ou du veau, le tout arrosé d'un bon vin rouge de Colares.

PALÁCIO NACIONAL DE SINTRA

Le plus vieux palais du Portugal fut le témoin de plus de huit siècles d'histoire (depuis ses origines mauresques jusqu'à la fin de la monarchie, en 1910). Au fil du temps, l'édifice a subi

de nombreuses extensions, notamment aux XIVe, XVe et XVIe siècles, sous les règnes respectifs de Dinis Ier, João Ier et Manuel Ier. Cette charmante retraite, où l'on fuyait la chaleur de Lisbonne, fit aussi office de pavillon de chasse de luxe. Outre de superbes motifs manuélins datant de la construction des tours Ouest et Est, elle recèle des faïences émaillées de style mudéjar que l'on tient pour les plus anciennes d'Europe.

Accessible par le portail principal, de style gothique, et par un escalier en colimaçon, l'entrée mène à la plus vaste pièce du palais, la **sala dos Cisnes** (salle des Cygnes), autrefois vouée aux banquets et bals, et qui sert encore pour les réceptions officielles. Sérieusement endommagée lors du tremblement de terre de 1755 (qui épargna le reste du palais), elle fut soigneusement reconstruite, et la fresque aux 27 cygnes à laquelle elle devait son nom fut fidèlement reproduite au plafond. À l'extérieur, dans le **patio central** (le cœur du palais de João Ier), remarquez la grotte des Bains, décorée de fresques d'azulejos du XVIIIe siècle qui cachent de minuscules jets d'eau, mais aussi quelques fresques manuélines. De là, dirigez-vous vers l'étrange **sala das Pegas** (salle des Pies), ainsi nommée pour sa fresque au plafond représentant 136 volatiles déclamant le credo du roi « *por bem* » (pour le meilleur). La **sala de Dom Sebastião** est également étonnante, avec son lit à baldaquin italien en marqueterie et ses céramiques originales aux feuilles de vigne en relief. Le mobilier est, pour l'essentiel, de style indo-portugais et des XVIIe et XVIIIe siècles, à quelques exceptions près – notamment le très beau chandelier en verre de Murano qui orne l'aile Nord.

De la **sala das Sereias** (salle des Sirènes), passez dans la **sala dos Árabes** (anciennement la chambre

Le Palais national de Sintra mêle sur un millénaire divers styles architecturaux.

de João Ier), qui présente une rare et éblouissante juxtaposition de céramiques de factures et de styles différents. Poursuivez le circuit jusqu'à la **sala dos Brasões** (salle des Blasons), vaste et carrée, qui domine les jardins et offre une vue superbe sur l'Atlantique. Les fresques d'azulejos représentent de jeunes gens dansant et portant 74 armoiries de la noblesse portugaise, tandis que les portraits des enfants de Manuel Ier ornent le plafond en coupole. Le décor – véritable tour de force artistique – mêle des motifs héraldiques, des corniches dorées et des panneaux d'azulejos de 4 mètres de haut représentant des scènes de chasse. Remarquez les ornements typiquement manuélins (cordages et végétation) de l'encadrement de la porte.

Les pièces suivantes, toujours dans l'aile nord, sont moins impressionnantes. Mais la **capela** du XIVe siècle de Dinis Ier, revue par Manuel Ier – qui l'enrichit d'un sol de céramique émaillée *(alicatada)*, de fresques figurant des colombes (repeintes dans les années 1940) et d'un plafond mujédar –, mérite qu'on s'y arrête. C'est ici qu'Afonso VI, retenu prisonnier au palais pendant six ans par son frère Pedro II, mourut d'une crise d'apoplexie en 1683, alors qu'il assistait à la messe. Enfin, vous accédez aux merveilleuses **cuisines** du XVe siècle, aux proportions étonnantes, dotées de deux grandes cheminées coniques de 33 mètres de haut (uniques en leur genre en Europe) et approvisionnées en eau de source par des robinets. Elles sont toujours utilisées, lors de réceptions officielles.

Pour vous reposer de cette profusion de décors, flânez dans les jardins et laissez-vous bercer par le doux ruissellement de l'eau des fontaines.

LE MUSEU DE ARTE MODERNA DE SINTRA

Avant d'explorer d'autres facettes du passé enchanté de Sintra, prenez le

Museu de Arte Moderna de Sintra

✉ Avenida Heliodoro Salgado

☎ 21 924 8170

🕐 Fermé le lun.

€ €

temps de visiter le museu de Arte moderna, situé au cœur de la ville nouvelle. Installé depuis 1997 dans un ancien casino datant de 1924, il s'impose au nombre des attraits culturels de Sintra. Les œuvres exposées – un véritable régal pour les yeux – proviennent de l'impressionnante collection Joe Berardo, qui rassemble les principaux mouvements et les artistes les plus en vue depuis 1945. Max Ernst, Joan Miró, Andy Warhol, Frank Stella, David Hockney, Donald Judd, James Turrell, Anish Kapoor et Gilbert & George sont au rendez-vous dans ce cadre grandiose.

LE PALÁCIO ET LE PARQUE DA PENA

Digne d'un conte de fées, le Palácio nacional da Pena évoque une pièce

montée, avec ses couleurs vives et ses tourelles crénelées. C'est à Ferdinand de Saxe-Cobourg et Gotha (1816-1865), qui fut prince-régent du Portugal pendant deux ans, que l'on doit cette fantaisie. Magnifiquement située au sommet d'une colline, elle fut élevée dans les années 1840 sur les vestiges d'un monastère du XVᵉ siècle. La présence de symboles maçonniques sur les lieux s'explique par l'appartenance de dom Fernando II à l'ordre des Rose-Croix, dont il fut un grand maître.

Au terme de dix minutes à pied depuis le parking, vous voilà transporté dans un autre monde, foisonnant d'arches, de minarets, de tourelles crénelées et autre pont-levis. Ouvrant sur la cour du palais, ornée d'azulejos aux couleurs vives, cette merveille de sculpture qu'est l'**arc de Triton** – qui mêle des motifs de corail, de coquillages et de vignes symbolisant le lien entre la terre et la mer – mène à un cloître manuélin, seul vestige du monastère originel du XVᵉ siècle, et à une chapelle abritant un autel avec bas-relief en albâtre dessiné par Nicolas Chanterène. Suivent une série de petites pièces ornées de peintures en trompe l'œil et de dentelles de stuc, et offrant à profusion faïences, porcelaines, chandeliers, lampes et objets d'art, les plus beaux étant ceux de la **chambre Indienne**. Prenez surtout le temps d'admirer les vues magnifiques que l'on a, depuis les terrasses, sur le sud-est.

À l'avant-plan, le parque da Pena – 200 hectares de terrains semi-sauvages jalonnés de fougères, de lacs, de

Perché sur les montagnes de Sintra, le Palácio nacional da Pena est une fantaisie baroque à la bavaroise.

Palácio nacional et parque da Pena

🅰 139 A2

✉ Parque da Pena, Sintra

☎ Palais 21 910 5340. Parc 21 910 7955

🕐 Palais fermé le lun.

€ Palais et parc €€€. Parc uniquement €€

La progression vers le castelo dos Mouros offre une vue superbe sur Sintra.

Quinta da Regaleira
www.maconaria.net/
regaleira.shtml
☎ 21 910 6650
€ €€, avec visite guidée €€€€

Palácio e parque de Monserrate
www.parquesdesintra.pt
✉ Estrada de Monserrate, Sintra
☎ 21 923 7300/ 910 7806
€ €€

quelques fontaines, de rochers gigantesques et d'essences rares – épouse les coteaux granitiques de la serra, qui enserrent le palais. Lors de l'achat du billet d'entrée, il vous sera remis une carte indiquant l'itinéraire d'une randonnée d'une heure et demie environ. La **cruz Alta**, le point culminant de la serra, se situe sur le flanc sud et offre un panorama s'étendant jusqu'à Lisbonne.

Deux routes permettent de redescendre vers le palais. La première, la calçada da Pena, serpente à travers la forêt et longe des demeures de style Art nouveau jusqu'à Saõ Pedro, qui est à 1,5 kilomètre du centre de Sintra. La seconde mène au **castelo dos Mouros** (☎ *219 107 970, €€*), qui ouvre, depuis ses remparts en ruine, une perspective magnifique sur le nord, au-delà de la vallée. Ce château des Maures, qui furent ici les maîtres du VIIᵉ au XIIᵉ siècle, rappelle d'autres temps. De là, descendez les marches et dévalez les sentiers jusqu'à l'église romane de **Santa Maria**, puis la rua Marechal Saldanha, qui débouche sur la place principale de Sintra.

AUTRES SITES À VISITER

La **quinta da Regaleira**, un palais du début du XXᵉ siècle entouré de jardins extraordinaires, est une autre fantaisie de Sintra. Plus que le palais de Pena, elle accumule les références ésotériques, mêlant hardiment aux styles gothique et manuélin la fluidité du roman. Antonio Carvalho Monteiro, un milliardaire aussi original que cultivé (1848-1920) ayant fait fortune au Brésil, confia à l'Italien Luigi Manini, architecte du palais de Bucaço, la réalisation de cette *quinta*, la demeure de ses rêves. Tout comme Pena, Regaleira frise le kitsch, mais ses jardins sont uniques, mêlant des fontaines, des lacs, des grottes et des statues – sans oublier le célèbre **poço Iniciático** (puits de l'Initiation), le principal attrait du lieu. Descendez les marches qui mènent vers ce qui paraît être les entrailles de la Terre, où vous vous tiendrez au centre d'une étoile à huit branches.

À proximité, le **palácio de Seteais** (surnommé palais des Sept-Soupirs depuis qu'y fut signée, en 1808, la convention de Sintra, qui mettait fin à l'occupation française, inspirant force soupirs au général Junot) a été converti en hôtel de luxe (voir hôtels p. 249) ; on y jouit d'une vue spectaculaire au-delà des jardins et jusqu'à la mer, dans le lointain. Construit au XVIIIᵉ siècle par le consul de Hollande Daniel Gildemeester, il fut enrichi plus tard par le marquis de Marialva. Un séjour à l'hôtel ou un repas au restaurant vous donneront un aperçu des fresques délicates, des escaliers monumentaux et des magnifiques meubles anciens que recèle cet établissement.

Une route sinueuse traversant la forêt mène aux magnifiques **palácio e parque de Monserrate** (à 4 kilomètres de Seteais), ainsi dénommés d'après la congrégation religieuse qui possédait ces terres. La communauté loua le site à Gerard De Visme, le premier d'une longue série de locataires et/ou de propriétaires britanniques (voir p. 166-167), au nombre desquels figure Francis Cook, qui édifia la fantaisie mauresque que l'on peut encore admirer de nos jours. Après des décennies d'abandon, les lieux furent restaurés dans les années 1990, et certaines parties du palais à coupoles (une structure romane classique) sont désormais ouvertes au public. Admirez la pelouse typiquement anglaise qui s'étend sur le devant du palais. C'était la première du genre au Portugal, et elle est arrosée par un réseau souterrain de tuyaux en céramique. À côté de cette curiosité se tient une véritable merveille, sous la forme de jardins d'une superficie de 33 hectares qui faisaient la fierté de la famille Cook. Mettant à profit l'humidité ambiante, les maîtres des lieux y firent pousser des fougères d'Australie et de Nouvelle-Zélande, des cyprès de Montezuma, au Mexique, des rhododendrons de l'Himalaya, ainsi que de nombreuses autres espèces, dont de magnifiques arbousiers. Laissez-vous séduire par une promenade dans le parc (comptez environ une heure). Visitez les ruines de la chapelle (il s'agit en fait d'une réplique des vestiges de 1540 reproduits par De Visme) dissimulés par des ficus géants. Admirez les

sculptures de l'arche Indienne, située à l'est du palais, qui fut ramenée des Indes par Cook après la révolte des Cipayes, en 1857. Un peu plus loin, succombez à l'appel des tables de la terrasse du café-restaurant installé dans les anciennes écuries. ∎

La quinta da Regaleira, construite par un milliardaire plutôt original, se veut un lieu initiatique.

Les Anglais de Sintra

Si le rôle des Anglais au Portugal s'est surtout affirmé à la faveur du florissant commerce du porto, ce ne sont pas seulement aux marchands que l'on doit les liens étroits unissant les deux pays. En effet, l'influence de l'Angleterre se manifesta pour la première fois au Portugal au XIVᵉ siècle, lorsque Jean de Lancastre et ses croisés aidèrent le pays à vaincre les Maures : la sobriété de l'armée anglaise fut sérieusement compromise par les breuvages locaux. Peu après, dans les années 1380, Filipa de Lancastre, fille de Jean et épouse de João Iᵉʳ, veilla aux intérêts de ses compatriotes, consolidant ainsi pour les cinq cents ans à venir les échanges de vin, de liège, de sel et d'huile portugais contre de la morue et du textile d'Angleterre.

Grâce à ces relations durables, la population britannique débarquant sur les rives portugaises se diversifia, le pays s'imposant comme un havre en tout point accueillant. Les communautés d'Anglais fleurirent à Porto et à Lisbonne, leurs membres fréquentant des hôtels, des restaurants, des clubs et des églises bien spécifiques. Certains d'entre eux contribuèrent à la gloire de Sintra, tout en l'entourant d'un parfum de scandale, notamment William Beckford, lord Byron et sir Francis Cook. Moins connu que les précédents, le négociant Gerard De Visme, qui tirait sa fortune de l'importation de bois du Brésil, a lui aussi contribué, à sa manière, à la renommée de Sintra. En 1790, ce descendant de huguenots loua Monserrate, une propriété magnifiquement située à l'aplomb d'une vallée juste en dehors de Sintra (voir p. 165). Après avoir remplacé par un manoir néogothique la chapelle à demi en ruine sise sur les lieux, il s'attela à « créer » une nouvelle chapelle en ruine dans les bois en contrebas. Ce caprice architectural subsiste toujours, niché dans une végétation luxuriante.

Quelques années plus tard, De Visme dut rentrer en Angleterre pour des raisons de santé. L'orientaliste William Beckford, alors considéré comme l'homme le plus riche d'Angleterre, prit sa suite. Contraint à l'exil en 1795 (il était soupçonné de pratiques homosexuelles), Beckford s'installa à Monserrate, et, s'il critiqua dans un premier temps la construction « barbare de style

Le nom de Byron reste attaché à Sintra, bien qu'il n'y ait passé que quelques jours.

gothique » de son prédécesseur, il s'empressa ensuite d'y donner des fêtes qui firent jaser. Cependant, comme De Visme, il n'effectua qu'un séjour relativement court sur place. Après son départ, Monserrate fut laissé à l'abandon pendant de longues années. La propriété était en piteux état en 1809, lors du fameux séjour de trois jours à Sintra de lord Byron (alors âgé de 21 ans). Quand le poète anglais et son ami John Hobhouse visitèrent la propriété, dont ils avaient entendu vanter l'élégance et la décadence, ils trouvèrent (d'après les carnets de Hobhouse) un manoir « désert et vide de tout mobilier ». Mais la fascination qu'exerçait Sintra sur ceux qui s'en approchaient peu ou prou ne se démentit pas. Byron la décrit ainsi : « Ce village est peut-être, à tout point de vue, le plus délicieux qui soit en Europe […] avec ses palais et ses jardins nichés au milieu des rochers, ses cataractes et ses précipices, ses couvents perchés sur des hauteurs vertigineuses – sans parler de la vue qu'il offre sur la mer au loin et sur le Tage. » Son *Pèlerinage de Childe Harold,* chant I, évoque le « glorieux Eden de Cintra ». En 1855, sir Francis Cook, un millionnaire qui fit fortune dans le textile, acheta

Ci-contre :
Végétation luxuriante et délicats ornements séduisent le visiteur.
Ci-dessous :
Rénové et aujourd'hui partiellement ouvert au public, l'extravagant palais de Monserrate évoque l'influence mauresque.

Monserrate. De tous les maîtres des lieux, il en fut le bâtisseur le plus assidu – ce qui lui valut d'être fait vicomte de Monserrate par le roi en 1870. Après avoir commandé à l'architecte américain James Knowles Jr la construction d'un fantasque palais de style oriental, Cook s'attela à la réalisation des magnifiques jardins paysagers. Ces travaux nécessitèrent une importante main-d'œuvre : plus de 2 000 personnes participèrent à l'édification du palais, et 50 s'occupèrent du parc et de la plantation des arbres. La famille Cook conserva la propriété pendant près d'un siècle, mais elle dut s'en défaire après la Seconde Guerre mondiale, ne pouvant en assumer l'entretien. Ainsi s'éteignit la lignée des très fantaisistes propriétaires de Monserrate. ∎

La costa do Estoril

C'est à la côte la plus prisée de Lisbonne, la costa do Estoril, que se raccroche Cabo da Roca, l'extrémité occidentale de l'Europe continentale. Le littoral s'étend à l'ouest d'Estoril, longé par une série ininterrompue d'hôtels, de restaurants et de complexes immobiliers, et contourne le cap jusqu'au parque natural de Sintra-Cascais. Au nord se trouvent des plages magnifiques, mais souvent trop fréquentées.

Les vagues viennent se fracasser contre Cabo da Roca, dont le phare émet une lumière visible à plus de 40 kilomètres des côtes.

On remarque une grande différence entre les deux parties de côtes qui s'étendent depuis Cabo da Roca : la partie méridionale, très sophistiquée, contraste avec la partie occidentale, plus sauvage. Les surfeurs avides de sensations fortes et les amateurs de falaises spectaculaires préféreront la seconde, la première offrant des eaux tranquilles et pléthore d'attractions plus sages.

CASCAIS ET ESTORIL

La vieille ville de Cascais, située juste derrière le port de pêche, conserve une atmosphère conviviale, avec ses rues piétonnières aux pavés disjoints bordées de restaurants accueillants et de séduisantes boutiques de mode. Si le souvenir des souverains en exil qui firent la gloire de Cascais entre les deux guerres s'est estompé, la traditionnelle activité de pêche, vieille de 800 ans, perdure. Totalement reconstruite après le tremblement de terre de 1755, Cascais fut propulsée sur le devant de la scène en 1870, lorsque le roi Luís Ier, déménageant ses quartiers d'été de Sintra, s'installa à la cidadela, la forteresse. Le succès fut encouragé par la nouvelle vogue des bains de mer. L'extrémité occidentale de Cascais abrite de vieilles demeures cossues qui accueillirent Umberto II, le dernier roi d'Italie, Juan Carlos d'Espagne durant son exil prolongé avant 1975 et même Salazar, qui précipita sa chute en 1968… en tombant de sa chaise longue.

Cascais s'articule autour de la **praia da Ribeira**, la plage où les pêcheurs ramènent leur prise chaque matin. D'un côté, derrière les rues piétonnières commerçantes, se trouve le marché au poisson, tandis que la **cidadela** du XVIe siècle, de l'autre côté de la baie, à l'ouest, domine à la fois la baie et le port. L'édifice – l'une des nombreuses tours de défense érigées pour protéger Lisbonne – ne se visite pas, mais le site offre une vue spectaculaire sur les environs.

Quelque 90 mètres en contrebas vers le front de mer, près d'une petite anse, se trouve le **museu dos Condes de Castro Guimarães**. Flanquée de tours, cette demeure du XIXe siècle est typique de Cascais. Elle abrite une somptueuse collection de meubles indo-portugais, de peintures portugaises du début du XXe siècle, ainsi qu'une très importante bibliothèque. Plus loin, en longeant la côte, la **boca do Inferno** (bouche de l'Enfer) est une curiosité naturelle qui attire les foules. La falaise y est érodée par les flots qui s'engouffrent, avec une rare violence, dans un formidable entonnoir. Marchez sur les rochers jusqu'à une petite plate-forme, d'où vous aurez une vue superbe sur les environs. À une rue de là, le **museu do Mar Rei D. Carlos** donne une autre vue de la mer. Il présente un résumé de l'histoire maritime locale, ainsi que des objets de marine, des cartes, des bateaux et des trésors d'épaves – illustrant ainsi le riche passé de ce qui est aujourd'hui une très chic station balnéaire. Pour un plongeon rapide ou une petite séance de bronzage, évitez la plage des pêcheurs et dirigez-vous plutôt vers la **praia da Rainha** et la **praia da Conceição**, situées à l'est du vieux quartier.

Quoique jouxtant Cascais, Estoril n'a pas le même prestige – bien qu'elle ait accueilli sa part d'hôtes de marque entre les deux guerres – et ne peut se targuer de restaurants d'aussi haut niveau. La petite exposition au **Correios**, un bâtiment Art déco relativement sobre conçu par Adelino Nunes en 1942, retrace l'histoire de la ville. Plus loin, au coin de la rue, en bordure d'un vaste jardin à la française, se trouve le principal attrait d'Estoril : le plus important **casino** d'Europe (☎ *214 667700, ouverture 15 heures, salle de jeux €€*). C'est l'occasion de marcher sur les traces de souverains en exil, de Ian Fleming, Orson Welles et autres célébrités, et de s'adonner aux jeux de hasard – ou simplement de goûter une soirée au

Les aléas d'une vie de château

Le palais de Queluz (voir p. 170) ne fut jamais occupé que par intermittence. De fait, cette ancienne maison de campagne, transformée à grands frais au XVIIIe siècle en palais d'été par le prince Pedro (1717-1786), frère du roi José, fut très peu utilisée par les souverains portugais. Seule l'épouse de Pedro (qui était aussi sa nièce), la reine Maria Ire, y séjourna plus ou moins longuement, pendant les années où sa mélancolie mêlée d'extravagance se mua en folie. En 1794, la famille royale dut s'installer à Queluz – un incendie avait ravagé le palais d'Ajuda de Lisbonne –, mais cette résidence se révéla de courte durée, la monarchie s'exilant au Brésil en 1807. Jusqu'en 1910, les lieux ne furent que très rarement habités. ■

Cascais
🅰 139 A2
Informations touristiques
www.visitestoril.com
✉ Avenida dos Combatentes da Grande Guerra 25
☎ 214 868204/ 844086

Estoril
🅰 139 A2
Informations touristiques
✉ Arcadas do Parque
☎ 214 663813

Museu dos Condes Castro Guimarães
✉ Avenida Rei Umberto II de Italia, Cascais
☎ 214 825401
🕐 Fermé le lun.
€ Visite guidée €

Museu do Mar Rei D. Carlos
✉ Rua Júlio Pereira de Mello, Cascais
☎ 214 825400
🕐 Fermé le lun.
€ €

Correios
✉ Avenida Marginal, Estoril
☎ 214 825022
🕐 Fermé le dim., le lun. matin

Les vagues venant s'écraser sur les rochers et falaises ocre au nord de Cascais font de cet endroit le paradis des surfeurs.

Parque natural de Sintra-Cascais

◭ 139 A3

✉ Avenida Gago Coutinho 1, Sintra

☎ 21 924 7200

Palácio nacional de Queluz

◭ 139 B2

✉ Palácio nacional, Queluz

☎ 21 435 0039

🕓 Fermé le mar.

€ €€€

cabaret. Ceux qui souhaitent davantage de sérénité préféreront les petites plages et un bain tranquille.

PALÁCIO NACIONAL DE QUELUZ

L'arrière-pays situé entre Cascais et Lisbonne – c'est là qu'un réseau routier très complexe se fond dans les faubourgs de la capitale – est dominé par le Palácio nacional de Queluz. Cet édifice rose pastel du XVIIIᵉ siècle, cerné de hauts bâtiments et de voies rapides, est un ancien palais royal. Autrefois superbe, il était dans un piteux état il y a une dizaine d'années, mais connaît actuellement d'importantes rénovations (dont le coût avoisine les 7 millions d'euros). Cependant, malgré les efforts déployés, il ne retrouvera pas avant longtemps la splendeur passée de ses jardins. Une aile du château, le pavillon de la Reine Maria, est encore utilisée pour l'hébergement des chefs d'État de passage dans la capitale portugaise, une

autre partie de l'édifice ayant été transformée en auberge. C'est le prince Pedro (1717-1786), frère du roi José, qui chargea l'architecte français Jean-Baptiste Robillon de transformer ce qui n'était qu'une demeure de campagne en un petit Versailles portugais mêlant dorures rococo, fresques et stucs. Pourtant, malgré la finesse du travail, les 22 pièces du château n'échappent pas à la lourdeur et à la surcharge. Quoi qu'il en soit, l'endroit recèle une belle collection de meubles portugais, de tapis d'Arraiolos, de paravents laqués, de portraits royaux, de bijoux et de porcelaines chinoises et européennes. La très intéressante **sala do Trono** (salle du Trône) évoque la galerie des Glaces de Versailles, avec ses parquets patinés et ses murs recouverts de miroirs, où se reflètent des chandeliers rutilants et un plafond doré et stuqué. Plus sobre, le **quarto de don Quixote** (chambre de don Quichotte) est la pièce où le roi Pedro IV mourut ; huit piliers y soutiennent un plafond circulaire, les murs étant revêtus de scènes tirées du chef-d'œuvre de Cervantès. Les magnifiques **jardins**, également dessinés par Robillon et fortement inspirés de Le Nôtre, réservent quelques surprises. Le **canal**, dont les parois sont revêtues de 50 000 azulejos du XVIIIᵉ siècle illustrant des scènes fluviales et maritimes, est une délicieuse fantaisie. La famille royale avait coutume de s'y promener en bateau, au son d'une musique de chambre jouée dans un pavillon voisin. Le palais d'été de Queluz était bien voué aux distractions – ce que confirmait d'ailleurs la tenue en ces lieux de parades équestres, de corridas, de concerts et de feux d'artifice. De nos jours, la tradition perdure de mai à octobre, les représentations incluant tant des manifestations équestres (*tous les mer. à 11 heures*) que des concerts en soirée. Une promenade dans les jardins à la française parsemés de statues permet de descendre

vers un parc à l'italienne, avec davantage de points d'eau et de fontaines, mais cela ne vous éloignera pas pour autant du brouhaha de la ville et du bruit de la circulation automobile.

CABO DA ROCA ET SES ENVIRONS

Sur la partie côtière du parc naturel de Sintra-Cascais se situe Cabo da Roca, l'extrémité occidentale de l'Europe. Juché sur une falaise battue par les vents, à une altitude de 140 mètres, le phare de Cabo da Roca est devenu une sorte de lieu de pèlerinage ; il abrite même un petit office du tourisme qui délivre aux visiteurs des certificats attestant leur passage sur les lieux. Une croix sur le côté de la falaise matérialise la pointe ouest de l'Europe. L'endroit offre par ailleurs une vue circulaire absolument fantastique. (Des autobus assurent la navette entre Colares et le cap.)

Vers le sud, au-delà des falaises et à l'avant-plan des dunes et des pinèdes, la superbe **praia do Guincho** est une plage très prisée, notamment par les surfeurs ; elle accueille d'ailleurs chaque année les championnats européens de surf. Hormis quelques hôtels et des restaurants de fruits de mer situés çà et là le long du littoral, la côte est relativement préservée. Les plages au nord de Cabo da Roca sont accessibles depuis Colares,

à l'exception de la **praia da Adraga**, agréable mais trop fréquentée, que l'on atteint plus facilement depuis Almoçageme. Situées à proximité, la **praia Grande** (célèbre pour ses falaises portant des empreintes de dinosaures et pour ses surfeurs slalomant entre les vagues en contrebas) et la **praia das Maçãs**, plus au nord, sont toutes deux plaisantes, mais surpassées par **Azenhas do Mar**. Avec ses maisons multicolores accrochées au sommet d'une falaise, d'où file une rue qui serpente vers la mer, l'endroit est charmant. En lieu et place des rouleaux habituels, il offre une baignade tranquille dans une sorte de piscine naturelle creusée dans les rochers. À l'ouest de Mafra, **Ericeira** est la dernière étape sur la côte de l'Estrémadure. Cette station balnéaire très animée et très populaire comprend un port de pêche, ainsi qu'un pittoresque vieux quartier aux maisons blanches. Celui-ci s'articule autour de l'igreja matriz (église paroissiale), juchée en haut d'une falaise, et de la place qui l'entoure. Trois plages sont accessibles à pied, et d'autres encore sont à une courte distance en voiture, notamment la **praia de Ribeira de Ilhas**, un autre haut lieu des championnats de surf. Les restaurants, comme les night-clubs, se portent bien – grâce, en particulier, à l'afflux des Lisboètes pendant les week-ends. ■

Alors que les pêcheurs ramènent la prise du jour, le soleil se fond dans l'océan, bercé par le perpétuel flux et reflux.

Cabo da Roca
🄰 139 A2
Informations touristiques
✉ Cabo da Roca, Azóia
☎ 21 928 0081

Ericeira
🄰 139 A3
Informations touristiques
www.ericeira.net
✉ Rua Dr. Eduardo Burnay 46
☎ 261 863122

La péninsule de Setúbal

LA PÉNINSULE DE SETÚBAL, QUI SE JETTE HARDIMENT DANS L'OCÉAN au sud de Lisbonne, abrite aussi bien des plages que des usines d'industrie légère, des vignobles et des réserves naturelles. Le week-end, les Lisboètes prennent d'assaut les deux ponts qui enjambent le Tage pour rejoindre les différentes stations balnéaires.

Troisième port du pays après Lisbonne et Porto, Setúbal abrite quelque 2 000 petits bateaux et voit passer bon nombre de cargos.

La péninsule – pompeusement baptisée Costa Azul (la côte Bleue) – séduit non seulement par son littoral, mais aussi par sa partie sud, qui inclut la ville de Setúbal et ses environs. Les anses de l'estuaire du Sado, bordées à l'ouest par les montagnes, les maquis et les criques de la serra da Arrábida, abritent des dauphins et de nombreuses espèces d'oiseaux. La péninsule de Tróia mérite elle aussi le détour.

Quoi que disent les guides touristiques de la **costa de Caparica** et de sa plage qui s'étend sur 8 kilomètres vers le sud, on ne peut ignorer les dégradations qu'a entraînées leur développement – ce qui n'empêche pas les surfeurs de la capitale de s'y précipiter. On y appréciera les rouleaux et les vues fabuleuses vers le nord sur la serra da Sintra. En été, un train électrique dessert le littoral et ses falaises de calcaire bordées d'une immense pinède. Le chemin jusqu'à Sesimbra longe des forêts de pin et d'eucalyptus exploitées à des fins industrielles. Un important complexe écologique, la Mata de Sesimbra, est en construction (budget prévisionnel : 1 milliard d'euros) ; il inclura une réserve naturelle, des logements pour les vacanciers et l'aménagement de forêts de chênes-lièges.

SESIMBRA ET SES ENVIRONS

Le port de pêche de Sesimbra occupe une position stratégique à l'extrême sud-ouest de la péninsule, son château médiéval dominant les quartiers en contrebas, qui se modernisent toujours davantage. L'intérieur du **castelo** abrite les ruines d'une église romane, l'**igreja Santa Maria**, ainsi qu'un agréable café. Juste au-dessous, de pittoresques ruelles mènent à une belle plage de sable blanc aux eaux calmes, protégée par un promontoire et gardée par le fort de Santiago. Des bateaux de pêche peints de couleurs vives occupent la partie du port située à l'ouest du centre ; ce sont eux qui approvisionnent les excellents restaurants de fruits de mer de la ville. Situé à 11 kilomètres de Sesimbra, le **cabo Espichel** (cap Espichel) offre, depuis son phare situé en bordure de falaise, des vues magnifiques sur les environs. Y subsiste un sanctuaire du XIIIe siècle, Nostra Senhora do Cabo, qui vaut notamment pour sa voûte récemment restaurée. La **serra da Arrábida** – la chaîne de montagnes parallèle à la côte entre Sesimbra et Setúbal – constitue une enclave étonnante, évoquant un paysage méditerranéen ; c'est une réserve naturelle protégée. Culminant à 500 mètres, la serra est peuplée de chêneraies, de vignobles (produisant le célèbre moscatel) et de buissons d'herbes aromatiques, mais aussi de divers mammifères, notamment des genettes, des belettes, des blaireaux, des chats sauvages, ou encore des aigles de Bonelli, des crécerelles, des busards et des guêpiers d'Europe. À flanc de coteau se dessine un magnifique **monastère** franciscain édifié en 1542 et agrandi aux XVIIe et XVIIIe siècles. Des maisons blanchies à la chaux, dotées de toits de tuiles, de terrasses, de pergolas et de niches s'éparpillent harmonieusement sur la colline, se fondant dans l'environnement. Véritable joyau, **Portinho da Arrábida** et sa plage en croissant se situent en contrebas du **convento da Arrábida**, du XVIe siècle.

Protégé des vents du nord par les collines et bordé par des eaux transparentes, le village est le lieu idéal pour un repas de fruits de mer. Tout près se niche la **lapa de Santa Margarida**, une belle grotte marine portant les plus anciennes traces de présence humaine de toute la région (200 000-400 000 ans). Construit en 1670 pour protéger les moines des attaques des pirates maures, le **forte de Santa Maria**, qui garde toujours l'extrémité ouest de la plage, abrite aujourd'hui un centre de biologie marine. Plus à l'est, la plage **Galapos** est prisée des amateurs de plongée sous-marine, celle de **Figueirinha**, toute de sable blanc, étant davantage réservée aux véliplanchistes. Du fait des terribles incendies de 2004, une partie de la route côtière est inaccessible. Pour l'heure, les routes secondaires desservent les stations balnéaires.

SETÚBAL ET SES ENVIRONS

La route menant à Setúbal et longeant le sommet du massif offre des vues spectaculaires, au nord sur Lisbonne et au sud au-delà de l'estuaire du Sado. Elle traverse des villages réputés pour leurs fromages de brebis et leur miel velouté, ainsi que pour le doux moscatel de Setúbal. À **Vila Nogueira da Azeitão**, dégustez celui de **José Maria da Fonseca**.

Quoique vaste et chaotique, Setúbal est un port de mer accessible, qui donne sur la péninsule de Tróia. Avec une population de 100 000 âmes, il est le troisième port du Portugal après Lisbonne et Porto. Pour l'heure, son principal souci n'est manifestement pas d'attirer le touriste ; il accorde davantage d'importance aux sardines et aux huîtres. Pour cette raison, Setúbal est encore une villégiature hors des sentiers battus, qui se distingue par ses ruelles animées et ses excellents restaurants de fruits de

Péninsule de Setúbal

⚏ 139 B1-B2

Informations touristiques

✉ Avenida da República 18, Costa da Caparica

☎ 212 900071

Sesimbra

⚏ 139 B2

Informations touristiques

✉ Largo da Marinha 26/7

☎ 212 235743

Setúbal

⚏ 139 C1

Informations touristiques

www.costa-azul.rts.pt

✉ Travessa Frei Gaspar 10

☎ 265 539120

Parque natural da Arrábida et reserva natural do estuário do Sado

⚏ 139 C1

✉ Praça da República, Setúbal

☎ 265 541140

José Maria da Fonseca

✉ Rua José Augusto Coelho 11, Vila Nogueira da Azeitão

☎ 212 198940/ 197500

🕐 Fermé le sam. et le dim., ainsi que les jours fériés

Les bâtiments de ce monastère du XVIe siècle niché dans la serra da Arrábida appartiennent maintenant à une fondation à vocation culturelle.

Galeria de Pintura quinhentista

✉ Rua do Balneário de Dr. Paula Borba, Setúbal

☎ 265 537890

🕐 Fermé le dim. et le lun.

mer. À l'ouest, l'imposant **forte de São Filipe**, qui surplombe l'estuaire et la ville, devait défendre la cité contre les attaques des Maures et des Anglais ; il accueille désormais une *pousada* (voir p. 250). En contrebas, le centre-ville s'étend de part et d'autre de l'avenida Luísa Todi, bordée d'arbres. Les installations portuaires sont au sud, la partie nord étant constituée d'un dédale de rues piétonnières filant vers le nord depuis la praça de Bocage.

La longue histoire de Setúbal remonte au temps des Romains, qui y ont laissé de nombreux vestiges. Citons, notamment, la conserverie de poissons, que l'on peut voir à travers le sol transparent de l'office du tourisme. Pour sa part, l'**igreja de Jesus** *(praça Miguel Bombarda, fermé le lun., heures variables)* compense à elle seule l'absence dans la ville de tout autre monument d'envergure. Cette église franciscaine du XVe siècle, fleuron de l'art manuélin, subit dans les années 1940 une malencontreuse restauration, mais elle conserve intacts son merveilleux portail en marbre rose d'Arrábida, ses superbes piliers torsadés, ses azulejos polychromes et son chœur, dont les nervures évo-

quent les cordages des navires. Le remarquable autel en 14 panneaux a été déplacé dans la galerie attenante, la **galeria de Pintura quinhentista**, où elle complète la collection de primitifs portugais des XVe et XVIe siècles. Certaines parties, en cours de rénovation, sont inaccessibles au public.

Vous pouvez visiter l'**estuaire du Sado** en bateau, de préférence en prenant un galion typique de la région *(Tróia cruze,* ☎ *265 228482),* ou en voiture, en longeant la **péninsule de Tróia** (17 kilomètres). Suivez les panneaux « Tróia Cais » pour prendre le **ferry,** qui vous conduira en un quart d'heure à l'extrémité de cette langue de terre. La route mène vers le sud aux dunes bordées de pinèdes (une réserve botanique), à de belles plages (côté Atlantique) et à des villages de pêcheurs (côté estuaire). Avec un peu de chance, vous pourrez y apercevoir flamants roses, otaries et dauphins, cigognes, hérons et aigrettes. À **Carrasqueira,** l'un des villages les plus traditionnels, des passerelles délabrées s'avançant dans le lagon servent à l'amarrage des bateaux. Le lieu est accessible par la N253, qui va vers l'est depuis Comporta, jusqu'à Alcácer do Sal (voir p. 198), dans l'Alentejo. ■

Encore préservée, la vaste région de l'Alentejo abrite des villages haut perchés datant des époques mauresque et médiévale. Ses plaines et ses collines ondoyantes couvertes de chênes-lièges, d'oliviers et de vignobles sont baignées par un éternel soleil.

L'Alentejo

Céramiques (peintes à la main) de l'Alentejo.

Jardinières fleuries et linge mis à sécher habillent les rues pentues de Castelo de Vide.

L'Alentejo

Cette région rurale encore préservée et très peu peuplée, qui ouvre de vastes horizons, représente à elle seule près d'un tiers du territoire portugais, mais n'abrite qu'un dixième de sa population. Ici, le temps ralentit sa course : les vieux palabrent sur les bancs ou devant leur porte, les murs blanchis à la chaux reflètent éternellement les rayons du soleil, les oliviers et les chênes-lièges noueux ponctuent chaque coin de rue.

Bordé au nord par le Tage (la région tient son nom de *Alem Tejo*, « au-delà du Tage »), au sud par l'Algarve et à l'est par l'Espagne, l'Alentejo se distingue par sa magnifique côte Atlantique qui est, pour l'heure, quasi inexploitée. Si l'on excepte la ville de Sines et sa raffinerie, la région se caractérise par une succession de petites villes et de villages situés en hauteur, chacun se targuant d'un artisanat spécifique et, très souvent aussi, d'un château médiéval. L'histoire est omniprésente : même les coteaux habités par les seuls moutons ont leur part de menhirs, de dolmens et de cromlechs millénaires. Les principaux attraits de l'Alentejo sont ses trois capitales, Évora, Portalegre et Beja. Évora et les villes qui l'entourent – Estremoz, Vila Viçosa et Elvas – constituent un important pôle culturel. L'industrielle Portalegre est à proximité de magnifiques villages, des haras d'Alter do Chão (où sont élevés les chevaux de race de l'École portugaise d'art équestre) et du parc naturel de la serra de São Mamede, le cadre idéal pour les randonnées. Surplombant les plaines du Sud, Beja permet d'accéder facilement à de séduisantes petites villes comme Serpa et Mértola, ainsi qu'à la réserve naturelle de la vallée du Guadiana. Ses plages – de longues étendues de sable alternant avec des falaises spectaculaires où les pêcheurs les plus téméraires plantent leurs lignes – se développent vers l'ouest. La région de l'Alentejo bénéficie de nombreux panneaux indicateurs et de routes en très bon état – ce qui permet de rallier le Nord au Sud en voiture en moins de quatre heures, et ce malgré l'absence de voies rapides. Hormis les élévations abruptes qui constituent les frontières avec l'Espagne et l'Algarve, l'Alentejo compte surtout des collines ondoyantes et des villages aux ruelles étroites bordées d'orangers. Les maisons basses au crépi blanc bordé de jaune safran et aux minuscules fenêtres sont parfaitement adaptées aux étés torrides.

La gastronomie locale inclut de roboratives préparations à base d'agneau, de porc, de chevreau, de poulet et de gibier accommodés avec des pois chiches et des coques, et relevés de belles tombées d'huile d'olive et de coriandre. Les vins rouges souples, issus d'aragonês, de periquita et de trincadeira, ou les vins blancs, délicats et légèrement piquants, à base de roupeiro et d'antão vaz, sont délicieux. La plupart de ces crus sont élaborés selon des méthodes modernes de vinification, mais certains petits producteurs, fidèles à la tradition locale, assurent encore l'élevage dans des contenants en argile. ■

ALENTEJO

Zone détaillée

0   20 kilomètres

Vila Velha de Ródão

BEIRAS
p. 113

Nisa   **Menhir da Meada**

IP6   Gavião
Alpalhão   Castelo de Vide
N118   Marvão

Nossa Senhora da Penha
L'ESTRÉMADURE ET LE RIBATEJO
p. 137
Sor   Aldeia da Mata   Flor da Rosa   Portalegre
Ponte de Sor   Crato   N119
PARQUE NATURAL DA SERRA DE SÃO MAMEDE

Coudelaria de Alter do Chão   Alter do Chão
Barragem de Montargil   Arronches
Montargil   Barragem do Maranhão   Avis   Fronteira   Monforte
Barragem do Caia

PORTALEGRE
Campo Maior
Mora   Raia   Sousel   **Badajoz**

Vimieiro   N4   Estremoz   IP7   E90   A6   Elvas
Aqueduto da Amoreira
Évoramonte   A6   Borba   Vila Viçosa
E802
Vendas Novas   IP7   **ÉVORA**   Alandroal
Montemoro-o-Novo   Terena
Guadalupe   **Évora**   Redondo
E90   A6
IP7   **Cromleque dos Almendres**
Grutas do Escoural   **Anta de Zambujeiro**
São Brissos   Valverde
ESPAGNE
Reguengos de Monsaraz
Alcácer do Sal   Viana do Alentejo   Mourão
A2   Torrão   Portel   Barragem de Alqueva
E1
IP1   Alvito
Praia de Melides   Grândola   Vidigueira
Praia de nto André   Moura   Barrancos
Santiago do Cacém   Ferreira do Alentejo
CÉAN   **Miróbriga**   Beja
Sines   IP8
NTIQUE   **SETÙBAL**   Serpa
Porto Covo   A2   Aljustrel   Villa Nova de São Bento
PARQUE NATURAL   E1
O SUDOESTE   IP1   **Pulo do Lobo**   Vale do Poço
LENTEJANO   Cercal   **BEJA**
E COSTA   Castro Verde   **PARQUE NATURAL DO VALE DO GUADIANA**
VICENTINA   Vila Nova de Milfontes
Cabo Sardão   Ourique   Mértola
Zambujeira do Mar   Barragem de Santa Clara   Oeiras   ESPAGNE
São Teotónio   Almodôvar
Odeceixe   ALGARVE
p. 201

Vila Velha de Ródão
Sever
N18
Tejo
Aldeia da Mata
Seda
N2
N370
N243
N245
N251
N114
N2
N4
N370
N380
N253
N2
N5
Sado
N261
N261-I
Serra de Grândola
IP8
N2
Roxo
Sado
N389
IC4
N120-I
N120
N393
Mira
N266
Serra do Calderão
Vascão
N122
Guadiana
N267
N123
N121
N260
N258
IP2 E802
Degebe
N256
N381
N255
N386
N255
N385
N386
Guadiana
Terges
N265

ESPAGNE

N18
N364
N246
Serra de São Mamede
N246
IP2 E802
N243
N119

Porto Covo   N120-I

△   △   △   △
A   B   C   D
ALGARVE   ALGARVE
p. 201   p. 201

◁6
ESPAGNE
◁5
◁4
◁3
◁2
◁1

Évora

ÉVORA DÉGAGE UN AIR ARISTOCRATIQUE. CETTE VILLE – LA PLUS importante de l'Alentejo – compte près de 45 000 habitants, dont la plupart sont des étudiants. Ceinte de murs massifs, dominée par une cathédrale qui surplombe des maisons disposées en terrasses irrégulières, elle est à la fois caractéristique et séduisante.

L'impressionnant aqueduto da Agua d'Evora remplit – parfois de façon inattendue – d'autres fonctions que la sienne propre.

Évora

🏛 177 C3

Informations touristiques

✉ Praça do Giraldo

☎ 266 730030

étant maintenant classée par l'Unesco au patrimoine mondial de l'humanité. Comme si ces richesses ne suffisaient pas, les collines environnantes abritent d'impressionnants mégalithes, tandis que les villes voisines de Montemor-o-Novo et d'Évoramonte se distinguent par leur ambiance et leurs châteaux médiévaux (voir p. 182-183). La structure urbaine très particulière d'Évora s'explique par la succession en ces lieux de diverses civilisations. Après les Romains, premiers arrivés, s'y installèrent les Maures, dont l'empreinte est encore perceptible dans le quartier Nord, suivis des souverains portugais, qui dotèrent l'endroit d'architectures de styles divers (gothique, Renaissance, manuélin, maniériste, baroque et néoclassique). Le vieux quartier juif, bordé par les ruas dos Mercadores et da Moeda, est agencé de manière peu commune. Si vous arrivez à Évora en voiture, garez-vous hors les murs ; en effet, les places de parking sont ici rares et le système de sens interdits est un véritable casse-tête.

Centre névralgique d'Évora, la triangulaire **praça do Giraldo**, bordée d'arcades, invite à la détente ; prenez le temps de siroter un café près de la belle fontaine et de l'igreja São Antão, toutes deux du XVIᵉ siècle. Comme bien d'autres points d'eau d'Évora, la fontaine est approvisionnée par l'**aqueduto da Água da Prata**, qui enjambe la rua do Cano dans le nord-ouest de la ville, un quartier préservé. L'aqueduc de l'Eau argentée fut conçu en 1530 par le célèbre Francisco de Arruda, qui œuvra aussi à la torre de Belém (voir p. 66).

Son lacis de rues pavées est un véritable labyrinthe, ses places sont toutes asymétriques, ses porches d'entrée sont envahis de fleurs, et sa banlieue mêle fermes, couvents et appartements modernes. Cependant, chaque coin de rue cache une demeure cossue, une église richement décorée ou quelque autre structure exceptionnelle. La plupart de ces constructions datent de la Renaissance, qui fut l'âge d'or d'Évora. La ville entama son déclin après l'annexion du Portugal par l'Espagne en 1580, perdant progressivement de son lustre. Cependant, les importants travaux de restauration qui y ont été effectués ont porté leurs fruits, la ville tout entière

LA VILLE BASSE

Il est facile, de la praça do Giraldo, de descendre vers la ville basse et de rejoindre l'**igreja São Francisco**. Cet édifice gothico-manuélin, érigé sous les règnes de João II et de Manuel Ier, porte sur son large portail les emblèmes de ces deux souverains – soit, respectivement, un pélican et une sphère armillaire. Cependant, l'attrait principal du quartier est la **capela dos Ossos** (chapelle des Ossements, €) voisine, construite au XVIe siècle par les Franciscains pour inviter à la méditation. Dans ce lieu macabre à souhait, les murs et les colonnes sont entièrement recouverts d'ossements et de crânes de quelque 5 000 personnes. Mieux encore, on y trouve deux corps momifiés. À l'entrée, une inscription menace : « Nous, os qui gisons en ce lieu, attendons les vôtres. » Dans un genre très différent, le plafond peint est de toute beauté.

Pour vous remettre de la visite de l'ossuaire, dirigez-vous vers les bancs ombragés du **Jardim público**, situé immédiatement au sud de l'église et dominé par le palais de Manuel Ier, qui a été récemment restauré.

Prenez la direction du nord-ouest, longez les boutiques et les restaurants de l'ancien quartier juif, puis coupez par la rua Serpa Pinto jusqu'au **mosteiro de Santa Clara**. L'église et le couvent franciscain, qui accueillirent la sainte princesse Joana, furent construits en 1450 par Manuel Filipe (natif de la ville voisine d'Estremoz). Ils comptent de superbes plafonds peints, des bois sculptés et des azulejos des XVIe et XVIIe siècles. Le Museu de Évora (voir p. 181) étant en cours de restauration, une structure temporaire, au sein du monastère, sert de cadre à l'essentiel de sa collection, riche de 20 000 pièces. Recherchez en particulier le magnifique triptyque de Jean Pénicaud (1510-1540) consacré à la Passion, en émail sur cuivre, ainsi que la très expressive peinture de Francisco Henriques, *Le Prophète Daniel libérant la chaste Suzanne* (1508-1512). Ne négligez pas non plus les deux tableaux de Josefa de Óbidos, dont une *Nature morte avec figues et raisins*, qui révèlent tout son art de la lumière. Les tombeaux de marbre sculptés attestent la qualité de l'artisanat à Évora au XVe siècle.

La capela dos Ossos accueille les visiteurs avec l'inscription suivante : *« Nos ossos, que aqui estamos, pelos vossos esperamos. »* (Nous, os qui gisons en ce lieu, attendons les vôtres.)

São Francisco

🗺 p. 181
✉ Praça 1° de Maio
☎ 266 704521
🕐 Fermé le dim. matin

Mosteiro de Santa Clara

🗺 p. 181
✉ Rua Serpa Pinto
☎ 266 708095
🕐 Fermé le sam. et le dim.
€ €€

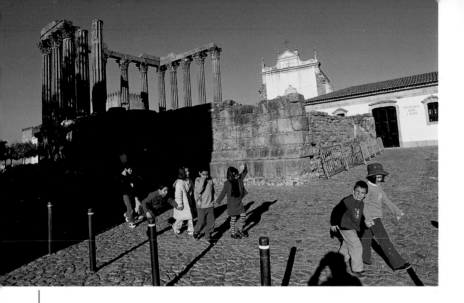

Ci-dessus :
Les enfants
jouent près du
Templo romano
d'Évora, vieux
de 19 siècles.
Ci-dessous :
Les effigies
en marbre des
apôtres ornent
le portail de la Sé.

LA VILLE HAUTE

En remontant de la praça do Giraldo, on atteint la ville haute, qui concentre les monuments et les ruelles animées. La **Sé** (*cathédrale* ☎ *266 759330, fermé le lun.*) aux allures de forteresse, dont les tours jumelles dominent le paysage, affiche le style romano-gothique de transition de ses origines (XIIᵉ siècle). Mais elle a aussi bénéficié d'ajouts ultérieurs, notamment les impressionnantes statues des apôtres du XIVᵉ siècle adossées au portail principal. La cathédrale revendique le privilège d'avoir été le cadre de la béné-diction des flammes de la flotte de Vasco de Gama en partance pour son désormais célèbre périple oriental. Le **claustro** et le **tesouro** (*cloître et trésor, fermé le lun.*, **€**), les principaux attraits de l'édifice, sont accessibles depuis la tour Sud. Admirez la collection d'orfèvrerie liturgique, la statuaire, les peintures et les ornements sacerdotaux richement brodés – autant d'éléments qui attestent l'influence d'Évora dans l'histoire portugaise. Le magnifique cloître du XIVᵉ siècle abrite les tombes de quatre archevêques ; dans chaque angle, des escaliers en colimaçon mènent aux remparts, qui offrent une vue panoramique de la ville.

Au bout de la rue se trouve – véritable anachronisme – le **Templo romano** (*largo do Conde de Vila Flor*) du IIᵉ siècle, également appelé temple de Diane (bien que rien ne permette de subodorer que les lieux aient été dédiés à cette déesse, Jupiter étant un prétendant plus sérieux à ce titre). S'il existe ailleurs en Europe des ruines romaines en meilleur état de conservation, celles-ci sont assurément les plus belles du Portugal. La construction d'origine, ceinte de structures plus jeunes de 1 400 ans, offre, de fait, un spectacle extrêmement émouvant.

Les colonnes corinthiennes de granit, avec leurs chapiteaux de marbre d'Estremoz, sont en excellent état. Cela tient probablement au fait que le temple, converti en forteresse médiévale, fut redécouvert il y a à peine un siècle. Les **Termas romanas,** situées à l'intérieur de la Câmara municipal (hôtel de ville), sur la praça de Sertório, attestent aussi le passé romain d'Évora. À l'arrière, un mur tapissé d'azulejos domine les vestiges de thermes romains du Ier siècle de notre ère. Juste en face du temple, le **Palácio episcopal** du XVIe siècle abrite le Museu de Évora, actuellement fermé pour cause de rénovation. Une partie de sa collection est exposée au mosteiro de Santa Clara (voir p. 179), qui jouxte le **convento dos Lóios.** L'ancien couvent des moines de Saint-Éloi, construit en 1485 par Francisco de Arruda, l'architecte de la tour de Belém, à Lisbonne, à l'instigation du roi Manuel, est devenu une élégante *pousada,* ou auberge, en 1965 (voir p. 251). L'église qui y était rattachée se trouve deux entrées plus loin ; elle sert de panthéon à la famille de Melo, qui la fonda. Les superbes azulejos ont été réalisés en 1711 par António de Oliveira Bernardes. Coincée entre les deux bâtiments du couvent, la **Biblioteca pública,** créée en 1805, abrite d'inestimables documents ayant trait à l'ère des Découvertes. ■

Termas romanas
- p. 181
- Câmara municipal, praça de Sertório
- 266 777000
- Fermé sam. et dim.

Convento dos Lóios
- p. 181
- Largo do Conde de Vila Flor
- 266 704714/ 744301
- Fermé le lun.
- €

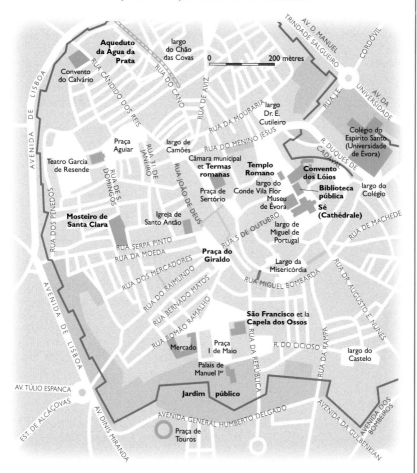

Les environs d'Évora

LES ENVIRONS D'ÉVORA SONT ABSOLUMENT FASCINANTS, TANT POUR leurs collines parsemées de mégalithes que pour les délicieuses villes de Montemor-o-Novo et d'Évoramonte.

CIRCUIT DES MÉGALITHES

Tout le nord de l'Alentejo est parsemé de structures néolithiques datant de 4000 à 2000 av. J.-C. Les mégalithes, à ciel ouvert, sont libres d'accès. Si vous êtes pris par le temps, limitez-vous à la visite du **cromleque dos Almendres**, situé à 16 kilomètres à l'ouest d'Évora, juste en dehors du village de Guadalupe, sur un coteau couvert de chênes-lièges : 95 monolithes de granit y sont disposés en un ovale de 60 mètres sur 30, selon la position du soleil aux équinoxes. Si vous avez la chance de vous y trouver seul, vous mesurerez la puissance que dégage ce lieu qui offre, de surcroît, une magnifique vue sur Évora dans la plaine en contrebas. Un menhir de 2,5 mètres de haut est par ailleurs signalé sur le chemin menant au cromlech, caché derrière les silos à grains.

Situé à proximité du village de Valverde, l'**anta de Zambujeiro** est, avec ses 6 mètres de longueur, le plus important dolmen de la péninsule Ibérique. La très étrange **capela-anta de São Brissos**, chapelle dont le narthex est formé par un dolmen, clôt le circuit. Ceux qui veulent remonter plus loin le fil de l'Histoire pousseront jusqu'au **grutas do Escoural**, à quelques kilomètres du dolmen de Zambujeiro, pour admirer les peintures rupestres datant de 18000 à 13000 av. J.-C qui ornent cette grotte.

MONTEMOR-O-NOVO

Les touristes délaissent souvent – à tort – la ville de Montemor-o-Novo, bien qu'elle soit à une courte distance au nord-ouest des mégalithes. L'endroit porte l'empreinte à la fois des rois maures, des chevaliers chrétiens

et de la monarchie portugaise. Le palais, dont les ruines subsistent à l'extrémité sud de la **cidadela**, fut le cadre de la prise d'importantes décisions – celles relatives, notamment, aux expéditions maritimes aux Indes ou à la construction de l'université de Coimbra. Du XIIIe siècle au XVe siècle, Montemor connut une importante activité aussi bien commerciale que religieuse ; mais, un siècle plus tard, sa population émigra en contrebas, où elle créa une ville « nouvelle ». L'intérieur de la citadelle, qui offre une vue panoramique circulaire sur les environs, subit actuellement des restaurations – ce dont elle avait grand besoin. Le **convento da Saudação** (XVIe siècle), couvent dominicain situé à l'entrée, sert d'atelier aux artisans à l'œuvre. Parmi les sites dignes d'intérêt dans la ville « nouvelle », citons l'**igreja matriz** (largo São João de Deus, fermé le lun.), qui, avec le couvent contigu (XVIIe siècle), fut érigée sur le lieu de naissance de saint Jean-de-Dieu (1495-1550). La statue de ce franciscain, qui fonda l'ordre des Frères hospitaliers, se dresse à l'extérieur. Située dans l'une des annexes du couvent, la **Galeria municipal** (terreiro de São João de Deus) propose des expositions intéressantes destinées à promouvoir de jeunes talents, tout comme, d'ailleurs, la galerie du **convento de São Domingos** (carreira de São Francisco, fermé le lun.).

ÉVORAMONTE

À quelque 30 kilomètres au nord-est d'Évora, Évoramonte est en fait un château auquel un village fut ultérieurement rattaché, au sein de remparts médiévaux. L'édifice, dominant

la plaine, présente sur chaque façade des cordages à nœuds manuélins stylisés en pierre, qui semblent maintenir solidaires ses trois étages et ses quatre tours. L'ensemble est typique de la maison des Bragance, dont la devise *Depois de vós, nós* (« Après vous, nous »), joue sur le second sens de *nós*, « nœuds ». Construit en 1531 sur les vestiges de la structure originelle érigée par Dinis Ier et dévastée par un tremblement de terre, le nouveau château, conçu par Diogo de Arruda, s'inspire de celui de Chambord. De style Renaissance, il abrite des voûtes gothiques, appuyées sur de massifs piliers coiffés de chapiteaux sculptés.

Un raide escalier en colimaçon mène aux étages supérieurs et jusqu'à un toit en terrasse. Si celui-ci servait autrefois pour des exercices de tir, il constitue aujourd'hui l'un des plus beaux points de vue du Portugal. La rue principale qui borde le château longe également un rempart jusqu'à l'**igreja Santa Maria** (XVIe siècle), dont le superbe intérieur n'est visible qu'au moment des offices. ■

Le cromleque dos Almendres, qui fut sans doute un lieu de prières et de réunions rituelles, compte 95 monolithes.

Les séfarades du Portugal

Les séfarades tinrent un rôle clé dans l'économie portugaise et contribuèrent aussi, en termes à la fois scientifiques et économiques, aux Grandes Découvertes des XVe et XVIe siècles. Issu du mot hébreu signifiant péninsule Ibérique, le terme « séfarade » fait référence à la communauté juive qui prospéra dans la région pendant des siècles, avant le décret d'expulsion promulgué par Manuel Ier en 1496.

La présence des juifs au Portugal remonterait à la fin du Ve siècle, à l'époque où les Wisigoths prirent la suite des Romains dans le pays. La première synagogue, qui vit le jour à Santarém au XIIe siècle, fut suivie de nombreuses autres, à Porto, Viseu, Guarda, Torre de Moncorvo, Covilhã, Évora et Faro. De fait, là où il y avait plus de dix juifs, une communauté *(aljama)* se formait autour d'une synagogue, qui devenait non seulement un lieu de prière, mais aussi un

porte-voix pour les édits du roi comme pour ceux du grand rabbin.

Dans un premier temps, les juifs furent incités à aider la toute jeune nation portugaise à bouter les Maures hors de ses frontières et à peupler les territoires ainsi reconquis. Puis vinrent les premières altercations avec les catholiques, au XIIIe siècle. Le roi Afonso II prit alors des mesures interdisant aux juifs l'accès aux fonctions officielles, ainsi que l'emploi de serviteurs chrétiens. Lorsque Sancho II voulut restituer à ces derniers leur statut antérieur, d'aucuns se plaignirent au pape de son approche « laxiste ».

Sous le règne éclairé de Dinis Ier (1279-1325), les séfarades devaient rendre compte aux grands rabbins chapeautant leurs communautés respectives, ces dernières ayant chacune leur propre école et une *beth hamidrash*, vouée à l'étude des écritures, ainsi qu'un *genesim*, pour l'enseignement de la Torah. Si les juifs étaient impliqués dans les secteurs de la médecine, de l'artisanat et de l'agriculture, ils se distinguaient surtout dans le commerce ; ils contribuèrent ainsi à dynamiser l'économie nationale, mais suscitèrent aussi de nombreuses jalousies. La multiplication des communautés – de 30 en 1400, elles dépassèrent la centaine en 1490 – atteste, si besoin en était, leur prospérité. Le nombre des juifs au Portugal avoisinait les 30 000, ce qui représentait à l'époque 3 % de la population du pays, les communautés les plus importantes étant celles de Lisbonne, d'Évora, de Santarém et de Covilhã. L'antisémitisme en Espagne entraîna un afflux d'immigrés/réfugiés et contribua rapidement à accroître la population israélite au Portugal. La dernière vague arriva en 1492, lorsque Ferdinand et Isabel d'Espagne eurent achevé leur Reconquista. Quelque 50 000 à 70 000 juifs, refusant de se convertir, choisirent alors l'exil et traversèrent la frontière pour rejoindre le Portugal. Malheureusement, leur répit fut de courte durée. En effet, pour pouvoir concrétiser son mariage avec Isabel, fille des souverains espagnols, le roi Manuel Ier fut contraint d'imposer aux juifs de son pays la même réglementation qu'en Espagne. Certains d'entre eux émigrèrent aux colonies, d'autres se résignant, contraints et forcés, à la conversion au christianisme. Ils adoptèrent alors des noms de famille comme Cruz, Trinidade et Santos). Leur situation empira en 1536 sous le règne de João III, qui admit l'Inquisition en vertu d'un édit papal ; le premier autodafé eut lieu quatre ans après. Cependant, on découvrit à Belmonte, quelque cinq siècles plus tard, une communauté crypto-juive qui pratiquait encore en secret. Le dernier épisode de ce volet de l'Histoire se referma en 1989, avec les excuses publiques du président Mário Soares au peuple juif. ■

La synagogue de Tomar, dont la construction s'acheva en 1460, ne fut utilisée que pendant quelques années : les juifs n'eurent de choix, en 1497, qu'entre la conversion et l'exil.

Estremoz

Estremoz est incontestablement la ville fortifiée la plus impressionnante de l'Alentejo, avec ses murs et ses portes à la Vauban. Sa partie ancienne, ceinte de murs, jouxte le quartier plus fonctionnel et plus moderne, mais tout aussi intéressant, construit aux xviiᵉ et xviiiᵉ siècles.

La torre das Três Coroas (xiiiᵉ siècle), qui couronne Estremoz, offre une vue superbe sur la campagne de l'Alentejo.

Estremoz

🅐 177 C4

Informations touristiquess

✉ Largo da República 26

☎ 268 333541

Lors de votre visite, faites en sorte d'atteindre les hauteurs juste avant le coucher du soleil, pour admirer les couleurs que revêtent alors les collines situées à l'ouest. Savourez également le samedi matin, quand le gigantesque marché hebdomadaire occupe la place principale. Estremoz a une vocation agricole – sa banlieue ne compte pas moins de 15 domaines viticoles – et s'impose aussi comme la plus importante des trois villes de l'Alentejo produisant du marbre.

LA VILLE FORTIFIÉE

Le quartier médiéval est dominé par le palais, aujourd'hui converti, pour l'essentiel, en une somptueuse *pousada*, ou auberge (voir p. 252). De la structure originelle, qui explosa en 1698, ne subsiste que la **torre das Três Coroas** (tour des Trois Couronnes), un donjon doté de créneaux et de balcons à mâchicoulis. L'édifice reconstruit fut mis à sac en 1808 par les Français – qui, cependant, n'en vinrent pas à bout. La légende veut que les lieux soient protégés par le fantôme de sainte Isabel, veuve de Dinis Iᵉʳ, qui y mourut en 1336, et dont la statue se trouve à l'extérieur. Aujourd'hui, on peut admirer les pièces de réception de la *pousada*, l'accès au donjon – un point de vue magnifique – étant libre et gratuit. Ne manquez pas la **capela da Rainha** santa (chapelle de la Reine sainte), nichée à l'arrière, avec ses magnifiques azulejos illustrant la vie de la reine Isabel (☎ *268 339200, fermé le lun.*). De l'autre côté de la place, une charmante demeure du XVIᵉ siècle loge le **Museu municipal** *(largo Dom Dinis,* ☎ *268 333614, fermé le lun.,* €)*, où l'on peut voir, entre autres, des pièces d'artisanat rural, des chambres d'époque reconstituées, des sculptures de liège, ainsi que les traditionnelles figurines d'argile, dont certaines sont d'authentiques chefs-d'œuvre. Sur les terrasses sont exposés des fragments architecturaux, à côté d'un atelier de poterie où des démonstrations sont effectuées à l'intention des visiteurs. La célèbre **galeria de Desenho** *(largo Dom Dinis, fermé le midi)*, l'ancienne salle d'audience de Dinis Iᵉʳ, est au coin de la place. Ainsi nommée parce qu'elle abrite une galerie d'exposition et de nombreux dessins, elle n'est ouverte que pour quelques expositions temporaires, si bien que son intérieur entièrement en marbre n'est pas toujours visible. En revanche, on peut admirer les magnifiques chapiteaux manuélins sculptés du porche à colonnades, ainsi que l'étonnant clocher. Plus loin, en contrebas, le quartier résidentiel est essentiellement occupé par des gitans. À mi-chemin de la route principale, une cour révèle un alignement de portes numérotées ; il s'agit d'une ancienne caserne, témoin du rôle d'Estremoz dans les conflits intermittents avec l'Espagne.

HORS LES MURS

La place principale d'Estremoz, le vaste **rossio do Marquês de Pombal**, est à une courte distance à pied ou en voiture des remparts de la ville. Bordée d'arbres, d'églises et de beaux immeubles des XVIIᵉ et XVIIIᵉ siècles, elle constitue un véritable carrefour social et commercial. Les quelques étals qu'elle conserve sur son côté sud se multiplient le samedi, à l'occasion du marché aux Poteries ; on y trouve alors toutes sortes d'articles (objets en peau de chèvre ou de mouton, céramiques, saucisses et légumes…). L'**igreja dos Congregados**, qui date du XVIIᵉ siècle, domine la place du Marché. Depuis son intérieur de marbre blanc, récemment restauré, on peut accéder au modeste **museu de Arte sacra**, au-dessus (☎ *967 528298, fermé le sam. et le dim.,* €)*, ainsi qu'à la terrasse. La vue circulaire y embrasse, notamment, l'**igreja de São Francisco**, de l'autre côté de la place. Cette église baroque, bâtie dans le marbre local, présente, à gauche de l'autel, un impressionnant arbre de Jessé sculpté en bois doré. ∎

Le majestueux donjon domine les arcades du porche de l'ancienne salle d'audience de Dinis Iᵉʳ.

Vila Viçosa et Borba

HORMIS LE MARBRE, QU'ELLES ONT EN COMMUN, LES VILLES DE VILA Viçosa et de Borba diffèrent profondément. Si la première est tournée uniquement vers son palais-musée, la seconde, distante de seulement quelques kilomètres, est nettement plus gaie – le robuste vin rouge qu'elle produit n'est peut-être pas étranger à cet état de fait.

La sala dos Duques et le reste du palais de Vila Viçosa traduisent un certain luxe régalien ; le plafond arbore les portraits de 18 des ducs.

À l'exception de son célèbre Palais ducal, qui peut rivaliser avec Versailles, mais à l'échelle portugaise, la ville ne présente pratiquement aucun attrait, si ce n'est son musée situé dans l'enceinte du château et sa rue principale à double voie, bordée d'orangers et menant à une église. Cependant, Vila Viçosa partage avec Borba la particularité d'être un gisement de marbre, les 4 kilomètres les séparant étant longés par une série ininterrompue de carrières. À Borba, les encadrements de porte, les cheminées et les façades des demeures – même des plus humbles – sont tous faits de cette pierre subtilement veinée qui recouvre aussi une bonne vingtaine d'églises de Vila Viçosa.

VILA VIÇOSA

Riche d'un passé aristocratique, Vila Viçosa l'emporte nettement sur Borba pour ce qui est du prestige. C'est au quatrième duc de Bragance qu'elle doit son **Paço ducal** (palais ducal), dont la construction commença en 1501 dura plus d'un siècle. L'édifice, qui subit des ajouts ultérieurs lorsque les Bragance accédèrent au trône en 1640, se présente comme un immeuble très long en

façade (110 mètres), mais très peu large, dont les 78 pièces accueillirent de nobles visiteurs. Certains venaient y prendre la mesure de la *tapada* (chasse) de l'autre côté de la route, d'autres y assister aux courses de taureaux organisées sur le vaste terreiro do Paço (esplanade du Palais). Les lieux sont marqués de l'empreinte de dom Carlos, l'avant-dernier souverain à les avoir occupés, et qui y a laissé des dizaines de ses peintures, toutes de très haut niveau et pour la plupart de style postimpressionniste. Malheureusement, le roi quitta le palais par un matin de février 1908 pour ne jamais y revenir : il fut assassiné avec son fils, le prince héritier, l'après-midi de ce même jour. Ses appartements sont demeurés en l'état. Ne manquez surtout pas la visite guidée du palais. Malheureusement, à l'heure actuelle, elle ne se déroule qu'en portugais, si bien que la seule manière de prendre la mesure du raffinement des Bragance est de se référer au catalogue français, qui explique les étapes clés du parcours. Le palais regorge de pièces d'arts décoratifs : tapisseries de Bruxelles et des Gobelins, lustres vénitiens, fresques du XVIIᵉ siècle, majoliques italiennes, porcelaines chinoises, tapis persans et d'Arraiolos. La **sala dos Duques** (chambre des Ducs) honore les divers ducs de Bragance, en arborant au plafond 18 portraits exécutés par l'Italien Giovanni Domenico Dupra. L'un des aspects les plus touchants du château est son **aile « nouvelle »**, rajoutée au corps existant en 1762. Elle comporte des pièces aux dimensions plus intimes, qui donnent une bonne idée de la personnalité des différents souverains, qu'il s'agisse de la collection d'uniformes de dom Carlos ou des dessins de botanique et d'architecture réalisés par la reine Amélie. Les **cuisines** – la dernière étape de la visite guidée – présentent une rutilante série d'ustensiles en cuivre que maniaient pas moins de 26 chefs et

sous-chefs (sans compter les petites mains qui s'affairaient dans l'office). D'autres visites guidées (toujours en portugais uniquement) permettent de découvrir le **museu dos Coches** (musée des Carrosses), ainsi que l'impressionnante collection d'armes et de porcelaines. Quittez les lieux par la **porta dos Nós** (porte des Nœuds), un portail de marbre et de schiste sculpté qui reprend des motifs de cordages, symbole des Bragance. Suivez l'avenue principale au sud du palais jusqu'aux murs d'enceinte du château. Une petite communauté se réunit à côté de **Nossa Senhora da Conceição**, un édifice gothique du XIVᵉ siècle construit sur les ruines de l'église originelle et qui abrite de superbes panneaux d'azulejos. Fermés pour cause de restauration, les lieux devraient rouvrir au public en 2009. Cependant, il est possible de voir le **museu de Arqueologia** et sa collection de vases grecs du roi Luís – la visite guidée dure une heure.

BORBA

Borba est nettement plus prosaïque. Une fois que vous avez visité la **praça da República**, la place principale quelque peu démesurée dominée par une immense fontaine de marbre et surplombée par un hôtel de ville assez modeste, dirigez-vous vers les tourelles du château. La rue pavée et pentue située juste en face vous mène à l'**igreja São Bartolomeu**, une église du XVIᵉ siècle entourée de boutiques d'antiquaires et de brocanteurs, qui exposent leurs objets à l'extérieur. Après les pures merveilles du palais de Vila Viçosa, il peut être amusant de chiner ici, tout en sachant que les prix des objets de moindre valeur ne sont pas anodins. Quant aux vins de Borba, ils comptent désormais au nombre des meilleurs du Portugal. Pour bien appréhender l'ambiance du lieu, il vaut mieux le découvrir en novembre, à l'occasion de la foire aux Vins annuelle. ■

Vila Viçosa
🗺 177 C3
Informations touristiques
✉ Praça da República
☎ 268 881101

Paço ducal
✉ Terreiro do Paço, Vila Viçosa
☎ 268 980659
🕐 Fermé le lun. et les jours fériés
€ €€

Museu de Arqueologia
✉ Terreiro do Paço, Vila Viçosa
☎ 268 980659
🕐 Fermé le lun. et les jours fériés
€ €

Borba
🗺 177 C3
Informations touristiques
✉ Rua Convento das Servas
☎ 268 891630

Portalegre et
la serra de São Mamede

Portalegre

🗺 177 C5

Informations touristiques

✉ Palácio Póvoas, Rossio

☎ 245 331359

À CHEVAL SUR LA FRONTIÈRE SÉPARANT L'ESPAGNE DES BEIRAS, Portalegre se situe hors des principaux circuits touristiques ; ce n'en est pas moins un passage obligé vers la serra de São Mamede et de nombreux petits villages isolés de l'Alentejo.

Niché dans un écrin de vignes qui se mue en une forêt de chênes-lièges et de noyers, Portalegre s'aperçoit de très loin. Cependant, une fois n'est pas coutume, elle ne se distingue ni par un château ni par une cathédrale, mais par une usine, dont les deux cheminées jumelles crachent en permanence de la fumée. Cette activité est celle d'une fabrique de bouchons, créée au XIXe siècle par un Anglais.

Un site exceptionnel

Du fait de sa situation privilégiée – à cheval sur Atlantique et Méditerranée –, la serra de São Mamede présente une faune et une flore exceptionnelles. Son sol de quartzite, de calcaire, de schiste et de granit accueille quelque 800 espèces d'arbres et de plantes, dont des chênes, des noyers, des oliviers, des mousses et des lichens rares. La faune locale concentre plus de la moitié des oiseaux sédentaires du Portugal, dont le vautour fauve, l'aigle de Bonelli et la grande outarde, et la plus importante colonie de chauves-souris d'Europe. On y voit aussi des espèces endémiques à la péninsule Ibérique, dont nombre de batraciens, mais aussi des martres, des cerfs, des cigognes, des genettes, des loutres, des sangliers et des mangoustes égyptiennes. ∎

Néanmoins, d'un point de vue historique, c'est le textile qui fit la prospérité de la ville, laquelle doit sa renommée internationale à ses tapisseries aussi prisées que celles d'Aubusson. Le transfert du siège de l'usine de bouchons Robinson en dehors de la ville et la transformation des actuels bâtiments en un centre culturel sont actuellement à l'étude. D'autres projets verront bientôt le jour, qui favoriseront le renouveau de Portalegre, notamment la démolition de maisons pour mettre en valeur les vieux murs (remparts) de la ville, la création d'un marché d'artisanat régional, de parkings souterrains et d'un centre artistique performant, et la conversion de certaines parties de la vieille ville en zones piétonnières. Le cœur de Portalegre s'honore d'un riche passé historique, dont témoignent les demeures de style baroque situées dans l'enceinte des murs, ainsi que la **Sé** (*praça do Município, fermé le dim. soir et le lun.*) du XVIe siècle. Ses peintures maniéristes et sa façade rénovée (au XVIIIe siècle) sont des fleuron de l'artisanat baroque. De l'autre côté de la route, l'ancien séminaire abrite le **Museu municipal** (*rua J.M. Rosa*, ☎ *245 330616, fermé le mar., €*) et sa vaste collection d'art sacré. Notez en particulier la pietà espagnole en bois sculpté du XVe siècle, le rare tabernacle d'ébène du XVIIe siècle, ainsi que les superbes tapis d'Arraiolos. Depuis la cathédrale, la rue piétonnière (*rua 19 de Junho*), bordée de maisons baroques, s'oriente vers le sud-est, passant à travers la porta de Alegrete jusqu'à la **praça da República**, à l'architecture harmonieuse.

Ici, les cafés en terrasse sont surtout investis par les jeunes. Le château, dont il ne reste d'ailleurs pas grand-chose, est juste au nord. Le seul attrait culturel de Portalegre, le **museu da Tapeçaria** (*musée de la Tapisserie, rua da Figueira 9,* ☎ *245 307980, fermé le mer., €*), est en contrebas de la Sé. Inauguré en 2001, il honore Guy Fino, qui contribua à la renaissance de cette activité locale en 1946. Un conférencier vous fera découvrir les métiers à tisser, le mur présentant 1 150 coloris de laine (plus de 5 000 sont utilisés), ainsi que l'exposition chronologique de tapisseries de 1947 (une *Diane chasseresse*) aux années 1990 (des œuvres plus dépouillées et plus géométriques de Lourdes Castro). La *Biblioteca* (1981) de Vieira da Silva est un chef-d'œuvre du genre.

AUTOUR DE PORTALEGRE

Situé à 21 kilomètres à l'ouest de Portalegre, la séduisante ville de **Crato** joua un rôle clé dans l'Histoire dès 1350, quand elle accueillit le siège du puissant ordre des Chevaliers hospitaliers (ci-devant ordre des Chevaliers de Malte) ; par la suite, elle fut le cadre de deux mariages royaux, ceux de Manuel Ier et João III. C'est aujourd'hui une belle endormie, toute de blanc et de jaune safran vêtue, dotée de superbes constructions médiévales, manuélines et baroques. Toutes les routes de la ville mènent à l'élégante **praça do Município**, qui loge dans une belle demeure baroque le **Museu municipal do Crato**. Ce musée – étape obligée d'une visite à Crato – présente des pièces d'origine mégalithique (72 sites sont répertoriés dans les environs) ou romaine, et d'autres ayant trait à l'ordre de Malte. Admirez la chapelle du XVIIIe siècle, ainsi que l'intérieur rénové, où sont rassemblés des objets à usage domestique donnés par les villageois. Ne manquez pas, à l'extrémité orientale de Crato, les pittoresques vestiges d'un **castelo** des XIIIe-XVIIe siècles.

À 1,5 kilomètre au nord de la ville, le village de **Flor da Rosa** est agencé autour de son monastère fortifié du XIVe siècle. Cet édifice imposant, situé sur une proéminence plutôt isolée et ourlée par une ou deux routes, abrite désormais une superbe *pousada* (voir p. 252). À 8 kilomètres à l'ouest, à

Une tour de guet isolée, dressée sur le piton rocheux de Marvão, semble surveiller les sommets et les vallées de la serra de São Mamede.

Crato
🗺 177 C5

Museu municipal do Crato
www.cm-crato.pt
✉ Praça do Município, Crato
☎ 245 990115
🕐 Fermé le lun. et le mar.
💶 €

Flor da Rosa
🗺 177 C5
Informations touristiques
✉ Nuno Alvares Pereira 58
☎ 245 997341

Au lever du jour, un habitant de Marvão descend les rues pentues pour se rendre dans les champs en contrebas.

Alter do Chão

🗺 177 C5

Informations touristisques

✉ Palácio do Álamo

☎ 245 610004

Coudelaria de Alter do Chão

☎ 245 610060

🕐 Fermé le lun. et les jours fériés

Tapadão, tout près du village d'Aldeia da Mata, et à **Penedos de São Miguel**, se trouvent les plus importants dolmens de la région. **Alter do Chão**, la dernière étape du circuit, est un noble village dominé par un château. Richement doté en demeures baroques et en fontaines délicatement travaillées, il a cependant pour principal attrait son haras mondialement connu – la **Coudelaria de Alter do Chão** –, où sont élevés et entraînés les Alter Real de l'École portugaise d'art équestre. Une exposition retrace sur plus de deux siècles et demi l'histoire des anciennes écuries royales. Les écuries, le manège et la fauconnerie sont ouverts au public.

SERRA DE SÃO MAMEDE

Au nord de Portalegre se situe la rugueuse serra de São Mamede, qui culmine à 1 027 mètres et est, pour une grande partie (31 750 hectares), classée **parque natural**. Le lieu, qui bénéficie d'un air pur et d'un ciel (généralement) dégagé, est propice aux randonnées ; les offices de tourisme locaux, ainsi que le quartier général du parc, à Portalegre, proposent des itinéraires préétablis, et la montagne est parsemée de *casas abrigos*, sortes d'abris pour la nuit. Dans la partie septentrionale, les habitants logent dans des fermes, des *quintas* (demeures cossues), des *tapadas* (relais de chasse) ou dans des villages constitués de maisons à deux étages. Plus peuplé, le sud se distingue par ses maisons basses au crépi blanc, qui alternent avec les *montes* (propriétés) typiques de l'Alentejo. Les visiteurs apprécient généralement la petite ville de **Castelo de Vide**, sise sur une

crête, et le village de Marvão, distant de 10 kilomètres.

Véritable dédale de rues pavées et généreusement fleuries, Castelo de Vide présente deux attraits principaux : son château et sa majestueuse praça Dom Pedro V. La seconde est nettement plus séduisante que le premier, en ruine, qui n'a d'autre intérêt que le beau point de vue qu'il offre. L'**igreja Santa Maria da Devesa** (1749) est assez anodine ; la rua Santa Maria mène sur les hauteurs à l'enceinte du château, où vous trouverez un délicieux réseau de chemins médiévaux. Juste en dehors des murs, suivez les marches et les pittoresques allées jusqu'à la **Judiaria**, le vieux quartier juif. Le lieu s'organise autour de la rua da Fonte, au coin de laquelle se dresse une modeste synagogue médiévale – l'une des plus anciennes

du pays, puisque l'on pense qu'elle remonte au XVᵉ siècle. En contrebas, la superbe fonte da Vila, fontaine manuéline de granit au toit rehaussé, fournit à l'envi une eau minérale pure et fraîche.

Les amateurs de mégalithes se dirigeront vers le nord pour visiter le **menir da Meada**, le plus important menhir de la péninsule Ibérique (7 mètres de haut). À une courte distance au sud de Castelo de Vide, le sanctuaire **Nossa Senhora da Penha** (Notre-Dame de la Roche), situé à 700 mètres d'altitude, offre un très beau point de vue sur la ville.

À l'est, l'extraordinaire village de **Marvão**, qui semble émerger des blocs de granit, tiendrait son nom d'un cavalier maure du IXᵉ siècle, Ibn Maruan. Les marcheurs confirmés accéderont au sommet par l'ancien sentier pavé, les moins courageux passeront le portail en voiture. La citadelle médiévale, véritable bastion contre les attaques espagnoles, doit son classement par l'Unesco au patrimoine mondial de l'humanité à son parfait état de conservation. Malheureusement, la population locale se résume désormais à 180 âmes – ce qui fait de Marvão une véritable « ville-musée ». Prenez le temps de flâner le long des rues et des allées étroites, et d'admirer les cheminées alentéjanes, les grilles en fer forgé et les fenêtres manuélines. Un magnifique pilori se dresse sur une place qui ouvre vers le **castelo**. Celui-ci offre un superbe panorama vers le nord – jusqu'à la serra de Estrela, distante de 96 kilomètres (voir p. 130-131) –, mais aussi vers l'est, en direction de l'Espagne. Au pied du château, l'ancienne igreja Santa Maria abrite le **Museu municipal** (☎ *245 909132*, €), dont la très éclectique collection comprend des pierres mégalithiques, des statues, une fresque du XIVᵉ siècle, des costumes, des pièces d'artisan pastoral, un squelette romain et divers objets issus de fouilles menées à Pombais. ∎

**Serra de São
Mamede**
⚠ 177 D5

**Parque natural
de São Mamede**
www.rtsm.pt/parque.htm
✉ Rua General Conde
Jorge de Avilez 22,
Portalegre
☎ 245 203631

Castelo de Vide
⚠ 177 C5
**Informations
touristisques**
✉ Praça Dom Pedro V
☎ 245 901361

Marvão
⚠ 177 D5
**Informations
touristisques**
✉ Largo de Santa
Maria
☎ 245 993886

Le lac d'Alqueva – plus grand lac artificiel d'Europe – est bordé de chênes-lièges et d'oliviers.

La vallée du Guadiana

Cet itinéraire vous fera passer des carrières de marbre de Vila Viçosa au lac artificiel le plus vaste d'Europe, dans la vallée du Guadiana. Vous traverserez les villages historiques, les oliveraies et les champs de céréales du centre de l'Alentejo.

De **Vila Viçosa** ❶ (voir p. 188-189), prenez vers le sud la direction d'Alandroal, laissant la ville sur la N255 (tournez à gauche après les nouvelles halles du marché). Vous passerez des carrières de marbre, puis des oliveraies ondoyantes (sur 25 kilomètres), avant d'arriver à un endroit non signalé (attention !), où vous devrez prendre à gauche pour rejoindre **Alandroal** ❷. En entrant dans la ville, remarquez sur votre droite le **castelo** du XIIIᵉ siècle. Garez-vous devant, sur la place dotée d'une fontaine de marbre du XVIIIᵉ siècle qui rafraîchit l'atmosphère. Une visite de l'office du tourisme (☎ 268 440040), situé à gauche de l'arche, s'impose alors. Malgré son dépouillement, ce bâtiment tout en hauteur, construit pour l'ordre des Aviz, dégage une atmosphère particulière. Les boutiques avoisinantes proposent des articles en étain, en bois et en schiste. Quittez la place par le coin diamétralement opposé à l'arche, en suivant les panneaux indiquant **Terena** ❸. Continuez pendant 28 kilomètres sur la N255, qui fend un paysage s'étendant à perte de vue, seulement peuplé de moutons et de bergers. La silhouette du château

de Terena se dessine bientôt à l'horizon. Tournez à gauche au niveau du panneau et suivez la route jusqu'au village, impeccablement tenu. Des maisonnettes au crépi blanc bordent les deux rues principales parallèles, généreusement fleuries de part et d'autre, qui aboutissent à **São Pedro do Castelo**. Prenez le temps d'une promenade sur la pelouse de la cour carrée du château ; grimpez ensuite jusqu'aux remparts, qui offrent une vue magnifique sur les environs et d'où vous pourrez entendre le faible tintement des clochettes des moutons. En partant, reprenez la N255, passez le sanctuaire fortifié de **Nossa Senhora da Boa Nova** tout de bleu et de blanc vêtu, dont on pense qu'il remonte au début du XIVᵉ siècle. Faites encore quelque 10 kilomètres, suivez les panneaux indiquant le hameau d'**Aldeia da Venda** ; prenez à gauche la N114, qui ourle le coteau et offre des vues panoramiques sur l'est et le nord, au-delà des oliveraies et des bosquets d'eucalyptus. Vous passerez le typique village de Motrinos, avec ses maisons au crépi blanc, avant de rejoindre la N125 en direction de Monsaraz. Après 2 ou 3 kilomètres, un

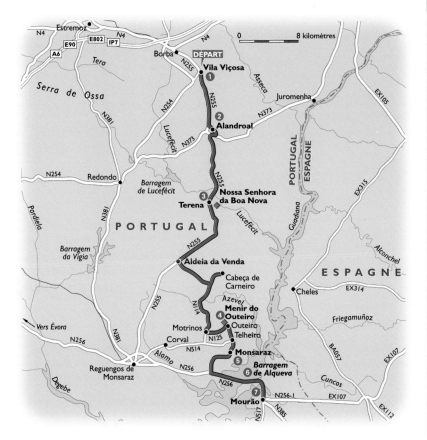

panneau indique « anta » (dolmen). Ce petit circuit (comptez une vingtaine de minutes), qui se termine à Telheiro, au pied de **Monsaraz** ❺, vous permettra de visiter trois impressionnants mégalithes, dont le **menir do Outeiro** ❹, réputé être le plus remarquable menir d'Europe, celui de **Belhoa**, ainsi que le dolmen d'**Olival da Pega**. Montez jusqu'au village de Monsaraz, à plus de 300 mètres, et suivez les indications sur la droite jusqu'à ce que vous puissiez vous garer. Cette étonnante enclave, inaccessible en voiture, compte des allées pavées, d'élégantes façades, les vestiges d'un château, de nombreuses boutiques d'artisanat et l'igreja Santa Maria da Lagoa. Le minuscule **museu de Arte sacra** (☎ *266 577136)*, qui jouxte l'église, abrite une fresque du XIVe siècle. Quittez Monsaraz en suivant la direction de Mourão ; vous retrouvez la N256, qui franchit le Guadiana, là où il rejoint l'immense lac artificiel d'**Alqueva** ❻. Avec ses 250 kilo-

---

🏔 Voir aussi p. 177

▶ Vila Viçosa

↔ 128 km

🕐 2 h (sans les arrêts)

▶ Mourão

À NE PAS MANQUER

- Terena
- Menir do Outeiro
- Monsaraz
- Lac d'Alqueva

---

mètres carrés, celui-ci s'impose comme le plus étendu d'Europe. À la prochaine patte d'oie, prenez à droite, toujours en suivant la direction de **Mourão** ❼. Cette petite ville fortifiée se targue d'une église du XVIIe siècle (☎ *266 586791)* située dans l'enceinte de son château, et dont l'intérieur est ouvert au ciel. ■

Les murs et les tours crénelées du splendide castelo de Beja ont retrouvé leur splendeur d'antan.

Beja, Serpa et Moura

CES TROIS VILLES FORTIFIÉES DES PLAINES DU SUD DE L'ALENTEJO constituent un circuit triangulaire. Séduisantes chacune à leur manière, elles ont en commun un rôle historique important et des fortifications médiévales construites sous le règne de Dinis Iᵉʳ.

Beja
🗺 177 C2
Informations touristiques
www.cm-beja.pt
✉ Rua Capitão João Francisco de Sousa 25
☎ 284 311913

Au Museu Rainha Dona Leonor, les céramiques mudéjares disputent au plafond peint de la salle capitulaire l'attention des visiteurs.

BEJA

Beja, la ville principale de la partie méridionale de l'Alentejo, compte quelque 20 000 habitants. Du fait de sa situation, dominant les plaines agricoles de la région, elle est visible de loin (à 32 kilomètres). Outre un vieux quartier magnifiquement tenu, la ville présente un imposant **castelo** restauré (*largo do Lidador,* ☎ *284 311800, fermé le lun.*), connu pour son donjon de 42 mètres de haut – le plus élevé de toute la péninsule Ibérique –, qui offre un superbe panorama sur les environs.

En face se trouve la plus vieille église de Beja, Santo Amaro, qui abrite le **Museu visigótico** (*largo de Santo Amaro,* ☎ *284 323351, fermé le lun.,* €), où vous admirerez une très instructive exposition de pièces des VIIᵉ et VIIIᵉ siècles. Cette même place s'anime le premier samedi de chaque mois lorsqu'elle accueille le marché, qui propose, entre autres choses, des lapins et des poulets sur pattes. Le billet d'entrée du musée permet d'accéder au **Museu regional Rainha Dona Leonor** (*largo de Nossa Senhora da Conceição,* ☎ *284 323351, fermé le lun.,* €), situé dans le convento Nossa Senhora da Conceição. Ce superbe édifice gothico-manuélin (1459) trône majestueusement au beau milieu d'une vaste place au sud de l'élégante **praça da República**, le cœur historique de Beja. L'une des nonnes de ce couvent, Mariana Alcoforado, aurait entretenu avec le comte de Chamilly, un officier de cavalerie français, une relation qui défraya la chronique. Ses lettres ont été publiées en français en 1669 (*Lettres de la religieuse portugaise*), puis en anglais, mais les originaux en portugais n'ont jamais été retrouvés – si bien que la controverse quant à leur authenticité bat encore son plein. Une exposition réunit les diverses éditions de l'ouvrage. Des bancs d'azulejos reprenant des motifs mudéjars du XVIᵉ siècle bordent la salle capitulaire, dont le plafond présente de délicats motifs à la tempéra. Le cloître est lui aussi orné d'azulejos. Dans une salle vouée aux peintures des XVIᵉ et XVIIᵉ siècles, le *São Vicente* de Mestre do Sardoal côtoie une peinture anonyme illustrant le martyre de saint Vincent.

SERPA

Située à 30 kilomètres à l'est de Beja, la petite ville de Serpa est plus animée et paraît plus accueillante. Ses murs crénelés bordent d'étroites rues pavées, des églises, des demeures cossues et d'excellents restaurants. Garez votre voiture à l'extérieur de la ville et admirez les oliviers noueux plus que millénaires en vous dirigeant vers la **praça da República**, entourée de cafés en terrasse. La **torre do Relógio** (tour de l'Horloge) se dessine au-dessus de l'escalier menant à l'igreja Santa Maria et au **castelo**. Le petit **Museu arqueológico** rassemble des objets allant de l'âge de pierre aux époques romaine et maure. La ville haute, constituée d'un lacis de ruelles étroites, abrite la plus belle demeure patricienne de Serpa, le **palácio do conde do Ficalho** (*fermé aux visiteurs*), édifié au XVIIᵉ siècle.

Le **museu do Relógio** (musée de l'Horlogerie) est au sud de la place ; des visites guidées vous feront découvrir sa collection de 1 100 montres et horloges. La roue hydraulique et l'aqueduc de la rua dos Arcos, à l'ouest des murs de la ville, méritent le coup d'œil. Avant de quitter les lieux, dégustez le célèbre fromage de

Le Guadiana serpente du nord au sud à travers l'est de l'Alentejo, en contournant Moura et Serpa.

brebis local, le *queijada* (petit gâteau au fromage), ainsi que les robustes vins de Pias.

MOURA

Située à 30 kilomètres au nord de Serpa, Moura est connue pour son huile d'olive, son eau de source et ses nombreux vestiges mauresques. La ville tire son nom d'une légende selon laquelle une jeune Maure aurait par erreur ouvert les portes de la ville aux hordes chrétiennes, pensant que son fiancé était dans la foule. Prenant conscience de son geste, elle se suicida du haut d'une tourelle. L'élément le plus parlant de cette époque est le **Poço mouro**, un puits du XIVᵉ siècle (*travessa da Mouraria, fermé les sam. et dim. matin, et le lun.*) situé dans la **Mouraria**. Ce quartier maure, qui s'étend au sud du **castelo**, est un lacis de ruelles. Le château, en ruine, fut érigé sur les vestiges d'une forteresse mauresque, dont il ne subsiste qu'une tour en pierre et torchis. ∎

Serpa

⚐ 177 C2

Informations touristiques

✉ Largo Dom Jorge de Melo 2-3

☎ 284 544727

Museu do Relógio

www.museudorelogio.com

✉ Convento do Mosteirinho, rua do Assento, Serpa

☎ 284 543194

🕐 Fermé le lun. et le matin du mar. au ven.

💶 €

Moura

⚐ 177 C3

Informations touristiques

✉ Largo de Santa Clara

☎ 285 251375

La côte de l'Alentejo

LA CÔTE DE L'ALENTEJO – UNE SUCCESSION DE PLAGES ET DE FALAISES semi-sauvages bordées par un océan capricieux – s'étend sur quelque 100 kilomètres depuis l'estuaire du Sado jusqu'à Odeceixe, au sud, à la frontière de l'Algarve. Elle accueille plusieurs villages côtiers.

La seule tache dans ce décor est le complexe pétrochimique de Sines, situé à mi-chemin de cette partie du littoral ; on l'évite aisément en faisant le détour par la ville fortifiée de Santiago do Cacém et les ruines romaines de Miróbriga. À cette exception près, seuls de discrets villages bordent les plages de sable blanc au nord de Sines, ainsi que les falaises et les criques superbement sculptées, plus au sud. La côte de l'Alentejo est l'une des rares côtes d'Europe qui soit encore authentique. Le seul reproche qu'elle encourt tient à la fraîcheur de ses eaux tout au long de l'année, au vent de l'Atlantique qui la balaie sans cesse et à son infrastructure sommaire, les possibilités de logement se résumant à des chambres chez l'habitant et à quelques campings. Des rizières et des marais salants abondent autour d'**Alcácer do Sal**, une jolie petite ville en bordure de rivière réputée pour ses cigognes et leurs nids perchés à des hauteurs vertigineuses. Au sud-ouest, les lagons et les plages de **Melides** et de **Santo André** abritent de très nombreux oiseaux (canards, bécassines, hérons et grèbes) et sont propices à la pratique du surf et de la pêche. Une bande de fin sable blanc baignée par une brise légère, entre le lagon et la mer, constitue un cadre idyllique invitant à la flânerie, tandis que quelques modestes restaurants de poisson proposent de la matelote d'anguille – une spécialité locale.

Plus au sud, **Santiago do Cacém**, une ville fortifiée située en hauteur, offre un très beau panorama sur les environs. Tirant son nom de l'ordre de Santiago qui la contrôlait entre 1336 et 1594, elle offre un accès facile à la côte, en particulier si vous logez dans la magnifique *quinta* de la vallée pastorale en contrebas, aménagée en luxueuse *pousada* (voir p. 253).

Parmi les attraits de la ville, citons le **Mercado municipal** *(marché, largo do Mercado, fermé le dim.)*, et ses délicieux produits locaux.

De là, montez vers le château en empruntant les rues pavées relativement pentues. À l'entrée se trouve l'**igreja matriz** (☎ *269 826430, fermé du lun. au mer.)*, une superbe église dont l'intérieur est un fleuron du baroque. Admirez en flânant les remparts du château, et appréciez la vue, au nord, sur la péninsule de Setúbal et sur la ville industrielle de Sines. En contrebas, sur la place principale, le **Museu municipal** (☎ *269 827375, fermé le lun. et les sam. et dim. matin)* présente, dans le cadre de l'ancienne prison de la ville, quelques belles antiquités, ainsi que des pièces ethnographiques et archéologiques. Le principal attrait de Santiago est le site romain de **Miróbriga**, situé en hauteur à environ 1,5 kilomètre à l'est. Doté depuis 2001 d'un petit musée moderne, c'est une halte plaisante où l'on peut, à l'ombre des cyprès, prendre le temps de regarder paître les moutons et d'imaginer la vie au temps des Romains. Les ruines, des Ier et IIe siècles, sont bien signalisées ; elles englobent les fondations de thermes, d'un forum, d'un temple dédié à Vénus et de villas. L'unique hippodrome romain du Portugal, où concouraient les lusitaniens, est distant de 1,5 kilomètre à peine.

La côte Sud depuis Sines forme le **parque natural do Sudoeste Alentejano**, qui rejoint la Costa Vicentina, dans l'Algarve (voir p. 218). Ces deux parties du littoral partagent la même faune, notamment des aigles de Bonelli, des balbuzards, des hérons pourprés, des crécerelles, des pigeons et des chauves-souris. Si les falaises

dominent le paysage, elles alternent avec des criques et des plages de rêve. L'endroit est desservi par trois stations balnéaires plutôt discrètes : Porto Côvo, Vila Nova de Milfontes et Zambujeira do Mar. **Vila Nova de Milfontes** mérite davantage l'intérêt, du fait notamment de sa situation sur l'estuaire du Mira et de ses plages isolées, aux eaux plus chaudes, mais aux courants plus violents. Si elle ne brille pas particulièrement par sa vie nocturne, elle est plutôt animée et offre un cadre relativement séduisant, avec

sa longue chaussée et son château couvert de lierre, désormais converti en hôtel haut de gamme. Vous pouvez de là rallier en bateau Odemira, située en amont de la rivière. En allant vers le sud, ne manquez pas le spectaculaire cap de **Cabo Sardão** et son phare. Suivez le chemin de terre jusqu'en haut de la falaise pour admirer, à pic, les vagues se fracassant sur les rochers et, au nord, la vue sur la côte. L'ambiance est adoucie par les odorants buissons de thym et de romarin. Huit kilomètres plus loin, vous trouverez **Zambujeira do Mar**, une modeste station balnéaire surplombant une magnifique plage en forme de croissant bordée de falaises. Un sentier tout en haut des rochers mène au sud vers des plages plus sauvages, inaccessibles en voiture. ■

Ruines romaines de Miróbriga

✉ Cumeadas, Santiago do Cacém

☎ 269 818460

🕐 Fermé le lun.

€ €

On distingue dans le quartier des thermes de Miróbriga des conduites d'eau, des bains et des salles de repos de l'époque romaine.

Vila Nova de Milfontes

▦ 177 A2

Informations touristiques

✉ Rua António Mantes

☎ 283 996599

Autres sites à visiter

ELVAS

Cette séduisante ville de 10 000 habitants se situe à 12 kilomètres de la province espagnole de Badajoz. Admirez ses impressionnantes fortifications du XVIIe siècle, dont deux bastions situés en hauteur, au nord et au sud de ses murailles d'enceinte. Ne manquez pas l'**aqueduto da Amoreira**, construit entre 1529 et 1622, qui amène l'eau depuis un point sis à 8 kilomètres de là. Au cœur d'Elvas, la belle **praça da República** est dominée par une cathédrale dont la

L'aqueduto da Amoreira d'Elvas, fut financé par la première taxe royale sur l'eau.

façade manuéline d'origine a été réaménagée de manière peu commune. En remontant sur la droite de cet édifice, vous accéderez à l'ancien quartier arabe, qui abrite de nombreux monuments, dont le **largo de Santa Clara** et son pilori de marbre ouvragé. Au-delà se situe le **castelo** médiéval (☎ 268 626403, €) construit par dom Sancho et reconstruit au XVe siècle, qui accueille un petit musée militaire. La structure des rues pavées, des arches, des façades ornées de blasons et des escaliers reflète l'évolution de la ville, passée au cours des siècles de l'état de citadelle mauresque à celui de bastion médiéval, puis de forteresse du XVIIe siècle. C'est la partie méridionale de la ville qui porte les traces les plus patentes de cette dernière époque.

Elvas est très prisée des Espagnols en quête de linge de maison à bon prix et amateurs de prunes confites – la spécialité locale.

▲ 177 D4 **Informations touristiques** ✉ Praça da República ☎ 268 622236

MÉRTOLA

Mértola est le dernier avant-poste du sud-est de l'Alentejo, juste avant les collines de l'Algarve. Cette petite ville fascinante, dotée d'ateliers d'artisanat (tissage, céramique et joaillerie) et de vestiges romains et mauresques, bénéficie d'une excellente situation sur les bords du Guadiana. Le centre historique, au sud de la ville moderne, s'organise autour du **castelo** restauré, dont le donjon abrite une exposition d'objets wisigothiques *(fermé le lun. et le mar.)*. Les fouilles archéologiques menées en contrebas ont mis au jour des ruines romaines. La paroisse voisine de **Santa Maria** *(fermé le lun. et le mar., visites guidées par l'office du tourisme)* est une ancienne mosquée dont les arches en fer à cheval et le mihrab (qui indique la direction de La Mecque) sont encore intacts. En bordure du fleuve, la **torre de Rio**, le plus ancien attrait de Mértola, est une tour datant de l'ère romaine et construite pour défendre le port fluvial. Le **Museu islâmico** *(fermé le lun. et le mar.)*, dans la rue juste au-dessus, rassemble une impressionnante collection de céramiques et de stèles mauresques ; remarquez en particulier la coupole de brique, réalisée par des artisans marocains lors de la construction de l'édifice, en 2002.

Mértola est un excellent point de chute pour les amateurs de canoë ou de randonnée à bicyclette ou à cheval.

Par ailleurs, avis aux amateurs : la plupart des restaurants proposent du sanglier.

▲ 177 C1 **Informations touristiques** ✉ Rua da Igreja 1 ☎ 286 610109

PULO DO LOBO

Ce site extraordinaire – gorges et cascade – du **parque natural do Vale do Guadiana** est très prisé et bien indiqué. Il est aisément accessible par un chemin de terre de 16 kilomètres situé à l'ouest du village de Vale do Poço, sur la N265, ou à partir de la N122, qui relie Beja à Mértola. Ce paysage désolé est le refuge de cigognes noires, d'aigles de Bonelli, de hiboux royaux et de milans de Cayenne ; les buissons odorants sont essentiellement constitués de myrte et de romarin. La dénivellation du lit de la rivière (13,5 mètres) est probablement le résultat de l'érosion et de la baisse du niveau de la mer à l'ère quaternaire.

▲ 177 C2 ■

L'Algarve, qui ourle la côte sud dentelée du Portugal, est une destination de vacances très prisée, pour ses superbes plages, ses excellents restaurants de fruits de mer, ses terrains de golf et ses night-clubs. Les collines ou les plages sauvages de l'Atlantique, à l'ouest, constituent le cadre idéal d'escapades plus paisibles.

L'Algarve

Les sardines grillées : une spécialité de l'Algarve.

L'Algarve

ANCIEN AVANT-POSTE OCCIDENTAL DES MAURES, L'ALGARVE TIENT SON NOM DE L'ARABE
al-Gharb, « l'ouest », faisant référence à la situation de cette région – qui est aussi la plus
méridionale du Portugal. Un millénaire plus tard, le tourisme a effacé toute trace du passé
entre Faro et les plages de Lagos, plus à l'ouest. Cependant, une incursion à l'intérieur
des terres révèle des hauteurs abritant de vastes étendues encore parfaitement préservées.

Tirant son importance de sa position stratégique, près à la fois de la Méditerranée et de l'Atlantique, l'Algarve fut convoitée successivement
par les Phéniciens, les Romains, les Maures et les
chrétiens. Si Sagres reste à jamais le site supposé
de l'école de navigation fondée par Henri le
Navigateur, c'est de Lagos que les bateaux portugais partirent au XVe siècle à la découverte du
monde. Rares sont les bâtiments antérieurs au
séisme de 1755 : l'épicentre n'était qu'à 200 kilomètres, au sud-ouest de Cabo de São Vicente.

Chaque année en été, la population passe de
350 000 personnes à près de 1 million, la moitié
des touristes venant au Portugal jetant leur
dévolu sur cette côte. La recette de la séduction
tient à trois principaux ingrédients : un climat
ensoleillé tout au long de l'année, de belles plages
de sable et des terrains de golf exceptionnels. Il
faut encore ajouter à cela quelques-unes des
tables les plus prestigieuses du pays, parfaite-

ment équipées pour satisfaire une clientèle
cosmopolite haut de gamme. Récemment rénové,
l'aéroport desservant la région se situe à Faro, à
mi-chemin entre l'est de l'Algarve, relativement
discret, et la région d'Albufeira, plus frénétique.
C'est aussi à Faro que vous aurez un premier
aperçu des lagons et des îlots du parque natural
da Ria Formosa. À l'extrémité orientale de ce
parc se situe la délicieuse ville de Tavira, dont les
charmes ne sont connus que d'une poignée
d'initiés. Se targuant d'un riche passé historique
et d'une gastronomie aux multiples facettes, elle
séduit encore par ses paisibles îles lagunaires de
sable. À l'extrême ouest, la Costa Vicentina, qui
compte quelques-unes des plus belles plages en
Europe, est plus spécialement prisée des surfeurs
et des campeurs.

Les basses collines ondoyantes du nord et de
l'est sont belles, malgré de récents incendies de
forêt. Entre la serra et la côte se trouve une langue

Coucher de soleil sur Cabo de São Vicente, avec le forte de Beliche au premier plan.

de terre appelée le Barrocal, qui est le véritable grenier de l'Algarve. Les étals du marché local croulent en été sous les cerises, les fraises et les melons, qui cèdent la place en automne aux raisins, figues et amandes. Côté gastronomie, l'empreinte des Maures est omniprésente. Laissez-vous séduire par les délicieux *bolinhos de amêndoa* (petits gâteaux à la pâte d'amande). Sardines et thon sont de longue date à l'honneur, tandis que praires et autres coquillages finissent, pour le plus grand bonheur des papilles, dans les incontournables *cataplanas* (ces casseroles en cuivre au couvercle bombé),

quand ils ne sont pas accommodés avec du riz. Sur les hauteurs, les menus incluent du porc et du poulet, la soupe de lièvre et la perdrix à l'étouffée étant des mets d'automne typiques. Accompagnez vos repas de vins issus des vignobles de Lagoa, de Lagos, de Tavira ou de Portimão. Fruités et corsés, ils perpétuent une tradition instaurée par les Phéniciens, puis par les Romains. ■

L'Algarve du littoral

Faro
🗺 203 DI
Informations touristiques
✉ Rua da Misericórdia 8-11
☎ 289 803604

Olhão
🗺 203 EI
Informations touristiques
✉ Largo Sebastião Mestre 6A
☎ 289 713936

SUR LA CÔTE SUD DE L'ALGARVE, FARO EST LE POINT D'ENTRÉE DE LA plupart des visiteurs de la région. Les paisibles villes d'Olhão et de Tavira sont à l'est, tandis que s'étendent vers l'ouest, jusqu'à Lagos, des plages superbes, qui n'ont malheureusement pas résisté à l'urbanisme.

L'aéroport de Faro, à proximité de la ville, jouxte les lagons, les marais salants et les îles lagunaires caractéristiques de la partie orientale de l'Algarve. Tous ces sites, qui s'étendent sur 48 kilomètres vers le nord-est au-delà de Tavira, sont classés et protégés au sein du **parque natural da ria Formosa**, véritable refuge ornithologique qui s'honore de la présence, parmi diverses espèces d'oiseaux de mer, des rarissimes petites sternes et talèves (poules) sultanes.

Les îles au large de Faro et de Tavira proposent quelques-unes des plages les plus paisibles de la région ; le littoral plus à l'est est quant à lui bordé de gigantesques immeubles et de complexes touristiques qui, toutefois, n'altèrent en rien la beauté des falaises ocre et des plages de sable blanc. Albufeira est la station la plus huppée de cette partie de la côte.

Malgré son passé historique, **Faro** n'est qu'une ville de passage. C'est un endroit plutôt plaisant, si on fait abstraction de ses sens interdits qui, ici comme ailleurs au Portugal, constituent un véritable casse-tête. Les rues commerçantes et le quartier fortifié jouxtent la marina. Connu sous le nom d'Ossonoba avant l'arrivée des Romains, Faro fut l'un des sites majeurs du sud du pays. Centre culturel et commercial des Maures au VIIIᵉ siècle, il fut inclus en 1249 dans le territoire du Portugal et devint capitale de l'Algarve au XIXᵉ siècle.

Pénétrez la **Vila-Adentro** (vieille ville) fortifiée par le nord, par l'**arco da Vila**, un portail monumental réalisé en 1812 par l'architecte italien Xavier Fabri. Vous longerez des bâtiments administratifs du XIXᵉ siècle

jusqu'à l'impressionnant **largo da Sé**, dominé par la **Sé** (*cathédrale* ☎ 962 626984, *fermé le dim.*, €) récemment restaurée. De la structure originelle datant de 1251, seuls subsistent le clocher et l'entrée principale, le reste de l'édifice ayant succombé d'abord au pillage des troupes anglaises en 1596, puis au tremblement de terre de 1755. Admirez les azulejos et le retable baroque, ainsi que l'orgue en bois peint de motifs chinois. Montez ensuite tout en haut du clocher, qui offre une vue magnifique sur la côte. L'étonnant sanctuaire de l'autre côté de la cour est antérieur au séisme ; l'endroit où il se trouve était autrefois un cimetière réservé aux enfants et, détail assez macabre, la structure est entièrement faite de crânes et d'ossements. Le paisible quartier fortifié est ceint au sud par les remparts du IXᵉ siècle, érigés par le chef arabe Ben Bekr et flanqués de trois tours qui furent rajoutées trois siècles plus tard. Au nord-est se situe la Mouraria (l'ancien quartier arabe), ainsi qu'un lacis de rues piétonnières commerçantes agencées autour de la **rua de Santo António**.

À L'EST DE FARO

Depuis **Olhão**, où la côte de Faro est bordée par la lagune et les îles, on peut facilement accéder aux plages très prisées de l'**ilha da Culatra** et de l'**ilha da Armona**. Aussi étonnant que cela puisse paraître, cette ville aux antipodes de la classique station balnéaire est avant tout le port de pêche le plus important de la région, avec ses chalutiers, ses conserveries et sa criée très animée. Cet endroit offre une agréable déambulation dans les

Page de droite :
Ce rocher isolé sur la plage donne toute sa mesure à l'origine mauresque du nom de la ville – Albufeira signifiant « château près de la mer ».

rues piétonnières longeant le port et bordées de façades tantôt modestes, tantôt cossues. Ces rues pavées prennent naissance à la petite paroisse du XVIIᵉ siècle de l'avenida da República et débouchent sur le **Mercado municipal** en front de mer. Ne manquez pas la criée le matin ; c'est l'occasion d'embarquement des garnisons portugaises. Ces évolutions lui valurent en 1520 le statut de cité, mais Tavira déclina aux XVIIᵉ et XVIIIᵉ siècles. Cela est dû, en grande partie, à l'ensablement d'un bras de mer, qui entraîna la désaffection de son port, mais aussi à de nombreuses épidémies de peste

Les toits de tuiles des blanches maisons cubiques d'Albufeira dans la douceur du crépuscule.

d'admirer la fabuleuse diversité des espèces qui y sont proposées ou d'essayer les très intéressants restaurants de fruits de mer qui bordent ce marché. À proximité immédiate se trouve le verdoyant **Jardim patrão Joaquim Lopes**, qui accueille, la deuxième semaine du mois d'août, le festival do Marisco (festival de la Mer), la principale manifestation d'Olhão vouée aux fruits de mer et à la musique folk. La dernière étape du circuit est **Tavira**, la ville la plus authentique de l'Algarve. Elle développa une importante activité de salaison de poissons sous les Romains, s'épanouit sous la domination des Maures avant de s'imposer au XVᵉ siècle comme le principal point noire et au tremblement de terre de 1755. La pêche et la conserverie du thon firent revivre la ville qui, depuis peu, fait aussi la cour aux touristes. Une autre industrie locale produit la *flor de sal* (fleur de sel), issue de jeunes cristaux entre les mois de mai et d'octobre, le sel ordinaire étant récolté le reste de l'année. Jalouse de son architecture méditerranéenne en bordure du Gilão, Tavira a résisté au développement urbain. Elle semble chercher surtout à s'imposer comme le centre culturel de l'Algarve, en favorisant les expositions, les concerts et les structures innovantes, et en accueillant une communauté artistique vivant un peu en marge de sa population.

Le front de mer bordé de palmiers est digne d'une carte postale, avec ses deux ponts centraux (dont l'un est d'origine romaine), ses bateaux de pêche et ses maisons basses d'un blanc étincelant. Mentionnons aussi les nombreux cafés en terrasse, d'où l'on peut admirer la vue sur les halles du marché, récemment réaménagées.

La ville est dominée par le **castelo dos Mouros**. Cet ancien château maure, remanié sous le règne de dom Dinis, abrite un jardin de ficus, d'hibiscus et de bougainvillées, et offre, depuis le chemin de ronde, une vue panoramique de la ville basse. En remontant depuis la rua da Liberdade, vous passez l'**igreja da Misericórdia** *(travessa da Fonte, fermé le sam. après-midi et le lun.)*, qui doit sa belle façade Renaissance à André Pilarte, le maître artisan qui œuvra aussi au monastère des Jerónimos à Lisbonne (voir p. 62-64). Entrez-y pour admirer la statuaire et le retable doré du maître-autel. En haut de la rua da Galeria, arrêtez-vous au **palácio da Galeria** (☎ *281 320533, fermé le dim. et le lun., €)*, qui accueille des expositions d'art contemporain. Derrière le château, l'**igreja Santa Maria do Castelo** *(fermé les sam. et dim. soir)*, du XIIIe siècle, a été reconstruite après le séisme de 1755. Notez ses clochers extérieurs défiant tout sens des proportions. Parmi les autres églises de Tavira, celle de **Santiago**, située en contrebas de Santa Maria, mérite l'attention. Construite sur les fondements d'une ancienne mosquée, elle renferme quelques superbes statues de style baroque.

À L'OUEST DE FARO

À quelque 40 kilomètres à l'ouest de Faro, **Albufeira**, la station balnéaire la plus populaire du Portugal, est la proie d'un urbanisme galopant et d'un réseau tentaculaire de routes. Cependant, un tourisme anarchique et frénétique n'a en rien altéré l'authenticité de son vieux quartier, dont les étroites ruelles sont bordées de maisons blanches qui surplombent l'océan. Les collines alentour, très animées, sont littéralement couvertes de maisons de vacances, tandis que l'extension moderne de **Montechoro**, à l'est, est essentiellement vouée à la restauration, aux bars, ainsi qu'aux lieux de détente et de loisirs. Le front de mer est entièrement piétonnier, si bien qu'il est possible d'aller en flânant d'une plage à l'autre. La **praia dos Pescadores**, qui donne sur la vieille ville, évoque le passé d'Albufeira avec ses bateaux de pêche peints de couleurs vives. Immédiatement à l'ouest, la **praia do Peneco** est généralement envahie par les adeptes du bronzage, mais il est recommandé de pousser au-delà jusqu'à la **praia da Galé**, ou vers l'est jusqu'à la **praia da Oura** et **Olhos de Água**, où vous trouverez de vastes étendues de sable et de jolies criques nettement plus paisibles. La plupart des terrains de golf de l'Algarve se situent entre praia da Oura et Faro, et plus précisément à **Vilamoura**, qui a accueilli les championnats du monde en 2005.

La **praia da Rocha**, la plage la plus photographiée de la région, est plus à l'ouest, directement au sud de **Portimão**, qui doit sa renommée à ses seules sardines. Ce site entraîna l'essor touristique de l'Algarve dans les années 1950 et 1960, en attirant les foules avec ses magnifiques falaises rouge-ocre, ses rochers escarpés et ses eaux limpides. Aujourd'hui, l'avenida Tomas Cabreira (la voie principale) est bordée d'infrastructures touristiques, tandis que le **forte** en ruine, à l'embouchure de l'Arade, surplombe une marina. Autre village de pêcheurs bordé par une crique et dominé par des falaises, **Carvoeiro**, à 5 kilomètres au sud de Lagoa, a lui aussi beaucoup changé ces vingt dernières années. Immédiatement à l'est, le magnifique site d'**Algar Seco** est très visité pour ses falaises érodées et ses superbes formations rocheuses. ■

Tavira
🅰 203 F2
Informations touristiques
✉ Rua da Galeria 9
☎ 281 322511

Torre de Tavira
www.cdepa.pt
✉ Calçada da Galeria 12, Tavira
☎ 281 321754
€ €€

Albufeira
🅰 202 C1
Informations touristiques
✉ Rua 5 de Outubro
☎ 289 585279

Praia da Rocha
🅰 202 B1
Informations touristiques
✉ Avenida Tomas Cabreira
☎ 282 419132

L'arrière-pays

Loulé

📍 203 D2

**Informations
touristiques**

✉ Avenida 25
de Abril 9

☎ 289 463900

O<small>N OUBLIE SOUVENT QUE LES ATTRAITS DE L</small>'A<small>LGARVE NE SE LIMITENT</small> pas à ses plages. En effet, l'intérieur des terres abrite de nombreux sites intéressants, ainsi que la douce et ondoyante serra. C'est la destination idéale pour les amateurs d'authenticité, d'artisanat, de villages immaculés, de thermes romains et de randonnées pédestres.

À peine une trentaine de kilomètres séparent la côte Nord de la frontière de l'Alentejo : une excursion dans les montagnes est donc possible dans la journée, et elle sera particulièrement bienvenue si vous souhaitez vous éloigner de la foule et de l'animation des stations balnéaires. L'autoroute A22, qui va de la frontière espagnole vers l'ouest jusqu'à Lagos, sépare en quelque sorte la côte, plutôt bétonnée, de l'arrière-pays, plus rural et plus paisible. Cette région, le Barrocal, accueille sur ses fertiles sols de calcaire les vergers de l'Algarve. Tout en négociant les virages des petites routes sinueuses autour d'**Almancil**, qui mènent vers les hauteurs, veillez à repérer l'**igreja São Lourenço** (☎ *289 395451, fermé le dim. et le lun. matin, €*) sur le côté de la route (N215). Bien qu'elle ait été remodelée à l'heure de gloire du baroque, cette structure romane s'impose encore comme l'un des joyaux culturels de la région. Sa coupole, ses murs et son plafond sont tapissés d'azulejos magnifiquement disposés, illustrant la vie de saint Laurent. Ce chef-d'œuvre fut réalisé en 1730 par Policarpo de Oliveira Bernardes, qui fut, avec son père, l'auteur de nombreuses fresques vernissées absolument extraordinaires disséminées à travers le pays.

LOULÉ

Au nord d'Almancil, Loulé accueille chaque samedi matin une foule venue spécialement pour son gigantesque **mercado**. Installé dans un champ de l'ouest de la ville, ce marché propose aussi bien de l'artisanat que des produits alimentaires. Cette tradition remonte à 1291, quand l'organisation d'une foire fit de cette localité un carrefour commercial. Parmi les spécialités locales, citons les figues sèches, les amandes et le miel, dont les Maures raffolaient, ainsi que la fleur de sel. Rares sont en effet ceux qui savent que Loulé est construite au-dessus d'interminables galeries souterraines d'où l'on extrait un sel d'une pureté exceptionnelle. Les produits non périssables incluent des cuivres, des cuirs et des articles de vannerie fabriqués artisanalement dans les villages environnants. Le marché étant très prisé des touristes, vous préférerez peut-être vous rendre à Loulé un autre jour, plus paisible

ditionnelle reconstituée qui donne une idée assez précise des coutumes gastronomiques locales. Vous découvrirez aussi, dans un genre différent, une collection d'objets des époques néolithique, romaine et maure. De là, des marches mènent vers les murs d'enceinte du château et les tourelles.

que le samedi. Pendant la semaine, sauf le dimanche, les halles de style mauresque situées au coin de la praça da República accueillent un marché alimentaire, mais également quelques stands d'artisanat. Le vieux quartier se situe juste derrière. Dans le **castelo** qui loge le **Museu municipal** *(rua D. Paio Peres Correia 17,* ☎ *289 400642, fermé le sam. et le dim. soir, €)*, on peut admirer une cuisine tra-

Les boutiques d'artisanat situées dans la rue derrière le palais *(rua da Barbacã)* sont nettement plus intéressantes. Par ailleurs, n'oubliez pas que Loulé, comme Almancil, est réputée pour ses traditions culinaires. Si vous souhaitez déguster un repas gastronomique digne de ce nom loin de la côte, n'hésitez pas à prolonger votre halte en ces lieux, le temps d'un dîner ou d'un déjeuner.

Seuls les murs d'enceinte du château de calcaire rouge subsistent de l'ancienne Xelb (Silves), capitale de l'Algarve au temps des Maures.

Les superbes azulejos de São Lourenço, à Almancil, illustrent la vie et le martyre de saint Laurent.

Silves
🗺 202 C2
Informations touristiques
✉ Rua 25 de Abril
☎ 282 442255

Museu da Cortiça
www.fabrica-do-ingles.pt
✉ Fábrica do Inglês, Rua Gregório Mascarenhas
☎ 282 440480
🕐 Fermé le lun.
€ €

AU NORD DE LOULÉ

Querença et Salir, deux villages typiques de l'Algarve, se nichent de part et d'autre de la **fonte Benémola**. Cette superbe vallée bien abritée, sillonnée de sentiers pédestres, est accessible depuis **Querença**. Les saules pleureurs, les frênes, les lauriers-roses et les tamaris qui bordent l'Algibre laissent la place, plus haut sur les coteaux, à des caroubiers, des oliviers sauvages, des chênes et des herbes aromatiques. La faune ici se limite aux loutres, aux chauves-souris, ainsi qu'à diverses espèces d'oiseaux. Plus loin au nord, le très joli village de **Salir**, dominé par son indescriptible église et son château d'eau, veille sur les ruines d'un château. Suivez les indications *Ruínas* pour admirer les remparts qui subsistent, désormais enserrés dans des maisons pittoresques ou partie intégrante de jardins. Quoique discrètement balisés, ces vestiges comptent au nombre des rares exemples de fortifications mauresques en taipa, un

mélange de sable, de cailloux, d'argile et de chaux. Cet avant-poste fut finalement pris par les chevaliers de Santiago, qui y préparèrent l'assaut donné en 1249 sur Faro.

À quelques kilomètres à l'ouest de Salir, la **rocha da Pena** s'élève à 474 mètres d'altitude. Cet affleurement calcaire classé et protégé, dont les pentes escarpées sont sillonnées de sentiers aménagés pour les visiteurs, offre des vues magnifiques au nord sur la serra et au sud sur la mer. Vous aurez peut-être l'occasion d'y apercevoir des aigles de Bonelli, des genettes, des renards et des mangoustes, au milieu des buissons de genièvre, d'arbousiers et de poivriers. Depuis ce rocher, prenez en direction du nord et faites le tour jusqu'à **Alte**. Les maisons blanchies à la chaux de ce pittoresque village situé à flanc de coteau sont bordées de *platibandas* (des bandes colorées, souvent bleues ou jaunes). Son église du XVIᵉ siècle, **Nossa Senhora da Assunção** (Notre-Dame de l'Assomption), a été modifiée au fil du temps. Ainsi, les fresques murales d'azulejos et le plafond peint de la nef datent du XVIIIᵉ siècle, mais les carreaux sévillans de la capela São Sebastião (chapelle Saint-Sébastien) ont quelque 200 ans de moins. Mais les principaux attraits d'Alte sont ses deux fontaines, la **fonte Pequena** et la **fonte Grande** (respectivement la petite et la grande). Elles alimentaient autrefois neuf moulins, dont l'un, le moinho da Abóboda, subsiste.

SILVES

Située à flanc de coteau sur les bords de l'Arade, Silves mérite le détour. Cette enclave, l'ancienne capitale de l'Algarve du temps des Maures, est aujourd'hui une ville prospère, dominée par son **castelo** (☎ 282 445624, €). Il s'agit d'un château de calcaire rouge dont les jardins ont été redessinés en 2005 dans le style arabe. Vous y serez accueilli par une gigantesque statue de bronze de Sancho Iᵉʳ, qui fut

le premier à reprendre la ville aux Maures, en 1189. Des fouilles menées dans l'enceinte du palais ont révélé des structures almohades des XIIᵉ et XIIIᵉ siècles, et on subodore que le site a été occupé par les Maures pendant quelque cinq cents ans. L'un des chefs maures du XIᵉ siècle fut le roi-poète al-Muthamid, dont les œuvres sont toujours lues dans les pays arabes. Le lieu abrite aussi deux *aljibes* (citernes), qui approvisionnaient la localité en eau. Les remparts offrent un superbe panorama sur la plaine. Des marches mènent depuis le palais vers l'entrée de la **Sé** (cathédrale), construite en 1189, et dont la nef gothique recèle les tombes de nombreux croisés. Juste à côté se situe la petite **igreja da Misericórdia**, une église dépouillée édifiée au XVIᵉ siècle. Descendez les rues pavées menant au pied de la colline jusqu'au **Museu arqueológico** *(rua da Porta de Loulé 14,* ☎ *282 444832, fermé le dim., €)*, situé dans un bâtiment moderne. S'il illustre bien le riche passé de Silves depuis le néolithique, il pâtit un peu du voisinage de la **fábrica do Inglês** (ancienne usine de traitement du liège appartenant à un Anglais, d'où son nom), siège du **museu da Cortiça**. Ce dernier explique le processus de transformation du liège, présentant des photos, des outils, des échantillons et des machines du XIXᵉ siècle. Les bâtiments sont désormais convertis en un lieu de détente qui abrite, outre le musée, plusieurs bars et restaurants.

SERRA DE MONCHIQUE

Depuis Silves, remontez vers la serra de Monchique, au nord de Portimão. Vous traversez des coteaux boisés littéralement tapissés d'eucalyptus, de marronniers, de chênes-lièges et de pins, et parfois de superbes buissons de rhododendrons. Cette région de montagne est particulièrement fertile grâce à son sol volcanique et à son climat humide. Ne manquez pas le point de vue sur les terrasses très resserrées (d'origine romaine) entourant la ville thermale de **Caldas de Monchique** et admirez le magnifique panorama sur les environs. Les Romains, grands hédonistes, appréciaient les cures, dont ils estimaient qu'elles favorisaient la digestion ; au XIXᵉ siècle, c'est la bourgeoisie espagnole qui prit d'assaut cette station, laquelle est aujourd'hui prisée par ceux qui fuient l'animation des villes balnéaires, en quête d'un peu de sérénité. Vous pouvez ici bénéficier des eaux soufrées ou faire un tour au casino, situé sur la place principale, flâner le long des rues bordées d'immeubles aux tons pastel ou encore admirer les jardins qui surplombent le ravin. À quelques kilomètres au nord, vous vous arrêterez dans la petite ville de **Monchique** pour visiter les vestiges de son monastère franciscain du XVIIᵉ siècle et apprécier le portail manuélin de sa paroisse. Havre des amateurs de randonnées à pied ou à cheval, la ville propose, au titre de l'artisanat local, des articles de vannerie, de cuir et de laine, ainsi que du miel, qui plairont même aux plus exigeants. L'alcool local, le *medronho*, issu d'arbouses fermentées, vous aidera à (ou vous empêchera de) faire les 8 kilomètres vous séparant de Fóia, le plus haut point de la serra, situé à quelque 900 mètres d'altitude. ■

Caldas de Monchique doit sa prospérité à ses sources chaudes, qui attirent les visiteurs depuis des siècles.

Monchique
⛰ 202 B2
Informations touristiques
✉ Largo dos Chorões
☎ 282 911189

Termas de Monchique
www.monchiquetermas.com
✉ Caldas de Monchique
☎ 282 910910

La tradition golfique

L'histoire d'amour entre le Portugal et le golf remonte à la fin du XIXe siècle. Le premier club du pays, le Porto Niblicks (*niblick* étant un vieux terme anglais désignant un club à tête loftée, équivalant aujourd'hui au fer 9), fut créé à l'initiative des Anglais installés dans la ville et impliqués dans la fabrication ou le commerce du vin du même nom. Le Porto Golf Club (qui a renoncé à la dénomination « Niblicks ») est toujours en activité, à une quinzaine de kilomètres au sud de Porto, à proximité des plages d'Espinho. C'est le deuxième plus ancien terrain de golf d'Europe continentale.

Le parcours du golf d'Estoril (ci-dessus) et celui du Club Med de Da Balaia, dans l'Algarve (à droite), offrent tous deux des vues magnifiques sur la mer.

Le nombre de clubs a considérablement augmenté dans les années 1920 et 1930, pour répondre à la demande d'une clientèle portugaise fortunée, mais aussi pour satisfaire le nombre croissant de touristes anglais et français fréquentant les stations chic de Cascais et d'Estoril. C'est ainsi que Porto se dota en 1932 d'un deuxième parcours, le Miramar. C'est toutefois la région de Lisbonne qui connut l'évolution la plus marquante en la matière avec, notamment, la création du parcours d'Estoril, qui accueillit des personnalités aussi célèbres que le duc de Windsor, ancien roi Édouard VIII, pendant son exil. C'est là aussi que le prodige espagnol Seve-

riano Ballesteros joua son premier tournoi professionnel, avant de remporter, six ans plus tard, son premier Masters aux États-Unis. Aujourd'hui, la capitale portugaise compte 10 terrains de golf, notamment Penha Longa, à Sintra (où se déroulèrent de nombreux tournois européens), Carvalhal au sud du Tage et Quinta do Peru, inauguré en 1994. Mais c'est l'Algarve qui détient la palme avec 24 parcours, pour la bonne et simple raison que son climat s'y prête parfaitement. De fait, le premier terrain y fut créé en 1921 ; c'était un parcours presque rudimentaire situé entre Portimão et praia da Rocha, qui fut abandonné durant la Seconde Guerre mondiale.

L'arrivée, dans les années 1950, de sir Henry Cotton a marqué un tournant dans le développement golfique de l'Algarve. Venu y prendre une semi-retraite, l'ancien vainqueur du British Open y créa 3 parcours, mais se montra toujours le plus fier du premier (Penina), qui vit le jour en 1964 à l'emplacement d'une ancienne rizière et accueillit l'Open portugais en 2004. Aujourd'hui, forte de 5 terrains, Vilamoura s'impose comme la capitale de l'Algarve en la matière. Dessiné en 1969 par Frank Pennink, le premier parcours – appelé, fort à propos, Old Course (littéralement « ancien parcours ») – fut longtemps le plus prisé du pays, jusqu'à la création par Arnold Palmer, en 2004, du Victoria, qui fut le cadre des championnats du monde un an plus tard. L'Algarve propose plusieurs clubs pour les néophytes, notamment Pine Cliffs, immédiatement à l'est d'Albufeira, dont le premier président fut l'ancien champion de Formule 1 Nigel Mansell. Le parcours, qui longe la mer, n'est pas très long, mais quelques-uns de ses neuf trous se révèlent délicats – notamment le sixième, surnommé le « parloir du Diable », où l'arrivée sur le green est fonction d'un drive au-dessus d'un gigantesque ravin. Riche de ces précédents et de panoramas inégalés, l'Algarve conservera sans doute longtemps sa suprématie golfique. ■

Lagos

Le nom de Lagos reste attaché à l'ère des Grandes Découvertes portugaises comme étant le lieu où le prince Henri le Navigateur planifiait ses expéditions africaines. La ville prit une autre dimension en 1573 en devenant la capitale de l'Algarve (elle le resta jusqu'en 1756).

À 3 kilomètres de Lagos, les extraordinaires tunnels, arches et grottes de Ponte da Piedade n'échappent pas à l'érosion.

Lagos
🅰 202 B1
Informations touristiques
✉ Largo Marquês de Pombal
☎ 282 764111

Museu municipal
✉ Rua General Alberto da Silveira
☎ 282 762301
🕐 Fermé le lun.
€ €

Aujourd'hui, c'est une localité séduisante et agréable à vivre. L'entrée de la ville fortifiée donnant sur le port est encore gardée par une modeste forteresse du XVIIᵉ siècle, le **forte da Ponta da Bandeira** (☎ *282 769317, fermé le lun., €*), qui abrite une exposition consacrée au rôle d'Henri le Navigateur dans les expéditions maritimes du XVᵉ siècle. Une statue de ce prince éclairé domine la toute proche **praça Infante Dom Henrique**, une place verdoyante bordée au nordouest par un superbe édifice à arcades, qui fut le cadre en 1444 du premier marché aux esclaves européen.

Une petite marche permet d'arriver à l'**igreja Santo António**, accessible par le **Museu regional**. Si celuici mérite l'intérêt pour sa collection hétéroclite mêlant objets archéologiques, cadres en liège, azulejos et vêtements sacerdotaux, l'église lui vole incontestablement la vedette.

L'intérieur baroque abrite des peintures de Joaquim Rasquinho illustrant des miracles de saint Antoine, un plafond peint en trompe l'œil répondant parfaitement au superbe retable orné de colonnes richement sculptées. Pour vous remettre de ce ruissellement ornemental, flânez le long des rues piétonnières allant vers le nord depuis la **praça Gil Eanes**, la plus commerçante de la ville. Admirez le portail Renaissance de l'**igreja São Sebastião** (*rua Conselheiro Joaquim Machado*), les façades rénovées de la **rua da Barroca**, ainsi que ses allées pavées aux motifs marins. Les belles plages voisines incluent la vaste **Meia Praia** à l'est, ainsi que la **praia de Dona Ana**, au sud de Lagos, avec sa succession de criques aux eaux calmes et ses grottes impressionnantes. Un sentier relie la praia do Pinhão à Porto de Mós en faisant tout le tour du cap. ∎

Sagres

LE FAIT DE SE RETROUVER À SAGRES RENFORCE L'IMPRESSION D'ÊTRE aux confins de l'Europe, sur le dernier point clignotant d'une carte animée. Cette petite ville tranquille ne vit que par le flux des surfeurs et dans l'ombre de sa forteresse, témoin de sa gloire passée.

Sagres est indissolublement liée à Henri le Navigateur : c'est en effet l'établissement supposé de son école de navigation – dont l'existence n'a d'ailleurs jamais été prouvée. En effet, le prince vécut et mourut (en 1460) à Lagos, point de départ des expéditions dont il fut l'initiateur. Quoi qu'il en soit, le lieu, très évocateur, occupe un plat promontoire à trois têtes qui, pendant des siècles, fut considéré comme le bout du monde. Curieusement, Sagres dégage aujourd'hui la même impression, surtout hors saison. Cependant, les surfeurs et les véliplanchistes qui fréquentent le lieu commencent à changer les choses, en suscitant l'ouverture de bars et de restaurants. Les marcheurs apprécieront quant à eux un sentier, tracé par les campeurs, qui remonte vers le nord, jusqu'à la Costa Vicentina.

Le principal attrait de la ville, situé à l'extrémité du promontoire balayé par les vents, est la **fortaleza do Infante** (☎ *282 620140, €*). Renovée en 1993, cette forteresse abrite, entre autres, une petite église du XVIᵉ siècle, ainsi que la fameuse « rose des vents », un gigantesque compas de pierre découvert en 1921, dont on ne sait pas grand-chose – un des mystères de Sagres. Empruntez le sentier (1,5 kilomètre) pour admirer les vagues se fracassant sur les rochers et les aigles en vol. À quelques kilomètres à l'ouest se trouve le **Cabo de São Vicente** (cap Saint-Vincent) et son phare, précédés du vieux **forte de Beliche**, qui accueille au moment du coucher du soleil un afflux de visiteurs venus admirer la vue sur ce lieu désert. La **praia de Mareta** est en contrebas de Sagres ; plus à l'est se situe **Porto da Baleeira**, un cap où mouillent les bateaux de pêche. La plage suivante, la merveilleuse **praia do Martinhal**, est le paradis des surfeurs. ∎

La forteresse de Sagres (XVIᵉ siècle) garde un promontoire désolé, mais impressionnant.

Sagres
🅰 202 A1
Informations touristiques
✉ Rua Comandante Raposo
☎ 282 624873

Cabo de São Vicente

Cette promenade en voiture vous permettra de découvrir le littoral sauvage de l'ouest de l'Algarve, entre Lagos et Cabo de São Vicente, l'extrême sud-ouest de l'Europe.

Le soleil couchant rosit le ciel de Cabo de São Vicente, la pointe sud-ouest de l'Europe.

Depuis le fort qui donne sur le front de mer de **Lagos** (voir p. 214), quittez la ville par l'ouest, en suivant sur la N125 la direction de Sagres. Tournez à gauche au panneau signalant Luz ; vous traverserez une aire rurale de petites fermes et d'amandiers. La modeste ville balnéaire de **Luz** ① est à quelques kilomètres de la route principale. Suivez les indications jusqu'à la *praia* (plage), où vous pourrez admirer l'igreja de São Vicente, tout de jaune et de blanc vêtue. Garez-vous et flânez sur la promenade, bordée de palmiers, qui surplombe les mares entre les rochers et la plage en forme de croissant ourlée par des falaises. Prenez le sens unique permettant de sortir de la ville et suivez la direction de Burgau. Entrez dans **Burgau**, passez un carrefour et prenez le chemin du forte de Almadena. Une route cahoteuse vous mène vers les collines désertes, parsemées de quelques rares fermes. Au panneau **praia das Cabanas Velhas** ②, prenez à gauche un petit chemin de terre jusqu'à une crique paradisiaque, où se trouve un café-restaurant relati-

vement moderne (*Blue Wave Beach Bar,* ☎ 282 697834). De ce lieu encore préservé, vous aurez un premier aperçu de Cabo de São Vicente.

Reprenez la route, poursuivez vers l'est sur un peu moins de 1 kilomètre et tournez encore à gauche dans un chemin de terre qui mène au **forte de Almadena**. Cet édifice du XVIᵉ siècle, désormais en ruine, fut érigé pour le roi João III ; il bénéficie, du fait de sa situation sur un promontoire, d'une vue magnifique sur l'ouest. La route longeant le littoral serpente en descendant vers l'ancien lit de l'Almadena, investi par l'herbe de la pampa et les lauriers-roses. Au carrefour, prenez à gauche une rue pavée pentue menant à **Salema** ③, un charmant petit port de pêche ayant échappé au tourisme galopant. Remontez sur les hauteurs et suivez la direction de Vila do Bispo. Sur la N125, tournez à droite, puis à gauche, juste en face d'un énorme complexe touristique. Poursuivez jusqu'au panneau signalant **Guadalupe** ; vous prendrez une route parallèle sur le bord de laquelle paissent des ânes.

Après environ 1,5 kilomètre, vous atteignez une minuscule chapelle du XIIIᵉ siècle vouée à **Nossa Senhora de Guadalupe** ❹ ; c'est ici que le prince Henri le Navigateur venait prier lorsqu'il vivait à Raposeira, un peu plus loin à l'ouest. Restez sur ce côté de la route pour rejoindre la N125, puis suivez, juste après Raposeira, l'indication « **monumentos megalíticos** ». Ce haut promontoire recouvert d'arbustes est parsemé de nombreux menhirs. L'endroit offre aussi une vue panoramique sur les environs, et notamment sur le phare de Cabo de São Vicente. La **bateria do Zavial**, vestiges de fortifications du XVIIᵉ siècle, est au bout de cette rue ; c'est là que vous ferez demi-tour pour aller vers Raposeira. Au bout de la N125, suivez la direction de **Vila do Bispo** ❺, assez proche, et garez-vous à côté de la belle **igreja Nossa Senhora da Conceição**, une construction baroque jaune et blanc située sur la place principale. L'intérieur, décoré d'azulejos, de bois doré, de plafonds peints et de retables délicatement travaillés, est éblouissant. Découvrez les ruelles alentour avant de reprendre la voie principale menant à Sagres (voir p. 215). Entrez dans la ville, prenez à droite au rondpoint en direction de Cabo de São Vicente, puis traversez une lande déserte jusqu'à la forteresse de **Beliche**, qui date de 1632. Le phare de **Cabo de São Vicente** est juste au-delà. ■

🅼 voir aussi p. 202

▶ Lagos

🔄 60 km

🕐 1 h 30 (sans les pauses)

▶ Cabo de São Vicente

À NE PAS MANQUER

- Praia das Cabanas Velhas
- Salema
- Nossa Senhora da Conceição

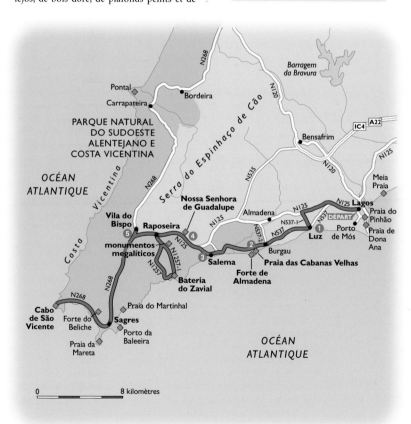

La Costa Vicentina

CETTE CÔTE SAUVAGE, ENCORE AUTHENTIQUE, QUI BORDE L'ALENTEJO, s'honore de quelques-unes des plus belles plages d'Europe. L'endroit se prête au surf et à la randonnée, les impressionnantes vagues de l'Atlantique étant peu favorables à la baignade.

Costa Vicentina
🗺 202 A1-A3
Informations touristiques
✉ Largo do Mercado
☎ 282 998229

Museu municipal
✉ Largo 5 de
   Outubro, Aljezur
☎ 282 995019
🕐 Fermé le sam. d'oct.
   à avr. et le dim.
€ €

Cette partie du littoral est incluse dans le **parque natural do Sudoeste Alentejano e Costa Vicentina** non seulement pour ses formations géologiques, mais aussi pour ses plantes (48 espèces endémiques), ses oiseaux (plus de 200 espèces répertoriées, les derniers couples de balbuzards venant nicher ici) et ses estuaires (où fraient mulets, bars et soles).

Comme souvent dans la région, des sentiers cahoteux mènent à des points de vue magnifiques, surplombant des plages désertes bordées de falaises escarpées et balayées par les déferlantes. Hormis de rares restaurants et bars de plage, l'infrastructure est quasi inexistante, les possibilités de logement se résumant à des petits gîtes ou à des chambres chez l'habitant. Un chemin de terre très praticable relie **Carrapateira**, sur la N238, à la **praia de Pontal**, une paisible et vaste étendue de sable et de dunes prisée des surfeurs et séparée par un promontoire spectaculaire de la ville

de Bordeira, située à l'intérieur des terres. À 14 kilomètres au nord, la **praia Arrifana** est une longue plage de sable blanc bordant un joli petit port de pêche et abritant les ruines d'une forteresse du XVIIᵉ siècle qui, à l'origine, assurait la protection des pêcheurs de thon. Plus au nord, la plage d'**Amoreira** et celle de **Monte Clérigo** (longue de 8 kilomètres) présentent d'extraordinaires formations rocheuses ; des installations permettent l'accueil des visiteurs.

Aljezur, centre de cette superbe succession de plages, est un endroit idéal pour flâner et pique-niquer. Deux rivières, l'Aljezur et le Cerca, se rencontrent au cœur de la ville. La colline est coiffée par les remparts d'une ancienne forteresse mauresque du Xᵉ siècle, gravement endommagée par le tremblement de terre de 1755. En contrebas, juste après l'igreja da Misericórdia, le **Museu municipal** propose une exposition retraçant les temps forts de la région. ■

Véritable serre de plantes subtropicales, l'île de Madère est une destination particulièrement prisée des touristes. Si les randonneurs comme les jardiniers amateurs y trouvent leur bonheur, ceux qui souffrent du vertige feraient bien de se tenir éloignés du bord de ses falaises vertigineuses.

Madère

L'île de Madère exporte des fleurs, dont le *strelitzia*, aussi appelé oiseau-de-paradis.

Les falaises de Porto Moniz sont protégées par de nombreux récifs et blocs de lave.

Madère

VÉRITABLE SERRE BOTANIQUE DOTÉE D'EXTRAORDINAIRES ATTRAITS NATURELS, CETTE rugueuse île volcanique doit à son doux climat le fait d'être un vaste jardin verdoyant. Madère bénéficie aussi de vues superbes, et la conjonction de tous ces éléments explique l'engouement qu'elle suscite chez les voyageurs depuis sa découverte, au XVᵉ siècle.

Plus proche du Maroc que du Portugal, dont elle est l'un des avant-postes les plus séduisants, Madère doit à sa latitude et à sa situation dans la partie orientale de l'Atlantique son doux climat subtropical, qui incite les touristes à la fréquenter tout au long de l'année. Cette île, qui est en fait l'extrémité d'une chaîne de montagnes engloutie, fait partie d'un archipel homonyme qui comprend l'île de Porto Santo, les ilhas Desertas et les ilhas Selvagens. Avec ses 740 kilomètres carrés, elle est la plus vaste, et sa population avoisine les 300 000 âmes.

Porto Santo fut la première île de l'archipel que découvrirent les explorateurs portugais. En 1418, alors qu'ils menaient une expédition vers la côte ouest de l'Afrique, João Gonçalves Zarco et Tristão Vaz Teixeira furent déviés de leur route et trouvèrent ainsi refuge sur ce petit bout de terre. Revenant sur les lieux deux ans plus tard, ils mirent pied sur l'île principale, qu'ils

baptisèrent ilha Madeira (île Boisée), en raison de l'épaisse forêt qui la recouvrait. L'endroit fut éclairci pour faciliter l'installation des premiers habitants ; la cendre et la terre volcanique ainsi mises au jour se révélèrent propices à la culture de la vigne et de la canne à sucre, qui furent ultérieurement introduits sur ce nouveau territoire portugais. Des esclaves furent employés à l'aménagement en terrasses des coteaux pentus et à la création d'un réseau de canalisations pour l'irrigation – les célèbres *levadas*. Funchal, la capitale, s'imposa rapidement comme un port d'attache pour les bateaux effectuant la traversée de l'Atlantique.

Au cours du XVIIᵉ siècle, Madère délaissa la canne à sucre au profit de la vigne, établissant ainsi une activité et un commerce qui prospèrent encore de nos jours. La spécificité du vin local tient à son élevage, plutôt long et se déroulant à des températures relativement éle-

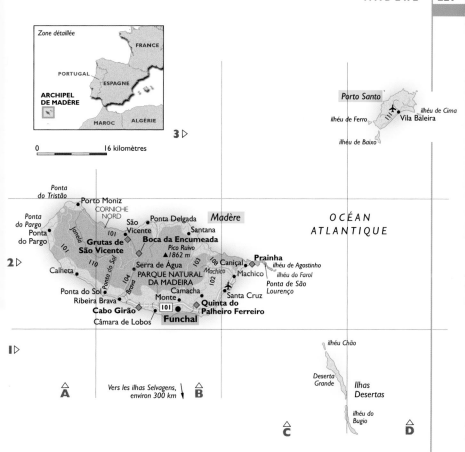

Zone détaillée

FRANCE

PORTUGAL

ESPAGNE

ARCHIPEL
DE MADÈRE

MAROC   ALGÉRIE

3 ▷

0   16 kilomètres

Porto Santo

ilhéu de Ferro   ilhéu de Cima

Vila Baleira

ilhéu de Baixo

Ponta
do Tristão

Porto Moniz

CORNICHE
NORD

São
Vicente   Ponta Delgada   **Madère**

Santana

Boca da Encumeada

Pico Ruivo
▲1862 m

**Grutas de
São Vicente**

Ponta
do Pargo

Ponta
do Pargo

Janela

101

Ponta do Sol

110

Calheta

Serra de Água

**PARQUE NATURAL
DA MADEIRA**

103

108 Caniçal

Machico

102   Machico

Prainha

ilhéu de Agostinho

ilhéu do Farol

Ponta de São
Lourenço

Ponta do Sol

Ribeira Brava

Camacha

Monte

Santa Cruz

Cabo Girão

Câmara de Lobos

101

Funchal

**Quinta do
Palheiro Ferreiro**

OCÉAN
ATLANTIQUE

ilhéu Chão

Deserta
Grande

*Ilhas
Desertas*

ilhéu do
Bugio

A

Vers les ilhas Selvagens,
environ 300 km

B

C

D

vées. En effet, ce procédé fut découvert par le plus pur hasard, quand on se rendit compte que le vin des fûts servant de lest sur les bateaux s'était amélioré à la faveur de son long voyage en mer vers les tropiques.

Le doux climat qui baigne Madère y attira de nombreux visiteurs fortunés au cours du XIXᵉ siècle – notamment des Anglais aisés, qui aimaient y faire halte sur le chemin des colonies. Le célèbre hôtel Reid de Funchal fut inauguré en 1891 pour satisfaire cette clientèle, qui d'ailleurs répandit ici l'art de la broderie et celui des meubles en rotin.

Aujourd'hui, le tourisme demeure la principale activité de Madère, même si la politique actuelle en la matière vise à changer l'image un peu vieillotte de la destination pour y attirer une clientèle plus jeune et plus dynamique. Si l'île est connue pour les superbes promenades qu'elle offre le long des *levadas* qui qua-

drillent ses luxuriantes collines, d'autres activités, comme la plongée sous-marine, la descente en rappel et le canyoning, y sont de plus en plus pratiquées. Le seul reproche que l'on pourrait adresser à l'endroit serait l'absence de plages, que l'on trouve cependant au-delà des vagues, à Porto Santo.

Depuis l'adhésion du Portugal à l'Union européenne en 1986, Madère a bénéficié d'investissements conséquents, notamment sous forme de routes nouvelles, de tunnels, d'aéroports et de complexes hôteliers. Mais ces changements n'ont pas altéré sa nature profonde : elle offre toujours, en abondance, des fruits et légumes et des poissons frais qui se mêlent dans des préparations délicieuses, et doit à son calendrier de festivités chargé son statut de centre culturel animé. Les deux tiers de cette île aux fabuleux paysages de montagne et à la flore colorée sont classés réserve naturelle. ■

Funchal

FUNCHAL, CAPITALE DE L'ÎLE DE MADÈRE, JOUIT D'UNE MAGNIFIQUE situation, au-dessus d'un vaste amphithéâtre de monts et de coteaux surplombant une baie étincelante envahie de bateaux. La ville est souvent enrobée de nuages, mais les collines la protègent des vents du nord-est, au point qu'elle s'impose comme la localité la plus chaude de l'île.

Les pavements blanc et noir caractéristiques de Funchal constituent un itinéraire pittoresque à travers la ville.

Funchal

🅰 221 B2

Informations touristiques

www.madeiratourism.org

✉ Avenida Arriaga 16

☎ 291 211902

Museu de Arte sacra

✉ Rua do Bispo 21

☎ 291 228900

🕐 Fermé le midi et le lun.

€ €

Abritant le tiers de la population totale du l'île, Funchal tient son nom du *funcho* (fenouil sauvage), que les premiers arrivés trouvèrent sur les lieux. Aujourd'hui, elle est parfois appelée « petite Lisbonne », en hommage à son architecture élégante, à ses cafés animés et à ses boutiques chic. Une végétation luxuriante parfume ses rues sinueuses. La vieille ville donne sur le port et la marina, tandis que la partie moderne – qui abrite la plupart des hôtels – se trouve à l'ouest, sur le front de mer.

Commencez votre visite de Funchal par la **praça do Município** (la place principale), dont les immeubles encadrent les allées pavées de basalte noir et blanc typiques du lieu. Remarquez la **Câmara municipal** (l'hôtel de ville), une élégante demeure du XVIIIᵉ siècle construite à l'origine pour le comte de Carvalhal ; au sud, l'ancien palais épiscopal, avec sa belle galerie et ses arcades, abrite maintenant le **museu de Arte sacra**. Un escalier monumental mène à une belle exposition d'objets sacrés, d'orfèvrerie et d'ornements liturgiques brodés d'or provenant de diverses églises de l'île. Admirez en particulier la magnifique croix processionnelle offerte par Manuel Iᵉʳ à la cathédrale de Funchal. Au deuxième étage vous attend la plus belle collection au Portugal de peintures flamandes des XVᵉ et XVIᵉ siècles, qui jouxte des œuvres portugaises ; en particulier, le tableau *Sainte-Marie Madeleine*, de Jan Provost, mérite le coup d'œil.

Au nord de la place se dresse l'**igreja do Colégio** (*église Saint-Jean-l'Évangéliste du couvent des Jésuites, praça do Município,* ☎ *291 228 155, fermé le midi*), construite au XVIIᵉ siècle. En allant vers le sud, vous atteindrez l'imposante **Sé**, achevée en 1514, qui fut la première cathédrale portugaise d'outre-mer. Hormis son beffroi tapissé d'azulejos, l'édifice est relativement austère, mais il présente à l'intérieur un plafond de bois magnifiquement sculpté et incrusté d'ivoire, ainsi que de superbes stalles.

L'avenue principale de la capitale, l'avenida Arriaga, prend à l'ouest de la cathédrale jusqu'au jardim de Santa Catarina, un parc situé en front de mer. En cours de route, remarquez le palácio do Governo regional (siège de l'administration régionale), érigé en hommage à João Gonçalves Zarco, et le palácio de São Lourenço, une forteresse du XVIIIᵉ siècle encore utilisée par les forces militaires.

En face de la forteresse se trouvent l'office du tourisme et les **adegas de São Francisco** (les caves de Saint-François), un ancien monastère franciscain qui abrite aujourd'hui les bureaux des principales maisons viticoles de Madère ; on vous y propose la visite la plus complète qui soit sur le breuvage local. On peut ainsi voir la cuverie, la tonnellerie et les chais d'élevage chauffés, le circuit se terminant par une dégustation. Dans ce même quartier se trouve le **museu da Fotografia Vicentes**, qui occupe le site du premier studio photographique du Portugal, établi dans les années 1850 par Vicente Gomes da Silva. L'exposition rassemble du matériel ancien, ainsi que de très vieilles photos des gens, des fêtes et des paysages de Madère.

Dans la **Vila Velha** (vieille ville), prenez le temps de flâner le long des ruelles pavées bordées de restaurants, de cafés, de tavernes à fado et de boutiques d'artisanat. L'un des attraits de ce quartier est le vaste **mercado dos Lavradores** (*rua Dr. Fernão Ormela, fermé le sam. soir et le dim.*), un marché coloré proposant force produits locaux, dont des fleurs superbes, des fruits et légumes et du poisson frais.

Le terminal du **Teleférico** (téléphérique) menant à la ville de Monte (voir p. 226), située en hauteur, est à proximité. Une visite de Funchal serait incomplète sans un passage au splendide **Jardim botânico** (*quinta do Bom Sucesso, caminho do Meio,* ☎ *291 211200, €*), dont les terrasses, qui surplombent la vallée, sont tapissées d'une végétation luxuriante. Admirez en particulier les espèces exotiques, comme les orchidées, les lis et les strelitzias (oiseaux-de-paradis). ■

Adegas de São Francisco
✉ Avenida Arriaga 28
☎ 291 740110
🕐 Fermé le sam. soir et le dim. ; visites guidées du lun. au ven. à 10 h 30 et 15 h 30, le sam. à 11 h
💶 €

Museu da Fotografia Vicentes
✉ Rua da Carreira 43
☎ 291 225050
🕐 Fermé le midi, le dim. et les jours fériés
💶 €

Au nord de Funchal, le point de vue de Portela, à 662 mètres, offre un superbe panorama.

Câmara de Lobos
tient son nom
des phoques
(lobos marinhos),
jadis nombreux
dans la région.

L'ouest de l'île

LA SUPERBE CÔTE OUEST DE MADÈRE SE DISTINGUE PAR SES PETITS
villages accrochés à un littoral escarpé, aménagé en terrasses et tombant à pic vers la mer. Mais l'intérieur des terres est tout aussi beau.

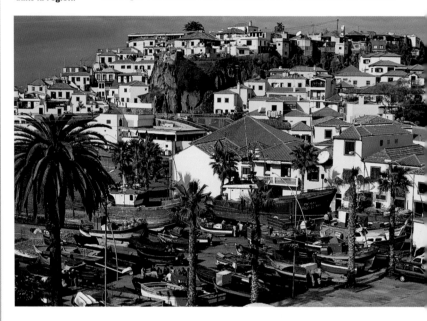

Ouest de Madère
🅰 221
**Informations
touristiques**
✉ Vila do Porto Moniz
☎ 291 850180

**Museu etnográfico
da Madeira**
✉ Rua de São
Francisco 24,
Ribeira Brava
☎ 291 952598
🕐 Fermé le midi,
le lun. et les jours
fériés
€ €

En sortant de la ville vers l'ouest, la
première étape sur la voie rapide bordant la côte est **Câmara de Lobos**,
un pittoresque petit village de
pêcheurs réputé pour ses bateaux
peints de couleurs vives. La spécialité
locale est l'espadon noir. Ce poisson
peu avenant en apparence remonte,
la nuit, des profondeurs pour se nour-
rir, si bien que les pêcheurs sortent
en mer dans la soirée. Juste après
Câmara de Lobos, vous trouverez
l'un des principaux attraits de l'île, le
magnifique **Cabo Girão**, la deuxième
plus haute falaise d'Europe (la plus
haute se trouvant en Norvège), qui
surplombe la mer à 580 mètres d'altitude. Aussi étonnant que cela puisse
paraître, des vignobles en terrasse
sillonnent cette zone escarpée – ce qui
atteste, si besoin en était, que les viti-
culteurs de Madère ne rechignent pas

au travail. La station balnéaire de
Ribeira Brava, située à 32 kilomètres
à l'ouest de Funchal, est accessible au
terme d'un périple quelque peu
sinueux. Cette destination très prisée,
située à l'entrée d'une vallée pentue,
doit son nom (« rivière Sauvage »)
aux flots torrentiels qui dévalent la
montagne pendant les mois d'hiver.
La ville, assez vaste, compte une église
du XVᵉ siècle, un port de pêche, ainsi
qu'un très instructif **Museu etnográfico da Madeira**, qui retrace la vie
quotidienne à Madère (pêche, tissage
et viticulture) au fil des siècles.

À 4 kilomètres à l'ouest de Ribeira
Brava, **Ponta do Sol** est réputée être
le coin le plus ensoleillé de la côte Sud.
Ce promontoire est un village encore
authentique, situé de part et d'autre
d'un ravin profond, dont les rues
pavées mènent à une église hors du

commun. Une flânerie sur le port au coucher du soleil est de rigueur.

À l'extrémité ouest de l'île, **Ponta do Pargo** est réputée pour ses vues sur la mer : à cet endroit précis, des milliers de kilomètres d'océan Atlantique vous séparent de la côte est de l'Amérique du Nord. Tout comme Câmara de Lobos, réputée pour son espadon, Ponta do Pargo a une spécialité, le *pargo* – ou coryphène. À **Porto Moniz**, l'extrémité nord de l'île (curieusement proche de l'extrême ouest du pays), des goufres entre les rochers sont pris d'assaut par les randonneurs fatigués, qui y délassent leurs membres endoloris tout en profitant du spectacle des embruns venus mourir sur le littoral. Par ailleurs, la ville compte des cafés, des restaurants et un hôtel qui satisferont les visiteurs plus prosaïques. Porto Moniz, l'un des seuls ports protégés de la côte Nord, fut autrefois un important centre baleinier. La **corniche Nord** qui relie Porto Moniz à São Vicente, à 19 kilomètres à l'est, est l'une des routes côtières les plus spectaculaires d'Europe : accrochée au bord de la falaise et offrant des vues absolument époustouflantes, elle constitue un véritable tour de force en matière d'ingénierie. Cette voie, dont la construction ne dura pas moins de seize ans, ne peut être empruntée que d'est en ouest ; la circulation en sens inverse passe par des tunnels et des voies situés sous des cascades (ce qui, d'après les autochtones, est une excellente manière de laver sa voiture). **São Vicente**, important carrefour agricole et ville la plus importante de la côte Nord, bénéficie d'une infrastructure adaptée à l'accueil des voyageurs. Son centre classé zone piétonnière, constitué de rues pavées, de maisons aux devantures fleuries et de cafés, offre une promenade agréable. Si vous avez l'âme aventureuse, n'hésitez pas à pousser vers le sud jusqu'aux **grutas de São Vicente**. Des visites guidées

vous permettront de découvrir ces grottes magnifiques, qui courent sur environ 1 kilomètre. Des tunnels volcaniques ou conduits de lave recèlent des accumulations de scories et des stalactites volcaniques. La route 104, qui relie São Vicente à Ribeira Brava sur la côte Sud, passe au-dessus de **boca da Encumeada**, un belvédère offrant des vues magnifiques au nord sur São Vicente et au sud au-delà de la vallée de la serra de Água. Faites en sorte de passer le col (1 007 mètres) le matin, car les nuages tendent à obstruer la vue au fur et à mesure qu'on avance dans la journée. Ceux qui sont sujets au vertige prendront soin d'emprunter le tunnel souterrain. La levada do Norte, un canal de 60 kilomètres de long qui irrigue la vallée de la ribeira de Caixa, en contrebas, passe également sous la route. ■

La haute falaise de Cabo Girão offre une vue vertigineuse sur l'est, en direction de Funchal.

Grutas de São Vicente
🅰 221 B2
✉ Sítio do Pé do Passo, São Vicente
☎ 291 842404
€ €€

L'est de l'île

LA PARTIE EST DE MADÈRE PRÉSENTE DE NOMBREUX ATTRAITS, QU'IL s'agisse des toboggans de Monte, des superbes jardins botaniques ou des séduisantes villes de pêcheurs de Caniçal et Machico.

Sensations fortes à Monte, où les *carreiros* expérimentés dirigent les toboggans de main de maître.

Est de Madère
- 🅰 221
- **Informations touristiques**
- ✉ Forte Nossa Senhora do Amparo
- ☎ 291 962289

Quinta do Palheiro Ferreiro
- 🅰 221 B2
- ✉ Palheiro Ferreiro, Monte
- ☎ 291 793044
- 🕐 Fermé le soir, le sam. et le dim., et les jours fériés
- 💶 €€

Le village de **Monte**, qui domine la banlieue nord-est de Funchal, est la destination idéale d'une excursion. Il était de bon ton, au XIXᵉ siècle, de descendre de Monte jusqu'à Funchal en *carro de cesto* (traîneau de rotin). Ce « toboggan » singulier est encore en vogue aujourd'hui, les touristes s'y serrant à deux pour être ramenés vers la banlieue de Funchal. Deux *carreiros* vêtus de blanc et coiffés de canotiers courent à côté de l'engin pour le diriger. D'autres préféreront faire le trajet en **teleférico da Madeira**, plus moderne, qui descend jusqu'à la vieille ville (*Caminho das Babosas 8, Monte,* ☎ *291 780280, €€*).

La fraîcheur qui baigne Monte (située à une altitude de 600 mètres) est propice au développement d'une végétation luxuriante. La superbe **igreja Nossa Senhora do Monte**, avec ses tours jumelles, son fronton baroque et ses motifs de basalte gris sur une façade blanche, se détache sur une butte au cœur de la ville. Chaque année, le 15 août (jour de l'Assomption), les pèlerins gravissent à genoux les 74 marches y menant. L'intérieur

de l'édifice abrite le tombeau en fer de Charles Iᵉʳ, dernier empereur d'Autriche, qui vécut à l'hôtel Quinta do Monte pendant toute la durée de son exil et jusqu'à son décès (1921-1922). De là, quelques minutes de marche à pied vous séparent de deux magnifiques jardins méritant votre visite. Le **jardin do Monte**, peuplé de fougères luxuriantes et de plantes florifères, est ouvert tous les jours ; le **jardin tropical Monte Palace** (*caminho do Monte 174,* ☎ *291 742650, fermé le dim., €€*), qui comprend 7 hectares de plantes tropicales et subtropicales, est parsemé de statues, de pagodes, de ponts et de lacs fourmillant de poissons exotiques.

La célèbre **quinta do Palheiro Ferreiro** (également appelée « jardins des Blandy ») se situe à 8 kilomètres à l'est de Funchal. Entretenu par les générations successives de la famille Blandy, ce parc, considéré comme le plus beau de l'île, rassemble plus de 3 000 espèces provenant des quatre coins du monde. Tout près, en suivant la route 102 vers le nord, le village de **Camacha** s'est fait une spécialité de la vannerie ; les rotins qui servent au tressage proviennent des saules écimés, fort répandus dans les vallées humides. Les plus belles pièces fabriquées à Madère sont exposées au **café Relógio** (*café de l'Horloge, largo da Achada, Camacha,* ☎ *291 922777*), au sud de la place principale, qui offre une vue magnifique sur la côte.

Machico, la ville la plus importante de l'est de Madère, est située sur l'estuaire. C'est là que l'explorateur João Gonçalves Zarco mit pied à terre en 1420. Sur la place principale de la vieille ville, séparée par une rivière du quartier des pêcheurs, trône une belle église qui s'honore d'un portail latéral offert par Manuel Ier. Les lieux accueillent également une statue de Tristão Vaz Teixeira, compagnon de Zarco, qui fut l'un des gouverneurs de Machico.

À l'est de la place, la **capela dos Milagres** (chapelle des Miracles) est le cadre d'une fête très importante, qui se déroule chaque année au mois d'octobre pour célébrer la récupération du crucifix d'origine, balayé avec l'édifice ancien lors d'une inondation dévastatrice en 1803.

Au nord de Machico, le minuscule village de **Caniçal** fut un important port baleinier jusqu'à l'abolition, en 1981, de cette industrie. Les baleiniers utilisaient de petits bateaux non couverts ainsi que des harpons pour traquer leur proie. Le **museu da Baleia** (musée de la Baleine), qui occupe les anciens locaux d'une entreprise baleinière, retrace leurs exploits. L'exposition s'attarde aussi sur les mesures prises actuellement pour la sauvegarde de l'espèce, notamment la créa-

tion autour de l'archipel d'un sanctuaire marin voué aux mammifères. Caniçal se targue d'être aujourd'hui à la tête de la plus importante flottille de pêche au thon ; ses bateaux de couleurs vives sont tirés au sec sur la plage. Le périmètre de la ville abrite une zone franche, ainsi qu'un parc industriel doté d'un port en eaux profondes pour encourager les investissements dans la région. Au-delà de Caniçal, le paysage devient tout de suite plus désolé et plus sauvage, mais la route continue de serpenter jusqu'à un sentier creusé de nids-de-poule, situé à l'extrémité est de l'île. La seule plage de sable blanc, qui se trouve à **Prainha**, est signalée et fléchée au pied d'un escalier situé en bordure de route ; elle est toujours envahie lors des chaudes journées d'été. Un sentier partant du parking situé au bout de la rue traverse **Ponta da São Lourenço**, un promontoire escarpé qui offre un panorama magnifique sur la mer et même au-delà, jusqu'aux ilhas Desertas. ∎

Museu da Baleia

🔼 221 C2

✉️ Largo da Lota, Caniçal

☎️ 291 961407

🕐 Fermé le midi et le lun.

💶 €

Les fleurs sauvages printanières tapissent les pâtures non loin de Camacha.

La végétation à Madère

L a « perle de l'Atlantique » se distingue par deux particularités : d'abord, par son réseau de *levadas* (canaux d'irrigation) de près de 2 000 kilomètres de long, ensuite par sa luxuriante végétation subtropicale. Les visiteurs peuvent marcher sur des kilomètres le long des canaux jusqu'à des coins retirés et inaccessibles autrement qu'à pied. En route, au fur et à mesure que les microclimats changent, un monde de plantes et de fleurs exotiques spectaculaires se révèle dans toute sa splendeur, plus particulièrement dans les coins sauvages.

À Madère, les coteaux et les bords des routes sont plus généralement constitués de massifs de fleurs multicolores, dominés par les géraniums, les hydrangéas, les hibiscus mauves et roses, les agapanthes bleu indigo, les arums, les tritomas rouges et les bougainvillées rouges ou orange, s'inscrivant le plus souvent à l'avant-plan d'arbres florifères tels que le jacaranda, le magnolia, le camélia et le mimosa. Les fleurs les plus extra-ordinaires sont probablement celles du tulipier du Gabon, d'un orange vif, importé à Madère au XVIIIe siècle par James Cook. L'arbre endémique de l'île est le célèbre dragonnier, que l'on retrouve aussi aux Canaries et aux îles du Cap-Vert. S'il n'existe plus que rarement à l'état sauvage, il est présent dans les jardins et les parcs. Comme le baobab africain, il semble avoir été planté à l'envers, son tronc rectiligne se terminant en un entrelacs de branches et de tiges. Les figuiers de Barbarie investissent les parties non irriguées de la côte Sud, plus chaude, tandis que de nombreuses plantes grasses et des aloès s'épanouissent sur les surfaces rocheuses. À une flore d'une telle densité et d'une aussi grande diversité ne peuvent que répondre les multiples variétés de fleurs cultivées pour l'export, notamment les orchidées, les anthuriums et les strelitzias (oiseaux-de-paradis).

Les jardins botaniques de l'île, qui regorgent d'espèces importées, sont un régal pour les yeux.

Les promenades le long des *levadas* sont très prisées, les canaux étant faciles à repérer et à

Ci-dessus : Les fleurs exotiques sont omniprésentes à Funchal. Page ci-contre : arbustes sauvages, lauriers et bruyères peuplent les régions montagneuses proches de Rabaçal.

suivre ; le doux ruissellement de l'eau n'y est troublé que par le chant des oiseaux ou les bruissements dans les sous-bois occasionnés par les lézards, les reptiles les plus répandus sur l'île. Une particularité de Madère tient à ses paysages qui changent brusquement, offrant aux randonneurs des expériences uniques : on passe ainsi, sans transition, d'une pinède humide embrumée à une vallée verdoyante et ensoleillée au creux de laquelle s'épanouissent des bananiers. Du fait de ses hauteurs pentues, l'île présente trois zones de végétation distinctes : les plantes subtropicales s'épanouissent au niveau de la mer et jusqu'à 330 mètres d'altitude ; jusqu'à 750 mètres, une autre région plus tempérée, au climat méditerranéen, est favorable à la vigne, aux céréales, aux agrumes, aux mangues et aux pommes ; au-delà, ce sont les forêts primitives qui prennent le relais. Ce type de forêt, qui remonte à quelque 20 millions d'années (à l'ère tertiaire), recouvrait autrefois la plus grande partie de l'Europe, avant d'être détruite pendant les ères glaciaires. Madère est l'un des derniers endroits où des essences comme le sésame, le laurier-sauce, l'acajou, le « til » ou laurier de Madère et même le bois de fer (l'os-

trier) se trouvent encore dans leur milieu originel. Quant aux forêts de laurier-sauce s'étendant autour de Faial, Portela et Queimadas, ce sont les seules qui aient été épargnées par les premiers habitants de l'île ; elles sont désormais classées réserves naturelles. ■

Ci-contre : Le marché de Funchal propose de beaux étals de fruits et légumes locaux.

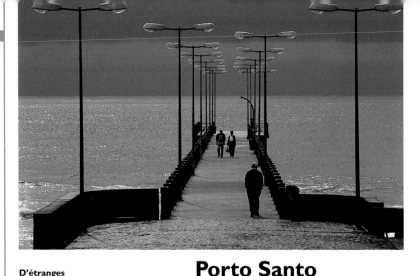

D'étranges lampadaires éclairent la jetée de Porto Santo, à mille lieues de nulle part.

Porto Santo
et les autres îles

CONTRAIREMENT À MADÈRE, PORTO SANTO EST PLATE ET PLUTÔT aride. Il n'y pousse pas grand-chose, et le revenu de la plupart de ses 5 000 habitants dépend du flot des estivants.

Porto Santo
⚑ 221 D3
Informations touristiques
✉ Avenida Henrique Vieira e Castro
☎ 291 982361

Casa-Museu Cristóvão Colombo
✉ Rua Cristóvão Colombo 12, Vila Baleira
☎ 291 983405
⏱ Fermé le dim. et le lun., et les jours fériés

Le seul attrait de l'île est sa superbe plage de sable doré qui s'étend sur 8 kilomètres le long de la côte Sud. Malgré l'afflux de visiteurs, le lieu est empreint de calme et de sérénité, troublés seulement par une poignée d'hôtels et un camping. À 37 kilomètres au nord-est de Madère, Porto Santo est accessible en catamaran ou en avion.

La capitale, **Vila Baleira**, fut pendant un temps le lieu de résidence de Christophe Colomb. Arrivé dans les années 1470 comme acheteur pour les marchands de sucre de Lisbonne, il y épousa Dona Filipa Moniz, la fille du gouverneur de Porto Santo. Leur maison, désormais la **Casa-Museu Cristóvão Colombo**, rassemble des livres, des cartes et des tableaux retraçant la vie de l'explorateur.

Dona Filipa mourut en couches, et la légende veut que, pleurant son épouse en contemplant la mer, Christophe Colomb ait eu la soudaine intuition que la végétation échouée sur la plage venait en fait d'un autre continent – ce qui lui aurait donné

l'idée de la traversée transatlantique qu'il effectua en 1492.

Depuis la place principale, la rua Infante Dom Henrique, bordée de palmiers, mène à la fameuse plage de Porto Santo. Remarquez en chemin la fontaine, l'une des nombreuses de l'île qui offrent l'eau minérale locale, mise en bouteille et vendue sur place. D'aucuns prétendent que la plage aurait des vertus curatives ; ne vous étonnez donc pas de voir des individus enfouis sous le sable jusqu'au cou pour en justifier. À 30 kilomètres au sud-est de Madère, les trois **ilhas Desertas** (îles Désertes) constituent une réserve naturelle, essentiellement destinée à assurer la préservation du phoque moine, en voie d'extinction.

Les eaux environnantes sont propices à la pêche sportive, mais il faut, pour débarquer sur les lieux, une autorisation qui n'est que rarement accordée. Les avant-postes les plus méridionaux du territoire portugais sont les **ilhas Selvagens** (îles Sauvages), à quelque 240 kilomètres, qui sont aussi des réserves naturelles. ■

Informations pratiques

Les deux-roues à Lisbonne.

INFORMATIONS PRATIQUES
PRÉPARER SON VOYAGE

QUAND PARTIR

Le Portugal continental est baigné par un climat très favorable ; ses longs étés chauds (de mai à septembre) et ses hivers plutôt doux en font une destination agréable toute l'année.

Les montagnes du Nord connaissent la neige, et les stations de ski de la serra da Estrela sont ouvertes de janvier à mars. C'est la région du Trás-os-Montes qui subit les hivers les plus rudes, avec une très forte pluviométrie en décembre et en janvier. Le Minho voisin (y compris Porto) est baigné par un climat similaire, mais moins extrême ; les étés y sont chauds et ensoleillés, même s'il faut compter, certains jours, avec les averses. De l'autre côté du pays, les températures de l'Algarve tombent rarement en dessous de 10 °C, et la pluviométrie, plutôt modérée, est concentrée sur les mois de décembre, janvier et mars. Cette région bénéficie toute l'année d'un climat tempéré. Dans l'Alentejo, où le mercure dépasse allègrement les 30 °C en été, les mois de juillet et août sont ceux des vacances en famille au bord de la mer. Peut-être préférerez-vous éviter de vous trouver dans la région à cette époque. À l'intérieur des terres, il fait chaud, le thermomètre accusant jusqu'à 40 °C. Lisbonne et le centre du pays (situés à faible altitude) sont entre ces deux extrêmes. Janvier et février y sont les mois les plus froids, novembre, décembre et janvier les plus pluvieux, tandis que les températures, rarement inférieures à 8 °C en hiver, tournent autour de 30 °C en été. Grâce à la brise qui souffle constamment de l'Atlantique et du Tage, le cœur de la saison chaude est souvent très plaisant.

La côte atlantique est baignée de juillet à septembre par une brise légère qui la rend accueillante, ce qui explique que ses plages sont très fréquentées, malgré l'eau froide et très agitée peu propice à la baignade. La mer ici se réchauffe rarement avant juillet, contrairement aux criques protégées de l'Algarve, où l'on peut se baigner dès le printemps.

Le printemps et l'automne sont les saisons idéales pour découvrir le pays, car elles permettent d'éviter l'afflux de tourisme local et de bénéficier de prix réduits en matière d'hôtellerie. Le printemps (avril/mai) est très agréable : les fleurs sauvages s'épanouissent et la campagne revêt ses plus beaux atours verts. L'automne (septembre/octobre) est également plaisant ; les jours sont généralement chauds et ensoleillés, et les vignobles se parent de reflets roux.

Au large des côtes, l'île de Madère, toujours tempérée, est très prisée en hiver par les Nord-Européens.

FÊTES

Le calendrier portugais comprend une multitude de fêtes – vous êtes donc quasi assuré, pendant votre voyage, d'être le témoin de l'une d'elles. En hiver, au mois de février, le carnaval bat son plein à travers tout le pays, mais la manifestation la plus animée est celle de Torres Vedras, où la décoration des chars tend résolument vers la caricature politique. Funchal, la capitale de Madère, organise une parade haute en couleur, à la brésilienne. Au printemps, la fête de Pâques, la plus importante du calendrier religieux, est l'occasion de spectaculaires célébrations et processions aux flambeaux. Les plus mémorables sont celles d'Óbidos (deux semaines), de Braga et d'Ourem. Si vous avez l'intention de vous rendre dans ces villes à Pâques, effectuez vos réservations longtemps à l'avance.

Le printemps est aussi le moment où les étudiants de Coimbra s'adonnent à la fête et à tous les excès avant leurs examens de fin d'année, qui se déroulent en mai. De nombreuses festivités jalonnent les mois d'été (de juin à août). C'est dans le Minho qu'on voit les costumes traditionnels les plus colorés. La saison des corridas et des courses de taureaux dure de Pâques à octobre, en particulier dans le Ribatejo ou dans les environs de Santarém, où les animaux sont élevés. L'automne est enfin l'époque des fêtes des vendanges à travers le pays – renseignez-vous auprès des offices de tourisme locaux pour avoir les dates précises des différentes manifestations.

CE QU'IL FAUT EMPORTER

Les magasins portugais proposent généralement les mêmes articles que leurs homologues des villes occidentales, à des prix relativement accessibles. La tenue habillée n'est de rigueur que dans les plus prestigieux restaurants de Lisbonne et de Porto, ou dans les hôtels de luxe et les *pousadas*.

Emportez suffisamment de médicaments (ceux qui vous sont prescrits habituellement) pour la durée de votre séjour, même si les pharmacies locales sont bien pourvues en médications courantes et que les pharmaciens sont généralement courtois – qui plus est, ils parlent le plus souvent français. Les moyens de contraception usuels sont disponibles, mais probablement pas dans les coins retirés.

Un double de la prescription de votre ophtalmologiste vous sera utile si vous perdez vos lunettes. Les photographes trouveront sans peine les produits grand public, mais beaucoup moins facilement les marques professionnelles. Emportez donc votre matériel, ainsi que des piles de rechange. Les accessoires vidéo se trouvent aisément dans les grandes villes, mais il vaut mieux prendre vos chargeur et transformateur, ainsi que vos cartes numériques, que vous ne trouverez pas forcément dans les lieux moins fréquentés. Les ornithologues amateurs se muniront de leurs jumelles, même si cette activité n'est pas l'un des points forts de leur destination.

SANTÉ ET ASSURANCES

Pensez à vous procurer la carte européenne d'assurance maladie, valable dans tous les pays de l'UE. Vous bénéficierez ainsi de la prise en charge des soins médicaux nécessaires durant votre séjour. Elle est délivrée gratuitement par votre caisse d'assurance maladie. Vous pouvez aussi contracter une assurance couvrant les éventuels frais de rapatriement, et prévoyant un dédommagement en cas de perte de bagages et/ou de papiers. Notez soigneusement les numéros de téléphone à appeler depuis l'étranger en cas de sinistre. Si vous avez quelque problème, conservez les reçus de vos dépenses, pour vous faire rembourser. Les vols doivent être signalés au poste de police, où l'on vous remettra un justificatif pour les assurances.

FORMALITÉS D'ENTRÉE

La durée du séjour des ressortissants de l'Union européenne n'est pas limitée. Les Canadiens n'ont besoin de visa que si leur voyage excède 60 jours. La police portugaise pouvant procéder à des vérifications d'identité, conservez sur vous votre passeport ou toute autre pièce d'identité. Les formalités douanières sont identiques à celles des autres pays de l'Union européenne. Vous pouvez importer 1 litre d'alcool ou 2 litres de vin ou de liqueur, 200 cigarettes et 50 millilitres de parfum.
Les drogues et autres narcotiques sont interdits, et les douaniers particulièrement vigilants.

SE RENDRE AU PORTUGAL

EN AVION

Air France propose plusieurs vols quotidiens Paris-Lisbonne (5 vols – 2 h 30) ou Paris-Porto (3 vols – 2 h 15). En règle générale, les vols directs partent de l'aéroport Charles-de-Gaulle, Terminal 2F. Quant aux vols au départ d'Orly-Ouest, ils effectuent le plus souvent des escales à Toulouse, Bordeaux, Marseille et Lyon, et rejoignent ensuite Lisbonne (respectivement 1 h 10, 45 minutes,

1 h 20 et 1 h 25 de vol. Les vols d'Orly-Ouest à Porto s'arrêtent souvent à Bordeaux (compter 30 minutes de vol jusqu'à destination), mais font parfois une escale supplémentaire à Nantes (le temps de vol total est alors de 80 minutes, hors escale).
Air France offre également, à des tarifs intéressants, des formules vols + séjour (et/ou location de voiture). Renseignez-vous après d'une agence de voyages.
La compagnie nationale portugaise **TAP Air Portugal** (Air Portugal, www.tap.pt) assure, au départ d'Orly-Ouest, 6 vols quotidiens vers le Portugal (3 vers Lisbonne et 3 vers Porto). Depuis Lisbonne, des correspondances permettent de rallier les îles de l'archipel de Madère.
La compagnie **Portugalia** propose aussi des vols quotidiens sur Lisbonne, de Bordeaux, Lyon, Marseille, Mulhouse, Nice et Toulouse, et, certains jours, des correspondances pour Porto et Faro. Ceux qui recherchent de meilleurs prix consulteront les offres spéciales de certains voyagistes ou feront un détour pour emprunter la **Ryanair** (www.ryanair.com) depuis le Royaume-Uni et l'Irlande jusqu'à Porto, ou encore **Easyjet** (www.easyjet.com), **British Midlands** (www.bmibaby.com) et **Monarch** (www.flymonarch.com), qui relient le Royaume-Uni et Faro. Il n'y a pas de vols discount sur Lisbonne.

LES AÉROPORTS

Les aéroports internationaux portugais sont ceux de Lisbonne, de Porto, de Faro et de Funchal (Madère). Toutes les 20 minutes, des navettes (**Aerobus**) partent de l'aéroport (☎ 21 841 3500) pour le centre-ville de Lisbonne – le trajet, de 7 kilomètres à peine, dure 20 à 30 minutes. Le billet de l'Aerobus est également valable la même journée dans les transports publics urbains. Le principal point de départ des navettes depuis le centre-ville est la praça dos Restauradores, en face de la station Rossio. À Porto (☎ 229 432400), l'autobus n° 56 relie le centre-ville à l'aéroport (11 kilomètres). À

Faro (☎ 289 800 800), une navette à la sortie du terminal mène au centre-ville en une vingtaine de minutes. Les bus n° 17 et 18 font le même trajet, dans les deux sens. L'aéroport de Funchal, à Madère, met à rude épreuve les nerfs du fait de sa situation sur un affleurement rocheux, à quelque distance du centre-ville. Toutes les trente minutes, des navettes relient l'aéroport au centre-ville en 45 minutes. Il est aussi possible de se rendre n'importe où sur l'île en hélicoptère (**HeliAtlantic**, ☎ 291 232 882). Toutes les aérogares bénéficient d'un service de taxis, qui comptent un supplément pour les bagages. À Lisbonne, achetez un bon prépayé au comptoir Turismo de Lisboa.

EN BATEAU

Il n'y a aucun service de ferry à destination du Portugal, mais certaines croisières font escale à Lisbonne et davantage à Madère. Renseignez-vous après de votre agent de voyages.

EN TRAIN

Les trains relient la France et l'Espagne au Portugal par deux itinéraires distincts. Le **TGV Atlantique** va de Paris à Irun, où le **Sud-Espresso** prend le relais jusqu'à Vilar Formoso, Coimbra et Lisbonne (changement à Pampilhosa pour Porto). Le périple Paris-Lisbonne dure environ 22 heures. On peut aussi voyager de nuit avec le **Talgo** (Paris-Madrid direct) et poursuivre avec le **Talgo Lusitania**, de Marvão à Lisbonne (10 heures de Madrid à Lisbonne). Des lignes plus tortueuses et plus lentes traversent la frontière portugaise, au départ de la Galice, dans le nord de l'Espagne, ou de Séville, en Andalousie. Le service ferroviaire national est assuré par la **Companhia de caminhos de ferro portugueses** (☎ 808 208 208 ; www.cp.pt).

EN AUTOCAR

Les cars de tourisme effectuant les longs trajets depuis le nord de l'Europe sont désormais confortables (climatisation, sièges inclinables et toilettes). **Eurolines** (www.eurolines.com), le principal réseau européen, dessert les principales villes du continent. Les filiales portugaises sont à Lisbonne (☎ 21 895 7398) et à Porto (☎ 225 189 299). Enfants, étudiants et voyageurs de plus de 60 ans bénéficient de réductions.

EN VOITURE

Il y a de nombreux points d'entrée au Portugal depuis l'Espagne voisine, et les voitures de location peuvent passer la frontière sans paperasseries ni frais supplémentaires. Il vaut mieux, cependant, vous renseigner préalablement auprès de votre agence de location. Les accords Schengen ayant libéralisé la circulation intra-européenne, les postes-frontière sont généralement déserts.

CIRCULER DANS LE PAYS

Lisbonne bénéficie d'un excellent réseau de transport urbain, et notamment d'un métro rapide et efficace, qui continue de s'étendre. Le **Metropolitano** (www.metro lisboa.pt) compte pour l'heure 4 lignes et 60 stations, et propose des correspondances *(correspondência)* avec les principaux trains de banlieue, ainsi qu'avec les ferries reliant les deux rives du Tage. Les entrées des différentes stations sont signalées par un grand « M » rouge, et les trains circulent de 6 h 30 et 1 h du matin. Mieux vaut vous procurer un carnet de 10 tickets *(caderneta)*, ou une carte d'abonnement valable 1 jour ou 1 semaine. Vous pouvez aussi vous procurer le *passe turistico* (valable 4 ou 7 jours) ou la carte Lisboa. Cette dernière permet non seulement de prendre le bus, le métro et le tram ainsi que les funiculaires de Lisbonne, mais aussi d'accéder gratuitement à 26 musées et monuments (dont ceux de Sintra) et d'obtenir des prix réduits sur des visites guidées et des croisières fluviales. La formule est valable 24, 48 ou 72 heures, les enfants de

moins de 11 ans bénéficient de réductions. Fort intéressante pour qui veut voir le maximum de choses en un minimum de temps, elle est disponible dans les agences Turismo de Lisboa et les kiosques Carris. **Carris** (☎ 21 361 3000 ; www.carris.pt) est la compagnie qui gère tous les transports publics de Lisbonne, excepté le métro. Les touristes préfèrent le plus souvent se déplacer en tram. Ils empruntent surtout la ligne n° 28, allant de la Baixa à l'Alfama, qui est aussi la destination de la ligne n° 12, au départ de la praça da Figueira. Pour se rendre à Belém, prendre la ligne n° 15 à la praça do Comercio. Il convient cependant de surveiller ses sacs et ses poches, les pickpockets étant aussi nombreux qu'adroits. Les trains de banlieue sont parfaits pour les excursions d'une journée à Sintra (départ de Rossio), à Estoril ou Cascais (départ de Cais do Sodre), ou encore à Setúbal et plus au sud (départ depuis la station d'Oriente). Les taxis peuvent être hélés en chemin. Ils travaillent au compteur, et les prix sont généralement raisonnables. Il est d'usage de laisser un pourboire équivalant à 10 % du montant de la course. Pour commander un taxi, appelez **Radio taxis de Lisboa** (☎ 21 811 9000).

EN AVION

Le pays compte plusieurs petits aéroports offrant des services relativement réduits. Ils sont pour la plupart accessibles depuis les aéroports internationaux du pays par le biais des vols intérieurs assurés par la compagnie nationale **Portugalia** (☎ 21 842 5500 ; www.flypga.pt), qui dessert aussi certaines villes européennes et africaines. Cependant, étant donné la beauté des paysages du Portugal, il vaut mieux découvrir le pays en voiture, en car ou en train.

EN FERRY

Les ferries traversent le Tage, reliant Lisbonne à Belém, à Cais do Sodré et à Terreiro do Paço (praça do Comercio). Faites l'expérience du dîner-croisière que propose

Lisboa Vista do Tejo (☎ 969 852550 ; www.lvt.pt). Porto est le point de départ de nombreuses visites guidées et de croisières sur le Douro. Parmi les agences qui proposent de tels services, citons **PortoTours** (☎ 222 000073 ; www.portotours.com), dont la gamme de prestations comprend aussi bien le circuit des six ponts que la remontée de la rivière jusqu'à Pinhão ; **Portowellcome** (☎ 223 747320 ; www.portowell come.com), à Vila Nova de Gaia, propose des sorties similaires.

EN TRAIN

Il existe différentes catégories de trains portugais, allant des *rápidos*, qui portent bien leur nom, aux *regionais*, dont le confort est pour le moins sommaire. Les *ALFA rápidos* (parfois constitués uniquement de compartiments de 1re classe) sont les plus rapides et les plus fiables du point de vue des horaires. Ils vont du nord au sud, de Lisbonne à Porto (via Coimbra) ou de Lisbonne à l'Algarve (en passant par Tunes, Faro, Tavira et Vila Real). Juste après viennent les *directos intercidades*. Ce sont des trains régionaux plutôt rapides, comptant des compartiments de première et de deuxième classe. Les *semi-directos* et les *regionais*, qui desservent les régions rurales, sont nettement moins fiables, pour ce qui est tant de la ponctualité que des sièges disponibles. Les horaires et les tarifs sont tous fournis par les **Caminhos de Ferro Portugueses** (☎ 808 208 208 ; www. cp.pt), qui enregistrent les réservations pour les trains rapides. Des billets valables 7, 14 ou 21 jours sont édités pour les touristes. Le Portugal compte aussi, dans la vallée du Douro, des voies de chemin de fer assez spectaculaires. Admirez particulièrement le tronçon entre Tua et Mirandela.

LES CARS

Les cars privés qui sillonnent le pays vont parfois plus vite que les trains et permettent plus facilement l'accès à certains endroits reculés. Les plus rapides sont les *espressos*, suivis de près par les *rápidas* ; évitez autant que faire se peut les *carreiras*, terriblement lents. Les horaires varient en fonction des saisons et des vacances scolaires. Il est donc préférable de se renseigner directement à la gare routière.

EN VOITURE

Si le réseau routier portugais s'est considérablement étendu et amélioré ces dernières années, il n'en va pas de même des conducteurs locaux qui, d'ailleurs, admettent leurs mauvaises performances en la matière : le Portugal est en tête des pays de l'Union européenne pour ce qui est de la mortalité routière. Il faut donc anticiper les manœuvres intempestives et autres brusques changements de direction. Le Nord pèche par manque – parfois même par absence – de signalisation ; veillez donc à vous munir d'une bonne carte et à vous faire assister par un navigateur. Les petites villes présentent souvent des lacis de rues à sens unique – un véritable casse-tête. Il vaut mieux alors vous garer en centre-ville et partir à la découverte des lieux à pied. Les nouvelles autoroutes à six voies (*autoestradas*) sont toutes à péage (*portagem*). Les IP (*itinerários principais*) sont assez directs, mais comportent le plus souvent trois voies, dont une de dépassement servant en alternance aux deux sens de circulation.

Il y a enfin les routes de campagne, les plus belles et les plus tranquilles ; leur unique inconvénient tient à la présence inattendue de tracteurs, de charrettes et d'animaux. Il n'y a rien de plus agréable au Portugal que de sortir des sentiers battus pour visiter des villages reculés – cela n'est possible que lorsqu'on se déplace en voiture. La conduite est à droite, avec priorité au trafic venant de la gauche. Le port de la ceinture de sécurité est obligatoire aussi bien à l'avant qu'à l'arrière, les enfants de moins de 12 ans devant impérativement voyager à l'arrière. Les sanctions sont sévères (allant jusqu'à des peines de prison) à l'encontre de conducteurs en état d'ébriété (le

taux d'alcoolémie maximal autorisé étant de 0,12 %). Sur les autoroutes du Nord, la conduite avec les phares allumés (même en plein jour) est obligatoire. La police peut imposer le paiement immédiat d'amendes en cas de dépassement de la vitesse autorisée, de stationnement interdit ou en l'absence de port de la ceinture de sécurité. La vitesse est limitée à 120 km/h sur les autoroutes à péage, à 100 km/h sur les IP et les IC, et à 90 km/h sur les routes nationales. En ville, il convient de ne pas dépasser les 50 km/h.

Vous pouvez louer une voiture depuis votre pays d'origine par téléphone ou par Internet auprès d'agences comme **Hertz**, **Avis**, **National**, **Budget** ou **Europcar** qui, pour la plupart, disposent dans les aéroports de Lisbonne, Porto et Faro de comptoirs jouxtant ceux de compagnies locales de location de voitures. Les tarifs pratiqués sont raisonnables, en particulier hors saison. Les conducteurs doivent être âgés d'au moins 21 ans (certaines agences exigent 23 ou 25 ans) et être en possession de leur permis depuis au moins un an. Il n'est pas nécessaire d'avoir un permis international. Le prix de la location est généralement fonction du kilométrage et de la garantie dommagesaccident, les assurances personnelles ou couvrant les passagers étant en option et venant s'ajouter aux coûts précédents. Le carburant, qu'il s'agisse de l'essence sans plomb (*sem chumbo*) ou du diesel (*gasoleo*), est aisément disponible, la différence de prix étant relativement faible entre les marques. La plupart des stations-service acceptent les cartes bancaires internationales. Cependant, dans les régions rurales, il peut arriver qu'elles ne prennent que des espèces et uniquement les cartes bancaires portugaises.

RENSEIGNEMENTS PRATIQUES

COMMUNICATIONS

Le terme *Correio* désigne une agence ou un service postal. L'affranchissement national de pre-

mière classe est le *correio azul*. Pour l'envoi de paquets, passez par le guichet indiquant *encomendas*. La plupart des bureaux de poste proposent des cabines téléphoniques avec des opérateurs et des services de télécopie (Corfax), ainsi que, dans certains cas, l'accès à Internet. L'EMS, un service express, est également disponible. Les bureaux de poste sont ouverts de 8 h 30 à 18 h 30 du lundi au vendredi ; dans les grandes villes, certaines agences travaillent aussi le samedi matin. Les cabines téléphoniques (en général, de vieilles cabines anglaises peintes en blanc) fonctionnent avec des pièces, des cartes téléphoniques (*cartão telefonica*) et des cartes bancaires. Les cartes téléphoniques sont en vente dans les bureaux de poste et chez les marchands de journaux. Les numéros de téléphone commençant par 800 (*linha verde* – numéros verts) sont gratuits, et ceux commençant par 808 coûtent le prix d'une communication locale. Il est possible de louer un téléphone portable dans les aéroports internationaux.

Indicatif international pour le Portugal 351 ; **Service des appels internationaux** 171; **Renseignements** 118 ; **Renseignements internationaux** 177 ; **AT&T** 800 800 128 ; **MCI** 800 800 123 ; **Sprint** 800 800 187

INTERNET

Si les cybercafés sont légion à Lisbonne, les endroits moins fréquentés n'offrent d'accès à l'Internet que dans les bibliothèques (*bibliotecas*) locales. Dans la partie ouest du pays fréquentée par les touristes (qui fait partie de l'Estrémadure), les offices du tourisme ainsi que certaines mairies proposent l'accès gratuit au web.

ÉLECTRICITÉ

Le réseau fonctionne en 220 V, les prises pouvant recevoir deux fiches arrondies.

SAVOIR-VIVRE

Les Portugais sont généralement détendus et assurés, en particulier la génération montante. Le style de vie local s'apparente à celui de n'importe quel autre pays occidental. Si la plupart des Portugais parlent anglais et français, ils sont sensibles au fait que vous puissiez dire quelques formules de politesse dans leur langue. L'espagnol est généralement compris, mais rarement bienvenu, du fait de l'inimitié séculaire entre les deux pays. Les Portugais sont surtout accueillants et disponibles ; il y aura toujours quelqu'un pour vous aider si vous êtes en difficulté.

JOURS FÉRIÉS

Les principaux jours fériés sont les suivants :
1er janvier nouvel an
Février mardi gras
Mars/avril vendredi saint
25 avril fête de la révolution des Œillets
1er mai fête du Travail
Début juin jeudi de la Fête-Dieu
10 juin Fête nationale, mort de Camões
15 août Assomption
5 octobre proclamation de la république
1er novembre Toussaint
1er décembre restauration de l'Indépendance
8 décembre Immaculée Conception
25 décembre Noël.

MÉDIAS

Il y a quatre quotidiens principaux, édités à Lisbonne ou à Porto, ainsi que deux hebdomadaires, tous en langue portugaise. *The Portugal News*, un hebdomadaire local en anglais, contient des informations utiles, ainsi que le résumé de l'actualité portugaise. Les quotidiens français se trouvent en kiosque dans les villes touristiques le jour suivant leur parution. La plupart des hôtels proposent les chaînes satellites de télévision. La télévision locale ne diffuse que des programmes portugais, à l'exception de certains films en langue anglaise.

ARGENT ET CHANGE

Comme la plupart des pays de l'Union européenne, le Portugal a adopté l'euro. Les distributeurs automatiques sont assez répandus et acceptent, pour la plupart, les principales cartes bancaires internationales. La TVA en vigueur au Portugal est de 19 %. Les touristes non ressortissants des pays de l'Union ayant séjourné moins de six mois dans le pays peuvent la réclamer, pour les achats qu'ils ont effectués localement, au moment de quitter le territoire. Il suffit de remplir et de remettre à l'administration des douanes un formulaire intitulé *Isenção de IVA*.

HORAIRES

Les banques travaillent du lundi au vendredi de 8 h 30 à 15 h, sauf les jours fériés. Les magasins sont généralement ouverts sans interruption de 9 h à 17 h du lundi au vendredi, mais, dans les petites villes, certains respectent une pause à l'heure du déjeuner (12 h 30 ou 13 h à 14 h). La plupart des magasins ouvrent le samedi matin de 9 h à 13 h, mais les mentalités évoluent, et il n'est pas rare de voir des magasins travaillant le samedi après-midi. Les centres commerciaux sont accessibles entre 9 h et 23 h tous les jours de la semaine, sauf certains jours fériés. Presque tous les musées ferment le lundi, et certains le dimanche après-midi.

LIEUX DE CULTE

Le Portugal compte de nombreuses églises catholiques, mais d'autres lieux de culte existent — plus rares, sauf dans l'Algarve et à Madère. Lorsque vous êtes en visite, veillez à respecter les fidèles, habillez-vous de manière décente et parlez doucement.

HEURE LOCALE

Le Portugal est à l'heure du méridien de Greenwich. Il a donc une heure de retard par rapport à la France et a la même heure que le Royaume-Uni.

POURBOIRES

Dans les restaurants, les Portugais ne donnent aucun pourboire ou laissent l'équivalent de 5 % du montant de l'addition. On attend généralement des touristes étrangers qu'ils doublent ce montant (soit 10 % de la note), mais il ne s'agit pas d'une règle immuable.

VOYAGEURS HANDICAPÉS

Les personnes handicapées bénéficient de parkings réservés dans les lieux publics et de toilettes aménagées dans les aéroports, les gares et les salles de spectacle. Lisbonne (☎ 217 585 676) et Porto (☎ 226 006 353) proposent des autobus adaptés aux personnes ayant des difficultés à se déplacer. Des taxis spécialement équipés sont également disponibles à Lisbonne (☎ 218 155 061), à Braga (☎ 253 684 081) et à Coimbra (☎ 239 484 522).

INFORMATIONS TOURISTIQUES

L'office du tourisme portugais propose une bibliographie intéressante, mais c'est surtout son réseau à travers le pays qui peut se révéler utile pour le voyageur. Même dans la plus petite ville, un personnel bilingue, voire trilingue, est à disposition des touristes, afin de les aider et de les guider, mais aussi de les informer des changements récents intervenus dans la région ou dans le pays.

Office national du tourisme portugais 135, bd Haussmann, 75008 Paris, ☎ 01 56 88 30 80, fax 01 56 88 30 89, e-mail icepar@worldnet.fr ; www.portugal.org. Ouvert du lundi au vendredi de 9 h 30 à 17 h 30 (18 h les mardi et jeudi).
Consulat 6, rue Georges-Berger, 75017 Paris, ☎ 01 56 33 81 00, métro Monceau. **Consulats** également à Bayonne, Bordeaux, Clermont-Ferrand, Lille, Lyon, Marseille, Nancy, Nantes, Nogent-sur-Marne, Orléans, Reims, Rouen, Strasbourg, Toulouse, Tours et Versailles.
Ambassade du Portugal 3, rue de Noisiel, 75016 Paris, ☎ 01 47 27 35 29, fax 01 44 05 94 02 ; www.embaixada-portugal-fr.org.

BELGIQUE

Office du tourisme
rue Joseph-II, 5, Bruxelles 1000,
☎ (02) 230 96 25.
Ambassade du Portugal
av. de la Toison-d'Or, 55,
Bruxelles 1060, ☎ (02) 533 07 00.

SUISSE

Office du tourisme
Badenerstrasse, 15,
8004 Zurich, ☎ 01 241 00 01.
Ambassade du Portugal
Weltpoststrasse, 20,
3015 Berne, ☎ 01 35 28 329.

CANADA

Ambassade du Portugal
645, Island Park Drive,
Ottawa, K1Y-0B8, Ontario,
☎ (613) 729 08 83.

URGENCES

POLICE

Le Portugal est un pays relativement sûr, où les délits les plus importants se limitent généralement aux vols mineurs (pickpockets). Évitez de laisser quoi que ce soit de précieux dans l'habitacle des voitures portant des plaques minéralogiques étrangères ou des logos d'agences de location ; utilisez plutôt le coffre, que vous fermerez à clef. Composez le 112 pour entrer en relation avec les pompiers, la police et les ambulances. Les pompiers ont toujours à disposition une ou deux ambulances, en cas d'urgence. La sécurité dans les villes est assurée par la **Polícia de Segurança Pública** (PSP) ; ce rôle revient à la *Guarda nacional republicana* (GNR) dans les régions rurales, la *Brigada de trânsito* ayant la charge de la circulation. Il y a sur le bord des autoroutes et de certaines routes des téléphones d'urgence permettant de prévenir les secours.

AMBASSADES ET CONSULATS

**Ambassade de France
à Lisbonne**
Lisboa – Santos-o-Velho, rua Santos-o-Velho 5, 1200-811 Lisboa,
☎ 213 939 100 ou 213 908 121, fax 213 939 151 ; www.amba-france-pt.org
**Consulats généraux
à Lisbonne et Porto**
Service consulaire (formalités administratives), Calçada do Marquês de Abrantes, 123, 1200-718 Lisbonne,
☎ 21 393 92 92, fax 21 393 92 22, e-mail consulat.lisbonne@ambafrance-pt.org.
Horaires d'ouverture au public : 8 h 30 à 12 h. Moyens d'accès : train gare Santo ; bus lignes n° 27, 49, 60 ; tramway 25.

La section consulaire de l'ambassade de France à Lisbonne couvre les 9 districts du centre et du sud du Portugal – Beja, Castelo Branco, Évora, Faro, Leiria, Lisbonne, Portalegre, Santarém, Setúbal –, et les archipels des Açores et de Madère. Les autres districts relèvent du consulat général de France à Porto.
**Consultat général de France
(Porto)**
Lordelo do Ouro, rua António B. Leite 1430,1, Porto 4150-074,
☎ 226 078 220

Ambassade du Canada
edificio Vitória, avenida da Liberdade 196-200, 1296-121 Lisbonne,
☎ 21 316 4600, fax 21 316 4691, e-mail: lisbon@dfait-maeci.gc.ca ; www.portugal.gc.ca, www.dfait-maeci.gc.ca/lisbon
Consulats à Faro (☎ (289) 80 37 57) et **Ponta Delgada** (Azores) (☎ (296) 28 14 88).
Consulat du Canada à Faro
rua Frei Lourenço de Santa Maria, 1, Apartado 79, 8001-957 Faro,
☎ 289 803757, fax 289 880888
Consulat du Canada à Ponta Delgada (Matriz)
rua Doutor António J Almeida 27,1°-E, Ponta Delgada 9500-053,
☎ 296 281 488

**Ambassade de Belgique
à Lisbonne**
praça Marquês de Pombal 14 – 6ᵉ ét., 1269-024 Lisbonne,
☎ (351)21 317 0510, fax (351)21 356 1556,
e-mail: lisbon@diplobel.be ; www.diplomatie.be/lisbonfr/.

Horaires : du lundi au vendredi de 9 h à 12 h 30 (jusqu'à 17 h par téléphone)
Consulat honoraire de Porto
Dr. Damião Vellozo Ferreira, alameda de Basílio Teles, 26, 4150-126 Porto,
☎ 22-6090664 ou 22-6052140, fax 22-6052141, e-mail : vellozo-ferreira@opolex.pt
Consulat honoraire de Faro
Dr. Jorge Seabra de Magalhães, rua Sto Antonio 68-2°Dto, 8000 Faro,
☎ 289-899590, fax 289-899599, e-mail : seabra.magalhaes@iol.pt
Consulat honoraire de Ponta Delgada
Dr. José Manuel Almeida Braz, rua Pranchinha 92, 9500 Ponta Delgada,
☎ 296-201580, fax 296-201589, e-mail : josebraz@financor.pt
**Consulat honoraire
de Funchal**
Dr Jorge Manuel Monteiro da Veiga França, rua Dr. Brito Câmara 20-1°, 9000-039 Funchal,
☎ 291-210200 ou 291-210202, fax 291-210209, e-mail : jvf@nmis-madeira.com

Ambassade de Suisse
17 Travessa do Jardim, 1350-185 Lisbonne,
☎ (213) 94 40 90, fax (213) 95 59 45, e-mail : vertretung@lis.rep.admin. ch

EN CAS D'ACCIDENT

S'il s'agit d'un accident mineur, remplissez un constat amiable d'accident automobile, de manière à consigner les détails de l'accrochage en accord avec l'autre conducteur. Ce document est généralement inclus dans le dossier qui vous est remis par l'agence de location. Pour une occurrence plus grave, appelez le 112.

PERTE OU VOL

À Lisbonne, les objets trouvés sont centralisés à la station de police située praça Cidade Salazar (☎ 21 853 5403). Si vous êtes victime d'un vol, vous devrez faire une déposition au commissariat pour les besoins de l'assurance.

SANTÉ

Pour des problèmes de santé mineurs, les pharmaciens peuvent vous conseiller et vous suggérer un traitement. Les officines sont signalées par une croix verte sur fond blanc, les croix rouges sur fond blanc étant réservées aux offices de la Croix-Rouge. Il y a par ailleurs, dans la plupart des villes, des centres de traitement d'urgence qui interviennent 24 h/24.

Ambulances
☎ 219 421 111 ou 112
Centre antipoison
☎ 217 950 143

BIBLIOGRAPHIE

Bien que le Portugal n'ait pas autant inspiré les auteurs étrangers que d'autres pays méditerranéens, la bibliographie disponible n'est pas négligeable.

AUTEURS CONTEMPORAINS

À travers ses romans à forte connotation psychologique, Antonio Lobo Antunes voit avec lucidité le Portugal actuel. Certains de ses écrits fustigent la société peuvent être poignants, mais tous se distinguent par leur profondeur. Parmi ses ouvrages, citons *Explication des oiseaux* (qui retrace la rupture d'une relation amoureuse), *L'Ordre naturel des choses*, *La Farce des damnés*, *Le Cul de Judas* (un roman paru début 1983 évoquant la solitude et la guerre en Angola) et le dernier-né, *Le Manuel des inquisiteurs* (2004), une allusion aux injustices du régime Salazar.

L'excellent thriller de José Cardoso Pires *Ballade de la plage aux chiens* est, à première vue, une histoire policière, mais il présente, au second degré, les dessous du régime Salazar et de sa police secrète.

José Saramago, le doyen de la littérature portugaise, propose des œuvres d'une grande diversité. Son guide de voyage inspiré de son expérience personnelle, *Pérégrinations portugaises*, trace le portrait du Portugal profond ; c'est une lecture particulièrement intéressante pendant un voyage à travers le pays. *L'aveuglement* est à la fois un exercice de style et une allégorie, traitant de la déchéance de la société. Quant à son best-seller, *Le Dieu manchot*, il brosse un aperçu surréaliste de la vie au Portugal au XVIII siècle, à l'époque de la construction du palais de Mafra. Son dernier roman, *L'Autre comme moi* (2004), traite le thème désormais classique d'un homme en quête de son double. Saramago a reçu le prix Nobel de littérature en 1998.

Les ouvrages de Michel Torga, *La Création du monde*, *Les Six Jours* et *Contes et nouveaux contes de la montagne* (interdit sous le régime Salazar), décrivent les aspects les plus durs de la vie rurale dans le Trás-os-Montes ; ils devraient être lus par quiconque se rend dans cette région.

LES CLASSIQUES

L'auteur classique portugais le plus connu est sans doute Fernando Pessoa. Son best-seller posthume, *Le Livre de l'intranquilité*, traduit la mélancolie qui l'habitait alors qu'il vivait à Lisbonne, mais révèle aussi, tout au long du récit, une tragédie sous-jacente qui n'en fait pas une lecture de vacances idéale. Les poèmes de Pessoa ont également été publiés sous différents formats. En 1999, le traducteur attitré de cet auteur exhuma un manuscrit oublié, *L'Éducation du stoïcien*, écrit sous le pseudonyme de baron de Teive.

Le classique du XVIe siècle de Luís Vaz de Camões (plus connu chez nous sous la graphie Camoens), *Les Lusiades*, est une épopée qui relate de manière épique, à la façon de *L'Odyssée*, le périple de Vasco de Gama aux Indes.

Les ouvrages d'Eça de Queiros, l'auteur classique portugais le plus connu du XIXe siècle, méritent particulièrement l'intérêt, notamment *Le Crime du padre Amaro*, *Les Maias* (l'histoire, très prenante, d'une riche famille de Lisbonne) et *La Tragédie de la rue des Fleurs*. Autant d'analyses aiguës de la bourgeoisie de l'époque.

Plein d'esprit, *Voyages dans mon pays*, d'Almeida Garrett, donne une autre perspective du Portugal du XIXe siècle en mouvement.

LE PORTUGAL VU PAR LES ÉTRANGERS

L'Italien Antonio Tabucchi, écrivain et professeur, a séjourné quelques années à Lisbonne. Il a consacré plusieurs ouvrages à Fernando Pessoa, dont *La Nostalgie du possible : sur Pessoa*, qui introduit l'œuvre du poète et déchiffre son univers. Parmi ses romans ayant pour cadre le Portugal, citons *Requiem*, ainsi que son best-seller, *Pereira prétend*, un roman sociopolitique paru en 1994 qui dépeint en toile de fond la frustration du rédacteur en chef d'un journal à l'époque de Salazar. Son œuvre la plus récente, *La Tête perdue de Damasceno Monteiro* (1997), est un thriller mettant en scène des gitans dans la région de Porto.

Histoire du Portugal et de son empire colonial : des origines à l'indépendance, de A.H. de Oliveira Marques, est une référence qui permet de se familiariser avec l'histoire du pays. *Histoire du Portugal*, de Jean-François Labourdette, retrace l'épopée des explorateurs, conquérants, marchands qui ont fait le premier grand empire maritime européen. Il évoque aussi la décadence qui suivit et la révolution des Œillets, pour finir sur l'entrée du pays dans la modernité, avec son adhésion à l'Europe communautaire.

Deux ouvrages introduisent aux multiples facettes de l'art portugais : *L'Art en Espagne et au Portugal*, sous la direction de Jean-Louis Augé, et *Azulejos du Portugal*, de Rioletta Sabo, Jorge Nuno Falcatto et Nicolas Lemonnier. Le premier analyse les influences (ibérique, wisigothique, mudéjare, etc.) qui ont contribué à la création d'un patrimoine rare. Le second rend hommage à un art typique du Portugal. *Portugal : fado, chant de l'âme*, de Véronique Mortaigne, explique cette expression musicale, les influences qui l'ont façonnée et les grandes voix qui l'ont fait connaître. *Cuisine portugaise*, d'Évelyne Marty-Marinone, révèle la richesse et la diversité des plats traditionnels, marqués de touches d'exotisme dues aux grands voyageurs tels que Vasco de Gama, Bartolomeu Dias ou Pedro Álvares Cabral.

HÔTELS ET RESTAURANTS

La qualité de votre séjour dépend du confort des hôtels et des restaurants que vous aurez choisis et de l'intérêt qu'ils présentent. Le Portugal offre une large gamme d'établissements, de prix et de style divers, pour tous les goûts.

HÔTELS

Le classement actuels des hôtels portugais défie toute logique ; fort heureusement, il sera bientôt révisé et simplifié. Deux choses méritent d'être signalées : les prix indiqués incluent généralement les taxes et le petit-déjeuner (ce qui évite les mauvaises surprises !), mais varient énormément entre la basse et la haute saison. Les tarifs les plus élevés sont pratiqués entre avril et septembre, atteignant leur zénith en août, la basse saison allant de novembre à février.

Le confort et l'ambiance sont garantis si vous optez pour l'une des 44 pousadas (auberges) appartenant à l'État ; cependant, ces hébergements ne sont pas classés selon le système des étoiles. Il s'agit le plus souvent d'anciens monastères ou châteaux (pousadas históricas) ou d'hôtels modernes situés dans des endroits hors du commun (pousadas regionales) ; tous proposent des chambres au décor personnalisé, un service irréprochable et un restaurant servant une excellente cuisine régionale. Si vous comptez séjourner dans plusieurs pousadas, renseignez-vous sur les réductions auxquelles donne droit le pousadas passport.

Pour plus de renseignements, contactez : **Pousadas de Portugal** avenida Santa Joana Princesa 10, 1749-090 Lisbonne, ☎ 21 844 2000, fax 21 844 2085 ; www.pousadas.pt

La gamme des hôtels privés comprend tant des palaces 5 étoiles que des hébergements plus basiques, notés 1 ou 2 étoiles. Parmi les établissements 4 étoiles, les estalagems et les albergarias (respectivement auberges de campagne et de ville) sont généralement de bon niveau. Quant aux 3-étoiles, ils sont parfois un peu dépassés. Viennent ensuite les residenciales, plus petits,

(signalés par un R) et les pensãos (P), tous deux classés selon un système d'étoiles différent. Ces établissements, généralement bien tenus, présentent un excellent rapport qualité/prix. Au bas de la hiérarchie, les chambres chez l'habitant ou dans les restaurants sont souvent tout à fait correctes.

Les résidences privées, mais contrôlées par l'État, font l'objet d'un classement spécial : turismo de habitação (TH) pour les maisons présentant un intérêt architectural, turismo rural (TR) et agroturismo (AT) pour les fermes et autres types d'hébergement dans les campagnes. Outre le fait de vous faire découvrir des lieux absolument superbes, ces établissements offrent l'avantage de vous mettre en contact avec la population locale. Les petits-déjeuners sont le plus souvent somptueux, incluant des pâtisseries maison, des saucisses et des fromages locaux, du jus d'orange frais, ainsi que du thé ou du café bien corsé. Certaines maisons proposent aussi de vous accueillir à dîner, et ce pour un prix modeste.

La plupart peuvent être contactés par le biais de l'association Solares de Portugal, qui propose des maisons individuelles comme des chambres dans des manoirs et autres demeures : **Solares de Portugal/TURIHAB – Associação do turismo de habitação** praça da República, 4990 Ponte de Lima, tél. 258 741 672/742827/742829, fax 258 741 444 ; www.solaresdeportugal.pt

Manor Houses of Portugal propose aussi d'excellentes possibilités d'hébergement dans des maisons et des gîtes privés, et dans des hôtels de bon niveau. Les réservations peuvent être effectuées par le biais de leur site Internet : **Manor Houses of Portugal** apartado 596, 4900 Viana do Cas-

telo, ☎ 258 835065, fax 258 811491 ; www.manorhouses.com

RESTAURANTS

Chaque région du Portugal propose pléthore de restaurants, comprenant aussi bien de simples tascas (tavernes) ou cervejarias (bars à bières servant une cuisine peu élaborée) que des restaurantes (plus prestigieux, proposant un choix de plats), des marisqueiras (spécialisées dans les poissons et les fruits de mer) ou des churrasqueiras (servant des rôtis ou des grillades). Les apparences sont souvent trompeuses. Vous pourrez voir des hommes d'affaires dans une tasca miteuse – attirés non par le décor, mais par la qualité des mets, les prix et l'accueil des propriétaires. Les cafés proposent aussi, à l'heure du déjeuner, un prato do dia (plat du jour) généralement fait maison et d'un excellent rapport qualité/prix. Selon leur situation et leur style, les restaurants portugais pratiquent des prix très raisonnables, pour des portions souvent pantagruéliques. On peut commander une demi-part (meia dose), notamment du poisson.

Une loi de 2005 interdisant de fumer dans les lieux publics, bars et restaurants doivent désormais réserver des zones spécifiques pour les non-fumeurs.

HORAIRES

En règle générale, le déjeuner est servi entre 12 h 30 et 14 h 30 et le dîner entre 20 h et 22 h (parfois plus tard, dans les grandes villes). Il vaut mieux réserver si vous souhaitez dîner en ville, dans un restaurant prestigieux.

À TABLE

Dès que vous serez installé, on vous apportera du pain, du beurre, des olives et un assortiment de hors-d'œuvre. Ces mises en bouche ne sont pas offertes, et vous pouvez les refuser d'un sourire. Cela étant, elles ne gonfleront pas exagérément votre note. Par ailleurs, vous pourriez regretter votre refus, car il se peut que vous deviez attendre avant d'être servi – ce qui est généralement de bon augure et signe de fraîcheur des mets. Prenez soin de préciser si vous souhaitez des légumes en accompagnement de votre plat. Les végétariens ne sont pas très gâtés, hormis les soupes, mais les préparations à base de poisson ne manquent pas.

BOISSONS

Les cépages portugais donnent des vins savoureux, mais relativement méconnus. Dans les restaurants, la cuvée maison constitue souvent un excellent choix. Dans le Nord, goûtez les jeunes et rafraîchissants *vinhos verdes* (blancs ou rouges), très peu alcoolisés. La bière portugaise, une blonde assez corsée, se décline en trois marques : Sagres, Cristal et Super Bock. L'eau minérale (*agua mineral*) *com gas* (pétillante) ou *sem gas* (plate) est toujours disponible. Après le repas, la dégustation d'un vin fortifié local s'impose, qu'il s'agisse de porto ou de madère. Reportez-vous aux pages 94-95 pour de plus amples informations en la matière.

NOTE ET POURBOIRES

La note (*o conto*) tarde souvent à arriver, mais elle est généralement exempte d'erreurs. Les Portugais laissent de faibles pourboires – à peine 5 % de l'addition –, mais vous pouvez donner davantage, en particulier si le repas et le service ont été irréprochables.

CARTES BANCAIRES

La plupart des hôtels et des restaurants acceptent les principales cartes bancaires, notamment la Visa et la Mastercard, et un peu moins fréquemment l'American Express et la Diners Club. Les établissements moins importants ne les prennent pas toutes et parfois même n'en acceptent aucune.

ORGANISATION DU CHAPITRE

Hôtels et restaurants sont classés par région, puis par catégorie de prix, enfin par ordre alphabétique. Les hôtels-restaurants méritant particulièrement l'intérêt sont signalés en gras sous la rubrique hôtels, leur indication étant complétée par l'icône représentant les restaurants. Lorsque la table est vraiment exceptionnelle, elle fait l'objet d'une notice spéciale, sous le chapitre concerné.

LISBONNE

COUP DE CŒUR

🏨 **BELMONTE PALACE**

L'adresse la plus branchée de Lisbonne en matière d'hébergement est un ancien manoir du XVᵉ siècle situé à quelques encablures du castelo São Jorge. Les coins et recoins de cet hôtel appartenant à des Français abritent des antiquités et des meubles d'époque signés ; les murs sont revêtus d'azulejos d'origine, la bibliothèque recèle 4 000 livres, et les jardins offrent une vue s'étendant au-delà de l'Alfama et du fleuve. L'endroit, agencé dans le respect de l'environnement, est ventilé naturellement. Si vous ne pouvez vous offrir une suite dans ce lieu paradisiaque, arrêtez-vous au café, très plaisant et ouvert au public de 10 h à 19 h.

€€€€€ ★★★★
PATEO DOM FRADIQUE 14
1100-624 LISBONNE
TÉL. : 21 881 6600
FAX : 21 881 6609
www.palaciobelmonte.com
ⓘ 10 🅿 ⇄ 🕒 🚭

🏨 **AS JANELAS VERDES**
€€€€ ★★★★
RUA DAS JANELAS VERDES 47
1200-690 LISBONNE
TÉL. : 21 396 8143
FAX : 21 396 8144
www.heritage.pt

Ce manoir du XVIIIᵉ siècle cossu et joliment décoré est désormais un hôtel de charme. Bien situé entre Lapa et les quais, dans le quartier des ambassades, il est aussi très proche du musée des Arts antiques (museu de Arte Antiga). Cet établissement prisé comprend, au dernier étage, une belle bibliothèque et une terrasse, ainsi qu'un patio ouvert au sud et abrité par une tonnelle. Les chambres sont de différentes tailles, certaines donnant sur le Tage. L'hôtel est équipé en connexions Internet. Le service est discret et efficace.

ⓘ 29 🅿 ⇄ 🕒 🚭

🏨 **LISBOA REGENCY CHIADO**
€€€-€€€€ ★★★★
RUA NOVA DO ALMADA 114
1200-290 LISBONNE
TÉL. : 21 325 6100
FAX : 21 325 6161
www.regency-hotels-resorts.com

Cet hôtel est doté d'un magnifique toit-terrasse que se partagent ses neuf chambres et le bar, et qui offre une vue sur toute la Baixa et au-delà, jusqu'au château. Le bâtiment, rénové par Álvaro Siza Vieira dans le cadre de la restructuration du Chiado, a réouvert ses portes en 2000. L'intérieur ultramoderne mêle les styles occidental et oriental. Les chambres sont plutôt petites, mais bien équipées, offrant notamment un service de télécopie et l'accès Internet.

ⓘ 40 🅿 ⇄ 🕒 🚭

🏨 Hôtel 🍴 Restaurant ⓘ Nbre de chambres ✚ Nbre de couverts 🅿 Parking 🕒 Horaires 🚭 Non fumeur

COUP DE CŒUR

YORK HOUSE

Cet établissement – l'un des plus beaux de Lisbonne – est constitué, pour une partie, d'un ancien couvent converti dès 1880 en hôtel par deux Anglaises. Figurant dans le peloton de tête des résidences lisboètes, il se distingue par ses patios en terrasse et ses murs recouverts de lierre ouvrant sur un intérieur spectaculaire, aux couloirs voûtés peints en rouge sang et en bleu de Prusse. Les chambres au décor discret ont pris un petit air de modernité depuis qu'elles sont équipées de connexions Wi-Fi. Les lieux ont été honorés de la présence de Graham Greene et de John Le Carré. Le restaurant (€€€) propose une cuisine régionale de saison, ainsi qu'une carte des vins de très haut vol.

€€€€ ★★★★
RUA DAS JANELAS
VERDES 32
1200-691 LISBONNE
TÉL. : 21 396 2435
FAX : 21 397 2793
www.yorkhouselisboa.com
32

SOLAR DOS MOUROS

€€€-€€€€
RUA DO MILAGRE
DE SÃO ANTONIO 6
1100-351 LISBONNE
TÉL. : 21 885 4940
FAX : 21 885 4945
www.solardosmouros.pt

Cet hôtel bohème, situé à proximité des murs d'enceinte du château, plaira au visiteur en quête de lieux rares. Il offre une vue panoramique sur les alentours, et ses dix chambres, réparties sur cinq étages, abritent des œuvres d'art très colorées portant des signatures aussi célèbres que celles de Mark Tobey, Jean Dubuffet ou Vieira da Silva. L'ameublement et les salles de bains en marbre accentuent le raffinement de l'ensemble.
10

COUP DE CŒUR

BICA DO SAPATO

Cet entrepôt en front de mer connaît le samedi soir l'ambiance la plus électrique de Lisbonne : c'est un restaurant qu'il faut voir, et où il est bon d'être vu. Il est divisé en trois parties, qui proposent trois types de cuisine. On déguste des plats portugais actualisés au coin gourmet ; la brasserie sert une cuisine plus simple, l'étage étant le repaire d'amateurs de sushi et de cuisine fusion. Le décor est minimaliste, et l'endroit, qui domine le Tage, résonne de jazz ou de musique fusion. La véritable animation débute après 22 h.

€€€€
AVENIDA INFANTE D.
HENRIQUE, ARMAZEM B
CAIS DA PEDRA
1900-000 LISBONNE
TÉL. : 21 881 0320
FAX : 21 881 0329
220

PAP' AÇORDA

€€€€
RUA DA ATALAIA 57-59
BAIRRO ALTO
LISBONNE
TÉL. : 21 346 4811

Cette ancienne boulangerie attire les gens des médias et de la contreculture. Il faut se battre pour réserver une table dans ce lieu faiblement éclairé, aux teintes crème et rose pâle. Certains préfèrent s'attarder au long bar en marbre. On sert ici des mets savoureux, notamment les moules à l'espagnole, le riz aux crustacés et l'aloyau aux champignons. L'açorda, la spécialité maison, est un plat traditionnel composé de pain, de fruits de mer et d'œuf, rehaussé d'ail, de coriandre et d'huile d'olive.
90 Fermé juil.

CASA DO LEÃO

€€€
CASTELO SÃO JORGE
LISBONNE
TÉL. : 21 888 0154

Situé au cœur des ruines du château, ce restaurant chic se distingue par son intérieur aux voûtes imposantes. Il propose des viandes et des fruits de mer d'excellente qualité, et la carte des vins est de très haut vol. Le rapport qualité/prix est intéressant. On peut déjeuner ou dîner en terrasse.
60

CLUB DE FADO

€€€
RUA SÃO JOÃO DA PRAÇA 92-94
LISBONNE
TÉL. : 21 885 2704
www.clube-de-fado.com

Ce bar-restaurant niché dans la partie basse de l'Alfama est connu pour ses spectacles de fado en nocturne. Il propose jusqu'à 2 h du matin des boissons et des plats typiquement portugais, que l'on peut goûter en écoutant quelques-unes des plus belles voix de la capitale. Remarquez l'arche mauresque inscrite dans les murs de pierre de taille.
60

RESTO

€€
RUA COSTA DO CASTELO 7
LISBONNE
TÉL. : 21 886 7334

Ce bar à tapas animé, situé juste au pied du château, relève de la coopérative de l'école du cirque Chapito. Son patio et sa terrasse constituent un cadre agréable pour apprécier, par une chaude soirée d'été, une bonne salade ou une pièce d'agneau grillé. À l'étage, un restaurant plus chic offre, outre une excellente cuisine internationale, une magnifique vue sur les environs. Musique en live presque tous les soirs.
150

CAFÉ A BRASILEIRA

€
RUA GARRETT 120
LISBONNE
TÉL. : 21 346 9547

Ce café, qui relève d'une chaîne présente dans tout le Portugal, entretient des liens étroits avec la littérature. C'était un des lieux de prédilection de Fernando

Pessoa, dont la statue se trouve à l'extérieur. L'endroit se distingue par ses boiseries et par sa décoration, notamment une énorme pendule et un kiosque à journaux maison. Le café est excellent, les pâtisseries sont savoureuses, mais le service laisse parfois un peu à désirer. ⊞ 35 🚫 🕐 Fermé le dim.

🍴 CASA ALCOBAÇA
€

RUA DA OLIVEIRA DO CARMO 9
CHIADO
LISBONNE
TÉL. : 21 342 6848/347 0851
Bien qu'il se situe sur un itinéraire très touristique, ce restaurant de quartier est voué à la cuisine locale. Le cadre, des plus sobre, met en valeur les fruits de mer ultra-frais et les mets traditionnels qu'on y sert. Les plats du jour sont excellents, tout comme le plateau de fromages régionaux.
⊞ 30 🚫 🕐 Fermé le dim.

🍴 O AREGOS
€

RUA DA ESPERANÇA 186
LISBONNE
TÉL. : 21 396 5034
Ce restaurant de quartier fait dans la simplicité – grandes tables recouvertes de nappes en papier, ventilateurs qui s'agitent au plafond –, mais il séduit. On y sert des viandes ou des poissons grillés au barbecue, avec des frites en accompagnement. Des plats chauds sont proposés à ceux qui souhaitent faire griller eux-mêmes leur viande à table. Un endroit populaire, chaleureux et d'un excellent rapport qualité/prix.
⊞ 50 🕐 Fermé le dim.

PORTO ET LE NORD

PORTO

COUP DE CŒUR

🏨 HOTEL INFANTE DE SAGRES
Ce palace – une merveille – incarne le Portugal d'antan, même s'il ne date que de

1951. Fourmillant d'antiquités et de tapis d'Orient, il propose des chambres superbes avec salles de bains tout de marbre vêtues. Dans son vaste ascenseur trône une banquette de velours pour visiteurs fatigués. Le restaurant surplombe un beau patio décoré d'azulejos où l'on peut déjeuner ou dîner. L'endroit est bien situé, tout près de la praça da Liberdade. Le personnel est accueillant et serviable.
€€€ ★★★★★

PRAÇA D. FILIPA DE
LANCASTRE 62
4050-259 PORTO
TÉL. : 223 398500
FAX : 223 398599
www.hotelinfantesagres.pt
ℹ️ 74 🅿️ 🔁 🚫 🚭 🞉

🏨 HOTEL PESTANA PORTO CARLTON
€€€€ ★★★★

PRAÇA DA RIBEIRA 1
4050-513 PORTO
TÉL. : 223 402300
FAX : 223 402400
www.pestana.com
On ne peut rêver meilleure situation que celle de cet hôtel, juste en face des chais de porto, sur le quai principal bordant le Douro. Enserré dans un mur médiéval, il occupe une succession d'édifices allant du XVIᵉ au XVIIIᵉ siècle ; son atmosphère est chaleureuse et intime. La plupart des chambres ont vue sur le fleuve.
ℹ️ 48 🅿️ 🔁 🚫 🚭 🞉

🏨 HOTEL PENINSULAR
€€ ★★

RUA SA DÁ BANDEIRA 21
4050 PORTO
TÉL. : 222 003012
FAX : 222 084984
Situé en plein cœur de la ville, non loin de la gare São Bento, cet agréable hôtel de style Art déco est d'un excellent rapport qualité/prix. Les chambres sont simples mais spacieuses, et les salles de bains impeccables. À noter : le hall décoré d'azulejos et les superbes boiseries.
ℹ️ 53 🔁 🚫 🞉

🍴 CHURRASCÃO DO MAR
€€€

RUA JOÃO GRAVE 134
PORTO
TÉL. : 226 096382
Bien qu'il se trouve au nord du centre historique de Porto, ce restaurant bénéficie d'une excellente situation. Il est vrai que le Churrascão do Mar bénéficie du cadre d'un élégant manoir. C'est la table la plus prestigieuse de la ville ; veillez donc à réserver. Spécialités de fruits de mer.
⊞ 50 🅿️ 🚫 🚭 🕐 Fermé le dim. et en août

🍴 RESTAURANTE BOA NOVA
€€€

AVENIDA DA LIBERDADE
LEÇA DA PALMEIRA
MATOSINHOS
TÉL. : 22 995 1785
Ce restaurant – premier projet d'envergure réalisé par Álvaro Siza Vieira – fut achevé en 1963 et entièrement rénové en 1991. Épousant la forme des rochers qui surplombent l'océan à Boa Nova, à environ 8 kilomètres au nord de Porto, il abrite un restaurant ainsi qu'un salon de thé séparé (casa de cha). Le menu comprend surtout des fruits de mer (poissons grillés, riz aux crustacés, huîtres, langoustes), mais aussi des viandes.
⊞ 709 🅿️ 🚫 🞉 🕐 Fermé le dim.

🍴 SOLAR DO VINHO DO PORTO
€€€

QUINTA DA MACIEIRINHA
RUA DE ENTRE-QUINTAS 220
PORTO
TÉL. : 226 094749
www.ivp.pt
Superbement situé, sur une terrasse dominant le fleuve, au sein du plus vaste parc de la ville, cet élégant bar à porto recèle de belles œuvres d'art contemporain. On y savoure des portos en grignotant, entre 14 h et minuit.
⊞ 90 🅿️ 🚫 🞉 🕐 Fermé le dim.

🏨 Hôtel 🍴 Restaurant ℹ️ Nbre de chambres ⊞ Nbre de couverts 🅿️ Parking 🕐 Horaires 🚫 Non fumeur

🍴 BIBOPORTO
€€

RUA JOSÉ FALCÃO 114
PORTO
TÉL.: 222 088199

Cet établissement spacieux et très original – pierre de taille, lumières blanches et chaises de velours rouge –, situé dans un quartier résidentiel, propose des plats du jour à base de produits locaux et d'excellents vins. Service attentif.

🛏 65 🆂 🆆 🕐 Fermé le dim.

🍴 PAU DE CANELA
€€

CAMPO MARTIRES DA PATRIA
PORTO
TÉL.: 222 010434

Une maison de 400 ans nichée dans une rue du vieux Porto, près de la torre dos Clérigos, abrite ce restaurant moderne, où l'on sert, notamment, du poulpe ou des encornets à l'ail, ou encore un délicieux *cozido* (copieux et rassasiant ragoût de viande et de légumes).

🛏 60 🆂 🆆 🕐 Fermé le lun.

VALLÉE DU DOURO

🏨 VINTAGE HOUSE
€€€ ★★★★

LUGAR DA PONTE
5085-034 PINHÃO
TÉL.: 254 730230
FAX: 254 730238
www.hotelvintagehouse.com

Cet hôtel, qui s'est rapidement imposé comme une référence après son ouverture en 1991, s'inscrit dans un cadre époustouflant, à Pinhão, sur les rives du Douro. Les parties communes sont vastes, avec des décors typiquement portugais. Le chintz règne dans les chambres, qui donnent sur le fleuve. Les croisières venant à Porto y font halte.

ℹ 43 🅿 ⬍ 🆂 🆂 🌊 🆆

🏨 CASA DOS VISCONDES DA VARZEA
€€€

VARZEA DE ABRUNHAIS
5100-878 LAMEGO
TÉL.: 254 690020/967 606385
FAX: 254 690029
www.hotelruralviscondesvarzea.com

Cet hôtel de standing est fort bien situé au cœur du vignoble. C'est une demeure familiale rénovée par la propriétaire, qui l'a dotée de meubles précieux. Le lieu compte une piscine et des courts de tennis. Possibilités d'excursion à cheval.

ℹ 29 🅿 🆂 🌊 🆆

AMARANTE

🏨 CASA DA LEVADA
€€

TRAVANCA DO MONTE
BUSTELO
4600 AMARANTE
TÉL.: 255 433833
www.manorhouses.com/manors/portugal/casadelevada.html

Voici un établissement de *turismo de habitação* exceptionnel, niché dans un village de montagne reculé, à 14,5 kilomètres au sud d'Amarante. Les charmants maîtres des lieux, Luis et Maria, ont rénové leur maison ancestrale. Les chambres abritent des meubles d'époque, et les salles de bains sont parfaitement aménagées. La cuisine est délicieuse, et l'endroit se prête aux promenades et aux longues randonnées.

ℹ 4 🅿 🆂

GUIMARÃES

🏨 POUSADA DE GUIMARÃES

Cet ancien manoir n'a rien perdu de son charme depuis sa conversion en pousada de 16 chambres. Les planchers grinçants, les murs blanchis à la chaux, les beaux meubles d'époque et les gravures anciennes font un cadre délicieux. Essayez d'obtenir une chambre au dernier étage, la place en contrebas se révélant assez bruyante en soirée. L'excellent restaurant sert les spécialités régionales et propose des tables à l'extérieur, à l'abri d'un porche.

€€€ ★★★★

NOSSA SENHORA
DE GUIMARÃES
4801-910 GUIMARÃES
TÉL.: 253 514157/9
FAX: 253 514204
www.pousadas.pt

ℹ 16 ⬍ 🆂 🆂 🆆

🍴 VALDONAS
€€

RUA VAL DE DONAS 4
GUIMARÃES
TÉL.: 253 511411
FAX: 253 511330
www.valdonas.com

Cet étonnant restaurant de la vieille ville propose trois cadres magnifiques : un superbe intérieur blanc, un patio (à l'avant) et un jardin (sur l'arrière). On y sert une cuisine inventive à base de produits locaux. Goûtez le jambon aux coques en sauce au vin, les tourtes au canard et aux raisins, ou le *bacalhau* (morue) au pain de maïs et à la saucisse. Personnel jeune et plein d'entrain.

🛏 85 🆂 🆆 🕐 Fermé le dim.

BRAGA

🏨 HOTEL DO PARQUE
€€ ★★★★

BOM JESUS
DO MONTE
4710-455 BRAGA
TÉL.: 255 603470
FAX: 253 603479
www.hotelisbomjesus.web.pt

L'hôtel do Parque, ainsi que l'hôtel do Elevador et l'hôtel do Temple qui lui sont affiliés, se situent sur une hauteur au-dessus de Braga, à proximité de l'église du Bom Jesus. Tous trois offrent le même confort et les mêmes services, à ceci près que les chambres de l'Elevador bénéficient des plus belles vues. L'hôtel do Parque, bordé par le parc, est probablement plus calme que les deux autres.

ℹ 47 🅿 ⬍ 🆂 🆆

🏨 QUINTA DE INFIAS
€€ ★★★★

LARGO DE INFIAS

4700-357 BRAGA
TÉL. : 253 209500
FAX : 253 209509
www.quintainfias.com
Cet hôtel élégant et joliment structuré – un manoir des années 1900 avec une annexe moderne – s'honore de sculptures et de peintures superbes, et d'un jardin magnifique. Situé à dix minutes à pied du centre-ville, il pêche seulement par sa proximité avec une importante voie de circulation.

ⓘ 29 🅿 ⇅ 🚭 🏊 🚭

🏨 HOTEL RESIDENTIAL D. SOFIA

€ ★★★
LARGO DE SÃO JOÃO
DO SOULO 131
4700 BRAGA
TÉL. : 253 263160/271854
FAX : 253 611245
Bien situé sur une belle place au centre de Braga, à quelques minutes à peine des principaux attraits de la ville, cet hôtel propose des chambres claires et confortables, avec des salles de bains carrelées en gris. C'est une halte agréable, d'un très bon rapport qualité/prix.

ⓘ 34 🅿 ⇅ 🚭 🚭

🍴 RESTAURANTE DON DIOGO

€€
RUA DON DIOGO
DE SOUSA 81-83
BRAGA
TÉL. : 253 262297
Ce petit restaurant situé dans la principale rue piétonnière de Braga est très prisé pour sa cuisine portugaise mise au goût du jour (timbale de riz aux crevettes, poulpe, plats de veau ou de bœuf…).

🍽 30 🚭 🚭 🕐 Fermé le dim.

🍴 RESTAURANTE PANORAMICO

€€
HOTEL DO ELEVADOR
BOM JESUS DO MONTE
BRAGA
TÉL. : 253 603400
FAX : 253 603409
Ce restaurant constitue un merveilleux point de vue d'où

admirer le coucher de soleil sur Braga. Réservez une table près de la fenêtre et appréciez le panorama tout en savourant la cuisine locale (riz au chevreau ou au poulpe, précédé d'une classique soupe au chou). Le service est attentionné, et la carte des vins de bon niveau.

🍽 15 🅿 🚭 🚭

🍴 CASA GULHA

€
RUA DOS BISCAINHOS 93-95
BRAGA
TÉL. : 253 269649
Ce restaurant très prisé – il vaut mieux réserver si vous souhaitez vous y rendre le samedi ou le dimanche – est, semble-t-il, le plus vieux de Braga et, assurément, le moins cher de la ville. Il s'agit d'une affaire de famille, où règne une ambiance décontractée. Goûtez le chevreau ou le veau rôti au four à bois, ou le délicieux ragoût de haricots blancs, qui mijote de longues heures.

🍽 30 🚭 🕐 Fermé le lun.

VIANA DO CASTELO ET MINHO

COUP DE CŒUR

🏨 ESTALAGEM MELO ALVIM

Dans cette ancienne demeure familiale convertie en palace, chaque chambre accueille des meubles d'une époque différente, à côté d'éléments plus modernes ; les salles de bains sont en marbre et granit poli. Le restaurant sert une cuisine portugaise actualisée, mais aussi des plats traditionnels. Un jardin d'intérieur frais ajoute au charme du lieu.
€€€ ★★★★★
AVENIDA CONDE
DA CARREIRA 28
4900-343 VIANA DO CASTELO
TÉL. : 258 808200
FAX : 258 808220
www.meloalvimhouse.com

ⓘ 20 🅿 ⇅ 🚭 🚭

🏨 QUINTA DOM SAPO

€€
LUGAR DE SALGUEIRO 34

4925-348 CARDIELOS
TÉL. : 258 839080
FAX : 258 839089
www.quintadomsapo.com
Cette *quinta* bien tenue, à dix minutes en voiture du centre de Viana, est le cadre idéal d'une halte en famille ou d'une nuit au calme, à la campagne. Une annexe dans le jardin – une ancienne cuverie – abrite des suites simples, mais confortables. Le complexe compte une petite piscine, un tennis, un sauna et un jacuzzi.

ⓘ 10 🅿 🏊

🍴 A MATRIZ

€€
RUA DO TOURINHO 5
VIANA DO CASTELO
TÉL. : 258 826069
L'accueil de ce restaurant familial est tellement chaleureux qu'on a l'impression d'y être invité. Le cadre est simple, un peu vieillot, mais confortable. La table est réputée pour ses fruits de mer ultra-frais et propose tous les jours des plats différents. Très proche de la place principale de Viana, l'A Matriz est facile d'accès.

🍽 32 🚭 🕐 Fermé dim. après-midi

PENEDA-GERÊS

🍴 ESPIGUEIRO DE SOAJO

€€€€
SOAJO
ARCOS DE VALDEVEZ
TÉL. : 258 576136
Une halte en ces lieux sera la bienvenue après les routes sinueuses du parc national. Installez-vous dans le restaurant (un peu rustique) ou dans le jardin et savourez les spécialités locales – riz au poulet, morue ou chevreau rôti.

🍽 70 🅿 🕐 Lundi et nov.

BRAGANÇA

🏨 POUSADA DE SÃO BARTOLOMEU

€€€ ★★★★
5300-271 BRAGANÇA
TÉL. : 273 331493/4
FAX : 273 323453

🏨 Hôtel 🍴 Restaurant ⓘ Nbre de chambres 🍽 Nbre de couverts 🅿 Parking 🕐 Horaires 🚭 Non fumeur

www.pousadas.pt
Bartolomeu, l'une des *pousadas* les plus modernes, construite dans les années 1970, procure un confort et des services irréprochables. Située juste à la sortie de Bragança, sur l'autre rive de la Fervença, elle offre une vue magnifique sur la vallée et au-delà, jusqu'aux montagnes. Toutes les chambres sont bien orientées, avec des balcons.

🛏 28 P 🔁 📶 🅰 🏊 🌊

🏨 RESIDENCIAL SENHORA DA RIBEIRA
€ ★★
TRAVESSA DO HOSPITAL
5300-248 BRAGANÇA
TÉL. : 273 300550
FAX : 273 300555
Situé en plein centre-ville, cet hôtel agréable et bien tenu est parfait pour ceux qui doivent respecter un certain budget. Les chambres sont meublées simplement, mais sont nettes, et équipées de l'essentiel.

🛏 18 🔁 🅰

🏨 MOINHO DO CANIÇO
€€
JUNTO AO RIO BACEIRO
PONTE DE CASTRELOS
5300 BRAGANÇA
TÉL./FAX : 273 323577
www.bragancanet.pt/moinho
Cet ancien moulin à eau converti en hôtel de charme incarne le summum du tourisme en espace rural. Dans un cadre verdoyant et paisible, au bord du Baceiro, c'est le parfait point de chute pour découvrir le parque natural de Montezinho, mais aussi pour les amateurs de pêche à la truite. Attention, cependant, à réserver bien à l'avance : l'établissement ne compte que deux chambres.

🛏 2 P

🍴 SOLAR BRAGANÇANO
Véritable merveille, ce manoir du XVIIIe siècle converti en hôtel-restaurant semble hors du temps avec son éclairage à la bougie, ses chandeliers, ses lourdes nappes de coton, ses plantes, ses miroirs et sa musique classique. La table est surtout prisée pour les gibiers et les plats régionaux (lapin, faisan aux châtaignes, perdrix aux raisins, sanglier ou cerf), mais on sert aussi du poisson. Les vins sont exclusivement du cru, notamment le vinho verde ou le Barca Velha du Douro. Les maîtres des lieux, un couple aussi charmant qu'attentif, veillent au confort de tous. On peut profiter du jardin aux beaux jours.
€€
PRAÇA DA SÉ
BRAGANÇA
TÉL. : 273 323875

🍴 60 🅰 🌊

CHAVES

🏨🍴 FORTE DE SÃO FRANCISCO
Cet hôtel hors du commun est un ancien couvent situé à l'intérieur d'un fort, auquel on accède par le portail d'une église. Ses nombreux patios regorgent d'antiquités – éléments architecturaux et tableaux. Les chambres sont aménagées avec un goût très sûr, mais l'endroit se distingue surtout par ses vastes parties communes, notamment son immense piscine, qui offre une vue superbe sur les environs. Le restaurant sert, en saison, les spécialités locales : soupe aux châtaignes, veau, chorizo et jambon fumé de Chaves.
€€–€€€ ★★★★
5400 CHAVES
TÉL. : 763 33700
FAX : 763 33701
www.forte-s-francisco-hoteis.pt

🛏 58 P 🔁 📶 🅰 🏊 🌊

AVEIRO

🏨 HOTEL MOLICEIRO
€€ ★★★
RUA BARBOSA DE
MAGALHAES 15-17
3800-154 AVEIRO
TÉL. : 234 377400
FAX : 234 377401
www.hotelmoliceiro.com
Bénéficiant d'une situation centrale à l'aplomb du canal principal d'Aveiro, cet hôtel a été entièrement rénové en 2004. Très moderne, richement doté en œuvres d'art, il est aussi très accueillant. Tous les soirs, le thé ou le café sont offerts.

🛏 20 🔁 🅰 🌊

🏨 HOTEL ARCADA
€ ★★
RUA DE VIANA
DO CASTELO 4
3800-275 AVEIRO
TÉL. : 234 423991
FAX : 234 421886
Très bien situé en face du pont qui enjambe le canal central d'Aveiro, cet hôtel propose des chambres classiques, ainsi qu'une vaste salle de télévision. Le rapport qualité/prix est très bon, et l'ambiance plaisante.

🛏 49 🔁 🅰 🌊

COIMBRA

🏨 BUÇACO PALACE HOTEL
€€€€ ★★★★★
MATA DO BUÇACO
3050-261 BUÇACO
TÉL. : 231 937970
FAX : 231 930509
www.almeidahotels.com
Situé au cœur de la magnifique forêt de Buçaco, le palace de conte de fées a été construit dans les années 1885 dans le style néomanuélin, et converti en 1917 en hôtel de prestige. De fait, les marbres, les antiquités, les tapisseries et les chandeliers ne manquent pas, et le service ne dépare pas le cadre.

🛏 64 P 🔁 🅰 🌊

🏨 MELIÁ PALACIO DA LOUSÃ
€€€ ★★★★
RUA VISCONDESSA
DO ESPINHAL
3200-257 LOUSÃ
TÉL. : 239 480800
FAX : 239 484300
www.solmelia.com

Alliant classique et contemporain, ce manoir de charme conserve aussi des éléments baroques d'origine, dont des encadrements de porte en pierre de taille, des plafonds peints et des portes de bois sculpté. L'établissement, qui offre une vue superbe sur les montagnes est à 23 kilomètres au sud-est de Coimbra.

(i) 46 **P** 🔁 🏊 📺 🚭

COUP DE CŒUR

🏨 🍴 QUINTA DAS LAGRIMAS

Ce manoir historique, sur la rive gauche du Mondego, est une pure merveille, avec jardins botaniques, spa, deux restaurants (proposant l'un une cuisine fusion, l'autre une cuisine gastronomique renommée), piscines intérieure et extérieure, parcours de golf. Les salons d'une grande élégance, les antiquités et l'atmosphère aristocratique des lieux contribuent à une ambiance raffinée, intime et très calme. Cette belle *quinta* **est affiliée aux Relais & Châteaux.**
€€€ ★★★★
SANTA CLARA
3040-111 COIMBRA
TÉL. : 239 802380
FAX : 239 441695
www.quintadaslagrimas.com

(i) 53 **P** 🔁 🚭 ❄ 🏊
🏊 📺 🚭

🏨 HOTEL ASTORIA
🍴 €€ ★★★
AVENIDA EMÍDIO NAVARRA 21
3000-150 COIMBRA
TÉL. : 239 853020
FAX : 239 822057
www.almeidahotels.com
Cet hôtel Art déco, situé en plein centre de Coimbra, non loin du fleuve, est l'un des établissements les plus fréquentés de la ville. Le service et les chambres n'en demeurent pas moins d'un excellent niveau. Le restaurant, l'**Amphitryon**, est réputé pour sa cuisine portugaise traditionnelle et pour ses vins de Buçaco.

(i) 62 🔁 🚭 ❄

🍴 RESTAURANTE DOM PEDRO
€€€
AVENIDA EMÍDIO NAVARRO 58
COIMBRA
TÉL. : 239 829108
FAX : 239 824611
Ce restaurant traditionnel semble hors du temps avec ses murs revêtus d'azulejos, sa cheminée et sa batterie de cuisine en cuivre. Ses spécialités : le chevreau ou l'agneau rôti, mais aussi de nombreux plats de poisson. Bar et petit salon contribuent au charme du lieu, fréquenté par les touristes.

🍽 130 🚭 ❄

🍴 RESTAURANTE TROVADOR
€€
LARGO DA SÉ-VELHA
COIMBRA
TÉL./FAX : 239 825475
Très populaire et excellement situé à proximité de la cathédrale, ce restaurant propose une cuisine portugaise classique et parfois des spectacles de fado. Le cadre est élégant : les murs sont revêtus d'azulejos, et les tables garnies de nappes blanches. L'endroit est très prisé des gens du cru. Goûtez le chevreau rôti ou le merlan cuit au four avec du beurre et une sauce au citron.

🍽 80 🚭 ❄ 🕐 Fermé le dim.

🍴 CAFÉ SANTA CRUZ
€
PRAÇA 8 DE MAIO
COIMBRA
TÉL. : 239 833617
Dans une aile du monastère de Santa Cruz, le café le plus chic de Coimbra doit son caractère à son hall voûté et à ses boiseries. Des tables, installées sur une terrasse surélevée, offrent une vue magnifique sur la place. Service jusqu'à minuit.

🍽 80 🕐 Fermé le dim.

🍴 RESTAURANTE ZAPATILLA
€
RUA DIREITA 125
COIMBRA

TÉL. : 239 823622/961 225788
Si vous êtes en quête d'authenticité, laissez-vous guider vers cet agréable petit restaurant de quartier, qui offre des plats du jour fraîchement préparés à des prix défiant toute concurrence. À cinq minutes à pied de l'église Santa Cruz.

🍽 34 🕐 Fermé le dim.

VISEU

🏨 HOTEL GRÃO VASCO
€€ ★★★★
RUA GASPAR BARREIROS 1
3510-032 VISEU
TÉL. : 232 423511
FAX : 232 426444
Idéalement situé à proximité du vieux quartier, au cœur d'un jardin ombragé, cet hôtel classique offre un service d'excellent niveau et présente un très bon rapport qualité/prix. Les chambres sont spacieuses et confortables – certaines avec balcon donnant sur les jardins.

(i) 109 **P** 🔁 🚭 ❄ 🏊

COUP DE CŒUR

🍴 CORTIÇO
Ce lieu est constitué de deux restaurants situés de part et d'autre d'une rue pavée, qui servent dans un cadre rustique une généreuse cuisine du terroir. Si les jambons pendent au plafond, les tables sont garnies de linge blanc brodé. Goûtez le civet de lapin aux haricots de trois jours ou le riz au canard cuit avec du chorizo local et du lard. Excellents vins et service chaleureux, mais professionnel.
€€
RUA AUGUSTO HILARIO 47
VISEU

🍽 100 🚭 ❄

GUARDA

🏨 SOLAR DE ALARCÃO
€€
RUA D. MIGUEL DE ALARCÃO 25-27
6300-684 GUARDA
TÉL. : 271 211275
FAX : 271 214392

Cette pension hors du commun se targue d'avoir eu pour hôte l'ancien président Mario Soares. Les chambres sont impeccables, mais mieux vaut aimer les bois sombres et les décors chargés. Ce manoir du XVIIe siècle, situé en face de la cathédrale de la Guarda, comprend un jardin, une pergola, une salle de jeux et un café.

🛈 4 🅿

SERRA DA ESTRELA

COUP DE CŒUR

🏨 POUSADA DO CONVENTO DE BELMONTE

Cet ancien monastère médiéval, situé à l'extrémité du promontoire de Belmonte, est un lieu de rêve qui vous projette la tête dans les nuages. Quand elles sont visibles des balcons, du restaurant ou de la piscine, les montagnes alentours sont d'une beauté inégalable. Le granit est omniprésent, mais les chambres et les espaces communs présentent de agréables touches de modernité. Le restaurant sert une excellente cuisine du terroir, et le personnel est accueillant.
€€€€
6250 BELMONTE
TÉL. : 275 910300
FAX : 275 910310

🛈 24 🅿 🌀 🅢 🌊 🌀

ESTRÉMADURE ET RIBATEJO

LEIRIA

🍴 RESTAURANTE O MANEL
€€
RUA DR CORREIA MATEUS 50
LEIRIA
TÉL. : 244 832132
Un peu vieillot, mais très prisé des hommes d'affaires à midi, ce restaurant propose du poisson frais – en particulier du bar – grillé sur un feu de bois dans l'arrière-cour. Le prix est fonction du poids. La morue est

une autre spécialité maison, et la carte des vins est de bonne tenue.

🍴 70 🅢 🌀

SÃO MARTINHO DO PORTO

🏨 ALBERGARIA SÃO PEDRO
€ ★★★
LARGO VITORINO FROIS 7
2460-654 SÃO MARTINHO DO PORTO
TÉL. : 262 985020
FAX : 262 985021
Cet hôtel simple, mais relativement bien pourvu, donne sur une jolie place bordée de palmiers et de restaurants. Les chambres sont équipées de la télévision par satellite, et l'établissement compte aussi un bar et une salle de jeux. La plage est à deux rues de là.

🛈 28 🔁 🅢 🌀
🕐 Fermé sept.-mars

PENICHE

🏨 HOTEL PRAIA NORTE
€€ ★★★
AVENIDA MONSENHOR DE BASTOS
2520-506 PENICHE
TÉL. : 262 780500
FAX : 262 780509
www.hotelpraianorte.com
Cet immense hôtel moderne à trois étages surplombe une piscine et des jardins à proximité de la praia da Consolação, une plage au sud de Peniche. Toutes les chambres ont des balcons. C'est l'un des meilleurs établissements de Peniche, et il offre une large gamme de services.

🛈 92 🅿 🔁 🅢 🌊 🌊 🌀

🏨 CASA DO CASTELO
€€
ESTRADA NACIONAL 114 N° 16
ATOUGUIA DA BALEIA
2525-023 PENICHE
TÉL. : 262 750647
FAX : 262 750937
Ces superbes constructions du XVIIe siècle, érigées sur les ruines

d'un château mauresque, sont désormais réunies en un établissement hôtelier affilié au programme de tourisme rural. À la saison, les oranges du jardin sont pressées et servies au petit-déjeuner. Les chambres, apaisantes, sont décorées avec goût. L'endroit est à environ 7 kilomètres de Peniche et relativement proche d'Óbidos, dans la direction opposée. Il faut y effectuer un séjour d'au moins trois nuits.

🛈 8 🅿

🍴 ESTELAS
€€
RUA ARQUITECTO PAULINO MONTEZ 21
PENICHE
TÉL. : 262 782435
Cet établissement – le meilleur restaurant de fruits de mer de Peniche – obtient régulièrement des récompenses gastronomiques locales. Situé dans la rue qui va de l'office du tourisme vers le centre de la ville, il est relativement facile d'accès. Vous y apprécierez un tournedos moelleux arrosé d'un excellent vin du cru.

🍴 65 🅿 🅢 🌀
🕐 Fermé le mer.

🍴 MARISQUEIRA DOS CORTIÇAIS
€€
PORTO DA AREIA SUL
PENICHE
TÉL. : 262 787262
Situé en bord de mer, ce vaste restaurant très animé, décoré de nombreuses plantes vertes, est à la fois rustique et chic. Entre autres spécialités, il propose des plateaux de fruits de mer, du homard et une grande variété de poissons frais grillés.

🍴 200 🅿 🌀 🕐 Fermé le mer.

BATALHA

🏨 CASA DO OUTEIRO
€ ★★
LARGO CARVALHO DO OUTEIRO 4
2440-128 BATALHA

TÉL. : 244 765806
FAX : 244 768892
www.casadoouteiro.com
Récemment promu du rang de pension à celui d'hôtel, cet établissement moderne, situé en face du monastère de Batalha, propose une bonne gamme de services et offre un excellent rapport qualité/prix. Ses chambres d'un blanc immaculé, dont certaines donnent sur le monastère, sont toutes équipées d'accès Internet et de chaînes satellites. Le seul inconvénient est l'autoroute toute proche, relativement bruyante.

🛈 15 🅿 🅂 🌊 🔥

TOMAR

🏨 HOTEL DOS TEMPLARIOS
€€ ★★★★
LARGO CANDIDO DOS REI I
2300 TOMAR
TÉL. : 239 310100
FAX : 249 322191
www.hoteldostemplarios.pt
Cet hôtel vaste et pratique, qui propose une large gamme de services, est magnifiquement situé et offre de belles vues sur Tomar. Le hall grandiose, construit sous l'ère Salazar, semble tout droit sorti de Bollywood. Les chambres sont bien agencées, la plupart étant dotées de vastes balcons, avec vue sur le fleuve ou le château.

🛈 177 🅿 🔄 🅂 🌊 🔥 🍷 🔥

🏨 RESIDENCIAL CAVALEIROS DE CRISTO
€ ★★★
RUA ALEXANDRE HERCULANO 7
2300 TOMAR
TÉL. : 249 321203/067
FAX : 249 321192
Situé près du fleuve, dans une petite rue résidentielle du vieux quartier, cette *pensão* propose des chambres bien tenues, bien équipées, avec des salles de bains récemment rénovées et carrelées. Le rapport qualité/prix est intéressant.

🛈 16 🔄 🅂 🔥

🍴 CAFÉ PARAISO
Ce bijou Art déco, plutôt inattendu dans un environnement médiéval, appartient à la même famille depuis 1911. C'est l'un des rares témoins du temps où intellectuels et artistes portugais se réunissaient autour d'un café. Asseyez-vous sous le ronronnement des ventilateurs dans ce cadre grandiose mêlant marbre et miroirs. Avec les jeunes et moins jeunes, vous lirez le journal tout en sirotant un café et en savourant les pâtisseries.
€
RUA SERPA PINTO 127
TOMAR
TÉL. : 249 312997
🍽 90

CALDAS DA RAINHA

🍴 ADEGA DO ALBERTINO
€€
RUA JULIA SOUSA 7
CALDAS DA RAINHA
TÉL. : 262 835152
FAX : 262 843611
Avec ses nappes à carreaux, son sol revêtu d'azulejos et ses multiples chevrons auxquels sont accrochés des objets tout aussi nombreux, ce restaurant accueillant propose, au titre de ses spécialités, la morue, le riz aux crevettes, ainsi que l'entrecôte servie avec une étrange sauce à base de vin, de miel et d'amandes.

🍽 90 🅿 🅂 🔥
🕐 Fermé le lun.

ÓBIDOS

🏨 POUSADA DE ÓBIDOS
€€€€ ★★★★★
CASTELO
2510 ÓBIDOS
TÉL. : 262 955080
FAX : 262 959148
Cet endroit unique – le premier château du Portugal à avoir été converti en *pousada* – est un véritable nid d'aigle, auquel on accède par le biais d'un escalier fort raide.

Le restaurant offre une vue superbe sur les environs.

🛈 9 🅿 🅂 🅂 🔥 🔥

🏨 HOTEL REAL D'ÓBIDOS
€€€€ ★★★★
RUA DOM JOÃO DE ORNELAS
2510-074 ÓBIDOS
TÉL. : 262 955090/7
FAX : 262 955099
www.hotelrealdobidos.com
Cet hôtel situé juste en dehors des murs d'enceinte du château est incontestablement habité par une atmosphère médiévale. En effet, ce sont des hommes en tunique de velours, en collants et en poulaines qui vous apporteront la clef de votre chambre, pendue à une lourde chaîne, et les couloirs comportent de nombreuses pièces d'armurerie. Quoique toutes inspirées du Moyen Âge, les chambres sont différentes les unes des autres, mais revêtent généralement des couleurs plutôt claires et subtiles. La piscine offre une vue magnifique sur le château et sur la campagne environnante.

🛈 17 🔄 🅂 🌊 🔥

🏨 CASA DE SANTIAGO DO CASTELO
€€
LARGO DE SANTIAGO
2510-106 ÓBIDOS
TÉL. : 262 959587
Cet agréable petit hôtel, niché sous une cascade de bougainvillées, se situe dans la rue principale de l'enceinte des murs du château. Les chambres, confortables, sont agencées autour d'un salon et d'un patio où l'on sert le petit-déjeuner. Les coins et recoins abritent des meubles originaux.

🛈 8

🍴 ILUSTRE CASA DE RAMIRO
€€€
RUA PORTA DO VALE
ÓBIDOS
TÉL./FAX : 262 959194
La casa de Ramiro constitue le cadre idéal pour un dîner romantique, avec ses couleurs chaudes, ses urnes imposantes

et ses arches de pierre. Cet établissement s'est vu décerner nombre de récompenses gastronomiques pour ses appétissantes spécialités, dont l'*arroz de pato* (riz au canard), le *cabrito assado* (chevreau rôti) et le *bife com pimenta* (steak au poivre).

🛏 50 ❄ 🍴 🕐 Fermé jeu.

SANTARÉM

🏨 **CORINTHIA SANTARÉM HOTEL**
€€€ ★★★★
AVENIDA MADRE ANDALUZ
2000-210 SANTARÉM
TÉL. : 243 309500
FAX : 243 309509
www.corinthiahotels.com
Ce vaste hôtel moderne est parfaitement équipé pour répondre aux besoins de ceux qui voyagent à titre professionnel. Les chambres ont vue sur le Tage et sur la ville.

ⓘ 105 🅿 ⇄ ❄ 🏊 ⛱ 🏋 ❖

COUP DE CŒUR

🏨 **CASA DA ALCÁÇOVA**
Ce superbe hôtel, qui a pour cadre un élégant manoir du XVIIIe siècle, est superbement protégé par les remparts de la citadelle. Il vous sera proposé des chambres au décor classique et inventif tout à la fois, chacune différente, qui offrent une vue superbe sur le fleuve et la plaine. Diverses œuvres d'art ornent les murs – des originaux, bien sûr. Toutes les salles de bains sont équipées de jacuzzi et l'ameublement est de qualité. Vous pouvez donc vous préparer à dormir dans un lit à baldaquin. Pour réserver, votre séjour doit être de deux nuits au moins. Fortement conseillé
€€€
LARGO DA ALCÁÇOVA 3
PORTAS DO SOL
2000-110 SANTARÉM
TÉL. : 243 304030
www.alcacova.com

ⓘ 8 🅿 ❄ ⛱ ❖

SINTRA

COUP DE CŒUR

🏨 **PALACIO DE SETEAIS**
Ce palais du XVIIIe siècle se niche dans des jardins situés à 10 minutes à pied du centre de Sintra. Les salons et les chambres sont vastes, et leur décor est d'un luxe régalien, seyant au cadre, magnifique. Vous pourrez vous rafraîchir à la piscine, avec vue sur la vallée, ou profiter des courts de tennis, ou siroter un verre au bar, à la terrasse ombragée.
€€€€€ ★★★★★
RUA BARBAROSA
DU BOCAGE, 10
2710-517 SINTRA
TÉL. : 219 233200
FAX : 219 234277
www.tivolihotels.com

ⓘ 30 🅿 ⇄ ❄ ⛱ ❖

🏨 **HOTEL TIVOLI SINTRA**
€€ ★★★★
PRAÇA DA REPÚBLICA
2710-616 SINTRA
TÉL. : 21 923 7200
FAX : 21 923 7245
www.tivolihotels.com
Construit dans les années 1960 à proximité du palais royal, cet hôtel jouit d'un cadre superbe. Meublé dans le style classique, il met à disposition des clients un centre d'affaires. La plupart des chambres ont un balcon, avec vue à l'ouest sur la vallée. Toutes sont équipées de connexions Internet et des chaînes satellites. Le bar est idéal pour siroter un verre au coucher du soleil. Service discret et efficace.

ⓘ 77 🅿 ⇄ ❄ ❄ ❖

🏨 **LAWRENCE'S HOTEL**
€€€€ ★★★
RUA CONSIGLIERI PEDROSO
38-40
2710-550 SINTRA
TÉL. : 21 910 5500
FAX : 21 910 5505
www.lawrenceshotel.com
Cet hôtel de charme vit sur son ancienneté… et sur le bref séjour qu'y effectua lord Byron. Les chambres, plutôt petites, sont confortables, mais l'endroit est original avec ses patios et

ses terrasses agréables. Situé en plein centre et offrant une belle vue sur les alentours, il comprend aussi un restaurant gastronomique (€€€€).

ⓘ 16 ⇄ ❖

🍴 **TULHAS**
€€
RUA GIL VICENTE 4-6
SINTRA
TÉL. : 21 923 2378
Ce petit restaurant rustique, mais chaleureux et accueillant, est d'un bon rapport qualité/prix pour Sintra. On y sert une cuisine portugaise traditionnelle, notamment des grillades.

🛏 40 ❖ 🕐 Fermé le mer.

CASCAIS & ESTORIL

🏨 **FORTALEZA DO GUINCHO**
€€€€€ ★★★★★
ESTRADA DO GUINCHO
2750-642 CASCAIS
TÉL. : 21 487 0491
FAX : 21 487 0431
www.guinchotel.pt
Cette réplique d'une forteresse médiévale construite en 1956 occupe une situation privilégiée à l'extrémité de la superbe et sauvage praia do Guincho. Les chambres sont joliment décorées, dans une atmosphère inspirée du Moyen Âge. Les larges baies du restaurant français permettent d'admirer les vagues. Le patio central est l'endroit idéal pour se détendre avec un verre.

🛏 27 🅿 ❄ ❄ ⛱ ❖

🏨 **HOTEL QUINTA DA MARINHA**
€€€€€ ★★★★★
2750-715 CASCAIS
TÉL. : 21 486 0147
FAX : 21 486 9482
www.quintadamarinha.com
Cet hôtel se situe en bordure de mer et d'un golf. L'endroit, bien équipé, propose une large gamme de services. Le séjour des enfants de moins de 10 ans est gratuit, et les green fees sont à prix réduit. Une navette assure la liaison avec l'aéroport de Lisbonne et avec

---

⇄ Ascenseur ❄ Air conditionné ❄ Piscine couv. ⛱ Piscine découv. 🏋 Fitness ❖ Cartes bancaires acceptées

HÔTELS ET RESTAURANTS

le Monte Mar, un restaurant en front de mer. Des villas pouvant loger jusqu'à 6 personnes sont également disponibles dans ce complexe.

ⓘ 200 🅿 🔁 🚭 🔁 🔁
🔁 🔁 🔁

COUP DE CŒUR

🏨 **FAROL DESIGN HOTEL**
🍴 **Cet hôtel au design innovant, situé à l'extrémité ouest de Cascais, est constitué, pour une partie, d'un manoir vieux d'un siècle, et pour l'autre d'une structure en verre s'avançant au-dessus des vagues. Les chambres ont des balcons et de larges baies vitrées et sont équipées d'accès Internet. Les salles de bains accueillent des baignoires à hydrojets. La décoration, très tendance, et réalisée par divers décorateurs d'intérieur portugais est dominée par les tons rouge écarlate, blanc et noir. Le bar est très original, et le restaurant attenant, le Rosa Maria (€€€), propose une savoureuse cuisine d'inspiration méditerranéenne. Au menu, notamment : une délicieuse mousse de crabe de l'Atlantique à l'avocat ou du filet de sanglier aux châtaignes caramélisées.**
€€€€ ★★★★★
AVENIDA REI HUMBERTO II
DE ITALIA 7
2750-481 CASCAIS
TÉL. : 21 482 3490/6
FAX : 21 484 1447
www.cascais.org
ⓘ 34 🅿 🔁 🔁 🔁 🔁 🔁

🏨 **CASA DA PERGOLA**
€€
AVENIDA VALBOM 13
2750-508 CASCAIS
TÉL. : 21 484 0040
FAX : 21 483 4791
www.ciberguia.pt/casa-da-pergola
Ce manoir datant du début du XXᵉ siècle, caché sous une cascade de bougainvillées, est décoré dans le style portugais traditionnel. Plein de charme et de caractère, il bénéficie des services d'un personnel aussi

accueillant qu'efficace, ce qui lui permet de perpétuer le passé aristocratique de Cascais. Un vaste salon est à la disposition des hôtes, tout comme le joli jardin en devanture.
ⓘ 11 🔁 🕐 Fermé déc.-jan.

🍴 **100 MANEIRAS**
€€€€
RUA FERNANDES TOMAS 1
CASCAIS
TÉL. : 21 483 5394
Ce restaurant d'architecte très chic domine le port. Le cadre, noir et blanc, est agréablement intime. On sert ici, entre autres, du risotto aux crevettes, du rouget, du porc noir et du confit de canard. La carte des desserts est aussi très tentante ; elle inclut, notamment, un savoureux moelleux au chocolat.
🔁 35 🔁 🔁 🕐 Fermé dim. après-midi et lun.

🍴 **O BETEL**
€€€
TRAVESSA DAS FLORES 4
CASCAIS
TÉL. : 21 483 0215
Ce restaurant traditionnel, vieux d'une trentaine d'années, est fort prisé des gens du cru. Situé en face de la criée, il propose des tables en terrasse et sert d'excellents fruits de mer. Le service est vraiment impeccable. Goûtez la *cataplana* de crustacés, un généreux assortiment de fruits de mer grillés, ou la paella, le tout étant à base de produits ultra-frais.
🔁 55 🔁 🔁 🕐 Fermé le lun. et en jan.

SESIMBRA

🍴 **O CANHÃO**
€€
RUA DA FORTALEZA 13
SESIMBRA
TÉL. : 21 233 1442
Situé juste derrière la forteresse, cet accueillant restaurant de fruits de mer propose une cuisine du terroir. Au titre de ses spécialités figurent entre la matelote ou la *cataplana* de poissons (assortiment grillé), ainsi que la baudroie (lotte) à

l'orange ou le veau aux crevettes. Le décor est typiquement portugais, avec certains murs recouverts d'azulejos..
🔁 60 🔁 🔁

SETÚBAL

🏨 **POUSADA DE SÃO FILIPE**
€€€€
2900-300 SETÚBAL
TÉL. : 265 523844/4981
FAX : 265 532538
www.pousadas.pt
Rares sont les hôtels pouvant se targuer d'un hall d'entrée aussi grandiose : on franchit ici les murs d'une forteresse jusqu'à un très vieil escalier de pierre, en haut duquel on jouit d'une vue imprenable sur l'estuaire. Cette *pousada*, qui jouxte une chapelle de style baroque ornée d'azulejos, est spectaculaire. On peut admirer le coucher du soleil depuis la terrasse, de préférence en sirotant un verre de moscatel.
ⓘ 14 🅿 🔁 🔁 🔁

🍴 **COPA D'OURO**
€€
TRAVESSA DAS VIÇOSAS 15
SETÚBAL
TÉL. : 265 523755
Le Copa d'Ouro est l'un des restaurants de poissons et de fruits de mer les plus prisés de et la coqueluche des habitants de Setúbal. En été, il est très agréable de s'installer à l'extérieur, dans l'allée, pour savourer un bon poisson frais, que l'on fait griller devant vous sur un barbecue en forme de bateau. Au menu figure la pêche du jour, notamment du rouget, de la brème ou du bar.
🔁 80 🔁 🔁 🕐 Fermé le mar.

ALENTEJO

ÉVORA

🏨 **CONVENTO DO ESPINHEIRO**
€€€€€ ★★★★
ESTRADA DOS CANAVIAIS

🏨 Hôtel 🍴 Restaurant ⓘ Nbre de chambres 🔁 Nb.rede couverts 🅿 Parking 🕐 Horaires 🚭 Non fumeur

APARTADO 594
7002-502 ÉVORA
TÉL. : 266 742437
FAX : 266 761147
www.starwoodhotels.com/luxury
Cet hôtel de prestige – un ancien couvent du XVe siècle – s'inscrit dans un cadre rural (quelque 8 hectares de jardins aménagés) à quelques kilomètres au nord-est d'Évora. L'établissement, qui a ouvert ses portes récemment (en 2005), propose un service impeccable, un restaurant gastronomique, ainsi que des installations véritablement luxueuses.

[i] 59 [P] [↔] [S] [S] [≋] [≋] [♥] [S]

🏨 HOTEL SANTA CLARA
€€ ★★★
TRAVESSIA DA MILHEIRA 19
7000 ÉVORA
TÉL. : 266 704141
FAX : 266 706544
Cet hôtel pratique et bien équipé a un peu perdu de son ambiance historique après sa rénovation (début 2005), qui lui a d'ailleurs valu un meilleur classement. Il se trouve en plein centre et occupe deux anciennes maisons situées dans une petite rue latérale, derrière le monastère Santa Clara.

[i] 40 [P] [↔] [S] [S] [S]

🏨 RESIDENCIAL POLICARPO
€ ★★
RUA DA FREIRIA DE BAIXO 16
7000-898 ÉVORA
TÉL. : 266 702424
FAX : 266 703474
www.pensaopolicarpo.com
Cette vieille pension de famille pittoresque est très recherchée pour son rapport qualité/prix qui défie toute concurrence, se trouve dans une ruelle en contrebas de la cathédrale. Les chambres, qui donnent sur l'arrière, sont dotées d'une douche ou d'une salle de bains. Certaines bénéficient d'une belle vue sur les environs, et toutes accueillent de jolis meubles peints typiques de l'Alentejo.

[i] 20 [P] [S] [S] [S]

COUP DE CŒUR

🏨 POUSADA DOS LÓIOS
🍴 Cet ancien couvent, parmi les principaux attraits historiques d'Évora, est absolument superbe avec ses sols revêtus d'azulejos, ses escaliers de pierre taillée, son cloître extérieur et ses meubles anciens d'un goût exquis, qui contribuent à son atmosphère exceptionnelle. Le seul reproche que l'on pourrait adresser à l'établissement tient à la taille des chambres « cellules ». Réservez la suite principale pour son salon, dont les murs et le plafond sont revêtus de fresques. Le restaurant (€€€€) qui surplombe le cloître propose d'excellents plats du terroir, ainsi que – chose rare – des menus végétariens.
€€€€
7000-804 ÉVORA
TÉL. : 266 704051
FAX : 266 707248
www.pousadas.pt

[i] 32 [P] [S] [S] [S] [≋] [S]

🍴 JARDIM DO PAÇO
€€€
PALÁCIO DAS CINCO QUINAS
ÉVORA
TÉL. : 266 744300
FAX : 266 744301
Ce vaste restaurant – très demandé pour les réceptions de mariage – offre le choix entre un jardin ombragé et un intérieur plus classique. On y sert une cuisine du terroir, notamment des spécialités régionales comme le porc aux palourdes ou la soupe à la morue. À proximité du temple romain.

[i] 120 [S] [S] [🕐] Fermé dim. après-midi et lun.

COUP DE CŒUR

🍴 A CHOUPANA
Les connaisseurs ne rechignent pas à faire la queue pour déjeuner ici, tant le repas est délicieux et d'un excellent rapport qualité/prix. La salle, très confortable, comprend deux sections distinctes : une salle à manger proprement dite et

une salle abritant un bar tout en longueur, où les plus pressés peuvent se restaurer en vitesse. La rotation est assez rapide, mais sans précipitation. Parmi les spécialités de la maison figurent le porc de l'Alentejo et l'agneau rôti à l'oignon, à l'ail et au vin blanc. En hiver, on sert du gibier, notamment le lapin ou le lièvre en civet. Les portions sont gargantuesques – n'hésitez pas à demander une *meia dose* (demi-part).
€€
RUA DOS MERCADORES 16-20
ÉVORA
TÉL. : 266 704427

[i] 38 [S] [S] [🕐] Fermé le dim.

ÉVORAMONTE

🍴 A CONVENÇAO
€€
RUA DE SANTA MARIA 26
ÉVORAMONTE
TÉL. : 268 959217
Ce restaurant tout à fait inattendu – il est situé en hauteur, à proximité du château – propose une décoration plutôt moderne. Il comporte une terrasse extérieure et un bar, et également quelques chambres (€). Le menu, relativement restreint, inclut essentiellement des mets typiquement régionaux, notamment des plats de porc, des *migas* (préparation à base de pain et de viande) ou du veau, ainsi qu'une tarte à l'orange vraiment délicieuse.

[i] 60 [S] [S] [🕐] Fermé le lun.

ESTREMOZ

COUP DE CŒUR

🏨 POUSADA DA RAINHA SANTA ISABEL
Peut-être vaudrait-il mieux que vous ignoriez l'histoire de ce château, car vous pourriez hésiter à vous y rendre. Ce lieu fut en effet le témoin, pendant sept siècles, d'une série de décès, de meurtres et d'explosions. Vasco de Gama,

---

le malheureux prince Pedro et sa grand-mère, la reine sainte (pour qui le palais fut construit), y séjournèrent à des moments différents. Cette *pousada* est cependant l'une des plus prestigieuses du pays. Très vaste, dotée de proportions dignes de ses origines, regorgeant d'antiquités et débordant de caractère, elle est aussi très confortable et s'enorgueillit, outre de jardins magnifiques et d'une piscine agréable, de vues magnifiques sur les environs. Dans le restaurant, on a l'impression d'être un Lilliputien.

€€€€

7100-509 ESTREMOZ

TÉL. : 268 332075

FAX : 268 332079

www.pousadas.pt

[i] 33 P ⇄ ⊘ ⟲ ⤢ ⬦

🍴 CAFÉ ALENTEJANO

€€

ROSSIO MARQUÊS DE POMBAL 13-15

ESTREMOZ

TÉL. : 268 337300

FAX : 268 337301

Cet honorable établissement, où règne une ambiance très singulière, est tout particulièrement apprécié des plus vieux messieurs du cru. L'escalier de marbre mène en effet à un restaurant qui sert l'*açorda* (soupe au pain typique de la région), le ragoût de mouton aux pois chiches, la soupe de citrouille et de haricots, et les pieds de porc. La maison propose également des suites confortables (€).

🛏 34 ⟲ ⬦

VILA VIÇOSA

COUP DE CŒUR

🏨 POUSADA DOM JOÃO IV

Située à proximité du palais royal de l'élégante ville de Vila Viçosa, cette pousada créée au milieu des années 1990 occupe un superbe couvent Renaissance. Le cloître, les oratoires et les niches ornées de fresques ont été préservés, des éléments contemporains leur faisant désormais pièce. Les chambres ont des balcons bien isolés, et les lieux communs se distinguent par leurs belles proportions. Le marbre blanc – issu de carrières voisines – est omniprésent. Les jardins et la piscine ajoutent au confort de ce lieu agréable.

€€€

7160-251 VILA VIÇOSA

TÉL. : 268 980742

FAX : 268 980747

[i] 36 P ⇄ ⊘ ⟲ ⤢ ⬦

PORTALEGRE

🏨 POUSADA DO CRATO

€€€

FLOR DA ROSA

7430-999 CRATO

TÉL. : 245 997210/1

FAX : 245 997212

Voici une autre *pousada* peu commune, située au sein d'un monastère plutôt imposant (où nichent des cigognes), dans le hameau de Flor da Rosa, non loin de Crato. La couleur et l'éclairage du mobilier ultra-contemporain témoignent d'une belle créativité. Le haras Alter do Chão, réputé pour ses lusitaniens, est à proximité. L'établissement est au cœur du pays des dolmens, dans une région profondément rurale.

[i] 24 P ⇄ ⊘ ⟲ ⤢ ⬦

🏨 RESIDENCIAL MANSÃO ALTO ALENTEJO

€

RUA 19 DE JUNHO 59

7300-155 PORTALEGRE

TÉL. : 245 202290

FAX : 245 309269

Cet hôtel confortable, d'un excellent rapport qualité/prix, se situe dans une rue piétonnière, à quelques pas de la cathédrale. Les chambres, plutôt vastes, sont dotées de meubles peints, et les salles de bains attenantes sont impeccables. Il y a aussi un grand salon et une salle où sont servis les petits-déjeuners.

[i] 12 ⟲ ⬦ ⊘ ⟲ ⬦

🍴 RESTAURANTE GRILL ROLO

€€€

AVENIDA PIO XII NO. 7

PORTALEGRE

TÉL. : 245 205646

Francisco Rolo, le maître des lieux qui officie également en cuisine, invente des saucisses qui valent franchement le détour – mêlant de la viande à des pommes ou à des cerises – et qu'il sert à côté d'autres viandes grillées. Les vrais gourmets s'aventureront à essayer le menu composé de 24 plats. Le décor, pour être rustique, n'en est pas moins accueillant. Il est possible de s'installer dehors en été.

🛏 70 P ⟲ ⬦

🕐 Fermé le lun.

SERRA DE SÃO MAMEDE

🏨 HOTEL GARCIA D'ORO

🍴 €€ ★★★

ESTRADA DE SÃO VICENTE

7320-202 CASTELO DE VIDE

TÉL. : 245 901100

FAX : 245 901200

Ce petit hôtel moderne, situé aux abords de la ville, propose à des prix raisonnables des chambres de bonne tenue, propres et bien meublées, avec balcon et vue sur les collines. Le restaurant, **A Castanha** (€€), sert de savoureux plats typiques de la région. Il est possible, en été, de déjeuner ou de dîner à l'extérieur.

[i] 53 P ⇄ ⊘ ⟲ ⤢

🏨 POUSADA DE MARVÃO SANTA MARIA

€€€

7330-122 MARVÃO

TÉL. : 245 993201

FAX : 245 993440

Deux maisons contiguës ont été converties en cette *pousada* simple, mais confortable. Les chambres sont gaies, certaines d'entre elles offrant, tout comme le salon et le restaurant, une vue magnifique sur la campagne environnante. Le lieu est de taille réduite, mais très accueillant.

[i] 29 ⇄ ⊘ ⟲ ⬦

🏨 Hôtel 🍴 Restaurant [i] Nbre de chambres 🛏 Nbre de couverts P Parking 🕐 Horaires ⊘ Non fumeur

🏨 CASA AMARELA
€€
PRAÇA DOM PEDRO V
7320 CASTELO DE VIDE
TÉL. : 245 905878
FAX : 245 901228
Situé en plein cœur de Castelo de Vide, sur la place principale, cet établissement de *turismo de habitação* de grand standing tient son nom de la couleur (jaune) de sa façade extérieure. Fonctionnant davantage comme un hôtel, il propose des suites équipées de téléviseurs. Le prix du séjour inclut un petit-déjeuner fort copieux.

🛈 10 🔄 🅂 🅂

🏨 QUINTA DA BELA VISTA
€€
7320-014 CASTELO DE VIDE
TÉL. : 245 968125
FAX : 245 968132
www.eespe.com/belavista
Cette vaste maison de campagne des années 1930, située près d'un barrage et d'un lac artificiel, fut conçue par le premier maître des lieux, ingénieur de son état. L'ensemble est maintenant un complexe hôtelier proposant des chambres dans un bâtiment principal et dans deux annexes. L'endroit est idéal pour qui veut découvrir les joies de la vie rurale ou s'adonner aux randonnées à pied ou à cheval,. Vous pouvez également profiter du tennis et des vélos de l'hôtel.

🛈 4 🅿 🅂 🅂 🅂

BEJA

🏨 POUSADA DE SÃO FRANCISCO
€€€€
7801-901 BEJA
TÉL. : 284 313580
FAX : 284 329143
www.pousadas.pt
Cette *pousada* pleine de coins et recoins – il s'agit d'un ancien couvent franciscain édifié au XIII⁰ siècle – domine littéralement Beja. Située au cœur de la vieille ville, elle est assez difficile d'accès, en raison du système de sens interdits. Les pièces, relativement spacieuses, sont décorées dans un style plutôt classique. Un court de tennis, une piscine et une salle de billard sont à la disposition des clients.

🛈 35 🅿 🔄 🅂 🅂 🅂 🅂

🍽 DOM DINIS
€€
RUA DOM DINIS
BEJA
TÉL. : 284 325937
Ce restaurant de moyenne gamme propose des plats typiques de l'Alentejano. Les poissons et les fruits de mer figurent au menu, mais les viandes grillées – en particulier l'agneau ou le porc – constituent le choix le plus sûr. Les plats sont accompagnés de très généreuses portions de légumes.

🍴 52 🅂 🅂

MONSARAZ

🍽 SANTIAGO
€€
RUA DE SANTIAGO 3
MONSARAZ
TÉL. : 266 557188
Ce petit restaurant, situé non loin du château, est accueillant – et d'ailleurs très prisé. Il propose une cuisine rurale et offre la possibilité, en été, de déjeuner ou de dîner en plein air, sur une terrasse verdoyante. Les plats du jour incluent des mets typiques de la région, à base de porc ou d'agneau.

🍴 40 🅂 🅂

SERPA

🏨 CASA DE MURALHA
€
RUA DAS PORTAS
DE BEJA 43
7830 SERPA
TÉL. : 284 543150
FAX : 284 543151
Cet hôtel hors du commun, dominé par les arches de l'aqueduc qui le surplombe, s'inscrit dans les murs d'enceinte de la ville de Serpa. L'établissement propose des chambres spacieuses aménagées avec goût et dotées de meubles peints typiques de la région. Toutes donnent sur une superbe cour plantée d'orangers – dont est issue, pour une partie, la délicieuse marmelade servie au petit-déjeuner. L'accès hors les murs se fait par la rua dos Arcos.

🛈 4

🍽 RESTAURANTE O ALENTEJANO
€€
PRAÇA DA REPÚBLICA 6
SERPA
TÉL./FAX : 284 544335
Ce restaurant situé au-dessus d'un café, sur la place principale de Serpa et à l'intérieur des murs de la ville, se distingue par ses hautes voûtes. On y sert une cuisine du terroir, notamment une délicieuse *ensopada de borrega* (ragoût de mouton), du porc aux coques, ainsi que des pieds de porc en sauce à la coriandre. La carte des vins est véritablement impressionnante

🍴 48 🅂 🅂

SANTIAGO DO CACÉM

COUP DE CŒUR

🏨 POUSADA QUINTA DA ORTIGA
Cette superbe propriété de campagne s'étend sur 4 hectares entre les plages de l'Alentejo et l'arrière-pays. Le cadre, fort accueillant, est idyllique et d'une grande intimité. L'établissement propose de belles chambres rénovées, mêlant les styles classique et contemporain ; certaines donnent sur de vastes terrasses abritées par de magnifiques cèdres centenaires. Le complexe comprend par ailleurs trois villas familiales à louer, ainsi qu'une charmante chapelle. La ferme voisine propose des randonnées à cheval, equant à la piscine de l'hôtel, c'est l'endroit parfait pour profiter des chaudes journées d'été.
€€€
7540 SANTIAGO DO CACÉM

🔄 Ascenseur 🅂 Air conditionné 🅂 Piscine couv. 🅂 Piscine découv. 🆅 Fitness 🅂 Cartes bancaires acceptées

TÉL. : 269 822871
FAX : 269 822073
www.pousadas.pt
🏕️8 🅿️ 🔲 🔲 ⛱️ 🔲

ALGARVE

TAVIRA

🏨 **RESIDENCIAL MARES**
€€
RUA JOSÉ PIRES PADINHA
134-140
8800-134 TAVIRA
TÉL. : 281 325815/7
FAX : 281 325819
Cette petite *pensão* – une affaire de famille – se trouve au sud du marché couvert de Tavira. Les chambres sont très confortables et d'une bonne taille. Les salles de bains sont entièrement carrelées, certaines présentant même des décorations faites à la main. Il est possible de se garer. Le restaurant de fruits de mer est de bon niveau.
ⓘ 22 🔲 🅿️ 🔲

🍴 **QUATRO AGUAS**
€€
SITIO DAS QUATRO AGUAS
TAVIRA
TÉL. : 281 325329
Jouxtant la jetée, là où le Gilão se jette dans l'estuaire de Formosa, ce restaurant fourmillant d'objets de marine offre une vue imprenable depuis sa terrasse. La spécialité de la maison est le riz aux haricots et au poulpe frit ; mais, surtout, ne négligez pas le poisson frais à l'ail et au citron, grillé au charbon de bois, qui est également tout à fait délicieux....
🏕️ 60 🔲 🔲 🕐 Fermé le lun.

OLHÃO

🏨 **PEDRAS VERDES**
€€
SITIO DA BOAVISTA 658T
8700 QUELFES
TÉL. : 289 721343/96 3364252
www.pedrasverdes.com

Cet hôtel très chic, situé juste en dehors de Olhão, est géré par un jeune couple de Belges. Les chambres, dans la maison d'un blanc immaculé, arborent des couleurs vives, et révèlent une belle créativité à travers leurs nombreux éléments ethnomodernes. Vue imprenable depuis la véranda. Il est possible de dîner sur place, sur demande (€€).
ⓘ 6 🅿️ 🔲 ⛱️ 🔲

🍴 **OLHÃO D'AGUA**
€
AVENIDA 5 DE OUTUBRO 20
OLHÃO
TÉL. : 289 707578
Cet établissement s'inscrit dans une succession de restaurants de poissons et de fruits de mer situés en face du marché du bord de mer. Il vous sera proposé un excellent choix de *cataplana* (crustacés et jambon), de plats à base de riz, de *feijoada* et de plats du jour très variés. Le cadre évoque une rue de village, et les tables à l'extérieur ont vue sur le petit parc.
🏕️ 102 🔲 🕐 Fermé mar. et nov.

ALBUFEIRA

🏨 **PINE CLIFFS RESORT**
€€€€€ ★★★★★
PRAIA DA FALESIA
8200-909 ALBUFEIRA
TÉL. : 289 500100
FAX : 289 501950
www.sheraton.com/algarve
Le Pine Cliffs Resort bénéficie d'une situation idéale, tout en haut d'une falaise. Très spacieux, de style mauresque, il est l'une des haltes les plus appréciées de l'Algarve. Géré par le groupe Sheraton, il est magnifiquement équipé. L'ascenseur en verre permet de descendre sur une plage sublime. En haut, au milieu des pins, vous pourrez profiter de trois piscines, d'un parcours de golf de neuf trous, d'une école de tennis et d'un village pour les enfants.
ⓘ 215 🅿️ 🔄 🔲 🔲 ⛱️ ⛱️ 🔲 🔲

🍴 **VILA JOYA**
€€€€€ ★★
PRAIA DE GALÉ
ALBUFEIRA
TÉL. : 289 591795
Couronné par deux étoiles au guide Michelin, ce restaurant est rattaché à un hôtel de standing. Si vous ne logez pas sur place, veillez à vous y prendre à l'avance pour réserver une table. Le homard aux agrumes est une délicieuse spécialité maison, tout comme le sorbet au chocolat, aux framboises et au champagne. Le menu du soir est préétabli et comprend cinq plats.
🏕️ 45 🅿️ 🔲 🔲
🕐 Fermé nov.-mars

LOULÉ

🍴 **RESTAURANTE A MOAGEM**
€€
RUA MARIA CAMPINA 37A
LOULÉ
TÉL./FAX : 289 425418
Ce restaurant situé dans une ruelle, à l'écart des voies principales de Loulé, est très prisé des hommes d'affaires locaux. On y sert une délicieuse cuisine traditionnelle de l'Algarve et de l'Alentejo, notamment un choix de tapas très innovant, comprenant aussi bien des plats végétariens que du lapin ou du poisson. La carte des vins est superbe.
🏕️ 38 🔲 🔲 🕐 Fermé le dim.

SILVES

🍴 **MARISQUERIA RUI**
€€€€€
RUA COMENDADOR
VILARINHO 27
SILVES
TÉL. : 282 442682
C'est tout simplement le plus célèbre restaurant de fruits de mer de l'Algarve ! Il sait attirer les foules avec sa large gamme de crustacés frais, ses poissons grillés, son riz aux fruits de mer et ses *cataplanas* (poissons grillés). L'atmosphère y est décontractée, ponctuée par le

---

craquement des carapaces de crabe et le bruissement des voix portugaises. Si vous aimez la "Sea food", l'endroit vaut véritablement le détour.

🛏 110 🅢 🅐 🕐 Fermé le mar.

🍽 CAFÉ INGLÉS
€

ESCADA DO CASTELO
SILVES
TÉL. : 282 442585

Voici l'endroit idéal pour un casse-croûte au retour du château. La terrasse ensoleillée de ce manoir à l'intérieur clair, aux couleurs vives, séduit immanquablement. Au menu, pizzas, jus de fruits, soupes maison et desserts. Musique en live les vendredis et samedis soir, ainsi que le dimanche après-midi en saison.

🛏 60 🅢 🅐 🕐 Fermé dim. midi et lun. soir

SAGRES

🏨 POUSADA DE SAGRES INFANTE
€€€

8650-385 SAGRES
TÉL. : 282 620240
FAX : 282 624225
www.pousadas.pt

Magnifiquement isolée tout en haut d'une falaise, cette *pousada* plutôt moderne s'inspire d'Henri le Navigateur ; les cartes et les globes terrestres y sont omniprésents. Les chambres, confortables, sont égayées avec des accessoires colorés. Elles se distinguent surtout par la magnifique vue sur les vagues de l'Atlantique qu'elles offrent depuis leur balcon.

🛈 39 🅿 🔁 🅢 🅢 🏊 🅐

COSTA VICENTINA

🍽 PONT'A PÉ
€

LARGO DA LIBERDADE 16
ALJEZUR
TÉL. : 282 998104

Ce petit restaurant très prestigieux se situe juste en deçà de la côte la plus sauvage du Portugal. Choisissez votre table

soit à l'intérieur, où le cadre est rural, soit à l'extérieur, à proximité de la passerelle, pour savourer les viandes grillées, les crustacés frais ou les délicieux desserts faits maison. Musique en live occasionnellement.

🛏 26 🅢 🕐 Fermé dim.

MADÈRE

FUNCHAL

🏨 CHOUPANA HILLS
€€€€€ ★★★★★

TRAVESSA DO LARGO
DA CHOUPANA
9060-348 FUNCHAL
TÉL. : 291 206020
FAX : 291 206021
www.choupanahills.com

Ce hôtel moderne, qui collectionne les distinctions, est perché sur les hauteurs, dans une forêt, au bout d'un chemin étroit. Du fait de son style français, il évoque davantage Bali, mais l'endroit séduit incontestablement par ses vastes proportions et par son cadre paradisiaque. Des jardins subtropicaux, un restaurant proposant une cuisine fusion et un établissement thermal où l'on vous prodigue une très large gamme de soins viennent compléter le décor de ce lieu idyllique.

🛈 64 🅿 🔁 🅢 🅢 🏊 🅐 🅥 🅐

🏨 REID'S PALACE
€€€€€ ★★★★★

ESTRADA MONUMENTAL 139
9000-098 FUNCHAL
TÉL. : 291 717171
FAX : 291 717177
www.reidspalace.orient-express.com

Depuis plus d'un siècle, ce palace situé tout en haut d'une falaise accueille régulièrement les têtes couronnées, les chefs d'État et d'autres célébrités. Si bien que certains portent encore le smoking ou l'habit pour le dîner, mais ce n'est pas une obligation.... Flânez dans les jardins luxuriants, aux par-

fums d'ailleurs. Les meubles en osier s'inscrivent parfaitement dans ce cadre d'antan.

🛈 164 🅿 🔁 🅢 🅢 🏊 🅐

🏨 QUINTA DA PENHA DE FRANÇA
€€ ★★★

RUA PENHA DE FRANÇA
9000-014 FUNCHAL
TÉL. : 291 204650
FAX : 291 229261
www.hotelquintapenhafranca.com

Quoique plus modeste que le Reid's Palace ou le Choupana Hills, la quinta da Penha de França n'en est pas moins une institution à Madère. Niché dans un luxuriant jardin situé à un quart d'heure à pied du centre de Funchal, cet établissement familial est évocateur d'un autre temps. C'est un véritable havre de paix. Demandez à être logé dans la vieille maison pleine de caractère, plutôt que dans l'aile moderne, plus anodine.

🛈 40 🅿 🔁 🅢 🅢 🏊 🅐

COUP DE CŒUR

🍽 QUINTA PALMEIRA
Cet élégant restaurant gastronomique offre une vue magnifique sur la mer et sur une vaste terrasse. Veillez à réserver à l'avance, car l'endroit est fort prisé. On y sert une cuisine portugaise ou internationale à base des meilleurs produits, qu'il s'agisse du bœuf le plus tendre ou des écrevisses, des poulpes et des espadons les plus frais – le tout revêtant une couleur locale, accommodé avec du fruit de la Passion, de la banane ou des agrumes. Enfin, ne manquez sous aucun prétexte la somptueuse glace à l'avocat...
€€€

AVENIDA DO INFANTE 5
FUNCHAL
TÉL. : 291 221814

🛏 80 🅢 🅐

SHOPPING

Le touriste désireux de faire du shopping au Portugal peut acheter aussi bien des spécialités gastronomiques – du fromage de chèvre ou de brebis jusqu'au porto – que des articles, aussi divers qu'originaux, d'artisanat régional. Chaque petite ville compte son lot de boutiques vendant des produits locaux. Quant à Lisbonne, c'est le rendez-vous obligé de la dernière mode en tous domaines. Hors de la capitale, vous trouverez des objets d'artisanat sur les différents marchés hebdomadaires, les boutiques spécialisées proposant cependant des articles de meilleure facture.

Les artisans portugais sont réputés pour la qualité de leur linge de maison. On trouve dans le Minho, au nord du pays, et notamment à Amarante et à Viana do Castelo, de belles pièces magnifiquement brodées ou autrement ouvragées. Les couvre-lits de coton ou de dentelle de Guimarães sont très prisés, tout comme les *colchas* (couvre-lits de soie brodés) de Castelo Branco, qui représentent un investissement conséquent, leur réalisation prenant plusieurs mois. Les dessus de lit à appliques, comme ceux de Nisa, dans l'Alentejo, sont également très recherchés. Dans de nombreuses villes proches de la frontière espagnole, on trouve des magasins proposant, à des prix défiant toute concurrence, et à l'intention d'une clientèle espagnole, du linge de maison de grande qualité. Les boutiques de Valença do Minho et d'Elvas (dans l'Alentejo) sont particulièrement bien pourvues. La dentelle occupe de nombreuses mains depuis la ville balnéaire de Peniche jusqu'à Madère et les Açores, cet art étant l'occupation traditionnelle des épouses de marins, pendant les absences de leurs maris. La serra da Estrela est réputée pour ses magnifiques couvertures de laine de couleur écrue et pour ses innombrables articles en peau de mouton. Parmi les spécialités de l'industrieuse région de l'Alentejo, au sud, citons les châles et les couvertures faites à la main, celles d'Arraiolos incluant des tapis de laine bordés élaborés selon des techniques médiévales. Portalegre est connu pour ses tapisseries. Le travail du bois est également très répandu dans l'Alentejo, où l'on fait aussi bien des meubles peints (en particulier à Évora et à Nisa) que des jouets. Le liège est également travaillé, pour faire des sets de table, des contenants, voire des sacs à main. Les offices du tourisme de la région peuvent fournir la liste des artisans qui autorisent la visite de leur atelier – le shopping devient ainsi plus intéressant et plus instructif. Plus au sud, l'Algarve est spécialisée dans la vannerie, le cuivre et les étains. Cependant, le Portugal est avant tout le royaume des potiers, qui fabriquent, outre les traditionnelles terres cuites, des porcelaines biscuit d'une grande finesse, des objets de table vernissés multicolores ou des objets design du dernier cri. Bien que les céramiques ne soient pas faciles à transporter, de nombreuses possibilités d'expédition existent. Rendez-vous au cœur de Caldas da Rainha pour voir la collection la plus originale de céramiques portugaises, composée essentiellement de pièces figurant des légumes ou des animaux, mais qui s'est enrichie ces derniers temps de formes plus contemporaines. Coimbra a également une longue tradition de la céramique, proposant essentiellement des azulejos bleus, décorés de très fins motifs floraux.

Véritable institution nationale, la porcelainerie de Vista Alegre, qui a ouvert ses portes en 1824, se situe juste en dehors d'Aveiro, mais les pièces exquises qui en sont issues sont disponibles à travers tout le pays. Plus originale et plus localisée, la poterie noire se fait principalement à Bisalhães, non loin de Vila Real, et à Viseu. Dans l'Alentejo, Estremoz se distingue par ses charmantes figurines en poterie et ses terres cuites non vitrifiées, Santiago do Cacém étant réputé pour ses azulejos. Les amateurs de verreries se dirigeront vers le haut lieu de cet art, à Marinha Grande, au nord de Caldas da Rainha, où sont présentés des articles aussi bien traditionnels qu'ultramodernes. Il y a des points de vente à Porto et à Lisbonne. En matière de vêtements en cuir, le Portugal propose d'excellentes affaires. La dernière mode en la matière est, bien entendu, lancée à Lisbonne. Recherchez aussi les merceries et les quincailleries un peu vieillottes, où vous trouverez peut-être des articles anciens, souvent originaux. Toutes les grandes villes ont leur lot de bijouteries, vendant les traditionnels objets en filigrane d'or ou d'argent (produits à proximité de Porto), ainsi que des créations plus contemporaines et d'excellente facture. Visitez enfin au moins un marché en plein air. Ils se déplacent d'une ville à l'autre au cours de la semaine, mais proposent, en matière de produits régionaux, le meilleur et le moins cher. Ne manquez pas les gâteaux et les pâtisseries régionales, généralement savoureuses et qui, malheureusement, ne supporteront pas le voyage si vous les rapportez chez vous. Le grand marché du mardi à Barcelos, près de Braga, est le plus important en termes d'artisanat – mais n'espérez pas y faire des affaires.

LISBONNE

Ana Salazar, rua do Carmo 87, Chiado, ☎ 21 347 2289. Ana Salazar, la créatrice de mode la plus connue du Portugal, a toujours le vent en poupe depuis les années 1980.

Antonio da Silva, praça Luís de Camões 40, Chiado, ☎ 21 342 2728. Bonne rotation du stock toujours très tentant de bijoux, d'argenterie et d'autres objets anciens.

Artesanato do Tejo, rua do Arsenal 25, ☎ 21 031 2800. Fait partie du Lisboa Welcome Center. Offre un bon choix d'artisanat régional.

Centro de artesanato, mercado da Ribeira, Cais do Sodré, ☎ 21 322 5126. Le premier étage du vieux marché de la capitale est voué à l'artisanat de haut vol issu de la région de Lisbonne.

Colombo Shopping Center, avenida Lusiada. La plus importante galerie commerciale de la péninsule Ibérique compte 420 boutiques, ouvertes tous les jours jusqu'à minuit.

Deposito da Marinha Grande, rua de São Bento 234/6, ☎ 21 396 3234. Difficile de sortir les mains vides de ce magasin, qui vend les œuvres des meilleurs maîtres verriers du pays.

El Corte Inglés, avenida António Augusto de Aguiar 31, ☎ 21 371 1700. Excellente succursale de cette chaîne espagnole, où l'on trouve aussi bien des articles de mode que des plats gastronomiques ou des articles pour la maison.

Isabel Lopes da Silva, rua da Escola Politecnica 67, ☎ 21 342 5032. Objets rares et bijoux des années 1920 aux années 1950.

Lena Aires, rua da Atalaia 96, Bairro Alto, ☎ 21 346 1815. Typique de l'esprit novateur de la région ; propose des objets aussi bien branchés que pittoresques.

Martin & Costa, rua Alexandre Herculano 34, ☎ 21 314 1617. Épicerie fine et spécialités régionales on ne peut plus appétissantes.

Nossodesign, rua Serpa Pinto 12A, ☎ 21 325 8960. Verreries et céramiques originales réalisées par de jeunes artistes portugais. Prix raisonnables.

Sant'Ana, rua do Alecrim 95, Bairro Alto, ☎ 21 342 2537. Superbes reproductions d'azulejos anciens, à la pièce ou par lot.

Santos Oficios, rua da Madalena 87, ☎ 21 887 2031. Cette ancienne écurie rénovée, située à proximité de la cathédrale, propose un bel échantillon d'art folklorique portugais.

Ulisses, rua do Carmo 87, Chiado, ☎ 21 342 0295. Somptueux gants en peau de chevreau de toutes les formes et de toutes les couleurs. D'un chic inégalable.

Vista Alegre, largo do Chiado 20–23, ☎ 21 346 1401. (www.vistaalegre.pt ; le site Internet donne la liste des autres points de vente à travers le pays.) La principale vitrine du meilleur porcelainier de tout le pays.

PORTO ET LE NORD

Arte Facto, rua da Reboleira 37, Porto, ☎ 22 332 0201. Marionnettes, jouets, verreries, céramiques et textiles faits main, ainsi que des démonstrations d'artisanat.

Deposito da Marinha Grande, rua do Bonjardim 133, Porto, ☎ 22 203 0752. Le verre sous toutes ses formes : carafes, vases, verres, bols et saladiers.

Garrafeira do Martins, avenida dos Combatentes 248, Viana do Castelo, ☎ 258 823887. Excellente sélection de vins et d'accessoires de dégustation.

Santapedra, rua da Bandeira 47, Viana do Castelo ☎ 258 820933. Magnifiques bijoux modernes, certains d'excellente facture.

Travassos, rua Gago Coutinho 168, Viana do Castelo, ☎ 258 822409. Linge de lit et de table, dont des pièces (lin et coton) brodées de Viana.

Casa Ferreira da Cunha, largo do Toural, Guimarães, ☎ 253 412223. Rapportez chez vous un superbe heurtoir de porte – il n'aura pas son pareil.

Claridades, rua Alfredo Guimarães, Guimarães, ☎ 253 412 853. Bijoux modernes originaux, employant des pierres semi-précieuses, réalisés par des artistes locaux et européens.

Confeitaria Antonio Freitas, rua Alfredo Guimarães 11-23, Guimarães, ☎ 253 415143. Un choix de pâtisseries, de tartes et de gâteaux de rêve.

Sabores com Arte, rua Santa Maria 61, Guimarães, ☎ 253

415698. Produits locaux incluant aussi bien des poupées de chiffon que du miel et des olives.

Casa do Brazão, rua D. Palo Mendes, Braga, ☎ 253 278823. Véritable malle aux trésors, ce magasin d'antiquités recèle des objets originaux (porcelaines chinoises, art baroque portugais).

Garrafeira dos Biscainhos, rua dos Biscainhos 105, Braga, ☎ 253 264464. Magasin vieillot spécialisé dans les portos. Boîtes de présentation et coffrets.

Vipele, rua Dom Diego de Sousa 98, Braga, ☎ 253 616386. Vêtements en cuir, à prix raisonnables. Points de vente à Viana et à Barcelos.

Sofumeira, praça do Mercado 15, Mirandela, ☎ 278 264507. Fabuleux choix de produits locaux : huile d'olive, jambons, saucisses, fromages et miels.

BEIRAS

A Camponesa, rua da Louça 66–8, Coimbra, ☎ 239 827947. Portos, vins et liqueurs d'un bon rapport qualité/prix.

Brinca, rua Visconde da Luz 91, Coimbra, tél. 239 823509. Choix très tentant de bijoux et d'argenterie (bols, bougeoirs et ronds de serviette) classiques et modernes.

Casa dos Linhos, rua Visconde da Luz 103-5, Coimbra, ☎ 239 822465. Excellent choix de linge de maison, avec des motifs classiques ou modernes.

Cesta da 5, adro da Sé, Viseu, ☎ 232 435630. Large gamme de fromages locaux, de pantoufles en peau de mouton et de couvertures de laine de la serra da Estrela.

Tons da Terra, praça 2 de Maio, Loja 19Z, Viseu, ☎ 232 488018. Très chic : vestes et écharpes chaudes, aux tons écrus, en laine d'Estrela (pour hommes comme pour femmes).

SHOPPING

ESTRÉMADURE ET RIBATEJO

Casabranca, rua Consiglieri Pedroso 12, Sintra, ☎ 21 923 0528. Superbe choix de linge de maison et de serviettes brodées. Certains articles sont fabriqués sur place dans les ateliers, d'autres viennent de Madère et des Açores.

Henrique Texeira, rua Consiglieri Pedroso 2, Sintra, ☎ 21 923 1043. Ce magasin d'antiquités est une véritable mine : on y trouve des meubles, des statues de style baroque, des azulejos, et bien d'autres choses encore.

ALENTEJO

Arabe, igreja da Misericórdia, Beja, ☎ 284 389545. Point de vente de l'association des artistes et artisans locaux. Qualité variable, mais large gamme d'objets comprenant aussi bien des céramiques que des broderies, des articles de vannerie et des cuivres.

Artesania, rua Victor Cordon 16, Estremoz, ☎ 268 323130. Bon choix d'artisanat rural : sellerie, clochettes à vaches et articles de vannerie.

Coisas do Monte rua de São Manços, Évora, ☎ 266 701936. Signifie littéralement « choses de la montagne ». Cette accueillante petite boutique propose, outre des châles et des écharpes de laine de qualité, de savoureux articles d'épicerie fine.

O Cesto, rua 5 de Outubro 57–77, Évora, ☎ 266 703344. Vaste choix d'articles en liège (chapeaux, sacs), de céramiques et d'objets en bois peint. Cette boutique se situe dans la rue d'Évora qui concentre la plupart des points de vente d'artisanat régional.

Casa da Vida, largo Dr. José Federico Laranjo 4, Castelo do Vide, ☎ 962 700565. Atelier de céramique, galerie d'art, boutique proposant des objets modernes, réalisés par le maître des lieux.

Armazens Lisboa, praça da República 8–9, Elvas, ☎ 268 622 081. Une des nombreuses boutiques d'Elvas spécialisées dans le linge de maison. Excellente qualité et prix raisonnables. Les serviettes sont vendues au kilo.

Antonia & Armando Silva, rua de São Bartolomeu 23, Borba, ☎ 268 841735. Cette boutique s'inscrit dans une succession de magasins d'antiquités situés à proximité de l'église. Vaste gamme allant du banal au sublime.

Mizette, rua do Celeiro, Monsaraz, ☎ 266 557159. Le magasin le plus authentique de ce village très touristique propose de superbes couvertures de laine, des écharpes et des tapis. Tous les articles sont faits main sur place.

Francis et Toula, rua Direita 9, Monsaraz, ☎ 266 549323. Ce magasin multicolore, appartenant à des Canadiens, propose des verreries, des céramiques, des bijoux et d'autres accessoires originaux.

Casa de Artesanato, rua das Portas de Beja 50, Serpa, ☎ 284 549362. Sélection très originale d'artisanat local, dont des terres cuites, des céramiques et des étains.

Serpense, praça da República 15, Serpa, ☎ 284 544289. Produits locaux de qualité : fromages de brebis, miel, huile d'olive, saucisses, le tout à très bon prix.

ALGARVE

Les complexes commerciaux modernes comme **Forum,** à Faro, ou **Algarve Shopping,** non loin d'Albufeira, n'ont pas éclipsé les petits commerces. Si vous êtes en quête de vêtements décontractés, de chaussures ou d'articles en cuir à des prix défiant toute concurrence, n'hésitez pas à faire le tour des marchés gitans itinérants. Les boutiques d'artisanat (*artesanato*) bordant la N125 proposent de nombreux articles, parfaits pour des cadeaux ou des souvenirs, notamment des poteries.

Carminhos Artesanato, rua de São Antonio 28, Faro, ☎ 289 823437. Vaste gamme d'objets typiquement portugais très prisés des étrangers, depuis les céramiques de Caldas da Rainha jusqu'au linge de maison.

Companhia das Toalhas, rua da Liberdade 24, Tavira, ☎ 281 326370. Couvertures de laine, serviettes brodées très originales, quelques accessoires pour bébé.

Casa Nobre, rua Silva Lopes 13, Lagos. Jolie présentation de céramiques de l'Alentejo et de l'Algarve. Prix raisonnables.

MADÈRE

A Rosa, rua Imperatriz Dona Amélia 126, Funchal, ☎ 291 764111. Ceux qui veulent rapporter chez eux des fleurs de Madère peuvent les commander ici deux ou trois jours avant leur départ. Le magasin livre à l'hôtel.

Artecouro, rua da Alfandega 15, Funchal, ☎ 291 237256. Articles en cuir d'excellente facture.

São Francisco Wine Lodge, Avenida Arriaga 22, Funchal, ☎ 291 740110. Le plus grand choix de vins de Madère ; possibilité de déguster des cuvées millésimées.

Arthur de Barros e Sousa, rua dos Ferreiros 109, Funchal, ☎ 291 220622. Une entreprise viticole familiale originale et dynamique, qui contraste agréablement avec d'autres établissements de style plus commercial.

Imperial Hand Embroideries, rua São Pedro 26, Funchal, ☎ 291 223282. Une excellente adresse pour les fabuleuses broderies de Madère.

Patricia & Gouveia, rua do Visconde de Anadia, Funchal, ☎ 291 220801. L'un des ateliers de broderie les plus importants et les plus performants de Madère. Propose des vêtements et du linge de table de très grande qualité.

LOISIRS ET DIVERTISSEMENTS

C'est à Lisbonne que la vie nocturne et la vie culturelle sont les plus animées. Cependant, Porto n'est pas en reste, et Coimbra doit à sa population estudiantine de nombreux endroits jeunes et branchés. La plupart des night-clubs et des discothèques ferment le dimanche et/ou le lundi soir(s). En dehors des grandes villes, les spectacles et autres représentations à travers le pays ont lieu en été, avec de nombreux festivals et pléthore de concerts. C'est également à la belle saison que les night-clubs situés en bordure de mer (notamment dans l'Algarve) ouvrent grand leurs portes aussi bien aux Portugais qu'aux étrangers. Les billets pour les principaux concerts sont en vente en ligne, sur le site www.ticketline.pt.

LISBONNE

Adega do Ribatejo, rua do Diario de Noticias 23, Bairro Alto, ☎ 21 346 8343. Agréable intérieur, décoré d'azulejos, accueillant une clientèle décontractée venue déjeuner ou dîner sur fond de fado. L'ambiance compense la qualité moyenne de la nourriture.

Bacalhau de Molho, beco dos Armazens do Linho 1, ☎ 21 886 5088. Bar-restaurant d'ambiance (représentations de fado) situé dans une ruelle au pied de l'Alfama.

Estádio, rua São Pedro de Alcântara 11, Bairro Alto, ☎ 21 342 2716. Étape obligée d'une tournée des bars nocturnes de Lisbonne.

Kapital, avenida 24 de Julho 68, ☎ 21 395 7101. Un peu plus chic que le précédent. Compte trois étages qui résonnent de house music ou de techno, pour le plus grand bonheur des amateurs.

Luanda, rua Rodrigues Faria 17, ☎ 21 362 4459. Un club innovant, spécialisé dans la musique africaine ; vibrations assurées pour la piste de danse.

Lux, avenida Infante Henrique, Cais da Pedra à Santa Apolónia, ☎ 21 882 0890. Lux est la reine (incontestée) de la nuit lisboète. C'est un ancien entrepôt des quais Santa Apolónia, qui comprend maintenant des bars et des pistes de danse.

Paradise Garage, rua João Oliveira Miguéis 38-48, ☎ 21 395 7157. Le club nocturne le plus fréquenté le week-end. Guest DJs et représentations en live de groupes américains et européens.

Portas Largas, rua da Atalaia 105, Bairro Alto, ☎ 21 346 6379. Un autre classique de cette rue pittoresque des hauteurs – suivi par le bar do Fatima Lopes, au n° 36.

Senhor Vino, rua do Meio, Lapa 18, ☎ 21 397 2681. Davantage un restaurant qu'un club. Cet établissement constitue un cadre plaisant et élégant où l'on peut aussi, du jeudi au samedi, apprécier les représentations des chanteurs de fado. La carte des vins, de très haut niveau, ajoute à l'intérêt du lieu.

PORTO

Aniki Bobo, rua Fonte Taurina, Ribeira 36-38, ☎ 22 332 4619. Ce vieux bar/night-club très élégant, situé au bord de l'eau, est encore très prisé d'une clientèle chic et d'artistes locaux.

Arcadas Pub, rua Miragaia 167, ☎ 22 200 2965. Endroit décontracté et paisible, où il fait bon prendre un verre. Spectacles de fado certains soirs.

Clube Mau Mau, rua do Outeiro 4, ☎ 22 607 6660. Ce night-club sélect et branché de Masarelos, avec ses guest DJs, est une des destinations nocturnes les plus prisées de Porto.

Pop, rua Padre Luis Cabral 1090, Foz do Douro, ☎ 22 618 3959. Un dancing plutôt décontracté en bordure de plage.

Via Invicta, rua Delfim Ferreira 564, Bairro Ramalde, ☎ 22 610 8172. Musique brésilienne en live.

Les endroits les plus branchés de la région de Porto sont à Matosinhos, juste au nord de Foz.

COIMBRA

Aqui Ha Rato, largo da Sé Velha, ☎ 239 824804. Ce bar décontracté situé dans la vieille ville comprend une piste de danse.

Bar Diligencia, rua Nova 30, ☎ 239 827667. L'un des nombreux bars où l'on chante le fado, plus mélancolique, de Coimbra.

Via Latina, rua Almeida Garrett 1, ☎ 239 820293. Cette discothèque est principalement fréquentée par les étudiants.

ALGARVE

Amuras, rua Marina 3, Lagos, ☎ 282 792095. Ce bar décontracté, à proximité de la marina, attire des foules de tous les âges. Les spectacles de musique live y ont des accents latino-américains.

Kadoc, estrada Vilamoura Boliqueime, Albufeira, ☎ 289 360485. Cette super-discothèque comprenant cinq étages peut accueillir jusqu'à 10 000 oiseaux de nuit.

Kiss, areias São João, Albufeira, ☎ 289 590280. Avec l'étiquette « le plus original et le meilleur », Kiss s'impose comme le night-club le plus huppé de la région.

Club Santa Eulalia, praia de Santa Eulalia, Albufeira, ☎ 289 598000. Le dernier endroit en vogue à Albufeira, comprenant, entre autres, des bars, des salons, une piste de danse, un restaurant avec véranda surplombant la mer. Fermé le lun. et le mar.

Vilamoura Jazz Club, largo Cinema Ed Piramides, Vilamoura, ☎ 289 316272. Spectacles dans un cadre raffiné (pour adultes).

ACTIVITÉS SPORTIVES

Le Portugal propose une vaste gamme d'activités physiques pour tous les goûts, depuis la randonnée et la varappe dans la serra da Estrela jusqu'à la plongée sous-marine, la planche à voile et le surf, en passant par le canoë-kayak, le tennis et le golf.

FÉDÉRATIONS SPORTIVES

Federação Equestre Portuguesa (sports équestres), avenida Manuel da Maia 26, 1000-201 Lisbonne, ☎ 21 847 8774/5/6, fax 21 847 4582.

Federação Portuguesa de Actividades Subaquaticas (plongée sous-marine), rua Frei Manuel Cardoso 39, 1700-206 Lisbonne, ☎ 21 843 9449/51, fax 21 840 6153.

Federação Portuguesa de Canoagem (canoë-kayak), rua António Pinto Machado 60-3°, 4100-068 Porto, ☎ 22 600 7850, fax 22 609 7350.

Federação Portuguesa de Ciclismo (cyclisme), rua de Campolide 237, 1070-030 Lisbonne, ☎ 21 388 1780, fax 21 388 1793.

Federação Portuguesa de Golfe (golf), avenida das Túlipas, Edifício Miraflores 17°, Miraflores, 1495-161 Algés, ☎ 21 412 3780, fax 21 410 7972.

Federação Portuguesa de Surf (surf), rua Capitão Manuel Correia 4, Murtal, 2775-121 Parede, ☎ 21 453 8447, fax 21 454 8470.

Federação Portuguesa de Ténis (tennis), rua Actor Chaby Pinheiro 7A, 2795-060 Linda-a-Velha, ☎ 21 415 1356, fax 21 414 1520.

Federação Portuguesa de Vela (voile), doca de Belém, 1400-038 Lisbonne, ☎ 21 364 7324, fax 21 362 0215.

SPORTS AQUATIQUES

Les sports les plus communément pratiqués le long de la côte atlantique sont la planche à voile, la voile, le surf et la plongée sous-marine. La température de l'eau varie de 16 à 22 °C – il vaut mieux s'équiper d'une combinaison.

On considère généralement le Portugal comme le meilleur endroit en Europe pour la pratique du surf ; la plage de Guincho, non loin de Cascais, est la plus difficile, en raison de ses courants très puissants. La praia Grande, dans le Nord, et la Costa Vicentina, dans l'Algarve, sont également des havres pour les surfeurs.

Algarve Windsurfing & Sailing Centre, praia Grande, Ferragudo, Algarve, ☎ 282 461115. Locations, leçons (individuelles et en groupe) de planche à voile, de ski nautique et de voile.

Clube Naval de Peniche, forte de Cabanas, Peniche, ☎ 262 782568.
Plongée sous-marine autour de Peniche et des ilhas de Berlenga.

Santa Cruz Surf Clube, rua Antonio Leal da Ascençao 34B, Torres Vedras, ☎ 261 322699. Surf, planche à voile et voile.

GOLF

Le Portugal compte quelque 60 terrains de golf situés, pour la plupart, dans l'Algarve (voir p. 212-213). Des informations complètes sur les parcours de cette région sont disponibles sur le site Internet www.visitalgarve.pt. Les alentours de Lisbonne sont également bien pourvus, avec les parcours côtiers allant d'Estoril vers le nord jusqu'à Quinta da Marinha (Guincho), sans oublier les quatre terrains au sud du Tage. Le nord du Portugal n'est pas en reste, quoique moins bien doté en la matière. Madère compte deux terrains de golf.

Ci-après, quelques parcours choisis.

Penha Longa Clube de Golf, Caesar Park, Penha Longa, Estrada da Lagoa Azul, Linhó, 2710 Sintra, ☎ 21 924 9011, fax 21 924 9034. 18 trous, par 72. 6 290 m. Architecte : Robert Trent Jones II.
Ce terrain, qui a accueilli l'Open portugais 1994-1995, comprend un deuxième parcours de 9 trous.

Quinta da Beloura, Estrada de Albarraque, rua das Sesmarias 3, 2710-444 Sintra, ☎ 21 910 6350, fax 21 910 6359. 18 trous, par 73. 5 474 m. Architecte : Rocky Roquemore.
L'un des parcours les plus récents de la côte d'Estoril, offrant une vue magnifique sur les montagnes de Sintra.

Estoril Golf Course, avenida da República, 2765 Estoril, ☎ 21 468 0176, fax 21 468 2796. 18 trous, par 69. 5 238 m. Architecte : Mackenzie Ross.
Comporte un deuxième parcours de 9 trous.

Lisbon Sports Club, Casal de Carregueira, 2605-213 Lisbonne/Belas, ☎ 21 431 0077, fax 21 431 2482. 18 trous, par 69. 5 278 m. Architecte : Hawtree & Sons.
L'un des tout premiers terrains du pays.

Quinta da Marinha, casa 36, 2750-715 Cascais, ☎ 21 486 0180, fax 21 486 9032. 18 trous, par 71. 6 100 m. Architecte : Robert Trent Jones.
Ce magnifique parcours descend jusqu'à la plage de Guincho.

Quinta do Perú Golf Course, Alameda da Serra 2, 2975-666 Quinta do Conde, ☎ 21 213 4320, fax 21 213 43 21. 18 trous, par 72. 6 036 m. Architecte : Rocky Roquemore.
La serra da Arrábida sert d'arrière-plan à ce parcours situé au sud du Tage.

Clube de Golf do Montado, apartado 40, Algeruz, 2950 Palmela, ☎ 265 708150, fax 265

708159. 18 trous, par 72. 6 003 m. Architecte : Duarte Sottomayor. Entouré de vignobles et de plantations de chênes-lièges.

Tróia Golf, Complexo Turistico de Tróia, 2900 Setúbal, ☎ 265 494112, fax 265 494315. 18 trous, par 72. 6 337 m. Architecte : Robert Trent Jones.

Le Tróia est considéré comme l'un des parcours les plus difficiles du Portugal.

ALGARVE

Quinta do Lago, Sociedade do Golfe da Quinta do Lago, 8135 Almancil, ☎ 289 396141, fax 289 394013, www.cgql.com. Quatre parcours de 18 trous, par 71-73. Le premier parcours de l'Algarve et le plus vaste du Portugal.

San Lourenço, Quinta do Lago, 8135 Almancil, ☎ 289 396522/ 396534, fax 289 396908. 18 trous, par 72. 6 238 m. Architecte : Joseph Lee.

Le parcours de Quinta do Lago (un domaine de 800 hectares) est niché parmi les pins et les lacs. Classé n° 2 en Europe par *Golf World*.

Pinhal, Vilamoura, 8125-507 Vilamoura, ☎ 289 310390, fax 289 310393. 18 trous, par 72. 6 229 m.

Vilamoura Millennium Golf Course, Quarteira, 8125-507 Vilamoura, ☎ 289 310188, fax 289 310183. 18 trous, par 72. 6 200 m. Architecte : Martin Hawtree. Ouvert en juin 2000.

Pine Cliffs Golf and Country Club, Sheraton Algarve au Pine Cliffs Resort, 8200-909 Albufeira, ☎ 289 500100, fax 289 501950. 9 trous, par 73. 2 324 m. Rattaché à l'hôtel Sheraton Pine Cliffs.

Palmares Golf Club, Meia Praia, 8601-901 Lagos, ☎ 282 762961, fax 282 762534. 18 trous, par 71. 5 961 m.

Parque da Floresta, parque da Floresta Vale do Poço, Budens,

8650-060 Vila do Bispo, ☎ 282 690000, fax 282 690011. 18 trous, par 72. 5 670 m.

Ce parcours spectaculaire et accidenté contraste avec les autres terrains de l'Algarve, au relief plus régulier.

NORD ET CENTRE DU PORTUGAL

Quinta da Barca Golf Course, Quinta da Barca, 4740 Esposende, ☎ 253 966723, fax 253 969068. 9 trous, par 31. 2 012 m. Architecte : Jorge Santana da Silva.

Estela Golf, praia da Apulia, 4990 Póvoa de Várzim Rio Alto, ☎ 252 601814/567, fax 252 612701. 18 trous, par 72. 6 120 m. Architecte : Duarte Sottomayor.

Amarante Golf Club, Quinta da Deveza, Fregim, 4600-670 Amarante, ☎ 255 446060, fax 255 446202. 18 trous, par 68. 5 085 m. Architecte : Jorge Santana da Silva.

Clube de Golf Miramar, avenida Sacadura Cabral, Miramar, 4405 Valadares (Porto), ☎ 22 762 2067, fax 22 762 7869. 9 trous, par 34. 2 573 m. Architecte : Frank Gordon.

Praia del Rey

Vale de Janelas, 2510-451 Amoreira-Óbidos, ☎ 262 905005, fax 262 905009. 18 trous, par 72. 6 467 m. Architecte : Cabell B. Robinson.

MADÈRE

Palheiro Golf, rua do Balancal 29, 9060-414 Funchal, ☎ 291 790120, fax 291 792456, www.palheirogolf.com. 18 trous, par 72. 5 859 m.

ÉQUITATION

Le Portugal a incontestablement un penchant pour les chevaux, d'aucuns considérant d'ailleurs que c'est le berceau des lusitaniens. Ces chevaux agiles et puissants, issus du croisement des

races anglaise et arabe, sont élevés depuis des siècles dans le Ribatejo. On trouve d'ailleurs, dans cette dernière région, mais aussi dans l'Algarve et l'Alentejo, pléthore d'écuries et de haras de qualité. La liste complète des centres équestres portugais est disponible sur le site Internet www.cavalonet.com.

Escola Portuguesa de Arte Equestre, Palacio nacional de Queluz, ☎ 21 435 8915.

Le spectacle le plus extraordinaire illustrant l'art portugais du dressage. Tous les mercredis à 11 h (avr. à oct.).

Thipica, Centro equestre, Quinta do Frade 3040-992 Taveiro, Coimbra, ☎ 239 985343.

Centro Hípico Quinta da Marinha, Quinta da Marinha, casa 25, 2750-715 Cascais, ☎ 21 486 0006.

Morgado Lusitano, Quinta de Sto Antonio de Bolonha, 2625 Povoa de Sta Iria, ☎ 21 953 5400. Séances de dressage classique sur de superbes étalons (non loin de Lisbonne).

Centro Equestre e Desportivo de Beja, rua Cidade de São Paulo, Beja, Alentejo, ☎ 284 310350.

Roland Winter Quarter Horses, Val das Antas, Corte de Gafo de Cima, 7750 Mertola, ☎ 286 611069.

Monte en manège et randonnées.

Albufeira Riding Centre, The Stables, Vale Navio 151H, Albufeira, ☎ 289 542870.

Accueille les débutants comme les enfants, et les cavaliers confirmés. Possibilités de randonnées sur la plage à l'aube.

Tiffany's Riding Centre, Almadena, Lagos, Algarve, ☎ 282 697395.

Centre équestre accueillant les débutants comme les cavaliers confirmés ; séances de quelques heures ou journée entière.

www.ridingportugal.com Ce centre équestre situé au cœur du Portugal et appartenant à des Anglais propose des formules (séjour/équitation) particulièrement intéressantes.

TENNIS

Le tennis est le troisième sport le plus populaire du Portugal. L'Estoril Tennis Club en est le haut lieu, puisqu'il accueille chaque année l'Open d'Estoril (sur terre battue), mais Porto, Coimbra, Évora et l'Algarve ne sont pas en reste.
Certains clubs proposent des formules séjour/leçons. On trouve à travers le pays différents types de courts (tous temps, gazon synthétique, terre battue).

DIVERS

Turaventur, Quinta do Serrado, Senhor dos Aflitos, Évora, ☎ 266 743134/758642.
Cette dynamique agence de tourisme d'aventure peut satisfaire les amateurs de randonnées à pied ou à bicyclette (en montagne) et de canoë-kayak.

Corte-Gafo Servi, apartado 59, Mertola, ☎ 286 611059/966 159985.
Canoë-kayak, trekking, randonnées, mais aussi observation des oiseaux.

Centro Nautico, Barragem de Monte Clerigo, Almodovar, ☎ 286 660600.
Canoë-kayak.

LEXIQUE

Les Portugais sont les premiers à admettre que leur langue est diabolique, et ils ne ménageront pas leurs efforts pour parler la vôtre. Langue romane dérivée du latin, le portugais a des racines communes avec l'espagnol, le français et l'italien, mais les ressemblances s'arrêtent là. La pierre d'achoppement est la prononciation – préparez-vous à placer des « ch » et « ou » à chaque mot (ou presque). Les sujets et les mots masculins et féminins entraînent des accords en conséquence. L'exemple le plus typique est le mot « merci », qui se dit, selon que c'est un homme ou une femme qui s'exprime, obrigado ou obrigada.

Le français est parlé dans la plupart des régions touristiques, dans les hôtels, dans les meilleurs restaurants et dans les pharmacies, et même dans des endroits plus reculés. Les gens comprennent l'espagnol, mais rechignent à le parler, du fait de la rivalité séculaire entre l'Espagne et le Portugal.

Expressions courantes

oui/non	sim/não
s'il vous plaît	se faz favor
merci	obrigado/a
je vous en prie	de nada
bonjour	bom dia
salut	ola
bon après-midi	bom tarde
au revoir	adeus/chao
à bientôt	até logo
excusez-moi/pardon	desculpe
comment allez-vous ?	
	como esta?
très bien, merci	
	muito bem, obrigado/a
je m'appelle	chamo me
je viens de France	
	sou de França
parlez-vous français ?	
	fala francês?

Se déplacer

où est ?	onde esta?
où sont ?	onde estão?
quand ?	quando?
tournez à gauche	vire a esquerda
tournez à droite	vire a direita
tout droit	sempre a direito
en face	em frente
feux (de circulation)	semaforo
gare ferroviaire	estação ferroviaria
station de métro	
	estaçao de metro
marché	mercado
avez-vous ?	tem?
une chambre individuelle	
	um quarto simples
une chambre double	
	um quarto de casal
une chambre à deux lits	
	um quarto de duplo
avec salle de bains	com banho
puis-je voir la chambre ?	
	posso ver o quarto?

L'heure

à quelle heure ?	a que horas?
part/arrive	parte/chega
matin	manhã
après-midi	tarde
quand ouvrez/fermez-vous ?	
	quando abrem/fecham?
hier	ontem
aujourd'hui	hoje
demain	amanhã
maintenant	agora
plus tard	mas tarde
lundi	segunda feira
mardi	terça feira
mercredi	quarta feira
jeudi	quinta feira
vendredi	sexta feira
samedi	sábado
dimanche	domingo

Shopping

vendez-vous ?	vendem?
combien est-ce ?	quanto custa?
puis-je le voir ?	posso ver?
ouvert/fermé	aberto/encerrado
acceptez-vous les cartes bancaires ?	
	aceitam cartoes de credito?
je vais prendre ceci	levo isto

Chiffres et nombres

1	um
2	dois
3	três
4	quatro
5	cinco
6	seis
7	sete
8	oito
9	nove
10	dez
11	onze
12	doze
13	treze

14	catorze
15	quinze
16	dezasseis
17	dezassete
18	dezoito
19	dezanove
20	vinte
30	trinta
40	quarenta
100	cem
1 000	mil

À table

je voudrais	queria
petit-déjeuner	pequeno almoço
déjeuner	almoço
dîner	jantar
l'addition, s'il vous plaît	
	a conta se favor
plat du jour	prato do dia
demi-portion	meia dose
cuiller	colher
fourchette	garfo
couteau	faca

Quelques produits de base

beurre	manteiga
citron	limoe
fromage	quiejo
huile d'olive	azeite
olives	azeitonas
pain	pão
poivre	pimenta
sauce piquante	piri-piri
sel	sal
sucre	açúcar
vinaigre	vinagre

Méthode de cuisson

à la broche	no espeto
à l'étouffée/	
à la vapeur	estufado
au barbecue	no carvão
au four	no forno
bien cuit	bem passado
bouilli	cozido
cru	mal passado
frit	frito
grillé	grelhado
rôti	assado

Poissons et fruits de mer/ Peixe e mariscos

bar	robalo
brème	pargo
crevettes	camaroes
crevettes (gambas)	gambas
crustacés et jambon	
cuits en casserole	
hermétique	cataplana

encornets	lulas
espadon	espadarte
homard	lavagante
lamproie	lampreia
langouste	lagosta
matelote	
de poisson	caldeirada de peixe
morue	rodovalho
morue salée	bacalhau
riz au poulpe	arroz de polvo
thon	atum
riz aux fruits	
de mer	arroz de marisco
rouget	salmonete
sardines	sardinhas
saumon	salmão
seiche	chocos
sole	linguada
truite	truta

Viandes et volailles/ Carne e aves

agneau	borrego
bœuf	vaca
canard	pato
chevreau	cabrito
cochon de lait rôti	leitão assado
côtelette	costeleta
filet mignon	lombo
foie	figado
jambon cuit	fiambre
lapin	coelho
porc	porco
porc rôti	
à la broche	churrasco
poulet	frango
ragoût de haricots secs	
avec riz et viande	feijoada
ragoût de viande	
et de légumes	cozido
rôti de bœuf	carne assada
rumsteak	entrecosto
saucisse	salsicha
saucisse épicée	chouriço
steak (pas nécessairement	
le bœuf)	bife
tripes	tripas
veau	vitela

Légumes/Legumes

ail	alho
asperge	espargo
carotte	cenoura
champignon	cogoumelo
concombre	pepino
épinards	espinafres
fève	fava
haricots secs	feijão
laitue	alface
lentilles	lentilhas
oignon	cebola

petits pois	ervilhas
poivron	pimento
pomme de terre	batata
salade/composée	salada/mista
tomate	tomate

Œufs/Ovos

œuf à la coque	quente
œuf dur	cozido
œuf poché	escalfado
œuf sur le plat	estrelado
œufs brouillés	mexido
omelette	omeleta

Fruits/Fruitas

abricot	alperce
amande	amendoa
ananas	ananas
banane	banana
citron	limoe
figue	figo
fraise	morango
framboise	framboesa
melon	meloe
orange	laranja
pêche	pessego
pomme	maça
prune	ameixa
raisin	uva

Divers

arco	arc, arche
cais	quai
câmara	hôtel de ville
capela	chapelle
castelo	château
claustro	cloître
convento	couvent
elevador	ascenseur
escadinhas	escaliers
estação	gare
fundação	fondation
funiculario	funiculaire
igreja/matriz	église/
	paroissiale
jardim	jardin
largo	place
livraria	librairie
mosteiro	monastère
museu	musée
paço	palais
paço do concelho	hôtel de ville
palácio	palais
parque	parc
praça	place
praia	plage
rua	rue
sala	salle, salon
santuário	sanctuaire
sé	cathédrale
torre	tour

CRÉDITS & REMERCIEMENTS

CRÉDITS PHOTOGRAPHIQUES

Toutes les photographies sont de Tino Soriano, sauf celles indiquées ci-après :

9 : © The Trustees of the British Museum, photo James L. Stanfield. 14-15 : Tony Arruza/CORBIS. 22: Bibliothèque Nationale, Paris.
23 : musée de Kobe, photo James L. Stanfield.
24-25 : NGS Cartographic Division, maquette Kinuko Y. Craft. 26 : Historical Picture Archive/CORBIS. 27 : James L. Stanfield.
30 : © collection National Gallery ; avec l'aimable autorisation des Trustees of the National Gallery, Londres/CORBIS. 31 : Evans/Three Lions/Hulton Archive/Getty Images. 32-33 : Henri Bureau/Sygma/ CORBIS. 33 : Keystone/Getty Images.
37 : Charles O'Rear. 42 : Museu de Arte Antiga, Lisbon, photo James L. Stanfield. 43 : © 2005 Artists Rights Society (ARS), New York/ADAGP, Paris, photo Erich Lessing/Art Resource, NY.
46 : Robert Deviane/AFP/Getty Images. 47 : Nicolas Guerin/Azimuts/CORBIS. 48 : Sophie Bassouls/ CORBIS SYGMA. 65: James L. Stanfield.
91 : Hans Georg Roth/CORBIS.
122 : Jan Butchofsky-Houser/CORBIS.
127 : Hans Georg Roth/CORBIS.
152 : James L. Stanfield. 166 : Hulton Archive/Getty Images. 205 : Simeone Huber/Getty Images.
206 : Roberto Soncin Gerometta/Lonely Planet Images. 212-213 : Yann-Arthus Bertrand/CORBIS.

REMERCIEMENTS

L'auteur remercie vivement le personnel de l'office du tourisme portugais de Londres, et plus particuliè-rement Teresa Braganza, pour son aide précieuse. Elle remercie également, outre les comités de tourisme régionaux de Lisbonne, Porto et Coimbra, les *Pousadas de Portugal* pour leur soutien, ainsi que David Lumby, de Manor Houses of Portugal, pour sa contribution. Elle voudrait enfin exprimer toute sa gratitude aux nombreuses personnes qu'elle a ren-contrées pendant son périple et qui, toutes – même celle dont les indications ne menaient nulle part –, l'ont toujours utilement et courtoisement guidée.

Première institution scientifique et pédagogique à but non lucratif du monde, la National Geographic Society a été fondée en 1888 « pour l'accroissement et la diffusion des connaissances géographiques ».

Depuis lors, elle fait découvrir le monde à des millions de personnes par le biais de ses magazines, livres, programmes de télévision, vidéos, cartes et atlas, bourses de recherche, ateliers pour enseignants, matériel scolaire innovant et ses championnats de géographie.

La National Geographic Society est financée par les cotisations de ses membres, des dons et la vente de ses produits éducatifs. Ce soutien est essentiel à sa mission, qui consiste à mieux faire comprendre le monde et favoriser la sauvegarde de notre planète grâce à l'exploration, la recherche et l'enseignement.

Visitez le site Web de National Geographic France :

www.nationalgeographic.fr

Publié par la National Geographic Society
Président directeur-général : John M. Fahey, Jr.
Président du conseil d'administration : Gilbert M. Grosvenor
Vice-président exécutif et président du département livres et scolaire :
    Nina D. Hoffman
Vice-président et directeur du département livres : Kevin Mulroy
Directrices artistiques : Marianne Koszorus, Cinda Rose
Directeur (responsable) de l'iconographie : Kristin Hanneman
Directrice des publications des guides touristiques : Elizabeth L. Newhouse
Directeur de la cartographie : Carl Mehler
Éditrice et responsable de projets : Barbara A. Noe

Responsable du projet : Larry Porges
Responsable artistique du projet : Kay Kobor Hankins
Responsable de l'iconographie : Jane Menyawi
Éditrice : Jane Sunderland
Responsables des recherches : RBA Editores
Consultant : Carolinda E. Averitt
Cartographie, recherche et production : Matt Chwastyk
    et XNR Productions
Responsable de la production : R. Gary Colbert
Directeur de la production : Mike Horenstein
Iconographie : Meredith Wilcox
Responsable de l'index : Robert Swanson
Textes : Dana Chivvis, Caroline Hickey et Lise Sajewski

Maquette : Maltings Partnership, Derby, Angleterre (p. 64-65 et 148-149).

Édition originale
Copyright © 2005 National Geographic Society. Tous droits réservés.

Édition française
© 2005 par la National Geographic Society. Tous droits réservés.
NG France
Direction éditoriale : Françoise Kerlo, *assistée de* Marilyn Chauvel
Chef de fabrication : Alexandre Zimmowitch

Réalisation éditoriale : Agence Media
Mise au point des textes : Laurence Godec
Mise en pages : Marie-Hélène Mateos, Laurence Tixier
Traduction : Hanna Agostini

ISBN: 2-84582-124-7

Dépôt légal : novembre 2005
Impression : Cayfosa-Quebecor (Espagne)

NATIONAL GEOGRAPHIC
LES GUIDES DE VOYAGE

ROME

FRANCE

FLORENCE TOSCANE

THAILANDE

PARIS

LONDRES

ESPAGNE

ITALIE

FLORIDE

ÉGYPTE

VENISE

BARCELONE

GRÈCE

AMSTERDAM

COSTA RICA

CUBA

CANADA

NEW YORK

MEXIQUE

PRAGUE
ET LA RÉPUBLIQUE TCHÈQUE

INDE

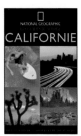
CALIFORNIE

IRLANDE

JAPON

Déjà parus
Australie
Provence
Sicile

À paraître :
Berlin
Gde-Bretagne
Vietnam